Lebens-Zeichen

Ein Unterrichtswerk für den evangelischen Religionsunterricht in der Sekundarstufe I

Band 3: Arbeitsbuch für das 9. und 10. Schuljahr

Herausgegeben von Birgit Besser-Scholz
Erarbeitet von Birgit Besser-Scholz, Susanne Kapp, Hanna Mork, Karin Schmalz und Jürgen Wolf

Unter Mitarbeit von Klaus Scholz, Christiane Brandtner-Schwartz, Elke Sünkenberg, Stefan Kaufmann und Lama Kunga

Vandenhoeck & Ruprecht

Inhalt

Dieses Zeichen bedeutet »Aktivität«: zum Beispiel Spiele, Diskussionen, kreatives Gestalten oder selbständiges Arbeiten.

Dieses Zeichen am Rand weist auf eine andere Seite oder ein anderes Kapitel in diesem Buch hin.

Alle auf diese Art und mit → gekennzeichneten Begriffe sollten unbedingt vor der Weiterarbeit im Lexikon nachgeschlagen werden.

ISBN 3-525-77562-8

Umschlagabbildung: Die sogenannte »Chi-Rho«-Seite des Matthäus-Evangeliums aus dem »Book of Kells« © Trinity College Library Dublin, Manuscrips Department

Gestaltung: Markus Eidt
Gesetzt aus der Bembo von Berthold
Satz und Lithografie: Steidl, Göttingen
Druck und Bindung: Hubert & Co., Göttingen

Kapitel 1

Bilder von Gott – Ein Abglanz nur?

1. Sich ein Bild von Gott machen?

Gottesbild aus der Sixtinischen Kapelle (Michelangelo)

Selbst Gott zeigt niemals nicht sich anders mir
als in vergänglichem und lichtem Schein,
und diesen lieb' ich nur,
weil er ihn spiegelt. *(Michelangelo)*

Obwohl der Mensch (fast) alle anderen Lebewesen der Erde genauestens definiert hat, ist er beständig auf der Suche nach seiner *eigenen* Identität (→Anthropologie). In diesem Zusammenhang spielten die Frage nach *»Gott«* und der Gedanke an einen übergeordneten *Sinn* schon immer eine wesentliche Rolle (→Transzendenz; →Immanenz; →Theologie). – Neben theoretischem Fragen nach dem Sinn des Lebens nahm auch der Wunsch, sich »Gott« als Antwort darauf zu vergegenwärtigen in unterschiedlichsten Ausdrucksformen Gestalt an: in Plastiken, Bildern, Zeichnungen etwa.

Manche dieser Bilder von »Gott« knüpfen direkt an die Erlebniswelt der Menschen an, die sie schufen; für alle nachvollziehbar »zeigen« sie *konkret* fundamentale Gotteserfahrungen. Andere Bilder wieder entfalten *abstrakt* – mit Formen, Farben und Motiven – eine vielschichtige Symbolsprache, die erst der Deutung bedarf. Oft spiegeln sie dabei die Vorstellung, das *Göttliche selbst* sei eigentlich nicht darstellbar, aber das Abgebildete könne dennoch ein wenig vom *Glanz der Gottheit* durchdrungen sein. Dem aufmerksamen Betrachter erschließen sich diese Bilder als →Symbole des Glaubens. – Unzählige künstlerische Versuche, sich ein »Bild von Gott« zu machen, wollen nicht einfach religiöse Erfahrungen der Menschheit *dokumentieren,* sondern zumindest einen *Abglanz* dessen vermitteln, was »Gott« *bedeuten* kann.

Über die *Bilderverehrung* als solche hat es immer wieder kontroverse Diskussionen gegeben, in denen die kritische Frage, ob und wie man sich überhaupt ein *Bild von »Gott«* machen *darf,* im Vordergrund stand.

▷ *Anhand der Bilder und Texte dieses Kapitels könnt ihr wichtige Perspektiven der Gesamtthematik »Bilder von Gott?« kennenlernen und erarbeiten!*

1 Und Gott redete all diese Worte: 2 Ich bin der HERR, dein Gott, der ich dich aus Ägyptenland, aus der Knechtschaft geführt habe. 3 Du sollst keine anderen Götter haben neben mir. 4 Du sollst dir kein Bildnis noch irgendein Gleichnis machen, weder von dem, was oben im Himmel, noch von dem, was unten auf Erden, noch von dem, was im Wasser unter der Erde ist: 5 Bete sie nicht an und diene ihnen nicht!

(Ex 20,1–5)

Bildchen, naiv.
Doch wie sonst fass ich's?
Imagines, Imaginatio.
Denn wer glaubt, glaubt an Wunder.
Wunder ist der Inhalt jeder Theologie.

(K. Marti, in: Die Gesellige Gottheit, Ein Diskurs, Stuttgart 1989, S. 9)

2. Bilder von Gott im Alten Testament

→Kanon
→Hebräische Bibel

Die biblischen Schriften, die Christen das →Alte Testament nennen, enthalten eine Fülle sprachlicher Bilder für Gott und sein Handeln, in denen sich ganz elementare Erfahrungen der Menschheit, aber auch die besondere theologische Geschichte Israels niedergeschlagen haben.

▷ *Vergleicht den Auszug aus einer Predigt mit den beiden Schöpfungserzählungen der Bibel in Genesis 1 und 2! Wie wird Gott darin jeweils charakterisiert und wie wird die Beziehung zwischen Gott und Mensch dargestellt?*

▷ *Überlegt auch unter Einbeziehung des Bildes, welche Bedeutung die Menschen, die Tiere und die Natur in der gesamten Schöpfung haben!*

Meister Bertram: Erschaffung der Tiere
(um 1379)

Schöpfung

(...)
Aus dem Bette des Flusses
schöpfte Gott Lehm,
und am Ufer des Flusses
kniete er hin.

Und dieser große allmächtige
Gott,
der die Sonne entzündet am
Firmament,
der die Sterne warf in den
fernsten Winkel der Nacht
der die Erde geformt auf dem
Teller seiner Hand,
dieser große Gott
kniete nieder im Staub,
einer Mutter gleich, die über
ihr Baby sich beugt,
und mühte sich um einen
Klumpen Lehm
und formte ihn nach seinem Bilde.

Dann blies er den Atem des
Lebens ihm ein,
und der Mensch wurde Seele,
lebendige Seele.
Amen. Amen.

(Aus: Gib mein Volk frei. Acht Negerpredigten von J.W. Johnson. Deutsch von R. Hagelstange, Gütersloh 1960, S. 20 ff)

Exkurs: Glaube und Naturwissenschaften – ein Widerspruch?

Der amerikanische Theologe Harvey Cox erläutert die Schöpfungserzählungen der Genesis vor ihrem zeitgenössischen Hintergrund:

Von der Absicht biblischer Schöpfungserzählungen

Die religiösen Systeme der Sumerer, Ägypter und Babylonier blieben (...) eine Form höherer →Magie, die ihre Geschlossenheit dem Glauben an die integrale Beziehung zwischen Mensch und Kosmos verdanken. Die alljährliche Überflutung des Niltals, die vorhersagbare Revolution der Sterne, die gebietende Gegenwart von Sonne und Mond gaben den Rahmen, durch den die Gesellschaft zusammengehalten war. Sonnengötter, Flußgöttinnen, Astralgottheiten gab es in Fülle. Die Geschichte war ein Teil der Kosmologie, Gott und Mensch waren Teil der Natur.

Die hebräische Anschauung von der Schöpfung bedeutet einen ungeheuren Aufbruch aus diesem geschlossenen Kreis. Sie trennt nämlich die Natur von Gott und unterscheidet den Menschen von der Natur. Das ist der Beginn der Entzauberung. Gewiß borgten sich die Hebräer unbekümmert das Material der Schöpfungsgeschichte von ihren mythologisch orientierten Nachbarn im Nahen Osten der Antike. Die Themen und Motive sind in keiner Weise originell, aber was die Hebräer daraus gemacht haben, wie sie diese Mythen modifizierten, ist das Entscheidende, das es festzuhalten gilt. Während in den babylonischen Darstellungen Sonne, Mond und Sterne halbgöttliche Wesen sind, die an der Göttlichkeit der Gottheiten selbst Anteil hatten, wird ihnen bei den Hebräern der religiöse Status vollständig genommen. In der Genesisgeschichte sind Sonne und Mond Schöpfungen Jahves, die am Himmel hängen, um die Welt für den Menschen zu erhellen. Sie sind weder Götter noch halbgöttliche Wesen. Die Sterne üben keine Kontrolle über das Leben des Menschen aus, auch sie sind Geschöpfe Jahves. Keiner der Himmelskörper hat Anspruch auf religiöse Ehrfurcht oder auf Gottesdienst.

Der Schöpfungsbericht der Genesis soll die Hebräer lehren, daß die magische Schau, für die die Natur eine halbgöttliche Kraft besitzt, in Wirklichkeit keine Basis hat. Jahve, der Schöpfer, dessen Sein außerhalb des Naturprozesses liegt, der ihn erst ins Leben ruft und im einzelnen beim Namen nennt, erlaubt es dem Menschen, die Natur tatsachenhaft zu begreifen.

(Aus: H. Cox, Stadt ohne Gott? Stuttgart 1971, S. 32 f, 36 f, 42 f)

▷ *Welche Bedeutung haben so gesehen die biblischen Schöpfungserzählungen für den modernen Menschen?*

▷ *Arbeitet heraus, wie von den Autoren verschiedener Fakultäten in den folgenden Texten das Verhältnis von Glaube und Naturwissenschaft gesehen wird.*

▷ *Setzt euch mit diesen Positionen kritisch auseinander!*

Von den Grenzen naturwissenschaftlicher Wirklichkeitsbetrachtung

Deshalb gehört mit völliger Berechtigung zum Wesen der naturwissenschaftlichen Methode die Haltung, »so zu tun, als ob es nur objektiv Meßbares gibt, und zu versuchen, wie weit man damit kommt«. Seit die Wissenschaftler diese im Grunde simple (der menschlichen Natur von Hause aus aber eher fremde) Haltung konsequent einzunehmen begannen, machten sie die Erfahrung, daß sie erstaunlich weit kamen, viel weiter, als sie selbst es zu hoffen gewagt hatten.

Das aber hat inzwischen dazu geführt, daß diese Einstellung bei vielen von ihnen zu einer Art »fixer Idee« geworden ist, eben zu einer »professionellen Neurose«, einer Berufskrankheit. Auch außerhalb der Wissenschaft hat diese Entwicklung auf die Haltung vieler gebildeter »moderner« Menschen abgefärbt, ohne daß diese sich über ihre Wurzeln noch irgendwelche Gedanken machen. Die meisten Menschen haben längst vergessen, daß es sich bei dieser inneren Einstellung ursprünglich um eine bewußt und aus guten Gründen gewählte Arbeitsmethode gehandelt hat. Sie reagieren ablehnend oder spöttisch, wenn sie mit Fragen konfrontiert werden, die sich auf Probleme außerhalb des Bereiches wägbarer und meßbarer Dinge beziehen, weil sie glauben, sich einreden zu müssen, daß es diese Bereiche in Wirklichkeit überhaupt nicht gebe.
Es ist absolut richtig, daß metaphysische Überlegungen in naturwissenschaftlichen Untersuchungen nichts zu suchen haben. Ein Naturwissenschaftler, der gegen diese Regel verstößt, wird zum bloßen Schwätzer. Aber die Naturwissenschaft umspannt noch nicht die ganze Wirklichkeit. Immerhin ist es Albert Einstein gewesen, der diese Einsicht sogar als Prinzip in die Forschung eingeführt hat.
Deshalb steht es jedem frei, sich seine eigenen Gedanken zu machen angesichts der Frage, warum es die Welt gibt und nicht einfach nichts. Die Naturwissenschaft kann darauf keine Antwort mehr geben. Und wenn jemand aus der unbezweifelbaren Tatsache, daß die Welt existiert, auf eine *Ursache* für diese Existenz schließen will, dann widerspricht diese Annahme unserer wissenschaftlichen Erkenntnis in keinem einzigen Punkt. Kein Wissenschaftler verfügt auch nur über ein einziges Argument oder irgendein Faktum, mit denen er einer solchen Annahme widersprechen könnte. Auch dann nicht, wenn es sich dabei um eine Ursache handelt, die – wie sollte es anders sein – offensichtlich außerhalb dieser unserer dreidimensionalen Welt zu suchen ist.

(Aus: H. von Ditfurth, Am Anfang war der Wasserstoff, Hamburg 1972, S. 27)

Vom großen Graben zwischen Theologie und Naturwissenschaft

Heute besteht das Dilemma zwischen Theologie und Naturwissenschaft nicht mehr im Konflikt zwischen widersprüchlichen Aussagen, sondern in der Konfliktlosigkeit von Aussagen, die zusammenhanglos nebeneinander stehen und sich überhaupt nichts mehr zu sagen haben. Glauben und Weltwissen liegen nicht mehr im Streit um die Wahrheit, sondern in einer sinnlosen Koexistenz nebeneinander.

(Aus: J. Moltmann, Evangelische Theologie 26, München 1966, S. 19)

Wenn wir wollen

Wie redet Gott?
Wenig.

Was redet Gott?
Stets dasselbe,
wenn auch oft anders.

Wann hören wir ihn reden?
Wenn wir wollen.

(K. Marti, in: O Gott! Essays und Meditationen, Stuttgart 1986, S. 27)

▷ *Erörtert Kurt Martis Aussage über die Gegenwärtigkeit Gottes!*
▷ *Überprüft Kurt Martis Auffassung anhand der Texte auf den S. 13–15. Versucht, für alle Bibeltexte eigene Überschriften zu formulieren, die das jeweilige »Bild« von Gott verdeutlichen!*

Eine rabbinische Geschichte

4 Als aber der HERR sah, daß er hinging, um zu sehen, rief Gott ihn aus dem Busch und sprach: Mose, Mose! Er antwortete: Hier bin ich. (Ex 3,4)

Der Heilige, gelobt sei er, sprach zu Moses: »Fühlst du denn nicht, daß ich mich in Schmerzen befinde, genau wie Israel sich in Schmerzen befindet? Merke es an dem Ort, aus dem ich mit dir rede – aus den Dornen! Wenn man so sagen könnte, teile Ich Israels Leid.« Daher heißt es auch (Jesaja 63,9): »Bei all ihrer Bedrängnis war Ihm leid.« (Nach Exodus Rabbah 2,5)

▷ *Lest dazu in eurer Bibel Exodus 3,1–14!*

Die Erfahrung Israels

Der Theologe Gerhard von Rad schreibt über Exodus 3,14: Der ganze Erzählungszusammenhang läßt (...) erwarten, daß Jahwe mitteilen will, – nicht wie er ist, sondern wie er sich Israel erweisen wird. Es ist mit Recht immer wieder betont worden, daß das »Ich bin« (...) im Sinne von (...) »*da*sein« zu verstehen sei, also gerade nicht im Sinne eines absoluten, sondern eines bezogenen und wirkenden Seins: *ich werde (für euch) dasein.* Der (...) Relativsatz (...) fügt dem Vordersatz zweifellos ein Moment des Unbestimmten und doch wohl auch Geheimnisvollen hinzu, so daß die Zusage von Jahwes wirksamer Gegenwärtigkeit zugleich in einer gewissen Schwebe und Ungreifbarkeit bleibt; es ist Jahwes Freiheit, die sich nicht im einzelnen festlegt. Ohne Frage muß jeder Leser diese Aussage als sehr geballt und gewichtig empfinden, und doch soll man ihre theologische Grundsätzlichkeit nicht überschätzen. Sie will nicht mehr sein als ein Zuspruch an Menschen in trostloser Lage, und dieser Zuspruch bedient sich des rhetorischen Mittels eines freien etymologischen Spieles mit einem Namen, in dem sich die alten Erzähler bekanntlich gern ergehen.

(Aus: G. von Rad, Theologie des Alten Testaments, Bd. 1, München 1969, S. 194)

▷ *Die rabbinische Geschichte oben ist eine Auslegung von Exodus 3,4 (vgl. → Exegese). Von welcher Gottesvorstellung gehen die rabbinischen Erzähler hier aus?*

▷ *Zeigt auf, warum sich die biblische Erzählung Exodus 3,1–14 nicht in dieser rabbinischen Vorstellung erschöpft!*

▷ *Dabei spielt die sogenannte ›Selbstvorstellungs-Formel Jahwes‹ Exodus 3,14 eine zentrale Rolle. Erläutert ihre Bedeutung mit Hilfe des Textes Gerhard von Rads!*

Die Erfahrung des Elia

9 Und er (Elia) kam dort (am Gottesberg Horeb) in eine Höhle und blieb dort über Nacht. Und siehe, das Wort des HERRN kam zu ihm: Was machst du hier, Elia? 10 Er sprach: Ich habe geeifert für den HERRN, den Gott Zebaoth; denn Israel hat deinen Bund verlassen und deine Altäre zerbrochen und deine Propheten mit dem Schwert getötet, und ich bin allein übriggeblieben, und sie trachten danach, daß sie mir mein Leben nehmen. 11 Der Herr sprach: Geh heraus und tritt hin auf den Berg vor den HERRN! Und siehe, der HERR wird vorübergehen. Und ein großer, starker Wind, der die Berge zerriß und die Felsen zerbrach, kam vor dem HERRN her; der HERR aber war nicht im Winde. Nach dem Wind aber kam ein Erdbeben; aber der HERR war nicht im Erdbeben. 12 Und nach dem Erdbeben kam ein Feuer; aber der HERR war nicht im Feuer. Und nach dem Feuer kam ein stilles, sanftes Sausen. 13 Als das Elia hörte, verhüllte er sein Antlitz mit seinem Mantel und ging hinaus und trat in den Eingang der Höhle. Und siehe, da kam eine Stimme zu ihm und sprach: Was hast du hier zu tun, Elia? 14 Er sprach: Ich habe für den HERRN, den Gott Zebaoth, geeifert; denn Israel hat deinen Bund verlassen, deine Altäre zerbrochen, deine Propheten mit dem Schwert getötet, und ich bin allein übriggeblieben, und sie trachten danach, daß sie mir das Leben nehmen. 15 Aber der HERR sprach zu ihm: Geh wieder deines Weges durch die Wüste nach Damaskus (...)
(1. Kön 19,9–15)

Die Erfahrung des Jona

Kap. 10 ▷ *Lest Jona 3,10–4,9 in eurer Bibel nach!*

10 Und der HERR sprach: Dich jammert die Staude, um die du dich nicht gemüht hast, hast sie auch nicht aufgezogen, die in einer Nacht ward und in einer Nacht verdarb, 11 und mich sollte nicht jammern Ninive, eine so große Stadt, in der mehr als hundertundzwanzigtausend Menschen sind, die nicht wissen, was rechts oder links ist, dazu auch viele Tiere?
(Jona 4,10 f)

Aus einer Vorlesung, gehalten in Frankfurt am Main 1894

Mit dieser Frage schließt das (...) Buch der prophetischen Literatur Israels. Schlichter, als etwas ganz Selbstverständliches, und eben darum herrlicher und ergreifender ist es im Alten Testament niemals ausgesprochen worden, daß Gott, eben als Schöpfer der ganzen Welt, auch zugleich der Gott und Vater der ganzen Welt sein müsse, dessen liebendem gütigem Vaterherzen alle Menschen gleich nahe stehen, für den es keinen Unterschied von Nation und Bekenntnis gibt, sondern nur Menschen, welche er nach seinem Ebenbild geschaffen hat. In die Sphärenharmonie der unendlichen göttlichen Liebe und des unendlichen göttlichen Erbarmens klingt der israelitische Prophetismus (→Prophet) aus als köstlichstes Vermächtnis Israels für die ganze Welt.

(K. H. Cornill, Der israelitische Prophetismus, in: Fünf Vorträge für gebildete Laien, Straßburg 1905, S. 171 f)

▷ *Welche Gottesbilder liegen den alttestamentlichen Erzählungen von Elia und Jona zugrunde?*
▷ *Charakterisiert »Gott« in beiden Erzählungen!*

Martin Luther erinnert an die Erfahrungen des Jesaja

Das Sanctus (1526)

→heilig

Mathias Grünewald, Stuppacher Madonna, Ausschnitt: Gott in den Wolken

Zur Geschichte des »Sanctus«

Das Sanctus (der vierte der Ordinariumsgesänge) gehört als immer gleiche Fortsetzung der vielfältig abgewandelten Präfationstexte[1] wahrscheinlich zum ältesten christlichen Bestand der Messe. Der Text des Sanctus, des Epinikion (Siegeslied) der griechischen Liturgie, ist biblischen Ursprungs. Ihm liegt der Text von Jesaja 6,1–5 zugrunde. Das von den Gläubigen gesprochene oder vielleicht auch schon gesungene Sanctus war möglicherweise bereits in der morgendlichen Eucharistiefeier der Urkirche enthalten. In der morgenländischen Messe seit dem 4. Jahrhundert ist das Sanctus bereits fester Bestandteil des Hochgebets, ebenso in der byzantinischen Liturgie. Es wurde auch in die lateinische Messe in Rom übernommen, die seit dem 3. Jahrhundert mehr und mehr die griechische Liturgie ablöste. Seit dieser Zeit ist das Sanctus aus der Messe nicht mehr wegzudenken. Allen Generationen von Christen ging es so in Fleisch und Blut über.

▷ *Wie beschreibt Jesaja Gott?*
▷ *Versucht, anhand des Liedtextes die Bedeutung des Wortes »heilig« zu klären. Durch welche Adjektive könnte man es ersetzen (oder ergänzen)?*

---

1 Stück in der Abendmahlsliturgie (»Die Herzen in die Höhe«)

Bilder von Gott in Sprache und Erfahrung

Frank Crüsemann schreibt in seiner Auslegung der Zehn Gebote:
Ein dritter Punkt ist, daß das Bilderverbot die große Fülle sprachlicher Bilder für Gott und sein Handeln, die das Alte Testament enthält und die vor allem die Prophetie (Hosea!) so tief prägen, nicht nur nicht mitmeinte und also verbot, sondern daß sie der Sache nach gerade mit dieser Vorstellung eines abbildlosen Gottes zusammenhängen. Zu diesen Bildern gehören auch die für uns nach wie vor oft befremdlichen Anthropomorphismen (Übertragungen menschlicher Eigenschaften auf Gott), die von Gott wie von einem Menschen reden. Aber dieser Gott war *erfahrbar* für Israel, und diese Erfahrungen konnten und mußten weitergegeben werden. Keines der Bilder jedoch, auch keines der sprachlichen Bilder, konnte ihn fassen, ihm entsprechen, alle mußten einmalig und austauschbar bleiben.

(Aus: F. Crüsemann, Bewahrung der Freiheit. Das Thema des Dekalogs in sozialgeschichtlicher Perspektive, München 1983, S. 54)

▷ *Stimmt ihr der These Frank Crüsemanns zu, daß alle sprachlichen Bilder für Gott in der Bibel »einmalig und austauschbar bleiben«? Begründet euer Urteil!*
▷ *Wenn ihr persönlich ein Bild von Gott entwerfen solltet, daß Erfahrungen unserer Zeit weitergibt, wofür würdet ihr euch entscheiden?*

3. Bilder von Gott im → Neuen Testament

Mathias Grünewald: Isenheimer Altar, Geburtsszene

Weihnacht

damals

als gott
im schrei der geburt
die gottesbilder zerschlug

und

zwischen marias schenkeln
runzlig rot
das kind lag

(K. Marti, in: Geduld und Revolte. Die Gedichte am Rande, Stuttgart 1984, S. 8)

33 Und zur sechsten Stunde kam eine Finsternis über das ganze Land bis zur neunten Stunde. 34 Und zur neunten Stunde rief Jesus laut: Eli, Eli, lama asabtani? das heißt übersetzt: Mein Gott, mein Gott, warum hast du mich verlassen? 35 Und einige, die dabeistanden, als sie das hörten, sprachen sie: Siehe, er ruft den Elia. 36 Da lief einer und füllte einen Schwamm mit Essig, steckte ihn auf ein Rohr, gab ihm zu trinken und sprach: Halt, laßt sehen, ob Elia komme und ihn herabnehme! 37 Aber Jesus schrie laut und verschied. 38 Und der Vorhang im Tempel zerriß in zwei Stücke von oben an bis unten aus. 39 Der Hauptmann aber, der dabeistand, ihm gegenüber, und sah, daß er so verschied, sprach: Wahrlich, dieser Mensch ist Gottes Sohn gewesen!
(Mk 15,33–39)

Und das Kreuz?
Symbol der Grausamkeit,
widergöttlich, gegenmenschlich.

Solange auf Erden
gefoltert, getötet wird,
erinnern Kreuze und Kruzifixe
an die unendlichen Leiden
Verfolgter, Gequälter, Getöteter,
ruft der Gekreuzigte auf
zum Kreuzzug gegen das Morden.

Jedes Kreuz: ein Seufzer
nach Seinem Reich,
wo's keine Kreuze mehr gibt.

(K. Marti, in: Die gesellige Gottheit, a.a.O., S. 62)

→ **Trinitätslehre**
→ **Inkarnation**

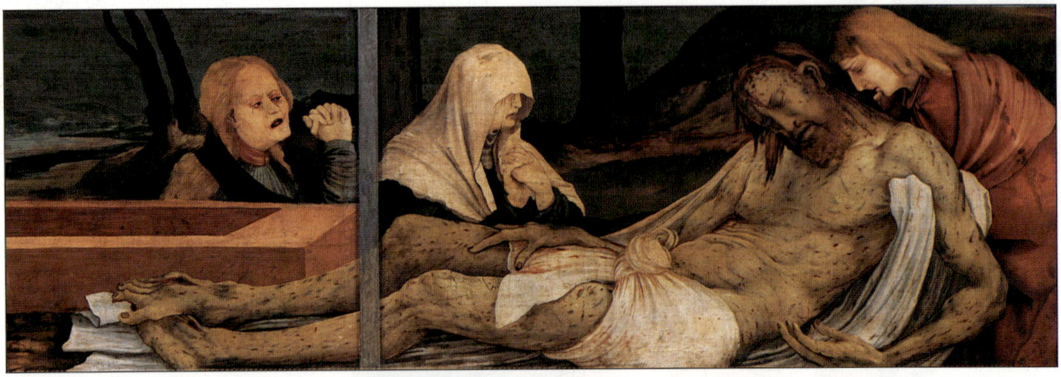

Mathias Grünewald: Isenheimer Altar, Grablegung

»In der Welt habt ihr Angst,
doch fasset Mut,
ich habe die Welt besiegt«,
sagte Er,
heimgesucht oft
von Visionen apokalyptischer Katastrophen,
heimgesucht schließlich
von seiner Individualapokalypse,
der Katastrophe der Kreuzigung –
Christus,
hämmernder Herzschlag unserer Angst,

deus nudus
Gott nackt,
Spielball der Mächte:
Ihm glaub ich's.

Ihm,
dem vom Schandtot Erweckten,
alle Gewalt!
»Noch ist nicht offenbar,
was wir sein werden«
(1. Johannes 3,2)
Pfingstwinde künden
das Ende »jeder Gewalt
jeder Macht und Kraft«
(1. Korinther 15,24),
damit auf Erden
gleich wie im Himmel
herrschaftsfreie Gesellschaft sei.

(K. Marti, in: Die gesellige Gottheit, a.a.O., S. 65 f, 69 f)

Matthias Grünewald: Isenheimer Altar, Der auferstandene Christus

Historisches zum Isenheimer Altar

Mathias Grünewald (eigentlich Mathis Gothart-Nithart), dessen genaue Lebensdaten uns nicht bekannt sind, schuf sein größtes und berühmtestes Werk, den Isenheimer Altar, zwischen 1510 und 1515. Es war eine Auftragsarbeit für die Hospitalkirche des Antoniterklosters von Isenheim im Ober-Elsaß, 20 Kilometer südlich von Colmar. Der Antoniterorden hatte sich im 11. Jahrhundert in Südfrankreich gebildet, wo die Gebeine des heiligen Antonius verehrt wurden. Dieser Heilige genoß während des gesamten Mittelalters außerordentliche Verehrung als Helfer der Menschen bei schädlichen Krankheiten, vor allem beim Aussatz. Diese Seuche, die seit dem 10. Jahrhundert das Abendland durchwütete und Tausenden das Leben nahm, nannte man zu jener Zeit »Höllenbrand« oder »Brennende Leiden«. Sie verursachte unerträgliche Schmerzen, Brennen und Kribbeln in den Gliedmaßen und gab ihnen die schlimmsten Wahnvorstellungen; mit der Zeit wurden Hände und Füße zerfressen und faulten ab, die Organe angegriffen, ein schrecklicher Tod war die unausweichliche Folge. Dieser armen Menschen nahmen sich die Antoniter an, und für diese Menschen schuf Mathias Grünewald den Isenheimer Altar. Durch ein Gitter hindurch, das den Bereich der Kranken im Kirchenschiff abteilte, sahen die Insassen von Isenheim auf diesen Altar und den »auferstandenen Christus«. Für diese Menschen muß es ein zutiefst tröstender und erlösender Gedanke gewesen sein, wenn sie sahen, wie sich am hohen Auferstehungstag ein makelloser Geist aus dem siechen Leichnam löste.

(W. Fraenger, Der Isenheimer Altar, a.a.O., S. 45)

▷ *Tragt zusammen, welche Bilder von Gott aus der Hebräischen Bibel sich in der neutestamentlichen Erzählung vom Leben Jesu widerspiegeln!*
▷ *Welche Vorstellungen und Erfahrungen von Gott enthält das Neue Testament zusätzlich?*

4. Gott in den Vorstellungen der Menschen heute?

> »Gott ist lange tot!« wußte der junge Mann. – »Seltsam«, wunderte sich der alte Pater, »vor einer Stunde sprach ich noch mit ihm.«
>
> (Aus: L. Zenetti, Texte der Zuversicht, München 1973, S. 153)

▷ *Die folgenden Texte vermitteln typische Vorstellungen von Gott in unserer Zeit – zwischen Glauben, Kritik und Zweifeln.*
Ihr könnt diese Texte zur Weiterarbeit entweder der Reihe nach bearbeiten oder eine gezielte Auswahl treffen, um bestimmte Themenschwerpunkte zu setzen – beispielsweise ausgehend von Fragen wie: »Wie kann man bei all dem Leiden in der Welt überhaupt noch an Gott glauben?« Oder: »Welche (sinnvolle) Bedeutung kann Religion für einen modernen Menschen des 20. Jahrhunderts haben?«

Das höchste Wesen?

Mit mehr Richtigkeit nannte ich vorzugsweise ein langes hohes Kirchendach, das mächtig über alle Gipfel emporragte, den Berg. Seine gegen Westen gekehrte große Fläche war für meine Augen ein unermeßliches Feld, auf welchem sie mit immer neuer Lust ruhten, wenn die letzten Strahlen der Sonne es beschienen, und diese schiefe, rotglühende Ebene über der dunklen Stadt war für mich recht eigentlich das, was die Phantasie sonst unter seligen Auen oder Gefilden versteht. Auf diesem Dache stand ein schlankes, nadelspitzes Türmchen, in welchem eine kleine Glocke hing und auf dessen Spitze sich ein glänzender goldener Hahn drehte. Wenn in der Dämmerung das Glöckchen läutete, so sprach meine Mutter von Gott und lehrte mich beten; ich fragte: »Was ist Gott? Ist es ein Mann?« und sie antwortete: »Nein, Gott ist ein Geist!« Das Kirchendach versank nach und nach in grauen Schatten, das Licht klomme an dem Türmchen hinaus, bis es zuletzt nur noch auf dem goldenen Wetterhahne funkelte, und eines Abends fand ich mich plötzlich des bestimmten Glaubens, daß dieser Hahn Gott sei. Er spielte auch keine unbestimmte Rolle der Anwesenheit in den kleinen Kindergebeten, welche ich mit vielem Vergnügen herzusagen wußte. Als ich aber einst ein Bilderbuch bekam, in dem ein prächtig gefärbter Tiger ansehnlich dasitzend abgebildet war, ging meine Vorstellung von Gott allmählich auf diesen über, ohne daß ich jedoch, so wenig wie vom Hahne, je eine Meinung darüber äußerte. Es waren ganz innerliche Anschauungen, und nur wenn der Name Gottes genannt wurde, so schwebte mir erst der glänzende Vogel und nachher schöne Tiger vor. Allmählich mischt sich zwar nicht ein klares Bild, aber ein edlerer Begriff in meine Gedanken. Ich betete mein Unser Vater, dessen Einteilung und Abrundung mir das Einprägen leicht und das Wiederholen zu einer angenehmen Übung gemacht hatte, mit großer Meisterschaft und vielen Variatio-

nen, indem ich diesen oder jenen Teil doppelt und unter leisem Hersagen eines Satzes den folgenden langsam und laut betonte und dann rückwärts betete und mit den Anfangsworten »Vater unser« schloß. Aus diesem Gebete hat sich eine Ahnung in mir niedergeschlagen, daß Gott ein Wesen sein müsse, mit welchem sich allenfalls ein vernünftiges Wort sprechen ließe, eher als mit jenen Tiergestalten.
So lebte ich in einem unschuldig vergnüglichen Verhältnisse mit dem höchsten Wesen, ich kannte keine Bedürfnisse und keine Dankbarkeit, kein Recht und kein Unrecht und ließ Gott herzlich einen guten Mann sein, wenn meine Aufmerksamkeit von ihm abgezogen wurde.

(Aus: G. Keller, Der grüne Heinrich, zit. nach dem Text der Ausgabe von 1879/80)

Der springende Punkt

Fynn, hinter dessen Pseudonym sich ein irischer Mathematiker verbirgt, hat in seinem Buch »Hallo Mister Gott, hier spricht Anna« die wahre Geschichte von Anna aufgeschrieben, aus der der folgende Text stammt.
Heute wollte Anna das Schattenbild unseres alten Milchtopfs sehen. Dann bat sie mich, den Umriß mit Bleistift auf dem Bogen nachzuziehen. Da stand ich, in der einen Hand den Topf, in der anderen den Stift. Der Abstand war zu groß. Es ging nicht. (…) Aber Anna ließ nicht locker. Bei ihr durfte man nicht aufgeben. Sie meinte trocken: »Dann stell doch irgendwas unter den Topf.« Wir schleppten ein Tischchen herbei, einen Haufen Bücher als weitere Unterlage, und dann konnte ich den Milchtopfschattenriß auftragsgemäß zu Papier bringen.
»Und jetzt sollst du das ausschneiden«, kommandierte sie.
Meine beachtlichen Talente wurden durch solche untergeordneten Beschäftigungen erheblich mißachtet.
»Mach das selber«, sagte ich.
»Bitte, du«, sagte sie, »bitte, Fynn.«
Mit angemessenem Widerstreben schnitt ich den Milchtopf aus und gab ihn ihr. Sie starrte schweigend darauf und nickte. Dann legte sie den papiernen Topf zwischen die Seiten des dicken Lexikons.
Am nächsten Abend verlangte sie drei weitere Schattenbilder und ließ mich so klug wie zuvor. – Es vergingen drei Tage, bis sie wieder die Wunderlampe sehen wollte. Es waren drei Tage, in denen ich nur ihr rätselhaftes Lächeln sah. Sie grinste wie eine zu klein geratene Mona Lisa. Schließlich war sie so weit. »Jetzt«, sagte sie, »bitte jetzt.« Sie nahm die vier ausgeschnittenen Figuren aus dem Lexikon und legte sie auf den Tisch. »Fynn, halt das mal für mich.«
Ich hielt den Papiermilchtopf in den Lichtstrahl. Es erschein ein neuer Schattentopf. Wozu brauchte sie den Schatten eines Schattens? »Nein, nicht so, Fynn, der Strahl soll nicht auf den Topf fallen, sondern auf die Seite, die dünne Seite.«
Ich drehte das Blatt um 90 Grad. »Was siehst du, Fynn?« Ich sah Anna an. Sie kniff die Augen fest zu und schaute nicht hin.
»Ich seh einen Strich auf dem Tuch.«
»Und jetzt das nächste. Was siehst du jetzt?«
»Auch einen Strich.«
Auch das dritte und das vierte Bild ergab nur einen dünnen Schattenstrich. Schon wieder ein Einfall. Anna hatte herausgefunden, daß alle Dinge einen Schatten besaßen – seien es nun Berge, eine Maus, Blumen oder gar der König persönlich. Hielt man aber die Schatten selber ins Licht, so machten die Schatten einen Schattenstrich. Aber auch das war noch nicht alles.
Sie öffnete die Augen und sah mich streng an. »Fynn, kannst du einen Strich der Länge nach vor das Licht halten? Ich meine, kannst du dir vorstellen, wie das ist? Was siehst du dann auf der Leinwand?«
»Einen Punkt«, antwortete ich.
»Ja.« Ihr Lächeln war heller als der Strahl der Wunderlampe.
»Aber ich weiß noch immer nicht, was das Ganze soll.«
Das hübscheste Kompliment, das Anna mir je machte, war jetzt ihr Stillschweigen. Es bedeutete so viel wie – du bist ein intelligenter Mensch, du wirst schon selber drauf kommen. Ich kam drauf. Meistens kleidete ich mein Denkergebnis in die Frage: »Meinst du vielleicht, daß …?« (…)

Dinge besaßen einen Schatten, und er war ein untrügliches Zeichen für die Existenz der Dinge. Ein Schatten ließ eine Menge Dinge weg, die man nicht zählen konnte – zum Beispiel, daß etwas rot war oder süß. Der Schatten bewahrte nur die Form. Aber auch das war noch immer zu viel. Ein Schatten ersparte einem überflüssige Informationen. Und darum mußte der Schatten eines Schattens die Dinge noch mehr vereinfachen. Aus den Schatten von Schatten wurden Linien, aber die Linien waren verschieden lang, also brauchte man den Schatten eines Schattens, eines Schattens, und der war ein Punkt. Ein Punkt, auf den sich alles reduzieren ließ. Der springende Punkt, der zählte. Anna tippte einen schwarzen Punkt auf ein Blatt Papier.

»Ist das nicht fabelhaft, Fynn?« sagte sie und deutete auf den Punkt. »Das kann nun der Schatten von einem Schatten von einem Schatten von mir sein oder von einem Autobus oder von irgendwas... oder vielleicht bist du das, Fynn?«

Ich sah an mir herunter, sah den Punkt und erkannte mich nicht wieder. Und doch wußte ich, was sie meinte. Ein Punkt war das kleinste, das sich nicht weiter vereinfachen ließ. Und wie war der Weg andersrum? Ein Punkt ließ sich vergrößern, er wurde zur Linie, zur Form. Er quoll auf zu einem ganzen Universum, bis dorthin, wo er nicht mehr größer werden konnte. Dort war die absolute Größe, und sie hieß Mister Gott. Zwischen ihm und einem Punkt bewegt sich alles übrige.

(Aus: Hallo Mister Gott, hier spricht Anna, München 1981, S. 27 f)

▷ *Versucht, Annas Gedanken in Beziehung zu setzen mit den Einführungstexten auf S. 6 und dem folgenden Text auf dieser Seite!*

Denken wie im Vorschulalter?

Die einzige Erfahrungsgrundlage [des Kindes] ist das eigene Erlebnis des Wollens, Wertens, Fühlens und Bewirkenkönnens, und dieses wird in die Außenwelt projiziert. Das Kind glaubt, daß alle Dinge seiner Umgebung mit den gleichen Fähigkeiten ausgestattet sind wie es selbst; daher ist der Tisch, an dem man sich gestoßen hat, ein »böser« Tisch, der einem absichtlich wehgetan hat. Das Auto läuft, weil es schneller sein will als die Straßenbahn, und der Tautropfen auf der Blume ist eine Träne.

Das *Denken* im Vorschulalter wird auch als magisches Denken bezeichnet. Darunter versteht man die Tendenz (...), Naturerscheinungen dem Wirken höherer Mächte zuzuschreiben. Es gibt für den Menschen tatsächlich nur zwei Möglichkeiten, Naturphänomene zu erklären, nämlich die magische und die naturwissenschaftliche. Ohne die Kenntnis naturwissenschaftlicher Zusammenhänge bleibt nur die magische Erklärung, die darin besteht, daß man die Ereignisse und Erscheinungen in der Umwelt dem Wirken höherer Kräfte zuschreibt oder irgendwelchen Kräften, die den Dingen selbst innewohnen und die diese willkürlich einsetzen. Durch Jahrtausende hat magisches Denken die Menschheit beherrscht. Das Kind hat zweifellos eine Tendenz zu magischen Deutungen, nicht nur aus Informationsmangel, sondern weil ihm vorerst infolge der anthropomorphistischen Struktur seiner Denkprozesse keine andere Möglichkeit bleibt. (→ Magie, Transzendenz)

(Aus: L. Schenk-Danzinger, Entwicklungspsychologie, Wien 1988, S. 146 f)

Erfahrung als Ursprung der Religion

Religion scheint mir eine besondere Einstellung des menschlichen Geistes zu sein, welche man in Übereinstimmung mit dem ursprünglichen Gebrauch des Begriffes »religio« formulieren könnte als sorgfältige Berücksichtigung und Beobachtung gewisser dynamischer Faktoren, die aufgefaßt werden als »Mächte«: Geister, Dämonen, Götter, Gesetze, Ideen, Ideale oder wie immer der Mensch solche Faktoren genannt hat, die er in seiner Welt als mächtig, gefährlich oder hilfreich genug erfahren hat, um ihnen sorgfältige Berücksichtigung angedeihen zu lassen, oder als groß, schön und sinnvoll genug, um sie andächtig anzubeten und zu lieben. Im Englischen sagt man oft von jemandem, der an irgendeiner Bestrebung enthusiastisch interessiert ist, »that he is almost religiously devoted to his cause«. (...) Ich möchte deutlich machen, daß ich mit dem Ausdruck »Religion« nicht ein Glaubensbekenntnis meine. Es ist indessen richtig, daß jede →Konfession sich einerseits ursprünglich auf die Erfahrung des Numinosum* gründet, andererseits aber auf »Pistis«, auf Treue (Loyalität), Glauben und Vertrauen gegenüber einer bestimmten Erfahrung von numinoser Wirkung und der daraus folgenden Bewußtseinsveränderung; die Bekehrung des Paulus ist ein schlagendes Beispiel dafür. Man könnte also sagen, der Ausdruck →»Religion« bezeichne die besondere Einstellung eines Bewußtseins, welches durch die Erfahrung des Numinosum verändert worden ist. Konfessionen sind kodifizierte und dogmatisierte Formen ursprünglicher religiöser Erfahrungen. Die Inhalte der Erfahrungen sind geheiligt und in der Regel starr geworden in einem (...) Gedankengebäude. Die Ausübung und Wiedererzeugung der ursprünglichen Erfahrung sind zum →Ritus (...) geworden. Dies braucht nicht notwendigerweise eine leblose Versteinerung zu bedeuten. Im Gegenteil, es kann für Jahrhunderte und für unzählige Menschen die Form religiöser Erfahrung werden, ohne daß eine vitale Notwendigkeit besteht, sie zu ändern.

(Aus: C. G. Jung, Psychologie und Religion. Die Terry Lectures 1937, Olten 1939, S. 14 ff)

Ein Wort für die Tiefe des Seins

Der Name dieser unendlichen Tiefe und dieses unerschöpflichen Grundes allen Seins ist Gott. Jene Tiefe ist es, die mit dem Wort Gott gemeint ist. Und wenn das Wort für euch nicht viel Bedeutung besitzt, so übersetzt es und sprecht von der Tiefe in eurem Leben, vom Ursprung eures Seins, von dem, was euch unbedingt angeht, von dem, was ihr ohne irgendeinen Vorbehalt ernst nehmt. Wenn ihr das tut, werdet ihr vielleicht einiges, was ihr über Gott gelernt habt, vergessen müssen, vielleicht sogar das Wort selbst. Denn wenn ihr erkannt habt, daß Gott Tiefe bedeutet, so wißt ihr viel von ihm. Ihr könnt euch dann nicht mehr Atheisten oder Ungläubige nennen, denn ihr könnt nicht mehr denken oder sagen: Das Leben hat keine Tiefe, das Leben ist seicht, das Sein selbst ist nur Oberfläche. Nur wenn ihr das in voller Ernsthaftigkeit sagen könnt, wäret ihr Atheisten, sonst seid ihr es nicht. Wer um die Tiefe weiß, der weiß auch um Gott.

(Aus: P. Tillich, Wesen und Wandel des Glaubens, Berlin 1961. S. 58 ff)

Wer ist Gott?

Er ist ganz Liebe. Alle anderen Götter lieben nicht. Die Griechen – wir kennen das Hölderlin-Gedicht: »Ihr wandelt droben im Licht« – haben ausdrücklich gesagt, daß die Götter die Menschen nicht lieben und daß erst recht der letzte Gott, der göttlichste Geist, nicht liebt. Das Schweigen liebt nicht, das Unendliche liebt nicht. Alle Götter verlangen unsere Liebe, unsere Opfer, verbrauchen uns und lassen uns dann auf den Müll fallen. Darum enttäuschen sie irgendwann einmal jeden. Dieser Gott – so sagen uns die, die von ihm gehört und Erfahrungen mit ihm gemacht haben – enttäuscht nie, selbst wenn er einen so lange Zeit enttäuscht wie den Hiob. Dieser Gott opfert sich selbst. Im Kreuz Jesu erkannten sie einen Gott, der sich für seine winzigen Geschöpfe, die ihm nichts geben können als Dank, selbst ganz hingibt.

(H. Gollwitzer, Wer ist Gott?, in: H. Drüge/H. Jenhard/W. Rohrmann [Hg.], Nachdenken über Gott, Fragen – Antworten – Informationen, Gütersloh 1983, S. 102 ff)

---

* von lateinisch numen: Wink, Wille, Macht einer Gottheit; anderes Wort für »das Heilige«

Exkurs: Über das Zweifeln an der Gerechtigkeit Gottes

Marc Chagall: Hiob

Anläßlich eines Todes

in memoriam G. B.

In Karlsruhe läuft, wie du weißt, Gott, eine
Straßenbahn seit achtzehnhundertsiebzig ohne
Unfall, diese bestieg am ersten März, bestieg
genau den Waggon, den du ausgesucht hattest, Gott,
der Musikstudent G. B., du kennst ihn, er kam
öfter ins Haus, heiter, begabt, Bild eines
Menschen, liebenswert machtest du ihn,
und pünktlich bestieg er die Bahn,
die dann aus unerklärlichen
Gründen, doch du kennst sie, nehme ich an,
entgleiste und den Studenten, dem du als einzigem
Fahrgast abzuspringen befahlst, in der Sekunde
genau, als der Anhänger kippte, erschlug samt
seiner Geige, ihn, keinen andern, du weißt es,
doch was sag ich der Mutter, die das Bündel
schwarzgeränderter Karten nach Ursachen
abklopft, soll ich sagen, du hättest das ein-
gefädelt, genau nach Plan, soll ich sagen, daß
alles Sinn hat, verborgenen Sinn meinetwegen,
oder, was meinst du, ich sage schwarzgerändert, das
Wort, das dich ausschließt,
das dich zur Hilfskonstruktion
macht, Gott, das Wort, das die Tröster entlarvt, das
Wort, das bleibt, wenn du fortgehst, wenn du sagst, du
kenntest die Karlsruher Straßenbahn nicht, nicht den
Studenten G. B., das Wort, das einzige, das dich
ersetzt, das, falls du tot bist, stehen muß auf dem
Grabstein: PECH GEHABT –
soll ich's sagen, das Wort, dem
toten Studenten G. B., soll ich's sagen der Mutter?

(Aus: R. O. Wiemer, Anläßlich eines Todes, in: Wortwechsel, Berlin 1973)

▷ *Welche Fragen wirft das Gedicht in bezug auf die Gottesfrage auf? Welche sinnvollen Antworten lassen sich denken?*

→ **Theodizee**

▷ *Lest zum Vergleich das Hiob-Buch in eurer Bibel nach!*

▷ *Versucht, eine Antwort auf die sogenannte »Theodizeefrage« mit Hilfe des folgenden Textes von Dorothee Sölle oder dem obigen Bild von Marc Chagall zu formulieren!*

Der Gott der Bibel – die Stärke der Schwachen

Was können wir von Gott sagen – »danach«? Daß er mit den Leidenden ist, nicht mit den Henkern und nicht mit den Zuschauern. Daß er vergast wurde. Daß ihm niemand helfen konnte, weil wir ihm nicht halfen. Daß wir von seinem Leiden sprechen sollen und nicht von seiner Potenz. Daß er bei den Opfern von Gewalt ist und nicht bei denen, die Gewalt üben. In der Vorstellung von Gott als dem, der die Geschichte lenkt, steckt ein Stück Fatalismus oder Schickalsglauben. Es war eben Gottes Wille, sagen wir; hätte er es nicht gewollt, wäre es nicht geschehen. Aber das ist eine kindische, herrschaftsgläubige Theologie. Auschwitz war nicht der Wille Gottes und auch nicht das, was er zuließ. Es geschah nicht in seinem Namen, sondern im Namen des deutschen Volkes. Ich vermute, daß Fatalismus, auch wenn er fromm daherkommt, Solidarität ausschließt. Der Gott der Bibel ist ein Gott der immer wieder unterliegenden menschlichen Solidarität, die in der Bibel »die Stärke der Schwachen« genannt wird. Er ist nicht der von uns unabhängige Herr, der seine undurchschaubaren Pläne mit uns hat. Er zieht uns zu sich, so stark oder so schwach, wie Liebe zieht. Ohne jede Gewalt. In diesem Sog der Liebe sind Menschen an einen Punkt gekommen, wo sie nicht mehr fragen mußten: »Warum läßt Gott das zu?« Sie ließen sich durch das, was immer geschah, nicht an Gott irremachen. Einige Juden sind betend in die Gaskammern gegangen, aber der Gott, zu dem sie beteten, ist nicht der objektgewordene Lenker der Geschichte. Wir müssen anfangen, genauer über Gott zu reden, so daß der Sinn unseres Lebens in der Gottesrede erscheint und nicht die Herrschaft über unser Leben in der Rede von Gott. Und wir müssen anders von Jesus reden, dürfen aus der →Christologie nicht ausklammern, daß er jüdischer Proletarier und nicht römischer Bürger war. Er kommt von unten, nicht von oben. Er lebt ohne Schutz und lehnt den Schutz der Gewalt ab. Wenn aus diesem armen Mann von Nazareth ein reines Himmelswesen mit aller Macht und allen Vollmachten herausdestilliert wird, in dessen Namen Frauen als Hexen und Juden als Christusmörder verfolgt und verbrannt worden sind, dann ist daran auch eine allzu steile Christologie beteiligt, eine Lehre von Christus, die seine Menschlichkeit, seine Verwurzelung im Judentum überspielt.
Ein Christus ohne die hebräische Bibel ist ein Christus, der nicht mehr unter der Ungerechtigkeit leidet, sondern mit den Herrschenden triumphiert. Da wird der wirkliche, der jüdische, der arme Jesus vergessen und beschwichtigt.

(D. Sölle, Davor und danach, in: dies., Das Fenster der Verwundbarkeit. Theologisch-politische Texte, Stuttgart 1987, S. 275 f)

Wie sieht Gott aus?

Ich stelle mir Gott nicht vor (...). Meine Beziehung zu Gott hat mit »Vorstellen« nichts zu tun. Falls meine Kinder mich das fragen würden, dann würde ich ihnen ein Foto zeigen von einem kleinen indischen Mädchen, das Hunger hat. Dann würde ich sagen: »So sieht Gott aus.« Und am nächsten Tag ein Foto von einem Vietkong-Jungen hinter Stacheldraht und sagen: »So sieht Gott aus.«

(D. Sölle, zit. nach: U. Becker u. a., Orientierung Religion, Frankfurt am Main 1973, S. 13)

▷ *Äußert euch zu der Position D. Sölles! – Warum weisen ihrer Meinung nach alle Bilder von Gott immer wieder auf den Menschen?*

▷ *Nehmt im Rückblick auf das gesamte Kapitel persönlich Stellung zu der Frage: »Wie sieht Gott aus?«*

▷ *Tragt Gründe dafür zusammen, warum alle Bilder von Gott, die Menschen sich machen, eigentlich immer nur ein »Abglanz« bleiben müssen!*

Kapitel 2

Gewissen – Was wir tun, und wer sind sind

1. Was wir tun – wer wir sind

Interaktionsspiel: »Auf der Suche nach der Wahrheit«

Materialien: Um mitzuspielen, benötigt ihr Papier und einen Stift.
Teilnehmer: Alle Gruppenmitglieder
Anleitung: Ein Teilnehmer liest die Geschichte »Jenseits des Flusses« laut vor. Im Anschluß an den Vortrag schreibt jeder Spieler spontan für jede handelnde Person in der Geschichte eine Verhaltensnote zwischen »sehr gut« und »ungenügend« auf. Danach werden einige oder alle Ergebnisse zum Beispiel an der Tafel (kommentarlos) zusammengetragen.
Erst in einem weiteren Schritt wird über die Ergebnisse gesprochen und diskutiert.
Wichtig: Jede Benotung, die argumentativ *begründet* werden kann, hat ihre Daseinsberechtigung! Bei dem Gespräch in der Gruppe geht es *nicht* darum, eine Einheitsbenotung zu finden.

Jenseits des Flusses

Zu einem Weisen kam eines Tages ein junger Mann, der Schüler bei ihm werden wollte. »Der Welt mit ihren falschen Werten bin ich überdrüssig geworden«, sagte der junge Mann. »Ich bin auf der Suche nach dem Sinn des Lebens und nach Etwas, das mein Leben lebenswert macht! Ich suche die Wahrheit hinter allem, und ich frage mich: Wer bin ich selbst?«
Der weise Mann antwortete mit einer Geschichte:
»In einem Tal lebte einmal eine schöne junge Frau. Sie war in Liebe entbrannt zu einem jungen Mann auf der gegenüberliegenden Seite des Flusses. Der aber liebte sie nicht. – An einem warmen, aber stürmischen Abend hielt es die Frau nicht mehr aus: ›Ich kann nicht mehr allein sein...!‹
Sie ging hinunter zum Fluß, starrte sehnsüchtig auf das andere Ufer, aber weit und breit gab es keine Brücke. Und der Sturm, der das Tal herabwehte, hatte den Fluß verwandelt in einen reißenden Strom. Trotzdem ging die Frau zum einzigen Fährmann der Gegend. ›Du mußt mich übersetzen zu meinem Geliebten‹, bat sie ihn. Aber der Fährmann antwortete: ›Es ist zu gefährlich heute. Für Torheiten setze ich nicht mein Leben aufs Spiel.‹ – Die junge Frau bat und bettelte; schließlich fiel sie sogar auf die Knie und flehte ihn an. Da willigte der Fährmann ein. ›Unter einer Bedingung: Leg' deine Kleider ab hier am Ufer!‹ Das Mädchen zog sich aus und stieg ins Boot. Um gegen Wellen und Strömung anzusteuern, mußte der Fährmann sein ganzes Geschick aufbieten. Nackt, wie sie war, endlich am Ziel ihrer Sehnsucht, eilte die junge Frau dann zum Haus des Mannes, den sie liebte. Sie klopfte an seine Tür. Er trat hinaus und

sagte: ›Mach, daß du fortkommst! Bei mir kannst du nicht bleiben.‹ – In ihrer Verzweiflung lief die junge Frau zu einer anderen Hütte. Dort wohnte ein anderer Mann. Von dem wußte sie, daß er sie sehr liebte. Sie aber hatte sein Werben nie erhört. Die junge Frau klopfte. ›Komm herein‹, sagte der junge Mann und lächelte sie freundlich an. ›Du kannst hier übernachten.‹ In der Hütte brannte ein Feuer. Die Frau wärmte sich. Der Mann bereitete ihr ein Lager.«
Damit beendete der Weise seine Erzählung. »Nun überlege dir genau«, sagte er zu dem jungen Mann, »welche der vier Personen in dieser Geschichte hat sich am wahrhaftigsten verhalten. – Wenn du darüber eine Nacht lang nachgedacht hast – morgen früh schon wirst du mehr über dich selbst wissen ...«

(Frei nach: Geschichten zum Weiterdenken, 1979)

▷ *Überlegt nach eurem ersten Bewertungsdurchgang, wie sich völlig unterschiedliche Beurteilungen ein und derselben Person erklären lassen!*
▷ *Stimmt ihr dem Schlußsatz des Weisen zu: »Wenn du darüber eine Nacht lang nachgedacht hast (...) wirst du mehr über dich selbst wissen«?*
▷ *Würdet ihr nach eurer Diskussion alle Personen wieder ganz genauso bewerten wie im Anfang? – Wodurch hat sich euer Urteil (möglicherweise) geändert?*

Über Gebote

Auch in dem Song der Sängerin Bettina Wegner, die lange in der ehemaligen DDR gelebt hat, geht es um das Verhalten von Menschen, um Ideale und Wertvorstellungen.

Ja, Gebote braucht der Mensch wohl,
um zu überleben.
Also schafft er ständig neue,
sie zu übergeben
an die Welt, die nach ihm sein wird,
und an seine Erben;
denn es läßt sich mit Geboten
wirklich leichter sterben.
Lernte ich doch in der Schule:
Keiner solle lügen.
Und so war ich völlig sicher:
Niemand wird betrügen.
Doch im Lauf von dreißig Jahren
lernte ich verstehen:
Das Gebot kreiert man ja nur,
um es zu umgehen.
Wasserpredigt – Weingelage,
so stehn die Gesetze.
Und wer heut Moral noch fordert,
ruft schon auf zur Hetze.

Darum sah ich mich gezwungen,
eig'ne mir zu schaffen:
Zehn Gebote für mein Leben
als die letzten Waffen:
Aufrecht stehn, wenn andre sitzen.
Wind zu sein, wenn andre schwitzen.
Lauter schrein, wenn andre schweigen.
Beim Versteckspiel sich zu zeigen.
Nie als andrer zu erscheinen.
Bei Verletzung nicht mehr weinen.
Hoffnung haben beim Ertrinken.
Nicht im Wohlstand zu versinken.
Einen Feind zum Feinde machen.
Solidarität mit Schwachen.
Und ich habe sie nie gebrochen
bis auf ein Gebot:
Bei Verletzungen wein ich manchmal,
was ich mir verbot.

(Bettina Wegner, in: Traurig bin ich sowieso. Lieder und Gedichte, Reinbek 1982)

▷ *Was denkt die Sängerin über Gebote, und warum hat sie sich eigene Gebote geschaffen?*
▷ *Habt ihr in bezug auf Moralvorstellungen schon einmal ähnliche Erfahrungen gemacht?*
▷ *Diskutiert, ob individuelle Überzeugungen und herrschende Moral immer übereinstimmen sollten. – Geht dabei auf mögliche Vorteile und Gefahren für den einzelnen und für die Gemeinschaft ein!*
▷ *Der Songtext enthält Anspielungen auf sehr bekannte Bibeltexte, zum Beispiel auf den Dekalog. – Lest diesen in eurer Bibel Exodus 20,2–17/ Deuteronomium 5,6–21 nach!*

Interaktionsspiel: Pyramidendiskusssion

▷ *Führt eine Pyramidendiskussion über die 10 Grundsätze des Dekalogs!*
Anleitung: Jeder Teilnehmer belegt zunächst jedes einzelne Gebot mit einer ganz persönlichen Wertung, die folgender Skala entspricht: a = starke Zustimmung; b = zurückhaltende Zustimmung; c = Gleichgültigkeit; d = leichte Abneigung, e = starke Ablehnung! – Im Anschluß daran sucht sich jeder einen Gesprächspartner, mit dem er sich im Gespräch auf eine gemeinsame Wertung einigen muß. – Ist das erreicht, wird das Gespräch zu zweit mit zwei weiteren Teilnehmern fortgesetzt, die sich ebenfalls bereits geeinigt haben und so weiter. Die Spitze der Pyramide wäre erreicht, wenn sich alle einig würden; doch: Wichtiger als eine Einheitsbewertung sind eure Gespräche!

▷ *Alternative: Diskutiert, ob ihr die Reihenfolge der Zehn Gebote ändern würdet, wenn ihr die Möglichkeit dazu hättet! Würdet ihr für die heutige Zeit eventuell ein Gebot streichen oder eines ergänzen?*

Sinnvoll leben?

»Was wir tun«, und »wer wir sind« hängt oft in stärkerem Maße zusammen, als wir uns klarmachen oder wahrhaben wollen. Dabei setzt jeder Mensch bei allen seinen persönlichen Lebens-Entscheidungen immer auch Schwerpunkte im ethischen Bereich; welche Werte einem Menschen mehr bedeuten als andere, sagt schon sehr viel über seine Persönlichkeit, seine Identität, aus und gibt auch Aufschluß über den Sinn seines Lebens. Das Wort »Sinn« leitet sich ab von dem althochdeutschen »sinan« = »auf dem Weg sein, reisen«. Wenn jemand auf der Suche nach dem Sinn seines Lebens ist, heißt das eigentlich: er hat sich auf die Reise begeben, er prüft verschiedene → Wegweisungen, und er denkt über das Ziel nach, auf welches er sich hinbewegt. Möglicherweise entwirft er eine Reiseroute, indem er sich für ganz bestimmte Wegstrecken entscheidet und andere beiseite läßt.

▷ *Beschreibt die Stationen dieses sogenannten »Weges eines erfüllten Lebens« in der Karikatur!*
▷ *Wie stellt ihr selbst euch euer eigenes »erfülltes« Leben vor? – Welche Wünsche, Erwartungen, Lebensziele gehören eurer Meinung nach (unbedingt) dazu?*
▷ *Stellt euch vor, »eine gute Fee« gewährte euch die Erfüllung eines einzigen Wunsches für euer zukünftiges Leben – unter der Bedingung, daß ihr diesen gut begründen könntet! – Entwerft einen Brief, in welchem ihr der Fee eure Wahl erläutert!*
▷ *Versucht, einen alternativen Lebensweg zu dem der Karikatur zu skizzieren!*

Überlegungen, wie ihr sie soeben ausgetauscht habt, nämlich:
- was ein sinnvolles Leben ausmacht;
- welche Werte und Prinzipien den Vorrang vor anderen haben;
- wie (gut) Werte und Normen begründbar sind;
- welches Verhalten als »gut« oder »schlecht« gelten soll,

gehören in den Bereich von Ethik und Moral.

2. Ethik – Moral – Gewissen

Was ist Ethik?

»Ethik« (griech. »ta ethika« = das die Sitte, Gewohnheit, Gesinnung Betreffende) ist die Theorie der »guten« menschlichen Lebensführung, die systematische Lehre vom »richtigen« Verhalten. Alles ethische Nachdenken gilt dem Studium, der Entwicklung und der Beurteilung von Wertfragen und von Maßstäben, die gutes, moralisches, verantwortliches Handeln des Menschen anstreben. – Während die Ethik sich mit sittlichen Prinzipien, mit Werten und Normen *theoretisch* auseinandersetzt, erfaßt die »Moral« (lat. »mos« = Brauch, Sitte, Gewohnheit, Gesetz) demgegenüber die Regeln des *praktischen Verhaltens,* die in einer bestimmten Epoche und Kultur tatsächlich Geltung beansprucht haben beziehungsweise beanspruchen.
Systematisch wird ethische Reflexion vor allem in der Philosophie und in der Theologie betrieben, doch werden in unserer Zeit in wachsendem Maße für das Leben oder sogar für das Überleben aller Menschen derartig wichtige ethische Fragen aufgeworfen, daß immer mehr Fachbereiche – wie zum Beispiel Jura, Politik, Medizin, Biologie, Geographie und so weiter – sich an ethischen Grundsatzdiskussionen und an der Suche nach problemlösenden Regelungen beteiligen.

▷ *Sucht Beispiele für brennende Fragen der Ethik in unserer Zeit!*

Ethische Grundmodelle

Im Laufe der Menschheitsgeschichte haben sich die unterschiedlichsten ethischen Systeme ausgebildet und ganz oder teilweise bis auf den heutigen Tag in Gesinnung und Verhalten der Menschen niedergeschlagen. Bei ethischen Grundsatzdebatten beobachtet man nicht selten, wie verschiedenartig die Wertmaßstäbe sind, von denen Gesprächspartner ausgehen; möglicherweise wäre manchmal sogar eine Verständigung leichter, wenn jeder von sich selbst und von seinem Gegenüber genau wüßte, von *welchem* ethischen Maßstab er ausgeht.
Grundsätzlich kann man alle ethischen Systeme danach einteilen, ob sie sich eher an unbedingt zu erfüllenden *Pflichten* (= deontologische Ethik, von: griech. »to deon« = die Pflicht) oder aber eher an einem angestrebten *Ziel* (= teleologische Ethik, von: griech. »telos« = das Ziel) orientieren. – Vergleichbar ist die Unterscheidung zwischen *Gesinnungsethik,* die für alles Handeln den »guten Willen« zum Maßstab macht, und *Erfolgsethik,* die alles Handeln an den (voraussehbaren) Konsequenzen mißt.
Eine andere Einteilung geht von *Normenethik* und *Situationsethik* aus; während die Normenethik verbindliche Handlungsprinzipien aus einem immergültigen Normensystem gewinnt, besagt Situationsethik im Gegensatz dazu, daß immer erst in einer ganz bestimmten, konkreten Situation sichtbar wird, was man tun muß.
Einige ethische Richtungen ordnen sämtliche sittlichen Fragen, Werte und Normen *einem* ganz bestimmten *höchsten Wert* unter, etwa »der Lust« (= Hedonismus) oder »der Glückseligkeit« (= Eudämonismus) oder dem eigenen beziehungsweise dem allgemeinen »Nutzen« (= Utilitarismus).
Jedes ethische Modell kann man darüber hinaus daraufhin untersuchen, ob es *autonom* oder aber *heteronom* ist; in einem autonomen System setzt sich der Mensch seine Handlungsnormen selbst, in einem heteronomen ethischen System läßt sich der Mensch die Gesetze für sein Handeln von einer anderen Autorität setzen.

▷ *Sucht ein aktuelles Beispiel aus der Tagespresse, in dem Diskussionsteilnehmer offenbar von ganz verschiedenen ethischen Maßstäben ausgehen! Entwerft mögliche Konfliktlösungen für eine solche Situation!*
▷ *Was kann man positiv tun, wenn in wichtigen Diskussionen unterschiedliche Positionen vertreten werden? Aus welchen Gründen kann es gerade dann, wenn Diskussionsteilnehmer von völlig unterschiedlichen ethischen Maßstäben ausgehen, unbedingt nötig sein, die Auseinandersetzung fortzusetzen?*
▷ *Versucht, die folgenden moralischen Stellungnahmen den ethischen Grundmodellen oben zuzuordnen.*

Ein Beispiel aus der Umwelt-Ethik

In den achtziger Jahren vertraten immer mehr Ökologen die Theorie, daß unter anderem die Schadstoff-Emission der Automobile eine schwerwiegende Ursache für das Waldsterben und die (vermutlich) damit verbundenen Klima-Veränderungen darstellen; auf diesem Hintergrund entbrannte eine heftige ethische Kontroverse darüber, ob bestimmte schadstoffmindernde Maßnahmen, wie zum Beispiel Katalysatoren, Tempo-Limits, autofreie Tage, Fahrgemeinschaften etc. gesetzlich vorgeschrieben oder in die Verantwortung des einzelnen gelegt werden sollten. Stellungnahmen wie die folgenden trugen die öffentliche Diskussion.

▷ *Achtet bei eurer Analyse der verschiedenen Äußerungen ganz genau darauf, womit die einzelnen argumentieren, was sie damit bezwecken und wie sie ihre persönliche Rolle dabei sehen!*

1 Ist das nicht alles übertrieben negativ dargestellt? Ich kann mir nicht vorstellen, daß das Waldsterben wirklich nicht mehr aufzuhalten sein soll. – Wir alle wollen doch, daß unsere Kinder den herrlichen Wald noch so genießen können, wie wir selbst. Mit etwas gutem Willen muß unsere Umwelt doch zu retten sein!

2 Die Wälder haben nur einen geringen Nutzwert, verglichen mit dem des Straßenverkehrsnetzes und all seiner Vorteile für unsere Gesellschaft. Ohne umfangreiche Nutzung des Straßenverkehrs würde unser gesamtes Wirtschaftssystem bald zusammenbrechen: Millionen von Arbeitsplätzen gingen verloren!

3 »Macht euch die Erde untertan!« – Für uns Menschen im 20. Jahrhundert bedeutet das eben den Vorrang der Technik vor der unbezwungenen Natur! Selbst, wenn sich durch die Vernichtung der Wälder die klimatischen Bedingungen – Treibhauseffekt und so – wirklich ändern sollten, haben wir doch genügend Möglichkeiten, mit neuen Erfindungen darauf zu reagieren und weiterhin alle Vorteile des Fortschritts zu nutzen!

4 Schnelles Fahren macht mir Spaß! Wenn ich so richtig aufs Gaspedal trete, vergesse ich allen Ärger, den ich sonst so habe. Mein schneller Flitzer ist mein ein und alles. – Im Wald gehe ich sowieso nie spazieren! Meine Devise lautet: »Freie Fahrt für freie Bürger!«

5 Davon, daß *ich* nicht mehr mit meinem Auto fahre, wird auch nichts besser! Die wahren Umwelt-Sünder sitzen doch ganz woanders! Solange »die da oben« keine Gesetze erlassen, die auch den Großen mal an den Kragen gehen, kann man da sowieso nichts machen!

6 Der Mensch hat von Gott den Auftrag erhalten, die Schöpfung zu bebauen und zu bewahren. Unsere Umwelt ist so etwas wie ein Mit-Geschöpf mit einen eigenen Recht auf Leben und die Respektierung seiner Lebensgesetze. Wir müssen die Ansprüche der Biosphäre genau erforschen und den egoistischen Wachstumsbestrebungen der Menschheit entgegensetzen – auch wenn das, je nach Situation, mit Konsumverzicht und gründlichem Umdenken verbunden ist.

▷ *Könnt ihr diese Sammlung typischer moralischer Argumente erweitern?*

Stufen der moralischen Entwicklung

Jeder Mensch muß während seines gesamten Lebens immer wieder aufs neue die Wertvorstellungen, die seine Lebensentscheidungen bestimmen, überdenken, gestalten, auch in Frage stellen oder korrigieren. Was ein Mensch als »gut« oder »böse« empfindet, hängt auch ab vom Reifegrad seiner Persönlichkeit, von seinem Charakter, aber auch von seinen individuellen Lebensumständen, von seinen Bezugspersonen, seiner sozialen Schicht, seinem Kulturkreis und von der Zeit, in der er lebt.
Im Laufe seines Lebens lernt der Mensch erst allmählich, Werte und Normen, die er in seiner →Sozialisation internalisiert hat, abzuwägen und selbständige, verantwortliche Entscheidungen zu treffen; das heißt er macht auch auf ethischem Gebiet eine Entwicklung durch.

▷ *Vergleicht die beiden Karikaturen Ivan Steigers miteinander! Was sagen beide Karikaturen aus über die moralische Überzeugung eines Menschen und mögliche Schwierigkeiten, denen er bei ihrer Verwirklichung begegnen kann?*
▷ *Diskutiert, ob sich die Menschen in den Karikaturen eigentlich richtig verhalten!*
▷ *Wovon hängt es ab, ob es »richtig« oder »falsch« ist, eine individuelle ethische Entscheidung durchzuhalten? – Sammelt möglichst viele Gesichtspunkte zu dieser Fragestellung!*

Was ein Kind gesagt bekommt

Der liebe Gott sieht alles.
Man spart für den Fall des Falles.
Die werden nichts, die nichts taugen.
Schmökern ist schlecht für die Augen.
Kohlentragen stärkt die Glieder.
Die schöne Kinderzeit, die kommt nicht wieder.
Man lacht nicht über ein Gebrechen.
Du sollst Erwachsenen nicht widersprechen.
Man greift nicht zuerst in die Schüssel bei Tisch.
Sonntagsspaziergang macht frisch.
Zum Alter ist man ehrerbötig.
Süßigkeiten sind für den Körper nicht nötig.
Kartoffeln sind gesund.
Ein Kind hält den Mund.

(Bertolt Brecht, Werkausgabe, Bd. 9, Frankfurt a. M. 1974, S. 585)

▷ *Lest das Gedicht von Bertolt Brecht.*
▷ *Erörtert, welche Aussageabsicht Brecht damit verfolgt haben könnte!*
▷ *Formuliert eine dem Gedicht entsprechende Antwort an die Erwachsenenwelt, zum Beispiel: »Was Erwachsene heutzutage gesagt bekommen sollten ...«*
▷ *Mit welchen übergeordneten Autoritäten hat es ein Mensch gewöhnlich im Laufe seiner Entwicklung vom Säugling zum Erwachsenen zu tun? – Stellt eine Liste zusammen!*

Das Gewissen – ein unklarer Begriff?

Die Beziehung eines Menschen zu »Gut« und »Böse« drückt sich zuallererst unmittelbar in seinem Gewissen aus. Unter *Gewissen* versteht man die »innere Stimme« eines Menschen, die ihn sittliche Werte erkennen, beurteilen und abwägen läßt.
Das Gewissen eines Menschen bewertet sein Denken, Handeln und Planen, indem es für die Beachtung des Normativen eintritt; das heißt es repräsentiert Werte, Prinzipien, Regeln, die er als »normal«, »gut«, »richtig« verinnerlicht hat. Somit hat das Gewissen kontrollierende und handlungssteuernde Funktionen.
Immer wenn zwei oder mehrere Werte im Widerspruch auftreten, entsteht ein *Gewissenskonflikt;* aus einer derartigen Unsicherheit kann man sich nur befreien, indem man sich zwischen zwei Verpflichtungen entscheidet und eine Priorität setzt. Ein echter Gewissenskonflikt kann beispielsweise die Entscheidung zwischen beruflicher Karriere und persönlicher Überzeugung sein.
Auch die *Gewissensbildung* eines Menschen macht im Normalfall eine längere Entwicklung durch, die dem Selbstfindungsprozeß zum eigenen Ich entspricht. Besonders wichtig und mühsam bei dieser stufenweisen Identitäts-Entwicklung vom Kind zum Jugendlichen und Erwachsenen ist der Übergang vom »heteronomen« (= fremdgesteuerten) zum »autonomen« (= selbstgesteuerten) Gewissen. – Das heißt für jeden Menschen auch: es gibt immer neue und komplexere Stufen auf dem Weg zu verantwortlichem Urteilen und Handeln.

▷ *Versucht euch zu erinnern, was ihr bei eurer Einschulung für »gut« und was für »schlecht« in dieser Welt gehalten habt. Zu welchen Themen hat sich euer Urteil besonders stark geändert?*
▷ *Könnt ihr euch an Situationen erinnern, in denen ihr a) einmal ein richtig schlechtes Gewissen hattet oder in denen ihr b) unter allen Umständen an eurer Gewissensüberzeugung festgehalten habt?*
▷ *Wo können Menschen heute in echte Gewissenskonflikte geraten, so daß sie sich zwischen ihrer religiösen Überzeugung und staatlicher Autorität entscheiden müssen? Fallen euch aktuelle Beispiele ein? – Kennt ihr Beispiele aus anderen Jahrhunderten – oder aus anderen Ländern?*

3. »Gut« und »Böse« unterscheiden – Das Gewissen in biblischer Sicht

Die Bibel enthält keine ganz genaue Übersetzung unseres Wortes »Gewissen«; sie umschreibt das Phänomen, indem sie beispielsweise einen Bezug zum *»Herzen«* des Menschen herstellt.
Sprachliche Wendungen wie: »Liebe IHN, deinen Gott, mit all deinem Herzen« (Dtn 6,5) spiegeln die Einsicht, daß die Beziehung zu Gott den *ganzheitlichen* Menschen verlangt.
Das »Herz« des Menschen in biblischer Sicht soll auf Gott bezogen sein; das heißt *theonom* sein. – Um ein gutes Gewissen haben zu können, reicht es danach nicht aus, religiöse Gebote oberflächlich zu erfüllen; vielmehr geht es um eine völlige Ausrichtung des Lebens auf Gott – um eine vollständige Umkehr (→ Wegweisung). Daraus erst ergeben sich ethische Grundsätze auch für das Miteinander im zwischenmenschlichen Bereich.
Die Zehn Gebote, die »zehn guten Worte«, die für Juden und Christen zum Maßstab ihres Entscheidens und Handelns geworden sind, verdeutlichen, auf das Wesentliche beschränkt, wie sehr Gottesliebe und Nächstenliebe zusammenhängen (vgl. Ex 20, 1–21; Dtn 5,6–22).
Auch Jesus hat die theologische Ethik der Bibel einmal in diesem Sinne zusammengefaßt; als ein Schriftgelehrter ihn nach dem höchsten Gebot der Bibel fragte, antwortete Jesus:

29 (...) Das höchste Gebot ist das: »Höre, Israel, der Herr, unser Gott, ist der Herr allein, 30 und du sollst den Herrn, deinen Gott lieben von ganzem Herzen, von ganzer Seele, von ganzem Gemüt und von allen deinen Kräften«. 31 Das andre ist dies: »Du sollst deinen Nächsten lieben wie dich selbst.« Es ist kein anderes Gebot größer als dies. (Mk 12,29–31; vgl. Mt 22,35–40; Lk 10,25–28)

Das heißt: die Gottesbeziehung betrifft den gesamten Menschen mit seinem Gefühl, seinem Verstand, seiner Gesinnung, seinem Willen, seinem Verlangen und seinem Streben – eben das »Herz« des Menschen; und der Weg zu Gott und zur eigenen Identität führt immer auch über den Mitmenschen. Dieses höchste Gebot wird auch das *Doppelgebot der Liebe* genannt; es gilt bis heute als Summe aller ethisch-religiösen Einzelgrundsätze.
Daneben sind in den biblischen Schriften noch viele andere ethische Prinzipien und Verhaltensregeln überliefert, die manchmal nicht ohne weiteres mit den ansonsten in der modernen Gesellschaft gültigen »Spielregeln« in Einklang zu bringen sind, beispielsweise die sogenannte *»Goldene Regel«* (Mt 7,12/Lk 6,31) oder der Grundsatz von der *»Feindesliebe«* (Mt 5,43–48/Lk 6,27-32–36). Die gesamte →*Bergpredigt* (Mt 5–7/Lk 6, 20–49) mit ihren Ratschlägen für ein besseres Zusammenleben aller Menschen fordert bis auf den heutigen Tag ethische Grundsatzdebatten heraus.

▷ *Lest die Bergpredigt einmal im Zusammenhang, und sucht Verse heraus, die euch in aktuellen ethischen Diskussionen schon einmal begegnet sind!*
▷ *Betrachtet die Lithographie von Otto Dix (1956) und beschreibt, was dort zu sehen ist! – Was könnte dieser Szene vorausgegangen sein?*
▷ *Stellt Vermutungen darüber an, warum der Hahn so überdimensional groß erscheint!*
▷ *Lest zum Vergleich Matthäus 26,31–75, und erläutert den Gewissenskonflikt des Petrus in dieser Situation!*

Die Basis biblischer Ethik

Ethische Einzelgrundsätze wie in der Bergpredigt oder in den Zehn Geboten – wie zum Beispiel »Morde nicht!« – finden sich auch in anderen Kulturen; ihre Besonderheit erweist sich erst durch ihren Begründungszusammenhang. *»Warum* werde ich eigentlich nicht morden?« In jüdischer und christlicher Religion lautet die Antwort: »Weil ich mich entschieden habe, Gott in meinem Leben anzuerkennen.« Diese Grundsatzentscheidung für den Maßstab an Gott bedeutet auch: Wenn ich meinem Mitmenschen etwas Böses antue, treffe ich damit nicht nur diesen Menschen, sondern auch Gott; letztlich treffe ich damit sogar

mich selbst, denn ich zerstöre meine Verbundenheit mit Gott, dem wichtigsten Verbündeten meines Lebens.
Theologisch gesprochen bedeutet ein Verstoßen gegen den ethischen Maßstab der Bibel ein Sich-Entfernen von Gott und ein Sich-Ausrichten auf andere Wertmaßstäbe in der Welt. Diesen Zustand der *Entfremdung von Gott,* des Abweichens von seiner → Wegweisung bezeichnet die Bibel als »Sünde« (Einzahl!). – Gemeint sind damit weniger das einzelne Vergehen, die jeweilige »böse Tat«, als vielmehr die zugrundeliegenden *Motive und Konsequenzen,* die sich mit dieser Übertretung verbinden. »Sünde« ist eigentlich eher ein *Zustand;* nämlich die grundsätzliche Auflehnung des Menschen gegen Gott, das Vergessen seiner Wegweisung. Sünde – so verstanden – heißt im Grunde: ein Leben zu führen, als ob es Gott nicht gäbe.

▷ *Anhand der folgenden drei Beispiele (S. 30-33) aus der Bibel und ihrer Auslegung (→ Exegese) ist es möglich, die bisherigen theoretischen Aussagen zu veranschaulichen! Ihr könnt alle Beispiele der Reihe nach behandeln oder euch nur eines davon aussuchen!*

Erstes Beispiel: Menschheitsgeschichte am Ursprung – Die Sache mit Gott ...

▷ *Lest die biblische Urgeschichte Genesis 1–11 (= 1 Mose 1–11)! Beschreibt mit eigenen Worten, welche menschlichen Grunderfahrungen und -konflikte in diesen Erzählungen vorkommen!*
▷ *Diskutiert in einem weiteren Schritt die folgenden Thesen dazu aus dem Evangelischen Erwachsenenkatechismus!*

»Sünde« in der Bibel

Was mit Sünde gemeint ist, finden wir bildhaft in der Urgeschichte am Anfang des Alten Testaments (1 Mose 1–11). Jeder denkt hier zuerst an die Erzählung vom »Sündenfall« 1 Mose 3. Der Verfasser stellt dar, wie der Mensch die ihm von Gott gesetzte Grenze überschreitet, sich bloßgestellt sieht, sich versteckt und die Schuld auf den anderen schiebt. Dieses Abschieben der Schuld zeigt den asozialen Charakter der Sünde, der im Brudermord besonders deutlich wird. Die Erzählung vom »Sündenfall« hat sich so eingeprägt, daß viele meinen, dies sei alles, was die Bibel zum Thema »Sünde« zu sagen habe. Aber die Urgeschichte berichtet von vier *Grenzüberschreitungen:*
– der einzelne Mensch übertritt Gottes Gebot, weil er kein Vertrauen zu seinem Schöpfer hat und dem Wort, das ihm Gott gegeben hat, mißtraut (Eva und Adam hören auf die Schlange und essen von der verbotenen Frucht, 1 Mose 3).
– der einzelne Mensch vergeht sich gegen seinen Mitmenschen. Er kann nicht glauben, daß er ebenso von Gott geliebt wird wie der andere; seine Eifersucht hat tödliche Wirkung (Kain erschlägt seinen Bruder Abel, 1 Mose 4).
– die Menschheit wird maßlos; sie begnügt sich nicht mit dem Menschen, wie er aus Gottes Hand hervorgegangen ist; sie will übermenschlich werden (Vermählung von Menschen und Engelwesen, 1 Mose 6,1–4).
– die Menschheit mißbraucht ihre technischen Möglichkeiten aus Herrschsucht und Angst heraus (Turmbau zu Babel, 1 Mose 11,1–9).
Isoliert man die Sündenfall-Geschichte von diesem Zusammenhang, dann kommt dabei ein Sündenverständnis heraus, das auf den einzelnen zugeschnitten ist. Erst die drei anderen Geschichten zeigen die soziale Dimension der Sünde. Man kann an dem Weg von der Übertretung des Gebotes Gottes durch Adam und Eva bis hin zum Turmbau zu Babel sehen, wie das gestörte Verhältnis zu Gott sich auf alle Bereiche des Lebens auswirkt und wie die Sünde zunimmt.

(Aus: W. Jentsch u. a., Evangelischer Erwachsenenkatechismus. Kursbuch des Glaubens. Gütersloh 1982)

▷ *Sucht in Illustrierten nach Bildern, die die »vier Grenzüberschreitungen« der Menschen in der biblischen Urgeschichte für unsere moderne Welt aktualisieren! Fertigt Collagen zu den einzelnen »Grenzüberschreitungen« daraus an, und unterlegt diese mit besonders wichtigen Versen aus den entsprechenden Bibeltexten!*

Zweites Beispiel: Jakob – Was er tut, und wer er ist

▷ *Lest Genesis 32,23–33, und stellt Vermutungen darüber an, was Jakob in dieser Nacht widerfahren sein könnte.*
▷ *Lest anschließend die gesamte Jakobserzählung Genesis 25–35, und diskutiert, ob sich eure Vermutungen zu Genesis 32 dadurch irgendwie geändert haben!*

→ **Umgang mit der Bibel: S. 215**

Die Theologin Maria Kassel hat eine psychologische Auslegung von Jakobs Kampf am Jabbok geschrieben. Der folgende sehr stark gekürzte und vereinfachte Textauszug bietet eine verblüffende Interpretation.

Jakobs Kampf mit dem Schatten – Selbsterfahrung als Eröffnung von Gotteserfahrung

Die Jakobsgeschichte im Buch Genesis ist ziemlich umfangreich. Im Zusammenhang gelesen, ergibt sie fast so etwas wie eine Biographie, von der Empfängnis angefangen bis zum Tod nach dem langen bewegten Leben.

Jakobs Doppelnatur: Der findige Kopf

Die Gestalt des Jakob ist durchgehend einheitlich charakterisiert durch Verstandesfähigkeiten und der ebenso stark ausgebildeten Fähigkeit, das, was Jakob für sich als richtig und gut ansieht, auch durchzusetzen. Fast scheint es, als seien ihm diese Fähigkeiten angeboren, denn schon bei der Geburt wird er als der gezeigt, der seine eigene Situation verbessern will. (...) Jakobs Fersenhalten bei der Geburt (25,26) (stellt) (...) einen Wesenszug Jakobs dar. Dieser erhält in den weiteren Geschichten verschärfte Umrisse. Jakob setzt alles daran, der Erste zu sein: er gewinnt das Erstgeburtsrecht, indem er die bedrängte Lage des Bruders ausnutzt, diesen übertölpelt (25,29–34), und er stabilisiert diesen Erfolg, indem er den Vater betrügt (27,18–40). (...) Rebekka verleitet Jakob zur Flucht vor Esau (27,42–46). List und Lüge sind ihre Mittel, und Jakob lernt sie gewissermaßen von ihr. (...) In Laban begegnet Jakob seinem Spiegelbild. Das Verhältnis der beiden zueinander ist von listigen Betrügereien gekennzeichnet. Laban unterschiebt Jakob in der Hochzeitsnacht die Lea anstelle der geliebten Rahel (29), und Jakob luchst dem Laban durch einen Trick den besten Teil seiner Herden ab (30).

Der dunkle Bruder

Esau, der Zwilling zu Jakob, ist eine *unverkennbare* Personalisierung der anderen Seite von Jakob. Er ist als der genaue *Gegentyp* zu dem hellen, »ordentlichen«, sein Leben schlau planenden Jakob gezeichnet. Am ganzen Körper ist er behaart (25), das heißt von *tierischem* Aussehen; sein Verhalten ist vom Trieb bestimmt – für die Augenblicksstillung des Hungers verkauft er das Vorrecht der Erstgeburt (25); er hat den (...) Beruf des Jägers, der grobe Kräfte verlangt und ihn mehr dem Zufall aussetzt, als ihm Lebensplanung ermöglicht – das Gegenteil zu Jakobs Beruf des Hirten (25); er nährt Rachegedanken und will den Konflikt mit dem Bruder (...) auf gewaltsame Weise lösen (27). (...) Im Vergleich mit Jakob ist er dumm; er durchschaut nicht, was der Bruder mit ihm spielt, und fällt auf dessen Trick herein. (...)

Jakobs Wandlung im Ringen mit dem Unbekannten

Jakobs Gottesbeziehung dient bis Gen 32 der Bestätigung seines selbstgemachten Lebensplans, der Sicherung des äußeren Lebenserfolgs. Jakob manipuliert Gott für seine eigenen Zwecke, setzt sich nicht dem Unbekannten aus, ist nicht offen für das *ganz Andere Gottes.* (...)
Mit dieser Ausbeutermentalität Gott gegenüber beraubt sich Jakob aber der Möglichkeit, in *seiner menschlichen Entwicklung* weiterzukommen. Er lebt nur in *einer* Dimension, mit ständig hellwachem Verstand, um sich keine Chance für seinen Vorteil entgehen zu lassen, um jederzeit alle Eventualitäten überblicken und abwägen zu können. (...) Um seine ganz und gar der Machterweiterung

Marc Chagall: Jakobs Kampf mit dem Engel

des Ich dienenden Lebensziele erreichen zu können, muß Jakob dauernd auf dem Quivive sein. Deshalb muß er alles abwehren, was seinen auf äußere Vorgänge gerichteten Blick trüben, was seine Aufmerksamkeit ablenken könnte. Die Wendung des Blicks *nach innen,* auf den dunklen Bruder, wäre für Jakobs Lebensentwurf bloß störend. (...)

Jakobs Konfrontation mit sich selbst

In Verbindung mit der Jakob-Esau-Erzählung, in welche die Geschichte vom Kampf am Jabbok mitten hineingesetzt ist, wird in Gen 32 die endlich stattfindende Auseinandersetzung Jakobs mit seinem Schatten geschildert, mit der von ihm abgewehrten unbewußten Seite seiner selbst (...).

In Gen 32 wird nun erzählt, wie Jakob gestellt wird und sich unausweichlich mit der zurückgelassenen Seite seines Lebens befassen muß. Er wird zu einer *Neustrukturierung* seines Lebens gezwungen. (...)
In dieser Lage, in der Jakob sich selbst nicht mehr entkommen kann, überfällt ihn der anonyme Kampfpartner: »einer« oder »ein Mann«. (...) »Der Mann« ist der dem Jakob unbekannte Mann Jakob. (...) Erst die Infragestellung seines bisherigen Lebenskonzepts ermöglicht es Jakob, seiner eigenen unbekannten Tiefe zu begegnen.(...)

(Aus: M. Kassel, Urbilder, München 1987³, S. 258–276)

▷ *Wie scheint der Künstler Marc Chagall den biblischen Text zu interpretieren? – Könnt ihr in dem Bild einen Zusammenhang erkennen zwischen dem, was Jakob tut, und wer er ist oder sein möchte?*
▷ *Wie erklärt Maria Kassel die Bedeutung dessen, was Jakob tut, für die Frage wer er ist?*

Erst als die Entscheidung über den Ausgang des Kampfes gefallen ist, als die dunkle Seite akzeptiert ist, erkennt er, mit *wem* er gerungen hat, *mit Gott.* Nun erfährt Jakob, daß er nicht nur in die Tiefen seines individuellen Lebens hinabgestiegen ist, sondern in die des Menschenlebens schlechthin, in die Tiefe, in der Gott erreichbar ist. Da Jakob den Konflikt *annimmt* und ihn (...) austrägt, (...) gelangt er zugleich in die tiefste, nämlich *religiöse* Dimension menschheitlicher Erfahrung.
(...) Jakob (...) wird gezwungen, seinen *Namen* zu nennen, das heißt sich als den zu erkennen, der er tatsächlich ist, Jakob, der *Fersennachsteller,* der Betrüger, der, der mit der Lebenslüge lebt. Indem er seinen Namen nennt, gibt er sich der unbekannten Macht preis, sucht er nicht mehr seinen Vorteil. (...) Da Jakob nun seine eigene Wahrheit zuläßt, mündet der Kampf (...) in die *Geburt* eines neuen Menschen. Denn jetzt erhält er einen neuen Namen: »Israel«. Der Name wird so erklärt: »Du hast mit Gott und Menschen gerungen und den Sieg errungen. (...) Das

Ausweichen vor sich selbst, vor der Wahrheit des eigenen Lebens, (...) bedeutet zugleich Fernsein von Gott. Und umgekehrt schafft Einswerden mit sich selbst, *Selbstannahme,* auch mit den abgelehnten Seiten der eigenen Person, *die Möglichkeit der Gotteserfahrung.* (...)
Jakob bleibt aber ein von dem Kampf Gezeichneter, er hinkt. Von nun an ist er ein »Behinderter«, der nicht mehr zu schrankenloser Machterweiterung des Ich ausschreiten kann. Er wird immer mit den Spuren des Kampfes behaftet bleiben. Die Geschichte von Jakobs nächtlichem Kampf versteht somit die Wandlung des Menschen nicht als eine Absage an das frühere unvollständige Leben, sondern sieht dieses *verwandelt eingebracht* in eine *reifere* Gestalt des Menschen; die Stationen der Menschwerdung bleiben erkennbar. (...)

▷ *Erhält die Erzählung von Jakobs Kampf am Jabbok durch die psychologische Deutung Maria Kassels so etwas wie eine zeitlose Wahrheit für alle Menschen, oder wird die biblische Botschaft eurer Meinung nach dadurch eher verfälscht?*
▷ *Versucht die Erfahrung Jakobs auch in anderen biblischen Erzählungen wiederzuentdecken! – Sammelt möglichst viele Beispiele aus eurer Erinnerung, die erzählen, wie Menschen sich einmal grundsätzlich gewandelt haben und dadurch erst ihre wahre Identität finden konnten!*

Otto Dix: Versuchung Jesu (1948)

Drittes Beispiel: Die Versuchung Jesu

▷ *Beschreibt, wie »der Versucher« und wie Jesus in dem Bild von Otto Dix auf euch wirken! Achtet dabei besonders auf die Haltung beider Figuren und auf ihren Augenausdruck!*
▷ *Lest Matthäus 4,1–11 und Lukas 4,1–13, und erläutert die Bedeutung von »Versuchung« und »Gewissen« am Anfang dieser Evangelien. – Hätte die Lebensgeschichte Jesu auch ganz anders verlaufen können?*

▷ *Überlegt, was Otto Dix 1948 bewegt haben könnte, das Thema der »Versuchung Jesu« aufzugreifen?*
Welche Bedeutung könnte die moderne Stadt im Hintergrund des Bildes wohl haben? Hat es für Jesus vor fast 2000 Jahren Entsprechungen zu dieser modernen Stadt gegeben?

4. Freiheit und Verantwortung – Theologische Texte zur Weiterarbeit

▷ *Anhand der folgenden Texte könnt ihr eure bisherigen Einsichten über ethische Gebote, das Gewissen und menschliche Identität vertiefen und erweitern.*

Von der Freiheit eines Christenmenschen

Ein Christenmensch ist (im Glauben) ein freier Herr über alle Dinge und niemand untertan.
Ein Christenmensch ist (in der Liebe) ein dienstbarer Knecht aller Dinge und jedermann untertan.

(Aus: Martin Luther, Von der Freiheit eines Christenmenschen, 1524)

Das Gewissen als Ort des Menschen

Der Glaube hat da seinen Ort, wo es um das Verstehen der Wirklichkeit geht. Und zwar um das Verstehen der Wirklichkeit im ganzen. Diese Ganzheit ist nicht Summierung des einzelnen, sondern das Widerfahrnis, daß an einem *einzigen* Punkt alles miteinander auf dem Spiel steht. Das klingt sehr merkwürdig. Aber man ahnt vielleicht, worum es geht, wenn ich sage: Dieser eine Punkt, an dem alles miteinander auf dem Spiel steht, ist das *Gewissen* des Menschen. (...)
Ist sein Gewissen fröhlich und getrost, so ist nicht nur der Mensch selbst fröhlich und getrost, sondern auch die ganze Wirklichkeit gewinnt für ihn ein anderes Gesicht. Was ihn im Gewissen bindet, das entscheidet darüber, wie ihn die ganze Wirklichkeit angeht. Wird sein Gewissen befreit, so steht er schlechthin in Freiheit, und keine Macht der Welt kann daran etwas ändern. Man bezeichnet darum das Gewissen besser nicht als Ort *im* Menschen, sondern – mag es auch befremdend klingen – als Ort *des* Menschen. Denn im Gewissen entscheidet es sich, wo der Mensch hingehört, *wo* er ist und wo er seine Bleibe hat.
Und das ist nun, aufs Elementarste gebracht, die Entscheidung zwischen *Unglauben* und *Glauben:* Wo gehört der Mensch hin, wo hat er seinen Ort, wo hat er seine Bleibe? Bei sich selbst und unter dem Zwangsgesetz der ihn angehenden Wirklichkeit – oder *außerhalb* seiner selbst und *außerhalb* des Gesetzeszwanges in jener Freiheit von sich selbst und jener Freiheit vom *Gesetz* der *Sünde* und des *Todes,* die Paulus als die herrliche Freiheit der Kinder Gottes bezeichnet hat (Röm 8,21)? (...) Das ist nicht mehr als ein Hinweis darauf, was zwischen Glauben und Unglauben zur Entscheidung steht. Es geht um den *Ort des Menschen.* Denn damit fällt die Entscheidung über die ganze Wirklichkeit: die Entscheidung zwischen Gewißheit und Verzweiflung, zwischen Freiheit und Knechtschaft, zwischen Leben und Tod. Und darum weiß sich der Glaube eins mit dem Sinn der Wirklichkeit, dem Sinn der Schöpfung.

(Aus: G. Ebeling, Glaube und Unglaube im Streit um die Wirklichkeit, in: Wort und Glaube, Bd. I, Tübingen 1967^3, S. 404 f)

▷ *Lest zum Vergleich Galater 5,13 f!*

Tugenden der Phantasie

In der Geschichte der Philosophie gibt es einen alten Streit zwischen denen, die von *Tugenden und Pflichten,* und denen, die vom *Glück* der Menschen ausgehen. Der Streit ist, wie es sich für philosophische Probleme gehört, nie beigelegt worden, erst *die Praxis,* die in einer sich selbst bestimmenden Gesellschaft möglich werden kann, könnte ihn entscheiden. Zumindest kann man sich eine Gesellschaft vorstellen, (...) in der der einzelne selber darüber bestimmt, *wie* er

Tugend übt. Dann wird sich herausstellen, wie problematisch und *zerstörerisch* es ist, einer vorbestimmten Gruppe von Menschen *Gehorsam* abzuverlangen, der zuvor durch fixierte Konstellationen nötig gemacht worden ist. Das Schema, in dem da gedacht wird, schreibt den Kindern den Gehorsam, den Jugendlichen die Enthaltsamkeit, den Frauen die Selbstlosigkeit und den Männern den angestrengten Leistungswillen vor. Aber der Mensch muß die *Art* seiner Tugend aus seiner *eigenen Situation* selber finden können, und er muß Einfluß auf die Situation haben, er muß sie mitbestimmen können. Spontaneität, Mitbestimmung, Freiheit sind Bedingung jeder Tugend, die das Reich des Tieres, (...) der Dressur, verlassen hat.

Die psychische Grundlage der neueren Tugenden ist dann nicht mehr der Gehorsam, der sich an Normen mißt, (...) die Ordnung hält und erträgt, was zu ertragen ist, sondern die Phantasie. Sie ist die Mutter der Tugenden von morgen. (...) Heute, da der Gehorsam mit der Herrschaft der Väter abdankt, kann die Phantasie mit ihren Kindern ein besseres Reich begründen (...). Freigeworden, stürzen sie sich in das Abenteuer der Tugend von morgen: die Erfindung von neuem, anderem Glück. Phantasie ist in *Gelingen* verliebt, sie läßt sich etwas einfallen. Sie sprengt den Zwangsmechanismus von Leuten, die sich opfern, und Leuten, die Opfer annehmen müssen. Sie infiziert ihre Umgebung mit *Glück.*

Es ist ein ethisches System denkbar, in dem alle Tugenden, die unsere Phantasie nicht brauchen, überflüssig werden. Der Gehorsam wird abgelöst. Ordnung, Pünktlichkeit, Sauberkeit, Sparsamkeit und Fleiß – um nur einige Gehorsamstugenden zu nennen – werden nur noch dort Sinn haben, wo sie im Dienst der Einfühlung in den anderen Menschen stehen. Pünktlichkeit gilt nicht als solche für gut, aber die Phantasie weiß, wie Unpünktlichkeit in bestimmten Situationen verletzen kann. Unordnung ist kein Unglück, aber sie kann unsere Spannkraft, die ein Mensch haben kann, verdunkeln. Es ist ein ethisches System denkbar, in dem sich alle Tugenden auf Phantasie gründen. Ich nenne einige dieser neuen Tugenden, die gerade für das nahe Zusammenleben der Menschen im privaten Bereich wichtig werden: die Toleranz und der Humor, der gerechte Zorn und die Einfühlung, die Initiative und die Beharrlichkeit einer produktiven Vorstellungskraft (...).

Die Phantasie ist das »know how«, das »gewußt wie« der Liebe; sie geht nicht schlafen, bevor ihr nicht etwas eingefallen ist, sie ist unerschöpflich im Erfinden besserer Wege. Sie ist produktive Unendlichkeit für andere.

(Aus: D. Sölle, Phantasie und Gehorsam, Stuttgart 1980^{9}, S. 14)

▷ *Erklärt mit eigenen Worten, was Dorothee Sölle mit dem Begriff »Tugenden der Phantasie« meint! – Teilt ihr ihre Auffassung?*

▷ *Stellt euch vor, es sind nur noch wenige Wochen bis zu Regierungswahlen. Überall auf den Plakaten preisen die verschiedenen politischen Parteien ihre Ziele und Grundsätze an – da seht ihr auf dem Schulweg folgendes Schild:*

Wir sind zur Freiheit berufen!

Neben dem Schild ist eine Plakatwand leergeblieben; in einem Karton davor liegen Stifte und ein Zettel mit der Aufschrift »Graffiti erwünscht!« Schreibt an die Tafel welche Graffiti euch dazu einfallen!

Kapitel 3

Herrschen über Leben und Tod? – Menschenbilder

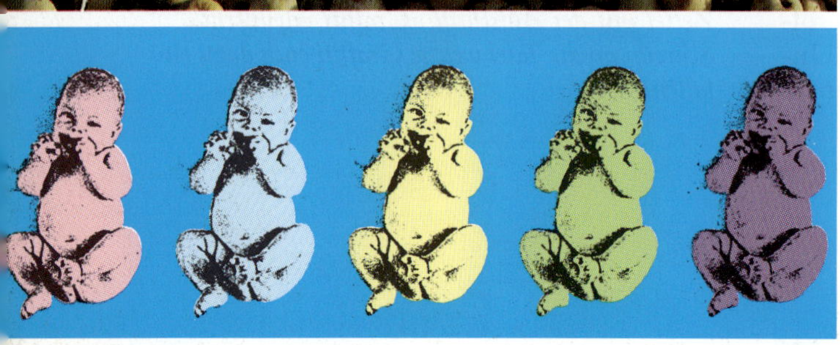

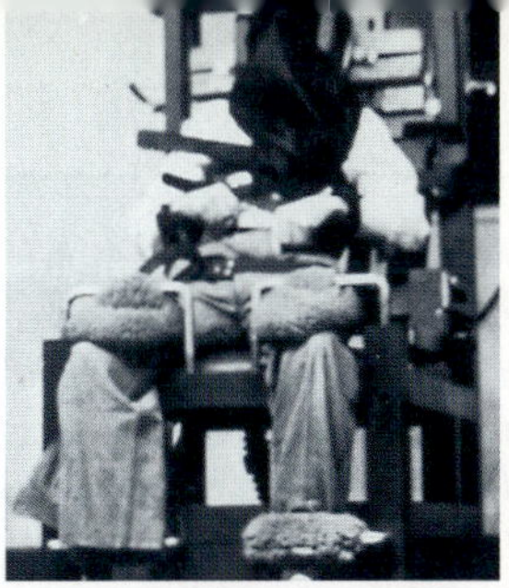
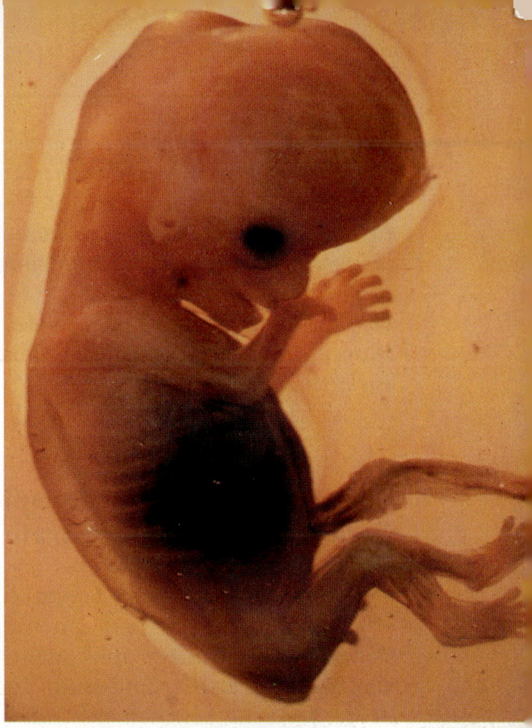

218

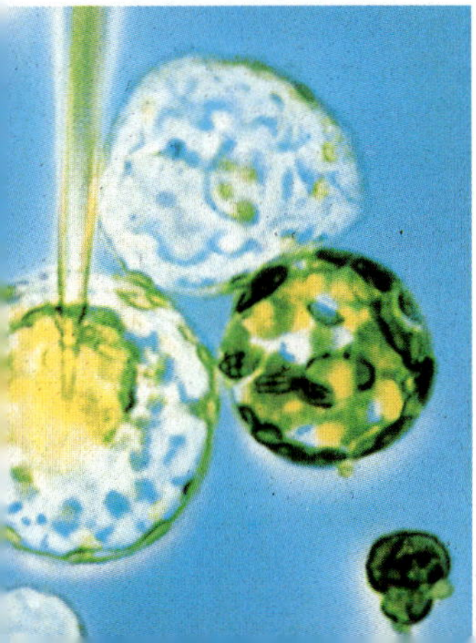
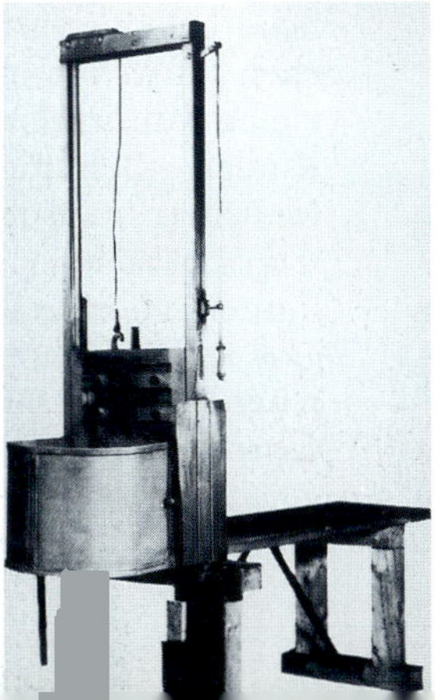

▷ *In der Collage könnt ihr verschiedene Bereiche entdecken, in denen Menschen heutzutage über Leben und Tod entscheiden. Sucht Überschriften, die diese Bereiche genauer bezeichnen, und tragt zusammen, was ihr bereits über die einzelnen Themenkreise wißt!*
Möglicherweise ist es von Vorteil, zu den einzelnen Themen Arbeitsgruppen zu bilden, die als »Spezialistenteams« fungieren.

»Menschenbilder« am Beispiel Gentechnik und Todesstrafe

Auf den folgenden Seiten findet ihr Materialien zu zwei Themenfeldern, die in der Collage anklingen: Gentechnik/In-vitro-Fertilisation und Todesstrafe. Beide Bereiche befassen sich mit den Möglichkeiten des modernen Menschen, das natürliche Entstehen und Vergehen von Leben zu beeinflussen und Macht über Leben und Tod auszuüben.
Die ausgewählten Texte, Bilder und Schaubilder sind als Anstoßmedien gedacht, die eure Diskussion bereichern und euch Einblicke in die *theologische Bewertung* dieser Vorgänge bieten sollen. Zur genaueren Sachinformation solltet ihr entsprechende Fachliteratur hinzuziehen. Dazu könnt ihr beispielsweise:

- selbständig eine Bibliothek durchstöbern;
- Lexika, Zeitschriften, Fachbücher oder ähnliches daheim durchforsten;
- euren Biologielehrer oder den Pfarrer eurer Gemeinde befragen;
- Spezialisten in eurer Klasse zu einem Referat überreden;
- Den Wissensstand älterer Geschwister oder eurer Eltern »testen« und so weiter.

1. Schöne neue Menschen?

Maßnahmen

Die Faulen werden geschlachtet
die Welt wird fleißig

Die Häßlichen werden geschlachtet
die Welt wird schön

Die Narren werden geschlachtet
die Welt wird weise

Die Kranken werden geschlachtet
die Welt wird gesund

Die Traurigen werden geschlachtet
die Welt wird lustig

Die Alten werden geschlachtet
die Welt wird jung

Die Feinde werden geschlachtet
die Welt wird freundlich

Die Bösen werden geschlachtet
die Welt wird gut

(Erich Fried)

Die Natur verbessern?

Seit Menschengedenken hat es unzählige Versuche gegeben, die Lebensformen, die die Natur von sich aus bietet, zu »verbessern«. Schon sehr früh haben Menschen wilde Tiere zu Haustieren gemacht. Tiere und Pflanzen, die ihnen nützlich schienen, haben sie gezüchtet und andere, die ihnen gefährlich oder lästig wurden, getötet oder ausgerottet; sie haben Urwälder gerodet, weite natürliche Landschaften für ihre Zwecke »nutzbar« gemacht und mit »Kulturpflanzen« bebaut. Nicht einmal das menschliche Leben selbst blieb völlig dem natürlichen Entstehen und Werden überlassen. In vielen Kulturkreisen wurden unerwünschte Kinder – Behinderte oder manchmal auch Mädchen – nach der Geburt dem Tod »zurückgegeben«. Daneben gab es auch immer schon gesellschaftliche Regeln, die eine »gewünschte Fortpflanzung« für Menschen bestimmten – zum Beispiel *rassische Gesetze* im NS-Staat, wo die Ehe zwischen

Ariern und Juden verboten wurde, oder auch in Südafrika, wo die Apartheid von Schwarzen und Weißen noch heute gilt; *standesbedingte Unterscheidungen,* wie das Verbot der Heirat von Adligen und Bürgern, oder *erbgesundheitliche Vorschriften* (zum Beispiel das Verbot der Geschwisterehe zur Vermeidung von »Inzucht«).
In unserem Jahrhundert ist ein spezieller Forschungszweig entstanden, *Bio- und Gentechnik* genannt, der sich eigens mit Möglichkeiten und »gezielten Methoden« zur Verbesserung der naturgegebenen Lebensformen, ihrer Fortpflanzung und Vererbung beschäftigt.

▷ *Lest zum besseren Verständnis der weiteren Texte zunächst die Erklärungen wichtiger Fachtermini!*

Glossar wichtiger Fachbegriffe

Biotechnologie: Oberbegriff für alle biologischen, biochemischen Verfahren zur gezielten Veränderung des Erbgutes von lebenden Zellen; das griechische Wort »bios« bedeutet Leben.

Gene: (von griech. »genos« = Abstammung, Gattung, Nachkommenschaft) Träger der Erbinformationen, die von Generation zu Generation über die Keim- beziehungsweise Geschlechtszellen der lebenden Organismen weitergegeben werden. Als materielle Grundlage der Gene gelten Kettenmoleküle einer bestimmten Säure (= DNA) im Zellkern.

Genotyp: Die Gesamtheit aller in den genetischen Anlagen verschlüsselt ruhenden Eigenschaften eines Lebewesens bezeichnet man als seinen »Genotyp«. Wie ein Mensch oder irgendein anderes Lebewesen (nach seiner Entstehung) tatsächlich aussieht, welche identifizierbaren Merkmale er (es) hat, wird demgegenüber »Phänotyp« genannt. Der Phänotyp eines Lebewesens hängt davon ab, welche der (viel zahlreicheren) Anlagen des »Genotyps« tatsächlich verwirklicht werden.

Gentechnologie: Im weitesten Sinn die gezielte Veränderung und Neu-Kombination von genetischem Material, sowie das »Einschleusen« und Vermehren neukombinierter Erbanlagen in lebenden Zellen.
Das Interesse eines Gentechnologen liegt darin, bestimmte genetische Befehle in lebende Wirtszellen einzubringen; dieses kann zum Zweck der *Züchtung,* der *Therapie von (Erb)krankheiten* oder aber der Forschung an sich geschehen.

In-vitro-Fertilisation: (wörtlich »Befruchtung im Reagenzglas«) In-vitro-Fertilisation wurde lange Zeit ausschließlich an Pflanzen und Tieren betrieben; seit einigen Jahren wird dieses Verfahren auch immer häufiger bei Menschen angewandt, die einen starken Kinderwunsch haben, aber auf natürlichem Wege aus verschiedensten Ursachen unfruchtbar bleiben.

Klonieren: In der Gentechnologie Bezeichnung für das identische Vervielfachen von DNA-Molekülen, zum Beispiel von Bakterien-, Pilz-, Tier- oder Pflanzenzellen, beispielsweise zu Forschungszwecken. Beim »Klonieren« entsteht aus einem einzelnen Gen ein »Klon«, eine Kolonie, eine Vielzahl von (völlig identischen) Kopien.

Retortenbaby: Babies, die nach einer extrakorporalen Befruchtung (das heißt Same und Eizelle werden in einem gynäkologischen Labor in einer Petrischale zusammengebracht) und den ersten Zellteilungen in die Gebärmutter verpflanzt und danach in einer normalen Schwangerschaft ausgetragen und geboren werden.

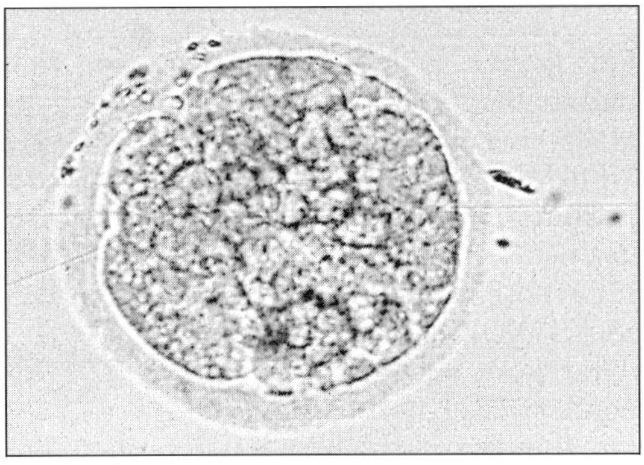

Das Bild zeigt eine menschliche Eizelle kurz nach der – erfolgreichen – künstlichen Befruchtung.

Zeittafel zum gentechnologischen Fortschritt

1785	erste gelungene künstliche Besamung (einer Hündin) durch den Biologen L. Spallanzani
1878	der Pathologe S. L. Schenk beobachtete als erster unter dem Mikroskop das Eindringen einer Samenzelle in eine Eizelle
1936	In-vitro-Zeugung eines Kaninchens mit Einpflanzung und Geburt
1944	Feststellung der eigentlichen Träger der genetischen Information (DNA)
1968	das Klonen von Fröschen gelang
1969	In-vitro-Zeugung eines Menschen ohne Einpflanzung
1975	Asilomar-Konferenz: Risiken der Gen-Forschung für Laborpersonal und Umwelt durch genetisch manipulierte Viren, Bakterien und so weiter aufgezeigt
1977	das Einfrieren einer Eizelle gelang
1978	In-vitro-Zeugung eines Menschen mit Einpflanzung und Geburt (Louise Brown) in Großbritannien
1980	Gen-Transfer in Körperzellen zur Krankheitsbehandlung bei zwei Patientinnen (mißlungen)
1982	erstes deutsches Retortenbaby (in Erlangen)
1982	Gen-Transfer (Ratten) in die Keimbahnzellen von Mäusen; Ergebnis = Mighty Mouse
1983	Einpflanzung eines tiefgefrorenen Embryos (Australien; mißlungen: Frühgeburt im 6. Monat)
1984	Geburt eines Kindes (in Australien), das als Embryo zwei Monate tiefgefroren war; die Schiege (Beispiel für ein »Mosaiktier«, hier aus Schaf und Ziege) gezüchtet; Geburt eines Kindes mit zwei Müttern (in Australien) – einer genetischen (Eizelle) und einer gebärenden.

(In Anlehnung an Evangelische Frauenhilfe im Rheinland – Landesverband)

Schöne neue Welt

Ein grauer gedrungener Bau, nur vierunddreißig Stockwerke hoch. Über dem Haupteingang die Worte: BRUT- UND NORMZENTRALE BERLIN-DAHLEM. Darunter, auf einer Tafel, der Wahlspruch des neuen Weltstaates: GEMEINSCHAFTLICHKEIT; EINHEITLICHKEIT; BESTÄNDIGKEIT. (...)
»Und dies«, sagte der Direktor, die Tür öffnend, »ist der Befruchtungsraum.«
Dreihundert Befruchter standen über ihre Instrumente gebeugt, als der Brut- und Normdirektor den Saal betrat. (...) Eine soeben eingetroffene Gruppe sehr junger, sehr rosiger und sehr unerfahrener Studenten folgte aufgeregt und ein bißchen beklommen dem Direktor auf den Fersen. Jeder hielt ein Merkheft in der Hand, in das er, so oft der große Mann den Mund auftat, krampfhaft kritzelte. (...)
»Ich werde beim Anfang beginnen«, sagte der BUND* (...).
An die Brutöfen gelehnt, gab er den wild über die Seiten hastenden Bleistiften eine kurze Beschreibung des modernen Befruch-

* Brut- und Normenzentralen-Direktor

tungsvorgangs, sprach selbstverständlich zuerst von dem operativen Eingriff – »eine freiwillig zum Gemeinwohl auf sich genommene Operation, die überdies noch mit einer Prämie in Höhe von sechs Monatsgehältern verbunden ist« –, beschrieb hierauf das Verfahren, mit dem der entnommene Eierstock am Leben und funktionstüchtig gehalten wurde, (...) führte seine Schützlinge an die Arbeitstische und zeigte ihnen, (...) wie die (...) Eier auf Fehlentwicklungen untersucht, gezählt und in einen porösen Behälter gelegt wurden und – hier ließ er sie bei der Prozedur zusehen – wie man diesen Behälter in eine warme Brühe voll freischwimmender Spermatozoen tauchte. (...) Dann kamen die befruchteten Eier zurück in die Brutöfen, wo die Alphas und Betas bis zur endgültigen Abfüllung in die Flaschen blieben, während die Gammas, Deltas und Epsilons schon nach sechsunddreißig Stunden herausgenommen und dem Bokanowskyverfahren unterzogen wurden.

»Bokanowskyverfahren«, wiederholte der Direktor, und die Studenten unterstrichen das Wort in ihren Heftchen. Ein Ei – ein Embryo – ein erwachsener Mensch: das Natürliche. Ein bokanowskysiertes Ei dagegen knospt und sproßt und teilt sich. Acht bis sechsundneunzig Knospen – und jede Knospe entwickelt sich zu einem vollausgebildeten Menschen. Sechsundneunzig Menschenleben entstehen, wo früher nur eines entstand: Fortschritt.

»Das Bokanowskyverfahren«, schloß der BUND, »besteht im wesentlichen aus einer Reihe von Unterbrechungen des Entwicklungsverlaufs. Wir hemmen das normale Wachstum, und, so paradox es klingt, das Ei reagiert darauf mit Knospung.«

Reagiert mit Knospung. Die Bleistifte waren geschäftig am Werk. (...) – gewiß ein gewaltiger Fortschritt gegenüber der Natur! Völlig identische Geschwister, aber nicht lumpige Zwillinge oder Drillinge wie in den alten Zeiten des Lebendgebärens, als sich ein Ei manchmal zufällig teilte, sondern Dutzendlinge, viele Dutzendlinge auf einmal.

»Dutzendlinge«, wiederholte der Direktor mit weitausholender Armbewegung, als verteilte er Almosen. »Viele Dutzendlinge.«

Ein Student war töricht genug zu fragen, wo da der Vorteil liege.

»Aber, lieber Freund!« Der Direktor drehte sich mit einem Ruck zu ihm um. »Begreifen Sie nicht? Ja, begreifen Sie denn das nicht?« Er hob den Zeigefinger mit feierliche Miene. »Das Bokanowskyverfahren ist eine der Hauptstützen für eine stabile Gesellschaft.«

Eine der Hauptstützen für eine stabile Gesellschaft. Menschen einer einzigen Prägung, in einheitlichen Gruppen. Ein einziges bokanowskysiertes Ei lieferte die Belegschaft für eine kleine Fabrik.

»Sechsundneunzig völlig identische Geschwister bedienen sechsundneunzig völlig identische Maschinen!« Seine Stimme bebte fast vor Begeisterung. »Da weiß man doch wirklich, woran man ist! Zum ersten Mal in der Weltgeschichte!« Er zitierte den Leitspruch des Erdballs: »Gemeinschaftlichkeit, Einheitlichkeit, Beständigkeit.« Goldene Worte. »Wenn sich das Bokanowskyverfahren unbegrenzt fortführen ließe, wäre das ganze Problem gelöst.«

Gelöst durch gleiche Gammas, identische Deltas, einheitliche Epsilons. Millionenlinge. Massenproduktion, endlich auch in der Biologe. (...)

(Aus: Aldous Huxley, Schöne neue Welt, Frankfurt 1969, S. 9 ff)

Der zukunftskritische Roman »Brave New World« (= Schöne neue Welt), aus dem ihr soeben Auszüge gelesen habt, wurde schon 1932 von Aldous Huxley veröffentlicht. – Der Titel enthält eine Anspielung auf William Shakespeares Theaterstück »Der Sturm«, in welchem die weibliche Hauptfigur beim ersten Anblick eines Mannes, der sich später als schlimmster Feind der Familie herausstellen wird, entzückt ausruft: »O schöne neue Welt, die *solche* Menschen in sich hält!«

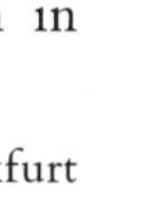

▷ *Haltet ihr Huxleys Zukunftsvision für »prophetisch«?*
▷ *Inwiefern kann der Hinweis auf das Zitat Shakespeares erhellend für die Aussageabsicht des Autors sein?* → **Prophet**

2. Der Mensch als Geschöpf oder als Schöpfer?

A. Paul Weber: Nach uns die Mutation (1963)

▷ *Vergleicht das Bild von A. Paul Weber mit dem Foto aus dem gentechnologischen Labor S. 39! – Welche warnende Botschaft spricht aus Webers Bild?*

Das Geschlecht von Babies wählen: Unruhe ist in Japan geboren!

Für die erschreckte japanische Öffentlichkeit enthielt die Entdeckung Untertöne von »Schöne Neue Welt« (=Utopischer Roman von Aldous Huxley): Medizinische Forscher sagten, sie hätten ein Verfahren entwickelt, das es Paaren ermöglicht, das Geschlecht ihrer Kinder zu wählen. (...)
Die Unruhe begann vor einigen Monaten, als Zeitungen berichteten, daß Dr. Rihachi Iizuka und ein Team von Forschern an der Keio Universität eine Methode entwickelt hätten, Spermazellen nach Chromosomen zu sortieren, die das Geschlecht bestimmen. Eine Zentrifuge wird benutzt, um Spermien, die X-Chromosomen enthalten, die weibliche Wesen produzieren, von denen zu trennen, die Y-Chromosomen enthalten und männliche Wesen produzieren. Dann wird ein Ei in-vitro-fertilisiert.
Die Methode könnte helfen, Erbkrankheiten zu kontrollieren, zum Beispiel könnten Paare mit der Anlage zur Bluterkrankheit vermeiden, diese Krankheit, die nur Männer befällt, weiterzugeben, indem sie sich für eine Tochter entscheiden. Aber mindestens eine Klinik hat das Verfahren auch bei Paa-

ren angewandt, die einfach nur ein Kind mit diesem oder jenem Geschlecht wollten. (...) Es ist unklar, wie viele Geburten bereits von diesem Verfahren herrühren, da keine Vorschrift besteht, sie zu melden. (...)
Was eine viel größere Kontroverse hervorrief als das Geschlechtsausleseverfahren selbst, war die Enthüllung, daß es mehreren hundert Gynäkologen beigebracht worden war – ohne Erlaubnis des Universitätskomitees für Ethik. Man schätzt, daß mindestens 60 bereits damit begonnen haben, das Verfahren in Privatkliniken anzuwenden. (...)
Einigen Kritikern, unter ihnen Hisatake Kato*, zeigte die Episode deutlich die Notwendig einer systematischeren und weiterreichenden Überprüfung ethischer (Streit-)fragen in der Medizin. In zu vielen Fällen, sagte er, werden medizinische Verfahren ohne eine angemessene Diskussion ihrer ethischen Konsequenzen entwickelt. (...)
Die Kontroverse über Geschlechtsauslese – so Herr Kato – spiegele folgende Haltung: »Die Debatte ging darum, ob das Verfahren *natürlich* oder *unnatürlich* sei. Es gab keine Debatte, *ob das menschliche Individuum überhaupt das Recht hat,* eine solche Entscheidung zu fällen.«
Einstweilen wird das Verfahren durch *empfohlene Richtlinien* beschränkt bleiben auf die Bemühungen, Erbkrankheiten zu vermeiden. Diese Richtlinien allerdings sind *gesetzlich* nicht verbindlich – und Ärzte, die die Technik kennen, *könnten* sie weiterhin anwenden.

(S. Chira, in: »International Herald Tribune, 18.10.1986; Übersetzung: B. Besser-Scholz)

▷ *Stellt euch vor, eure Eltern hätten vor eurer Geburt Wünsche äußern können zu eurem Geschlecht, eurem Aussehen, euren Charaktereigenschaften und Begabungen! – Was wäre wohl aus euch geworden?*
▷ *Wie würdet ihr euch entscheiden, wenn ihr später einmal die Möglichkeit hättet zu wählen, wie eure Kinder sein werden?*

* Philosophieprofessor, Experte für medizinische Ethik

Dürfen wir alles, was wir können? – Ethische Grundsatzentscheidungen zwischen Medizin, Gesetzgebung und Theologie?

Medizinischer Fortschritt war zu allen Zeiten umstritten

Man sollte sich bei der Beurteilung der Gentechnologie weder *ausschließlich* auf deren bedrohliche Aspekte beschränken, denn sie verfolgt auch ernstzunehmende *therapeutische* Ziele; noch kann man jedem Mediziner, der sich gentechnologischer Methoden bedient, von vornherein Leichtsinnigkeit oder Profitdenken unterstellen.
Aus meinem Erfahrungsbereich als Gynäkologe nenne ich als Beispiel aus der Reproduktionsmedizin die »In-vitro-Fertilisation«: Das *Glück* von Paaren, die nur durch medizinische Eingriffe ein Kind bekommen konnten, ist oft unbeschreiblich! Dieses Glück steht mit *eigener* Daseinsberechtigung gegen »moralische« Bedenken Außenstehender. *Mit welchem Recht* soll den betreffenden Paaren die – medizinisch mögliche – Erfüllung ihres Lebensplanes oder ihrer Familienvorstellungen verwehrt werden? Betroffen sind auch häufig Menschen, für die die Adoption eines Kindes aus verschiedenen Gründen sehr erschwert oder sogar unmöglich ist.
Medizinischer Fortschritt war zu allen Zeiten umstritten; vor wenigen Jahren noch galt es als »dem lieben Gott ins Handwerk zu pfuschen«, wenn man Organe verpflanzte. Mittlerweile konnte das Leben vieler Menschen durch dieses Verfahren gerettet werden.
Was sich für einen Arzt jeweils *konkret* mit seiner grundsätzlichen Verpflichtung auf den Hippokratischen Eid verbindet, hing schon immer *auch* von der Weiterentwicklung medizinischer Verfahren ab. Ein Arzt muß ständig neu abwägen, wie und womit er am besten Leben retten, erhalten und »heilen« kann. Kurz: Ein vorschnelles, einseitiges und sachlich uninformiertes Urteil wird dem weiten und komplizierten Bereich der Gentechnologie nicht gerecht.

(K. P. W. Scholz, Diplom-Biologe und Arzt)

Zur Frage nach Sinn und Ziel des Ganzen

Viele Menschen empfinden heute Veränderungen in der Verläßlichkeit des menschlichen Zusammenlebens. Es geht dabei nicht nur um Enttäuschungen über das Verhalten einzelner Mitmenschen. Die Bewertung bestimmter Vorgänge und Verhaltensweisen scheint sich in der Gesellschaft zu ändern. Sowohl die rechtlichen als auch die sozialen und die persönlichen Beziehungen sind davon betroffen. (...)
Die Veränderungen betreffen nicht nur die gesellschaftliche Bewertung menschlichen Verhaltens. Die Erfahrung der Umwelt hat sich auch sonst geändert. Die technische Gesellschaft wird unüberschaubar, die Orientierung in ihr schwieriger. Das führt zu Verunsicherung. (...)
Unsere Zeit kennt nicht nur den Abbau bisher allgemein akzeptierter Verhaltensregeln. Weniger auffällig vollzieht sich die Begründung und Annahme neuer, etwa mit der technischen und wirtschaftlichen Entwicklung zusammenhängender Regeln des menschlichen Verhaltens. Die Abhängigkeit von der zuverlässigen Bedienung technischer Apparate wächst in allen Lebensbereichen. (...)
Mit der Zunahme des Vertrauens in eine unbegrenzte Machbarkeit der Lebensbedingungen sind zudem ethische Rückfragen an die Handlungsziele und Verhaltensweisen der Gesellschaft mehr und mehr verstummt. Der Prozeß der Säkularisierung hat zu einer Trennung zwischen den religiösen Überzeugungen und den für die Gesellschaft verbindlichen Wertsetzungen geführt.
In der Gegenwart wird gleichzeitig immer mehr eine Situation bewußt, in der die Fragen nach dem Sinn des Ganzen, nach den Zielen menschlicher Leistung, auch nach gültigen und verläßlichen Maßstäben unausweichlich werden. Die Begrenztheit verfügbarer Energien, die Nebenwirkungen der Technik, (...) und nicht zuletzt die mannigfachen Unsicherheiten vieler Menschen über die Zukunft lassen eine Übereinkunft und Gewißheit über Maßstäbe und Normen notwendig erscheinen. (...)
Da es nicht nur um Verkehrsregeln und auch nicht nur um Verbotsschilder, sondern um positive Zielangaben gehen soll, bricht die Frage nach tragfähigen Werten auf. (...)

(Aus: Grundwerte und Gottes Gebot, Gemeinsame Erklärung des Rates der EKD und der Deutschen Bischofskonferenz [1979])

▷ *Welche Schwierigkeiten für die Festlegung allgemeinverbindlicher Grundwerte heben diese Texte hervor? – Bezieht auch das Beispiel aus dem Zeitungsartikel S. 42 in eure Überlegungen ein!*

▷ *»Hat der Mensch das Recht, alles zu tun, was er kann?«*
Sucht euch unter dieser Fragestellung ein konkretes Themenbeispiel aus, in welchem Grundsatzfragen über »Eingriffe in das Leben« heutzutage kontrovers diskutiert werden! (z. B. Abtreibung, Euthanasie, Todesstrafe).
Führt in einem Rollenspiel eine Podiumsdiskussion zu eurem Wahlthema durch! – Diese Debatte muß allerdings gut vorbereitet werden. Alle Spezialisten (etwa ein Arzt, ein Rechtsanwalt, ein Pfarrer) sollten sich (einigermaßen gut) in ihrem Fachbereich auskennen.

Theologische Standorte

Ehrfurcht vor dem Leben

»Ethik besteht darin, daß ich mich verpflichtet fühle, allem Lebenden die gleiche Ehrfurcht entgegenzubringen wie dem eigenen Leben.«

(Albert Schweitzer)

Der entscheidende Gesichtspunkt

(...) Nicht deshalb ist der Mensch unantastbar, weil er lebt und daher ein »Recht auf Leben« hat. Ein solches Recht hätte auch das Tier, denn es lebt ebenfalls. (...) Sondern das Leben des Menschen darf nicht angetastet werden, weil er *Person* ist.
Person ist die Fähigkeit zum Selbstbesitz und zur Selbst-Verantwortung; zum Leben in der Wahrheit und in der sittlichen Ordnung (...) Grundsätzlich hängt sie weder am Alter noch am körperlich-seelischen Zustand, noch an der Begabung, sondern an der geistigen Seele, die jedem Menschen ist. Die Personalität kann unbewußt sein, wie beim Schlafenden; trotzdem ist sie da und muß geachtet werden. Sie kann unentfaltet sein wie beim Kinde; trotzdem beansprucht sie bereits den sittlichen Schutz. Es ist sogar möglich, daß sie überhaupt nicht in den Akt tritt, weil die physisch-psychischen Voraussetzungen dafür fehlen, wie beim Geisteskranken (...); dadurch unterscheidet sich aber der gesittete Mensch vom Barbaren, daß er sie auch in dieser Verhüllung achtet. So kann sie auch verborgen sein wie beim Embryo, ist aber in ihm bereits angelegt und hat ihr Recht.
Diese Personalität gibt dem Menschen seine *Würde*. Sie unterscheidet ihn von der Sache und macht ihn zum *Subjekt*. (...) Man behandelt etwas als Sache, indem man es besitzt, gebraucht, letztlich indem man es zerstört, das heißt beim Lebendigen: es tötet. Das Verbot, den Menschen zu töten, bildet die äußerste Zuspitzung des Verbotes, ihn als *Sache* zu behandeln. (...) Die Achtung vor dem Menschen als Person gehört zu den Forderungen, die nicht diskutiert werden dürfen. (...) Wird sie in Frage gestellt, dann gleitet alles in die Barbarei. Welche Bedrohungen aber für Leben und Seele des Menschen erwachsen können, wenn er ohne Schutz jener Achtung dem modernen Staat und seinen Techniken ausgeliefert wird, ist noch gar nicht zu ermessen (...).

(Aus: R. Guardini, Das Recht des werdenden Menschenlebens, 1949)

Der Glaube an Gott
den Schöpfer und Erhalter der Welt
beginnt mit dem Hinweis
auf das eigene, unmittelbare Erleben
einer »schlechthinnigen Abhängigkeit«,
mit der Aufdeckung
der auf dem Grunde allen Lebens
ruhenden Erfahrung,
daß der Mensch
nicht »Macher«,
sondern »Empfänger« seines Lebens ist,
daß er sich samt seiner Welt
nicht sich selbst gesetzt hat,
sondern sich einem anderen verdankt.

(Heinz Zahrnt)

Stellungnahme der Mitgliederversammlung der Evangelischen Frauenhilfe im Rheinland e.V. zu Fragen der Bio- und Gentechnik

Möglichkeiten und Gefahren der Bio- und Gentechnik beschäftigen die Öffentlichkeit mehr und mehr.
Als Frauen sind wir betroffen und gefragt, als Christinnen berufen wir uns auf Gott, den Schöpfer. Er hat uns seine Welt anvertraut.
So bezeugen wir als Mitglieder der Evangelischen Frauenhilfe im Rheinland:
1. Jeder einzelne Mensch ist ein unverwechselbares Geschöpf Gottes vom Augenblick seiner Zeugung an. Menschliche Zeugung ist ein personaler Vorgang. Wenn Menschen im Laboratorium erzeugt werden, sind Einzelteile technisch manipulierbar: Qualität von Samen und Eizellen ist korrigierbar, überschüssige Embryonen sind Experimentiermasse oder Abfall. Das ist Sünde.
2. Jede Frau und jeder Mann sind vollgültige Geschöpfe Gottes, ob sie Kinder gezeugt oder geboren haben oder nicht. Es gibt ebensowenig einen Anspruch auf Kinder wie auf Freiheit von Krankheit oder auf persönliches Glück. Christen können lernen, Versagung und Leiden miteinander zu tragen und nicht zu verdrängen.
3. Jedes neue Leben ist ein unantastbares Geschöpf Gottes. Jedes Kind hat ein Recht

auf personale Abstammung. Es darf nicht sein, daß Fragen nach seiner »wirklichen« Herkunft nur von einem Laboratorium beantwortet werden können.

4. Als Christen tragen wir Verantwortung für die Schöpfung: Zu ihr gehören auch Tiere und Pflanzen (...).

Risiken und Schäden für die Schöpfung müssen vor jeder Einführung biotechnischer Neuerungen geklärt werden. Das ist die besondere Verantwortung der Wissenschaftler und Wissenschaftlerinnen.

Erkenntnisse der Wissenschaft und technische Neuerungen an sich sind noch keine Hilfe für Menschen. Sie sind dann segensreich, wenn sie in politischer und persönlicher Verantwortung vor dem Schöpferwillen Gottes eingesetzt werden.

5. In unserer Welt verhungern täglich etwa 100 000 Menschen. Je Kopf der Menschheit stehen sechs Tonnen Vernichtungsmittel zur Verfügung. Es gibt also auf Erden mehr Sprengstoff als Brot. Das offenbart die Fähigkeit des Menschen zum Vernichten von Leben. Dasselbe Menschengeschlecht ist dabei, Pflanzen, Tiere und Menschen nach seinem Willen und Bilde zu schaffen und zu »verewigen« (Klonen).

Bonn 2, den 30. April 1986

▷ *Äußert euch zu den Anliegen dieser christlich-theologischen Standorte! – Welche Bereiche des Themas »Herrschen über Leben und Tod« sprechen sie im einzelnen an? – Welches besondere »Menschenbild« entwerfen sie (→ Anthropologie)? Tragt möglichst viele Eigenschaften zusammen, die dieses »Menschenbild« veranschaulichen.*

▷ *Schreibt selbst eine Stellungnahme zu Fragen der Bio- und Gentechnik! Ihr könnt dabei argumentativ oder mit biblischen Beispielen, wie Genesis 1–3 oder Jeremia 1,5, arbeiten!*

3. Todesstrafe – Nur ein weiteres Beispiel?

Die letzten Stunden des James Terry Roach

James Terry Roach wurde am 10. Januar 1986 im US-Bundesstaat South Carolina hingerichtet. 1977 war er zum Tode verurteilt worden, nachdem er Morde an zwei Jugendlichen und andere Verbrechen, darunter Vergewaltigung und Entführung, gestanden hatte. Das Urteil fiel, obwohl der Richter selbst feststellte, daß Roach, der geistig behindert war, unter dem starken Einfluß eines Älteren gehandelt hatte. Einer von Roachs Anwälten war in der Nacht seiner Hinrichtung mit ihm zusammen und berichtete von seinen letzten Stunden.

»Obwohl Terry zum Zeitpunkt seines Todes 25 Jahre alt war, erschien er doch sehr kindlich. Sein Verhalten und seine Reaktionen gegenüber den Menschen in seiner Umgebung entsprachen nach meinem Dafürhalten dem, was der letzte psychologische Test ergeben hatte, nämlich daß er einen Intelligenzquotient von 70 besaß – daß heißt, daß er geistig in etwa auf der Stufe eines Zwölfjährigen stand. Als ihm der Pfarrer einige Bibelverse zeigte, fragte ihn Terry, welche dieser Verse ihn wohl am ehesten in den Himmel bringen würden. Seine Fragen schienen auf der kindlichen Annahme zu basieren, daß ein bestimmtes Gebet besser »funktionieren« könnte als ein anderes und daß er nur einen Rat brauchte, welches Gebet am besten »funktionierte«...

Terry war ein sehr passiver junger Mann, wie sich die ganze Nacht über zeigte. Obwohl er offensichtlich sehr viel Angst hatte, verhielt er sich den Gefängniswärtern gegenüber so kooperativ wie nur möglich und versuchte so zu tun, als seien die ganzen rituellen Hinrichtungsvorbereitungen – Rasur des Kopfes und des rechten Beines, Einreiben mit einem Gel, das den Strom besser durch den Körper leitet – etwas ganz Normales. Er wollte Anerkennung durch seine Umwelt und schien zu merken, daß er in dieser Nacht Anerkennung bekommen würde,

wenn er sich mutig zeigte und seine Angst in Schach hielt. (...)
Aber als der Gefängnisdirektor um fünf Uhr früh an der Zellentür erschien und den Hinrichtungsbefehl verlas, fing Terrys linkes Bein an zu zucken. Danach ging alles schnell. Ich ging mit ihm zum elektrischen Stuhl und redete so viel ich konnte. Nachdem Terry seine letzten Worte gesprochen hatte, tauschten wir Abschiedsgrüße aus. (...) Ich ging in den Raum für die Hinrichtungszeugen und machte ihm ein »Daumen hoch – Nur Mut«-Zeichen. Er versuchte, mit seinen festgeschnallten Fingern zu antworten. (...)
Wenige Sekunden später kam der Stromstoß. Terrys Körper zuckte nach hinten und blieb die ganze Zeit starr, während der Strom durch den Körper lief. Nach ein paar Sekunden kam Rauch aus dem Körper, und die Haut auf dem Oberschenkel begann zu platzen. Die Fäuste waren zusammengepreßt und sehr weiß. Als der Strom abgestellt wurde, fiel sein Körper in sich zusammen und wurde dann wieder, als der nächste Stromstoß kam, ruckartig hochgerissen. (...) Nachdem er für tot erklärt worden war, zerrten Wärter seinen Körper aus dem elektrischen Stuhl und verdeckten das Gesicht vor den Zeugen mit einem Tuch. Ich verließ die Todeszelle zusammen mit dem Gefängnisdirektor. Als wir aus dem Gebäude kamen, hörte ich eine Menge von zirka 150 oder 200 Menschen jubeln, die offenbar gekommen waren, um die Hinrichtung zu feiern. Sie johlten und feierten vor den Gefängnismauern.«

(aus: ai-Info, 4/89, S. 9)

▷ *Wie wirkt dieses »Protokoll einer Hinrichtung« auf euch?*
▷ *Haltet ihr die Bestraftung Terrys für gerecht?*
▷ *Tragt zusammen, was ihr zum Thema »Todesstrafe« schon wißt!*
▷ *»Die Todesstrafe ist eine Strafe wie jede andere und sollte auch in Deutschland wieder eingeführt werden!« – Führt in eurer Klasse eine Pro- und Kontra-Diskussion über diese Forderung! – Lest dazu auch das folgende Flugblatt von amnesty international!*

Ein Flugblatt der Organisation »amnesty international«, 1989:

Die Todesstrafe ist eine Menschenrechtsverletzung

Die Todesstrafe mißachtet das grundlegende Recht auf Leben und ist die unmenschlichste, erniedrigendste und grausamste aller Strafen, die definitiv nicht rückgängig zu machen ist.
Wie die Folter ist auch die Todesstrafe ein Eingriff des Staates in die unverletzlichen Rechte des Individuums. Gewiß hat der Staat das Recht, Verstöße gegen die Rechtsordnung zu ahnden. Dieses Recht hat aber ganz klare Grenzen, die durch Artikel 3 und Artikel 5 der Allgemeinen Erklärung der Menschenrechte von 1948 festgelegt sind.

Jeder Mensch hat das Recht auf Leben, Freiheit und Sicherheit der Person. Niemand darf der Folter oder grausamer, unmenschlicher oder erniedrigender Behandlung oder Strafe unterworfen werden.

In den vergangenen zehn Jahren hat durchschnittlich ein Land pro Jahr die Todesstrafe abgeschafft. Der Trend zur Abschaffung dieser geplanten und kaltblütigen Tötung eines Menschen durch den Staat verstärkt sich, jedoch nicht schnell genug. Zwar haben inzwischen 35 Staaten die Todesstrafe vollständig abgeschafft, 100 Länder praktizieren sie jedoch weiterhin. Allein im Jahr 1988 sind weit über 1000 Menschen in diesen Staaten hingerichtet worden. Vergast, erschossen, gesteinigt, erhängt, mit einer Giftspritze oder 2000 Volt auf dem elektrischen Stuhl per Gesetz getötet.
amnesty international kämpft vorbehaltlos gegen die Todesstrafe, gegen die Verhängung und Vollstreckung von Todesurteilen. Denn nichts auf der Welt kann diese grausame Menschenrechtsverletzung rechtfertigen.

Die Todesstrafe hat keine abschreckende Wirkung!

Niemals und nirgends wurde der Nachweis erbracht, daß die Todesstrafe die Kriminalitätsrate gesenkt oder das Ausmaß politischer Gewalt verringert hat. Im Gegenteil belegen Statistiken, daß die meisten Länder, in denen die Todesstrafe abgeschafft ist, niedrigere Mord- und Mordversuchszahlen aufweisen als Länder, die sie beibehalten haben. Kriminologen sind sogar der Meinung, daß Hinrichtungen Gewaltverbrechen fördern, weil sie zeigen, daß die Gesellschaft das Töten billigt.

Die Todesstrafe ist ungerecht!

Die Zahlen beweisen, daß sie vor allem Arme und Unterprivilegierte trifft, Menschen mit einem geringen Bildungsniveau und nicht zuletzt politische Oppositionelle sowie Angehörige von Minderheiten.
Jede Strafe kann politisch mißbraucht werden. Die Todesstrafe wird von repressiven Staaten zur Ausschaltung mißliebiger Menschen benutzt. Menschen, durch die sich der Staat in seinem Machtanspruch bedroht fühlt.

Die Todesstrafe hat verrohende Wirkung!

Denn wenn für die Tötung eines Menschen die Todesstrafe verhängt wird, wiederholt der Staat genau das Verbrechen, für das ein Gericht die Todesstrafe gesprochen hat. Die Todesstrafe brutalisiert alle, die damit zu tun haben. Deshalb wurde immer versucht, eine gemeinsame Verantwortung für die Hinrichtung herbeizuführen: von der Steinigung über das Erschießungskommando bis zur heutigen Giftspritze, bei der mehrere Personen gleichzeitig injizieren, aber nur eine das Gift in die Ader des Todeskandidaten spritzt.

Die Todesstrafe ist unwiderruflich!

Sie ist die einzige Strafe, die nicht wiedergutzumachen ist. Ein Justizirrtum ist, auch im gerechtesten aller Gerichtsverfahren, niemals auszuschließen. Ein Unschuldiger kann nach der Hinrichtung nicht freigelassen werden. Der Justizirrtum wird zum Justizmord.

amnesty international kämpft für eine Welt ohne Hinrichtungen.
Wir tun dies als Teil unseres ständiges Einsatzes für die weltweite Verwirklichung der Menschenrechte.

(Aus: amnesty international [Hg.], Nein zur Todesstrafe, April 1989)

▷ *Ermittelt, in welchen Ländern der Erde die Todesstrafe heute noch verhängt wird! Um diese (und weitere) Sachinformationen zu bekommen, könnt ihr beispielsweise an »amnesty international« schreiben.*
▷ *Welche bedenklichen Aspekte zum Thema »Todesstrafe« verdeutlichen die Karikaturen?*

4. Jenseits von Eden – Biblisch-theologische Gedanken zur (Todes-)Strafe

Juden und Christen gemeinsam ist die Glaubensüberzeugung, daß Gott *allein* Sünden vergeben kann. Die *Vergebung* liegt bei Gott, die Anstrengungen der *Umkehr* zu Gottes → Wegweisung bei den Menschen.

Auf diesem Hintergrund sind letztlich alle biblischen Aussagen über → Sünde, Strafe und Gnade zu verstehen. Im Detail spiegeln die verschiedenen Schriften der → Bibel rund 1000 Jahre Menschheitsgeschichte, in denen sich eine deutliche Entwicklung unter anderem der Einstellung zu Strafe und Strafmaß, zu Schuld und Vergebung abzeichnet. Dabei sind (vereinfacht zusammengefaßt) folgende Entwicklungsstufen erkennbar: 1. Während in den Nachbarvölkern noch das völlig willkürliche Gesetz der Blutrache herrscht, kennt Israel bereits sehr früh eine religions-gesetzliche Regelung der Strafe für besonders schwerwiegende Vergehen (vgl. zum Beispiel Levitikus 20), die auch die Todesstrafe vorsieht (etwa bei: Abgötterei, Sabbatschändung, Verfluchen der Eltern, Ehebruch, Sodomie oder Menschenraub). Dabei ist jedoch bereits die Einhaltung eines ganz exakten juristischen Prozeßverfahrens vorgesehen (vgl. Deuteronomium 17,5–7). – 2. Später setzt sich das Prinzip der *»Wiedergutmachung«* durch; jemand, der einen Schaden an Besitz, Leib oder Leben eines anderen angerichtet hat, soll diesen – da er ihn ja nicht ungeschehen machen kann – wenigstens durch eine angemessene Reparationsleistung, etwa eine Wiedergutmachungszahlung, ausgleichen (vgl. Exodus 21,23–25 – »um« ist Wiedergutmachung für etwas). Auch hier gilt in Abgrenzung zum Faustrecht anderer Völker ein vorgeschriebenes juristisches Verfahren. – 3. Eine Verschärfung und damit auch eine Weiterentwicklung dieser Regelung findet sich in der Verkündigung Jesu (vgl. Matthäus 5,21–24.38–42; 7,1–2/Lukas 17,3–4/Johannes 8,1–11). Nicht länger die geregelte juristische Schlichtung eines Konfliktes allein, sondern darüber hinaus auch die echte *Versöhnung* nach dem Vorbild des vergebenden Gottes soll im Mittelpunkt stehen.

Grundsätzlich bleibt als entscheidender Maßstab die biblisch-theologische Botschaft vom *Angenommensein* der Menschen durch Gott. – Diese *Annahme Gottes* (→ Rechtfertigung) bleibt auch in Situationen bestehen, wenn wir eigentlich – nach den Kriterien menschlichen Rechtsempfindens – »unannehmbar« geworden wird.

▷ *Lest zum Vergleich Jesaja 44,22, Markus 2,7 und Lukas 15,11–32!*

> Denn ER läßt seine Sonne aufgehen über Böse und Gute und läßt regnen über Gerechte und Ungerechte.
>
> (Mt 5,45)

Zum Beispiel: Brudermord

9 Da sprach der HERR zu Kain: Wo ist dein Bruder Abel? Er sprach: Ich weiß nicht; soll ich meines Bruders Hüter sein?
10 Er aber sprach: Was hast du getan? Die Stimme des Blutes deines Bruders schreit zu mir von der Erde.
11 Und nun: Verflucht seist du auf der Erde, die ihr Maul hat aufgetan und deines Bruders Blut von deinen Händen empfangen.
12 Wenn du Acker bebauen wirst, soll er dir hinfort seinen Ertrag nicht geben. Unstet und flüchtig sollst du sein auf Erden.
13 Kain aber sprach zu dem HERRN: Meine Strafe ist zu schwer, als daß ich sie tragen könnte.
14 Siehe, du treibst mich heute vom Acker, und ich muß mich vor deinem Angesicht verbergen und muß unstet und flüchtig sein auf Erden. So wird mir's gehen, daß mich totschlägt, wer mich findet.

15 Aber der HERR sprach zu ihm: Nein, sondern wer Kain totschlägt, das soll siebenfältig gerächt werden. Und der HERR machte ein Zeichen an Kain, daß ihn niemand erschlüge, der ihn fände.
16 So ging Kain hinweg von dem Angesicht des HERRN und wohnte im Lande Nod, jenseits von Eden, gegen Osten.

(Gen 4,9–16)

▷ *Wie wird Kain bestraft?*
▷ *Welche Motive liegen seiner Tat zugrunde? Vergleicht dazu das gesamte vierte Kapitel des Buches Genesis!*
▷ *Haltet ihr Kains Bestrafung für gerecht?*

... es fehlt ein wenig der liebe Gott

▷ *Der Schriftsteller Max Frisch schrieb 1945 »Bin oder Die Reise nach Peking«, worin ein erzählendes »Ich« einen Weg nach innen, in die Selbstreflexion antritt. Einziger Gesprächspartner ist »Bin«, der gleichzeitig → Symbol für das Nachdenken des Erzählers über seine eigene Identität ist. Der folgende Textauszug enthält wichtige Einsichten über das »rechte« Verhältnis der Menschen zu sich selbst, zu ihren Mitmenschen und zu Gott. Versucht, diese Betrachtungsweise auf die Erzählung von Kain und Abel und auf den Problembereich der (Todes-)Strafe überhaupt zu übertragen!*

»Bin«, sage ich, »woher kommt es, daß wir alle einen Knacks haben, fast alle?«
»Knacks?«
»Knacks«, wiederhole ich, »man kann es kaum anders nennen... Eben denke ich an den lieben alten Herrn, der uns zu einer Flasche einlud. Der Mann mit den weißen Haaren, den es drängt, seine vergangenen Verdienste abzustauben. Meine jungen Freunde, sagt er, auch ich habe einmal! Ein Mann mit weißen Haaren, so nahe vor der Schwelle des Todes und immer noch (...) das Bedürfnis, verehrt zu werden. Wann, fragt man sich, wann werden wir denn reif und frei? (...) Ich kenne einen anderen; der erzählt uns oft, wie schön es gewesen sei, dies und das, er redet von der Jagd, vom Krieg, der ihn in fremde Länder gebracht, oder von Pferden; er erzählt nicht, wo er rühmlich, sondern wo er glücklich gewesen ist. Und Glücklichsein, das gilt ja nicht als Leistung, die uns Ehre einträgt. Du spürst es: der Mann, der so erzählt, er ruht in seinem Gelebten, im Vollen seines Tuns, das voll genug war, das keiner Ehren bedarf, um ihn zu stillen – (...)
Oft schon, nach einer Gesellschaft wie heute, sagte das Gewissen zu mir: ›Suche den Freund, der die Leute schätzen kann, die ihn – und er weiß darum – ihrerseits durchaus nicht schätzen. Das wäre ein Mensch ohne Knacks zum Beispiel.‹«
»Verstehe.«
»Ich habe ihn gesucht! Aber umsonst, auch in mir selber umsonst (...)«
Bin hörte zu.
»Das fade Gefühl auf dem Heimweg, fuhr ich fort, schon manchmal habe ich versucht, darüber nachzudenken. Noch der größte Narr wird eines solchen Abends erleben, daß sich einer an seinen Tisch setzt, ihm eine gewisse Verehrung anträgt, ganz schlicht und auf eine bestechende Weise verlegen; nämlich *er möchte selber geschätzt sein,* der andere. Er weiß, wie schwer wir werden widerstehen können, es wird uns schon ordentlich leid tun, ihn klein zu finden oder gar blöd, (...) ›Der Mann‹, sagt das Gewissen, ›er schätzt dich zwar nicht aus Kenntnis deiner Person, leider nicht, sondern aus Bedürfnis, zu schätzen und geschätzt zu werden (...) der Arme.‹«
Bin hörte zu, immer noch.
»Oder ist es nicht so?« fragte ich, »alle möchten geschätzt sein.«
Bin sagte:
»Ich glaube fast, *es fehlt euch allesamt ein wenig der liebe Gott,* nichts weiter. Nirgends aufgehoben, sehnt sich jeder nach der sicheren Achtung von seiten der Menschen – so sehr, so aufdringlich, daß er alles darüber vergißt, sogar seine natürliche und vorhandene Liebe zu ihnen, das, was ihn allein von seinem dürren Geiz befreite. Ehrgeiz ist ja auch nur ein Geiz, und nichts, da hast du recht, nichts macht uns so einsam voneinan-

der wie unser Ehrgeiz. Es fehlt so ein Ding, das die Achtung wohl aller besäße, eine zweifellose und gemeinsame Achtung für jeden Fall. Dann erst könnten wir (...) sachlich und liebend über die Dinge sprechen, sogar über die eigenen (...) ich glaube wirklich, es fehlt uns nur am lieben Gott. (...)«

(Aus: M. Frisch, Bin oder Die Reise nach Peking, Frankfurt am Main 1964, S.78)

▷ *Wie würde »Bin« wohl die Geschichte von Kains Tat erzählen?*

▷ *Inwiefern kann man sagen, daß Max Frischs Text den Blickwinkel der Betrachtung ganz grundsätzlich verändert: von Kain und Abel, von der Schuld des Mörders und dem Leiden des Opfers?*
▷ *Lest zum Vergleich Lukas 10,25–37; 6,36–42 und Johannes 8,1–11! Spürt die »Blickwinkel-Wechsel« in diesen Texten auf! – Welches Licht werfen diese Beispiele auf unsere Beurteilung der eigenen »Gerechtigkeit« und des Handelns anderer?*
▷ *Welche Konsequenzen ergeben sich aus diesen Texten für unseren Umgang mit »Schuld und Vergebung«?*

5. Menschenrechte – Eine Standort-Frage der Christen im Staat

▷ *Nehmt die Fragen nach »Schuld und Vergebung« und der »Ehrfurcht vor dem Leben« zum Anlaß, generell über Anpassung und Widerstand des Christentums in bezug auf staatliche Rechtsordnungen zu diskutieren!*
Die folgenden Texte sollen euch Anregungen zur Vertiefung dieser Thematik bieten!

Gebt dem Kaiser, was des Kaisers ist – ein Streitgespräch Jesu

13 Und sie sandten zu ihm einige von den Pharisäern und von den Anhängern des Herodes, daß sie ihn fingen in Worten. 14 Und sie kamen und sprachen zu ihm: Meister, wir wissen, daß du wahrhaftig bist und fragst nach niemand; denn du achtest nicht das Ansehen der Menschen, sondern du lehrst den Weg Gottes recht. Ist's recht, daß man dem Kaiser Steuern zahlt oder nicht? Sollen wir sie zahlen oder nicht zahlen?
15 Er aber merkte ihre Heuchelei und sprach zu ihnen: Was versucht ihr mich? Bringt mir einen Silbergroschen, daß ich ihn sehe! 16 Und sie brachten einen. Da sprach er: Wessen Bild und Aufschrift ist das? Sie sprachen zu ihm: Des Kaisers. 17 Da sprach Jesus zu ihnen: so gebt dem Kaiser, was des Kaisers ist, und Gott, was Gottes ist! Und sie wunderten sich über ihn.

(Mk 12, 13–17)

Ein zeitgenössischer Theologe schreibt dazu:

Das Streitgespräch Jesu über den Zinsgroschen (Mk 12,13–17) war für die Urgemeinde eine Hilfe zur Klärung ihres Verhältnisses zum Römischen Staat. Die Pharisäer und Parteigänger des Herodes stellten Jesus eine Fangfrage. Beantwortete er sie mit ja, machte er sich beim Volk unbeliebt, das die Steuer für den Kaiser aus nationalen und religiösen Gründen ablehnte. Beantwortete er die Frage mit nein, mußte er als Römerfeind um sein Leben fürchten.
Die beiden Teile der Antwort Jesu »Gebt dem Kaiser, was des Kaisers ist, und Gott, was Gottes ist« haben nicht dasselbe Gewicht. Die Pointe liegt auf der zweiten Hälfte des Satzes. Mit ihr geht Jesus über die gestellte Frage hinaus. Der Gehorsam gegenüber Gott ist für ihn allem anderen vor- und übergeordnet. Die göttliche Verehrung, wie sie im Bild der Steuermünze zum

Ausdruck kommt, war für ihn – wie für jeden gläubigen Juden – ausgeschlossen. Unter diesem Vorbehalt konnte Jesus jedoch die Christen zur Respektierung des Kaisers in den Grenzen, die ihm von Gott gesetzt sind, verpflichten.

(Aus: E. Röhm/J. Thierfelder, Kirche – Staat – Politik, Oberstufe Religion, Materialheft 3, Stuttgart 1979, S. 10)

▷ *Lest zum Vergleich Römer 13,1–7!*

Gewalt und Gewaltanwendung in der Gesellschaft

Gegen den Mißbrauch staatlicher Gewalt kennt die ethische Überlieferung auch christlicher Traditionen ein Widerstandsrecht. Begründet wird ein solches Widerstandsrecht durch die Verletzung fundamentaler Rechte der Person. In diesem Fall ist der Christ berechtigt, zu seinem eigenen Schutz und zugunsten anderer, denen Gewalt getan wird, Widerstand zu leisten. Die Formen solchen Widerstandes sind mannigfaltig. Sie reichen von der schlichten Gehorsamsverweigerung über Formen des passiven Widerstandes und der gewaltfreien Aktion bis zur Ausübung eines aktiven, im äußersten Fall auch gewaltsamen Widerstandes.

Der christliche Glaube hat sich von Anfang an darauf berufen, man müsse Gott mehr gehorchen als den Menschen (Apostelgeschichte 5,29). Das Gebot Gottes ist der staatlichen Autorität sowie den gesellschaftlichen Forderungen übergeordnet. Es ist daher ein fundamentales Mißverständnis, wenn man davon ausgeht, daß der christliche Glaube jeglichen Widerstand gegen staatliche Gewalt ausschließt. (...)

Ausgangspunkt des Widerstandsrechtes ist demnach letzten Endes die Idee der Menschenrechte und die Einstellung des jeweiligen zu ihnen. Ein Staat, der die Menschenrechte – nicht nur in Verfassungs- und Gesetzestexten, sondern in der Wirklichkeit seiner Politik – achtet und pflegt, kann nicht Objekt von Gewaltausübung durch seine Bürger sein, wohl aber ein Staat, der die Menschenrechte andauernd und schwer verletzt (...).

(Aus: Die Denkschriften der EKD, Bd. 1/2, Gütersloh 1978, S. 75–77)

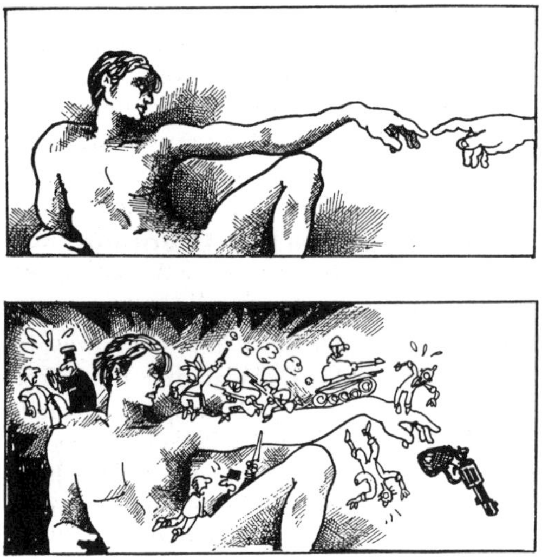

▷ *Erläutert, inwiefern die Idee der Menschenrechte über die Einstellung von Christen zu einem Staat entscheidet!*

▷ *Überlegt, ob und in welchen Bereichen wir in unserem Land überhaupt in einen echten Gewissenskonflikt zwischen Staatsideologie und Glaubensüberzeugung geraten können!*

▷ *Fallen euch Beispiele aus anderen Ländern und Zeiten ein?*

▷ *Tragt ethische Dokumente zusammen, die die Menschenrechte (international) verbürgen!*

Kapitel 4

Frieden auf Erden – Realistische Hoffnung oder ewiger Traum?

1. Der Tod, der alles raubt… Erfahrungen von Macht und Ohnmacht

Robert Jungk, Friedensforscher, schreibt in seinen Buch *Heller als tausend Sonnen* über den ersten Atombombenversuch in Los Alamos:

Erschütterer der Welten

In der verbliebenen Wartezeit, die allen endlos vorkam, wurde kaum gesprochen. Alle gingen ihren Gedanken nach, aber es waren, soweit sich die Befragten erinnern können, keine apokalyptischen Gedanken. Die meisten schienen sich ausgerechnet zu haben, wie bald sie sich aus ihrer unbequemen Lage umdrehen und noch etwas von dem erwarteten Schauspiel sehen könnten. Fermi, Experimentator wie immer, hielt Papierschnitzel in der Hand, mit denen er den Luftdruck messen und sofort die Explosionsstärke schätzen wollte. Frisch nahm er sich vor, das Phänomen so genau wie möglich in seiner Erinnerung zu registrieren und seine Eindrucksfähigkeit weder durch Gefühl noch durch Vorurteil beeinflussen zu lassen. Groves überdachte zum hundertstenmal, ob bestimmt alle Maßnahmen für eine schnelle Evakuierung im Falle einer Katastrophe getroffen seien, Oppenheimer schwankte zwischen der Furcht, der Test werde mißlingen oder gelingen.
Und dann ging alles unbegreiflich schnell. Keiner erblickte das erste Aufblitzen des Atomfeuers selbst. Nur den blendend weißen Widerschein am Himmel und auf den Bergen durften sie sehen. Wer es dann wagte, sich umzudrehen, nahm den hellen Feuerball wahr, der immer noch größer und größer wurde. »Mein Gott, ich glaube, die ›Langhaarigen‹ haben die Kontrolle verloren!« rief ein junger Offizier aus. Carson Mark, einer der hervorragendsten Köpfe der theoretischen Abteilung, aber dachte – obwohl er verstandesgemäß wußte, es könne nicht so sein – der Feuerball werde so lange nicht aufhören zu wachsen, bis er Himmel und Erde ganz in sich aufgenommen hätte.
In diesem Augenblick vergaß jeder, was er sich vorgenommen hatte. Man war starr vor Erschütterung über die Gewalt der Explosion. Oppenheimer hatte sich an einen Pfosten im Kontrollstand geklammert, und durch den Kopf schoß ihm eine Stelle aus der Bhagavadgita, dem heiligen Gesang der Hindus:

Wenn das Licht von tausend Sonnen
am Himmel plötzlich bräch' hervor,
zu gleicher Zeit – das wäre
gleich dem Glanze dieses Herrlichen…

Doch wie jetzt die unheimliche Riesenwolke in der Ferne über »Punkt Null« aufstieg, kam ihm eine andere Zeile aus dem indischen Epos in den Sinn:

Ich bin der Tod, der alles raubt,
Erschütterer der Welten.

Sri Krishna, der Erhabene, Herr über das Schicksal der Sterblichen, hatte so gesprochen. Robert Oppenheimer aber war nur ein Mensch, dem eine gewaltige, eine viel zu gewaltige Macht zuteilgeworden war.
Es ist auffallend, daß kein Anwesender so sachlich reagierte, wie er es sich gedacht hatte. Alle, auch diejenigen – und das war die Mehrzahl –, die sich sonst frei von religiösen Bindungen oder auch nur Neigungen fühlten, berichteten über das Erlebnis in Worten, die aus dem Sprachbereich von Mythos und Theologie stammen. General Farell zum Beispiel: »Das ganze Land war erhellt von einem versengenden Licht, dessen Stärke viele Maße größer war als das der Mittagssonne ... Dreißig Sekunden später kam zuerst die Explosion, der Luftdruck prallte hart gegen die Leute und Dinge, und dann folgte fast unmittelbar ein lautes, anhaltendes schauerliches Donnern, wie eine Warnung vor dem Jüngsten Tag, das uns spüren ließ, daß wir winzige Wesen in blasphemischer Weise wagten, an die Kräfte zu rühren, die bis dahin dem Allmächtigen vorbehalten waren. Worte reichen nicht aus, um denen, die nicht dabei waren, den Eindruck wiederzugeben, den wir körperlich, geistig und seelisch erfuhren. Man muß Zeuge gewesen sein, um es sich vorzustellen.

(Aus: R. Jungk, Heller als Tausend Sonnen, Bern und Stuttgart 1965, S. 413 ff)

Atomschutzübung in den USA während der fünfziger Jahre (Szenenfoto aus dem Dokumentarfilm »The Atomic Cafe«, USA 1982)

Fakten ohne Kunst

1 Die Indianer
nennen die Wüste Nevada:
das Haus der Sonne.
Ihre Überlieferung
sagt:
wenn der weiße Gott
in das Haus der Sonne
zurückkehrt
wird die Welt brennen.

2 Im Forschungszentrum
für Zeitgeschichte
surrt der Projektor,
auf der Leinwand erscheint
ein Bild von Hiroshima:
Ruinen hell
unter hellem Himmel
Gräten.
Bildwechsel. Nah:
ein kleiner schwarzer Fleck
auf einer Tempelstufe.
Das
meine Damen und Herren
sagt der Professor
mit dem Zeigestock
auf den kleinen schwarzen Fleck
deutend
war
ein Mensch

(H. Klieffel, in: U. Milke [Hg.], Thema Frieden. Zeitgenössische Gedichte, Hammers Anthologien 2, Lyrik, Wuppertal 1967, S. 23)

Robert Jungk berichtet in seinem Buch *Strahlen aus der Asche* über den Abwurf der Atombombe über Hiroshima und Nagasaki:

Eine neue Krankheit?

Eine entscheidende, wenn auch rein passive Rolle bei der allmählichen Erhellung des Dunkels um die »neue Krankheit« spielte Midori Naka, eine der schönsten und bedeutendsten Schauspielerinnen Japans, berühmt vor allem durch ihre einzigartige Darstellung der »Kameliendame«. Sie war der Star der weltbekannten Theatergruppe »Sakura tai« (Kirschblütengruppe), die seit Anfang Juni 1945 in Hiroshima Gastspiele gegeben hatte. Unglücklicherweise hatten die Mitglieder dieses Ensembles in einem Haus Quartier bezogen, das nur siebenhundert Meter weit vom Explosionszentrum der Bombe entfernt gelegen war. Dreizehn von insgesamt siebzehn Schauspielern und Schauspielerinnen wurden am 6. August auf der Stelle getötet. Vier blieben vorläufig am Leben. Unter ihnen auch Fräulein Naka.
»In jenem Augenblick stand ich gerade in der Küche, denn ich mußte an diesem Morgen das Frühstück für die Kollegen zubereiten«, hat sie später berichtet. »Ich trug einen leichten weiß-roten Mantel, und um den Kopf hatte ich ein Handtuch gewickelt. Als ein weißes Licht den ganzen Raum erfüllte, dachte ich, der Wasserboiler müsse explodiert sein. Sofort darauf verlor ich das Bewußtsein. Ich wachte im Dunkeln auf und merkte allmählich, daß ich eingeklemmt unter den Trümmern des Hauses lag. Als ich mich zu befreien suchte, merkte ich, daß ich bis auf eine kleine Unterhose ganz nackt war. Befühlte mein Gesicht und Rücken: Ich war unverletzt! Nur an Händen und Beinen hatte ich ein paar Kratzer. Ich lief, so wie ich war, bis zum Fluß, wo es lichterloh brannte. Sprang ins Wasser, ließ mich ein paar hundert Meter weit treiben und wurde von Soldaten aufgefischt.«
Soweit unterscheidet sich die Geschichte der Schauspielerin nicht wesentlich von zahllosen ähnlichen Berichten. Bedeutsam wurde sie erst durch die Tatsache, daß Midori Naka, obwohl sie sich sehr schlecht fühlte, darauf bestand, so schnell wie möglich nach Tokio zurückgebracht zu werden. Da sie »prominent« war, beschaffte man ihr einen der raren Plätze im Zug nach der Hauptstadt; und wiederum, weil sie so berühmt war, kümmerten sich sofort die besten Ärzte um sie. (...) Ein Bericht über die letzten Tage der Tragödin Midori Naka lautet: »Sie trat am 16. August ins Hospital der Universität Tokio ein. Von der Schönheit ihres Gesichtes und der Vornehmheit ihrer Bewegungen, die sie so berühmt gemacht hatten, war schon fast nichts mehr zu bemerken. Vom folgenden Tage an begannen ihre schwarzen Haare auszufallen, und die Zahl ihrer weißen Blutkörperchen ging bis auf 300 bis 400 herunter (Normalmenge etwa 8000). Im Krankenhaus tat man alles, um diese herrliche Frau zu retten. Sie erhielt eine Bluttransfusion nach der anderen. Anfangs war ihre Temperatur nur 37,8 und der Pulsschlag 80, aber am 21. August schon stieg das Fieber auf 41 Grad und am 23. August erschienen plötzlich an 12 oder 13 Stellen ihres Körpers violette Flecken, jeder von der Größe eines Taubeneies. Am nächsten Tag war der Puls auf 158 geklettert. Midori behauptete an diesem Morgen, sie fühlte sich besser, aber bald darauf verlosch sie. Ihren Scheitel zierten nur noch ein paar dünne Haare, doch als man sie von ihrem Lager hob, gingen auch diese von ihr und schwebten langsam zu Boden ...«

(Aus: R. Jungk, Strahlen aus der Asche, Bern und Stuttgart 1965, S. 573 f)

▷ *Diskutiert, ob so etwas wie in Hiroshima und Nagasaki heute noch einmal Realität werden könnte! – Bezieht hierzu auch die nachfolgenden Texte von Kästner und Augstein ein. – Begründet euer Urteil.*

▷ *Tragt zusammen, in welchen Ländern der Erde zur Zeit Krieg geführt wird und wo die Gefahr eines Kriegsausbruchs droht! – Sammelt anhand von Zeitungsartikeln, Fachbüchern, Lexika etc. Informationen darüber, welche Arten von Waffen seit dem Zweiten Weltkrieg entwickelt wurden und ob und inwiefern sich ihre Auswirkungen von atomaren Bomben unterscheiden!*

Das letzte Kapitel?

Am 12. Juli des Jahres 2003
lief folgender Funkspruch rund um die Erde:
daß ein Bombengeschwader der Luftpolizei
die gesamte Menschheit ausrotten werde.

Die Weltregierung, so wurde erklärt, stellte fest,
daß der Plan, endgültig Frieden zu stiften,
sich gar nicht anders verwirklichen läßt,
als alle Beteiligten zu vergiften.

Zu fliehen, wurde erklärt, habe keinen Zweck.
Nicht eine Seele dürfe am Leben bleiben.
Das neue Giftgas reiche in jedes Versteck.
Man habe nicht einmal nötig, sich selbst zu entleiben.

Am 13. Juli flogen von Boston eintausend
mit Gas und Bazillen beladene Flugzeuge fort
und vollbrachten, rund um den Globus sausend,
den von der Weltregierung befohlenen Mord.

Die Menschen krochen winselnd unter die Betten.
Sie stürzten in ihre Keller und in den Wald.
Das Gift hing gelb wie Wolken über den Städten.
Millionen Leichen lagen auf dem Asphalt.

Jeder dachte, er könnte dem Tod entgehen.
Keiner entging dem Tod, und die Welt wurde leer.
Das Gift war überall. Es schlich wie auf Zehen.
Es lief die Wüsten entlang. Und es schwamm übers Meer.

Die Menschen lagen gebündelt wie faulende Garben.
Andre hingen wie Puppen zum Fenster hinaus.
Die Tiere im Zoo schrien schrecklich, bevor sie starben.
Und langsam löschten die großen Hochöfen aus.

Dampfer schwankten im Meer, beladen mit Toten.
Und weder Weinen noch Lachen war mehr auf der Welt.
Die Flugzeuge irrten, mit tausend toten Piloten,
unter dem Himmel und sanken brennend ins Feld.

Jetzt hatte die Menschheit endlich erreicht, was sie wollte.
Zwar war die Methode nicht ausgesprochen human.
Die Erde war aber endlich still und zufrieden und rollte,
völlig beruhigt ihre bekannte elliptische Bahn.

(E. Kästner, in: E. Kästner/P. Flora, Große Zeiten – Kleine Auswahl, Zürich 1969, S. 129 ff)

Edvard Munch, Der Schrei, 1893 (Ausschnitt), Oslo Kommunes Kunstsamlinger, Munch-Museet

In seinem Kommentar »Das tolle Jahr 1989« schreibt Rudolf Augstein:

> Umwälzungen ganz anderen Ausmaßes stehen bevor. Wenn nicht alle umdenken, wird der Planet menschenleer seine Bahn ziehen, nicht in tausend Jahren, sondern bald.
>
> (Aus: DER SPIEGEL 1/1990, S. 23)

In Kriegs-Strukturen verstrickt?

In unserem modernen Zeitalter sind wir alle – ob wir es wollen oder nicht – nicht nur unseren *individuellen* Gewissensentscheidungen überlassen, sondern auch in vielfältige gesellschaftliche, wirtschaftliche und politische *Strukturen* eingebunden, die über nationale, kulturelle und religiöse Grenzen früherer Zeiten weit hinausgehen.
Daraus ergeben sich manche *Vorteile,* aber auch zahlreiche *Konflikte* für den einzelnen, für gesellschaftliche Gruppen, für ganze Völker und Völker-Gemeinschaften! Wir alle leben sozusagen als »Bürger der Menschheit« in einem immer wieder komplexer werdenden Weltgefüge. Wir alle leben in einer Welt, die nicht nur von Positivem geprägt ist, sondern auch von Gewalt, Armut, Ungerechtigkeit und Angst. Dabei machen wir alle auch ganz unterschiedliche Erfahrungen von *Macht* und *Ohnmacht,* die das Reden vom Frieden in der Welt immer wichtiger erscheinen lassen, während die Probleme, die es dabei zu bedenken gibt, immer vielschichtiger werden.

Ein Beispiel: 1990, als sich die politische Situation zwischen »Ost und West« zunehmend entspannte und noch kaum jemand an einen auf multinationaler Ebene geführten »Krieg am Golf« dachte, konnte man in den Medien warnende Appelle wie die folgenden finden:

»Lebenslaute statt Todesgetöse«

Gegen die Internationale Luftfahrt-Ausstellung (ILA) in dieser Woche in Hannover-Langenhagen haben zahlreiche kirchliche und politische Gruppen Protest erhoben. Sie wenden sich vor allem gegen Werbung für Rüstungsgüter und gegen die Demonstrationsflüge während der Messe. (…)
Schon vor einigen Wochen hatten beide Kirchen die ILA-Verantwortlichen aufgefordert, auf den militärischen Teil der Messe zu verzichten. Veranstalter sind der Bundesverband der Deutschen Luft- und Raumfahrtindustrie (BDLI) und die Hannoversche Messegesellschaft, die zu gleichen Teilen dem Land Niedersachsen und der Stadt Hannover gehört. Der evangelische Stadtkirchentag Hannover wies in einem Beschluß vor allem auf den Rüstungsexport in Spannungsgebiete und in polizeistaatlich regierte Länder hin, der durch die ILA gefördert werde. In einer Erklärung des Diözesanrates der Katholiken im Bistum Hildesheim heiß es: »Die werbewirksame Präsentation von Rüstungsgütern und Wehrtechnik steht in klarem Widerspruch zu dem, was Christen für Gerechtigkeit und Frieden als notwendigkeit erkannt haben.« Die ILA lassen todbringendes Kriegsgerät von einem Massenpublikum als technische Spitzenprodukte bewundern; die ethische Problematik von Rüstung werde in unerträglicher Weise verdrängt. Ausdrücklich rief der Diözesanrat zu einem Besuchsboykott auf und sagte seine Unterstützung für gewaltfreie Protestaktionen zu. (…)
An der Messe nehmen mehr als 400 Aussteller aus 21 Ländern teil. Die im BDLI vereinigten deutschen Firmen erreichten im vergangenen Jahr, wie Verbandspräsident Johann Schäffler vor Messeeröffnung mitteilte, einen Umsatz von 23 Milliarden Mark, etwa zur Hälfte aus militärischen Aufträgen. Schäffler bezeichnete die Auftragslage als gut.

(Eckart Spoo, in: Frankfurter Rundschau 14. 5. 1990)

IPPNW-Schwerpunkt künftig Dritte Welt und Ökologie

Die Internationalen Ärzte für die Verhütung eines Atomkrieges (IPPNW) wollen künftig ökologische und entwicklungspolitische Fragestellungen zu einem neuen Schwerpunkt ihrer Arbeit machen. Nach der Ost-West-Annäherung bleibe die »Bedrohung des Lebens« auf eine andere Weise allgegenwärtig, heißt es in der Abschlußerklärung der deutschen IPPNW-Jahrestagung, die am 7. Oktober in Bonn zu Ende ging.
Vor allem das ökonomische Gefälle zwischen Erster und Dritter Welt, die globale Unvereinbarkeit von Wirtschaftswachstum und Ökologie sowie religiöse Feindschaften gefährdeten heute mehr denn je den Frieden. Der »Krieg gegen die Natur macht uns krank und zerstört langfristig alle Lebensgrundlagen«, heißt es in der Erklärung weiter. Verantwortlich dafür seien vor allem die Abfallproduzenten der Industriegesellschaft, die Radioaktivität, Chemiegifte, die Autoabgase sowie der Haus- und Industriemüll. In der Dritten Welt werde die ökologische Krise noch zusätzlich durch Verelendung, Klimaveränderungen und Nahrungsmangel verschärft.
Die Gefahr eines Atomkrieges in Europa sei zwar abgewendet, jedoch sei der Einsatz von Atomwaffen am Golf »schon morgen möglich«, wenn es dort zu einer militärischen Auseinandersetzung komme, befürchtet die Ärzte-Organisation

(aus: Ev. Information 41/90)

▷ *Setzt euch mit der Problematik dieser beiden Texte auseinander, und diskutiert die in ihnen angesprochenen Positionen!*
▷ *Sammelt weitere mögliche Standpunkte zu diesem Thema! – Vergleicht dazu auch die Texte auf S. 67 ff!*

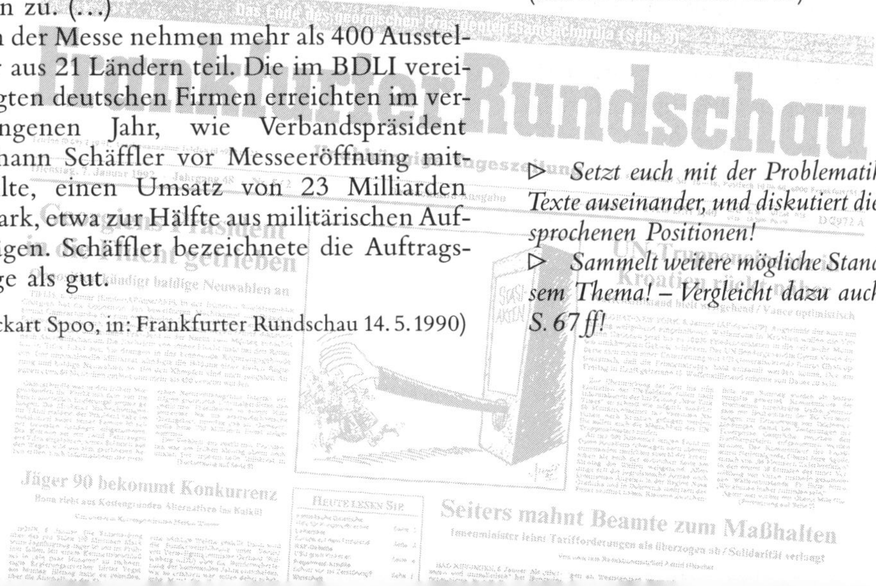

2. Ehre sei Gott in der Höhe und Friede auf Erden? – Biblische Bilder vom Frieden

▷ *»Frieden« ist ein weiter und offener Begriff, mit dem sich zunächst unterschiedliche Vorstellungen und Konkretionen verbinden können. Anhand der folgenden Texte und Bilder könnt ihr einige biblische Aspekte und Inhalte des Friedensbegriffes erarbeiten.*

Vorstellungen vom Frieden im → Alten Testament

→ Prophet
→ Utopie
→ Eschatologie
→ Reich Gottes
→ Messias

Jesaja, guter, du machst uns zu schaffen.
Lebend in kriegerischer Zeit war deine Hoffnung stark
auf einen Zustand, in dem Gewalt geächtet und überwunden ist.
Licht sahst du aufscheinen in der Finsternis
und Jubel ausbrechen am Tag der Befreiung,
einen Scheiterhaufen, auf dem Soldatenstiefel
und Mäntel brennen, weil sie nicht mehr gebraucht werden.
Und einen kindlichen Friedensfürsten mit vielen Namen,
für den Recht kein Vorwand zur Unterdrückung ist.
Guter Jesaja, lebend in organisierter Friedlosigkeit,
mit südlichen Kriegen auf dem Fernsehschirm
und Regierungserklärungen über den
atomaren Erstschlag,
die Abschreckung muß lückenlos sein,
so lebend fürchten sich viele vor deinen Hoffnungen.
Denn hoffend mit dir müßten sie kämpfen
für einen Traum, der verdrängt auch der ihre ist.
Aber einfacher ist's, die Geschichte der Menschheit
unabänderlich zur Kriegsgeschichte zu erklären.
Der Friedefürst, bitte schön, das reicht zu Weihnachten.
Und außerdem: so schlimm wird es schon nicht kommen.
Wecke uns, Jesaja, aus den Trümmern vom ewigen Frieden der Abschreckung.
Lehre uns den Frieden, der unteilbar ist.
Stärke unsere Hoffnung auf eine Welt,
in der das Kriegen verlernt wird.

(Aus: H. J. Benedict, Der Schalom Gottes und des Menschen Friedensreich, in: Junge Kirche, 50. Jg. 1989, S. 338)

▷ *Lest zum Vergleich Jesaja 2,2–4 (oder Micha 4,1–3) in eurer Bibel nach, und informiert euch anhand des Lexikons im Anhangsteil über die oben unter der Eule angegebenen Begriffe!*

▷ *Diskutiert die Frage, ob das Gedicht die eschatologische Aussage des Bibeltextes angemessen berücksichtigt!*

6 Da werden die Wölfe bei den Lämmern wohnen und die Panther bei den Böcken lagern. Ein kleiner Knabe wird Kälber und junge Löwen und Mastvieh miteinander treiben. 7 Kühe und Bären werden zusammen weiden, daß ihre Jungen beieinander liegen, und Löwen werden Stroh fressen wie die Rinder. 8 Und ein Säugling wird spielen am Loch der Otter, und ein entwöhntes Kind wird seine Hand stecken in die Höhle der Natter. 9 Man wird nirgends Sünde tun noch freveln auf meinem ganzen heiligen Berge; denn das Land wird voll Erkenntnis des HERRN sein, wie Wasser das Meer bedeckt.
(Jes. 11,6–9)

Aus einer Bibelarbeit zu Jesaja 11,1–9

Jesajas Vision macht eines deutlich: Friede ist mehr als Abwesenheit von Krieg. Friede ist ein Schalom-Zustand, in dem alles heil und gut wird, in dem Hunger, Armut und Unterdrückung abgeschafft sind, das Recht blüht und gedeiht, und es letztlich zu einer kosmischen Harmonie aller Lebewesen kommt. Das klingt fast zu schön, und deswegen ist zumindest ernsthaft zu hören, was G. Szczesny einwendet: »Paradiese und goldene Zeitalter sind unsinnige und gespenstische Projekte, weil sie die Existenz einer Idealwelt voraussetzen, die aus gleichen Elementen wie die reale besteht, jedoch Gesetzen gehorcht, die diese Elemente existentiell vernichten. Der Löwe, der nicht das Lamm frißt, sondern das Gras, auf dem es weidet, ist kein Löwe, sondern ein Schaf im Löwenpelz. Das Lämmerfressen des Löwen wird, solange es Löwen gibt, seine Löwenhaftigkeit ausmachen. Und der grasfressende Löwe ist auch kein höherer, sondern ein mißratener Löwe …«
Trotz dieser Kritik dürfte deutlich sein: das messianische Friedensreich ist das Gegenteil eines idealisierenden Einverständnisses mit dem Vorfindlichen. Es ist auch kein Rückwärtsträumen, das uns von dieser Erde

abzieht. Aber es hinterläßt die schmerzliche Sehnsucht, daß es anders und besser werden möchte auf dieser Welt. Und was das verbindliche Wort der ökumenischen Christenheit zum Frieden im engeren Sinne betrifft, so ist Jesaja mit seinen Visionen zum Paten der konkreten Utopien der Friedensbewegung geworden: Schwerter zu Pflugscharen, den Krieg nicht mehr lernen und die Beendigung aller Bedrohung durch raubtierhaften Schrecken. Die Umsetzung dieser Visionen in unserer Zeit würde lauten: kein atomares Abschreckungssystem mehr, über defensive Rüstung zu allgemeiner Abrüstung, Sicherheitspartnerschaft und Vertrauensbildung, Verwendung der freiwerdenden Mittel zum Abbau von Hunger und Armut, Beendigung der Schöpfungszerstörung.

(H.-J. Benedict, a.a.O., S. 346 f)

▷ *Welche Zukunftsvision enthält der Jesajatext?*
▷ *Diskutiert, welche Bedeutung dieser biblische Text für uns heute haben kann. Versucht, dies anhand der Thesen von Hans-Jürgen Benedict zu konkretisieren.*

Schalom – Der Friede Gottes als Herausforderung und als Verheißung

Der Friedensgruß, der uns in so vielen Texten des Alten und Neuen Testaments begegnet, lautet: »Schalom!« (= Friede sei mit dir/euch). – Wer so begrüßt wurde, Freund oder Fremder, durfte erwarten, daß ihm Obdach, Stillung von Hunger und Durst, Ruhe und Sicherheit gewährt wurden. »Schalom« – das bedeutet das ganzheitliche Wohlbefinden eines Menschen in allen Dimensionen seines Daseins: bezogen auf Gesundheit, Ehe, Familie, Beruf, Freunde, materielle Versorgung; alles in allem eben auf die umfassende Harmonie mit allen Mitkreaturen, mit der Natur und mit Gott.

Der Theologe Dieter Vetter schreibt über den Frieden:

a) »Schalom« (…) bezeichnet *positiv* den Zustand, in dem man genug hat, der für jemanden genug befriedigend ist (Gen 37,14; Ps 38,4). In diesem Sinn gehört ›Schalom‹ zum alltäglichen Leben der Menschen. Eine Gemeinschaft kann nicht ohne ihn sein. (…) In einem *besonderen Anwendungsfeld* wird der ›Schalom‹ der Gemeinschaft durch Krieg bedroht (z. B. 1 Kön 2,5; 20,18; Jes 59,8); die Bedrohung des voll befriedigenden Gemeinschaftsdaseins erst gestaltet ›Schalom‹ zum Gegenbegriff des Krieges: »Ist dein Kommen Friede?« (1 Sam 16,4; 1 Kön 2,13) (…).

b) Den *Frieden Gottes* stellt die hebräische Bibel als *Urbild* zwischenmenschlichen Handelns dar. Im Priestersegen wendet sich Gott dem einzelnen in der versammelten Gemeinde zu (Num 6,24–26). Der von ihm ausgehende Segen ist Wirkung des Friedens Gottes: ›ER hebe sein Antlitz zu dir, und setze dir Frieden.‹ Sein vollendetes »Werk vom Anfang« beschließt Gott durch Segnen (Gen 2,1–3). Er »schuf den Menschen in seinem Bild« (Gen 1,27), damit der handelnde Mensch dem Verhalten Gottes ähnlich werde (Lev 19,2) (…)«

(Aus: Artikel »Friede« in: Lexikon religiöser Grundbegriffe, hrsg. von A. Th. Koury, Wien 1987, Spalte 290 ff)

Die *Verheißung* des »Friedens Gottes« bedeutet demnach mehr, als Menschen für den Frieden tun können; doch sie ist nicht nur Zusage im Sinne eines *Zuspruchs,* sie ist auch *Anspruch!* Sie ist Herausforderung und Ermutigung unseres Bemühens, den Schalom, den Frieden auf Erden »zu stiften«, das heißt ihn ganz konkret in allen Lebensbereichen zu verwirklichen. – Der biblisch orientierte Mensch (→ Anthropologie) lebt so in einer Spannung zwischen der Hoffnung auf Erfüllung der Verheißung und dem tatkräftigen Sich-Einsetzen für den Schalom, für gerechtere, angstfreie und lebenserhaltende Verhältnisse in der Welt.

Exkurs: Theologische Positionen zum sogenannten »heiligen« und »gerechten« Krieg

a) Der Friedensvision Jesajas ging innerhalb des → Alten Testaments *an einigen Stellen eine Rechtfertigung des Krieges als eines »heiligen«, von Jahwe geführten Krieges voraus:*

»Die atl. Schriften (…) enthalten Kriegstexte, die unübersehbar ethnozentrisch[1] beschränkte, machtpolitisch und wirtschaftlich orientierte Kriegs- und Friedenstraditionen aufweisen. Der direkten Identifizierung Gottes mit dem Krieg (der Termini ›Jahwekrieg‹ zeigt dies an) entspricht nicht selten eine religiöse Kriegsbegeisterung (zum Beispiel Ex 15,3). Der Sieg Israels im Krieg wird mehrfach als Ausdruck des Friedens mit Gott verstanden (Ri 2,11–22), der Kriegsdienst als entscheidende religiöse Pflicht (z. B. im Deboralied Ri 5) (…). Die theol. Bewertung des Krieges im AT wandelt sich im Verlauf der Geschichte Israels grundlegend. Während in der vorstaatlichen Zeit Israels eine äußerst enge Verknüpfung Gottes mit dem Krieg festzustellen ist, verändert sich dies in der Königszeit (spätestens seit dem 8. Jh. v. Chr. bis in die Exilszeit hinein) zu einer zunehmenden Identifizierung Gottes mit dem Frieden. Der (...) machtpolitischen Vereinnahmung Jahwes für die Eroberungskriege der Könige Israels (...) entspricht die sich verschärfende Kritik der Gerichtspropheten an diesen (...) Kriegen und die grundsätzliche Disqualifikation des Krieges durch Jesaja.«

(M. Mettner, Art. »Frieden«, in: Neues Handbuch theologischer Grundbegriffe, Bd. 1, hg. v. P. Eicher, Münster 1984, 406)

b) Im Laufe der Kirchengeschichte dienten frühe alttestamentliche Kriegsberichte häufig – unreflektiert und aus ihren geschichtlichen Zusammenhängen herusgelöst – der Legitimation von »heiligen« Kriegen schlechthin (vgl. z. B. »Kreuzzüge«). Hinzu kam die Rede vom sogenannten »gerechten« Krieg. So schreibt Augustinus (345–430 n. Chr.), einer der Kirchenväter des frühen Mittelalters:

»Gerechte Kriege pflegt man als solche zu definieren, die Unrecht ahnden; sei es, daß ein Volk oder ein Staat, die mit Krieg zu überziehen sind, es versäumen, das Unrecht wieder gut zu machen, das von den Ihrigen geschehen ist, oder zurückzugeben, was durch Unrecht weggenommen ist.«

(Aus: Quaestiones in Heptateuchum VI 10, zitiert nach: Der gerechte Krieg: Christentum, Islam, Marxismus, Hg. R. Steinweg, Ed. Suhrkamp 101, Frankfurt 1980)

c) Gilt auch innerhalb des Christentums *(beider →Konfessionen)* unserer Zeit *die Rede von einem »heiligen« bzw. »gerechten« Krieg als überwunden, so wird die militärische Verteidigung als letzte aller Möglichkeiten politischer Konfliktlösung seitens der →Kirche z. T. legitimiert. So heißt es in der 1963 während des 2. Vatikanischen Konzils entstandenen Enzyklika*[2] *»Pacem in terris« zunächst:*

»Darum widerstrebt es in unserem Zeitalter, das sich rühmt, Atomzeitalter zu sein, der Vernunft (...) den Krieg noch als das geeignete Mittel zur Wiederherstellung verletzter Rechte zu betrachten.«

(Aus: Texte zur katholischen Soziallehre, Hg. Katholische Arbeitnehmer-Bewegung Deutschland, Köln-Kevelaer 19784, 271 f)

Diese Aussage wird im weiteren Verlauf des Konzils jedoch durch eine andere Aussage abgeschwächt:

»Allerdings – der Krieg ist nicht aus der Welt geschafft. Solange die Gefahr von Krieg besteht und solange es noch keine zuständige internationale Autorität gibt, die mit entsprechenden Mitteln ausgestattet ist, kann man, wenn alle Möglichkeiten einer friedlichen Regelung erschöpft sind, einer Regierung das Recht auf sittlich erlaubte Verteidigung nicht absprechen.« (Pastoral Konstitution, Nr. 79)

(Aus: ebenda, 401 f)

▷ *Könntet auch ihr einem Krieg als militärischer Verteidigung, »wenn alle Möglichkeiten einer friedlichen Regelung erschöpft sind«, zustimmen? – Begründet im Gespräch miteinander eure Meinung. Bezieht hierzu auch die Texte der Seiten 67 und 68 in eure Überlegungen ein.*

---

1 Ethnozentrismus: eine besondere Form des Nationalismus, bei der das eigene Volk als Mittelpunkt und zugleich als gegenüber anderen Völkern überlegen, angegeben wird. Der Autor bezieht sich hier auf das für Israel zentrale (theologische) Selbstverständnis, das von Gott »erwählte« Volk zu sein.

2 Lehrschreiben des Papstes an die gesamte katholische Kirche.

Vorstellungen vom Frieden im →Neuen Testament

▷ *Setzt euch mit der Aussageabsicht der Karikatur auseinander!*

Wie heißt doch gleich dieser laute, kriegerische Planet?

Und Frieden auf Erden

Der provokative Charakter der Sendung Jesu wird in der lukanischen Geburtsgeschichte eindrücklich reflektiert: Die von Lukas verkündigte Friedensbotschaft der Engel an die Hirten auf dem Felde stellt eine politische Demonstration dar. Lukas malt (2,8 ff) kein trautes Stimmungsbild, sondern plakatiert – vertraut mit den Engelmotiven der alttestamentlichen Überlieferung und der Lage der Hirten in der Gesellschaft seiner Zeit – den rechtlich-politischen Aspekt des Friedens Jesu Christi.
Der Engel kündet den scheinbar schon abgeschriebenen und abgedrängten Gruppen, daß auch ihnen das Heil gilt. Die Boten kommen an den Ort der Alltagsarbeit jener, die die Armen und Niedrigen verkörpern. Den Unterdrückten und Bedrängten sagen sie *Heil* und *Frieden* zu.
Jesus lebte – als Weinsäufer und Fresser, Zöllner- und Sündergenosse verleumdet (Mt 11,18 f) – mit ihnen. Er feierte den religiösen und sozialen Exodus aus den vielfältigen Bindungen des menschlichen Lebens. Er sprengte die in sich geschlossenen Gesellschafts- und Gedankenkreise, negierte die Klassifizierungen der Menschen in Sünder und Fromme, Gute und Böse, Freund und Feind und durchbrach die Unterscheidungen von heilig und profan, rein und unrein.

(H. P. Schmidt, Jesus, Anwalt des Friedens, in: H.-E. Bahr [Hg.], Weltfrieden und Revolution, Reinbek bei Hamburg 1968, S. 199 ff)

▷ *Lest die lukanische Weihnachtsgeschichte (Lukas 2,1–12) in eurer Bibel nach, und diskutiert, ob man der Interpretation H. P. Schmidts zustimmen kann. Welche Argumente lassen sich dafür, welche dagegen finden?*

▷ *Betrachtet das Bild von Otto Pankok eine Weile lang, und versucht euch vorzustellen, was den Künstler im Jahr 1950 dazu bewegt haben könnte, dieses Motiv zu entwerfen.*

▷ *Setzt euch mit der Frage auseinander, ob und inwiefern der folgende Text (von I. Hermann) einen wichtigen Beitrag leisten kann, um die Aussageabsicht des Bildes zu erschließen.*

Otto Pankok: Christus zerbricht das Gewehr, Holzschnitt 1950

Selig sind die Friedensstifter, denn sie werden Gottes Kinder heißen (Mt 5,9)

Der jüdisch-christliche Begriff von Frieden zielt auf den allseitigen, auf den totalen Frieden. Diese Zielvorstellung schließt auch »Versöhnung mit Gott« (vgl. 2. Kor 5,20) ein, sie interpretiert aber diesen Prozeß nicht als magischen Marsch ins Jenseits, sondern als Weg in die Zukunft. Mit anderen Worten: die zukunftsorientierte Friedensvorstellung des jüdisch-christlichen Denkens realisiert sich in der Geschichte der Menschheit, der Friede Gottes ist ein Friede auf dieser Erde. Er enthält deshalb bereits im Ansatz die Konsequenz zur Planung, also zur Politik und zur Wissenschaft. »Heil denen, die den Frieden schaffen« bedeutet also: Heil denen, die die Bedingungen des Friedens planen und organisieren, die ihn mit Mitteln der Politik und der Wissenschaft ermöglichen. Die Seligpreisung derer, die Frieden schaffen, (...) formuliert einen Maßstab politischer Zielsetzungen und Methoden, der über den Begriff der Politik als *Arrangement* der Interessen oder als Kunst des *Möglichen* hinausreicht, ohne diese Elemente der Realpolitik zu diffamieren. Dieser Maßstab besteht in der konkreten →Utopie einer weit vorauseilenden Zukunftsvorstellung (...) vom *Sinn* der Hoffnung auf Frieden und in der Entschlossenheit, die politischen Prioritäten nach den Regeln dieser schöpferischen Zukunftshoffnung zu bestimmen – schöpferisch, weil Zusammenhänge gesehen und *Entwicklungen für möglich gehalten* werden, die heute als Phantasiegebilde erscheinen –, die das auch sind und die nur dadurch morgen real werden können, daß jemand sie heute vorwegnehmend denkt.

Die Bergpredigt Jesu hat den Frieden nicht gebracht. Die Seligpreisung derer, die den Frieden schaffen, ist aber ein Zeichen der Hoffnung auf die Machbarkeit des Friedens.

(Aus: I. Hermann, Die Christen und ihre Konflikte, Freiburg i. Br. 1970, S. 103 ff)

Selig sind die Sanftmütigen.
denn sie werden das Erdreich besitzen.
(Mt 5,5)

▷ *Lest dazu auch Lukas 6,27–35 und Matthäus 5,43–48!*

Zeit,
höchste Zeit,
der häretischen Praxis der Waffen
ein Ende zu setzen:
»Selig sind die Gewaltlosen,
denn sie werden das Erdreich besitzen.«
(Mt 5,5)

Zeit,
höchste Zeit,
aufzurüsten und stark zu machen
den Schalom,
der Konflikte in neue Begegnung
verwandelt:
»Selig die Friedensmacher und
Friedensmacherinnen,
denn sie werden Söhne und Töchter
Gottes heißen.« (Mt 5,9)

Zeit,
höchste Zeit nun,
auch Feinde (vermeintliche,
tatsächliche)
einzuschließen, einzubinden
in Fürbitte, Geselligkeit, Liebe:
»Liebet eure Feinde
und bittet für die, die euch schmähen
und verfolgen.« (Mt 5,44)

(K. Marti, in: Die gesellige Gottheit, Ein Diskurs, Stuttgart 1989, S. 38 f)

▷ *Vergleicht das Gedicht von Kurt Marti mit dem von Erich Kästner auf Seite 57 in diesem Kapitel!*

Willy Fries, **Das Gewicht der Welt**

▷ *Betrachtet das Bild von W. Fries eine Weile lang und beschreibt, was es über Jesu Verkündigung von einer besseren, friedlicheren Welt aussagt. – Überlegt, inwiefern sich das Bild, das Fries von Jesus zeichnet, von dem Holzschnitt Pankoks auf S. 64 unterscheidet.*

▷ *Setzt euch ausgehend von dem Vergleich der beiden Bilder grundsätzlich mit der Frage auseinander, warum es eigentlich so viele unterschiedliche Darstellungen von Jesus Christus und seinem Anliegen gibt! (→ Christus; → Christologie)*

3. Ethische Standpunkte zum Thema Frieden und christlicher Glaube

Carl Friedrich von Weizsäcker, Professor für Physik und Philosophie, schreibt:

Gedanken zur Bergpredigt

Liest man die →Bergpredigt als das, was sie offensichtlich auch ist, als ein Gefüge ethischer Vorschriften, so steht in ihr nicht viel, was über den Inhalt einer Ethik der Vernunft hinausgeht, freilich einer ernstgenommenen. Sie enthält die Goldene Regel: »Alles nun, was ihr wollt, das euch die Leute tun, das tut auch ihr ihnen; denn das ist das Gesetz und die Propheten.« Dieser Zusammenhang ist nicht zufällig. Woher hat denn die Bergpredigt die Kraft, daß bis zum heutigen Tage jeder unvoreingenommene Leser, jeder, der sich nicht schon durch Reflexion für sie blind und taub gemacht hat, von ihrer Lehre getroffen wird; so daß er nicht ausweichen kann, zu bekennen: ja, im Grunde ist eben dies die Wahrheit. Es ist für uns, die wir in der Tradition der Auslegung und Umdeutung dieser Sätze aufgewachsen sind, wichtig, zu wissen, daß auch die großen Vertreter der asiatischen Religionen die Bergpredigt meist als die schlichte Wahrheit anerkennen, freilich im betonten Gegensatz gegen die Praxis der meisten Christen.
Die Ethik der Bergpredigt ist im Grunde die Wahrheit. Dieses »im Grunde« deckt alle Vorbehalte, die wir in der Praxis machen. Kann man denn nach dieser Ethik *leben*? Was taugt aber eine Ethik, nach der man nicht leben kann?
Hier mag der regulative Gebrauch der Vernunft einen ersten, freilich unzureichenden Wink geben. Der reine Imperativ, den jeder versteht, auch wenn ihn keiner streng befolgt, bleibt doch immer das Maß, nach dem wir unser Handeln zu *messen* haben. Schon der Möglichkeit seiner Erfüllung näher zu kommen, ist der höchsten Anstrengung wert. Die Bergpredigt enthält eben nicht nur Vorschriften; sie gibt Einsicht in den *Grund* der Vorschriften. Drücken wir es modern aus: nicht erst Gewaltakt und Schimpfwort, sondern die Regung der Aggression ist der Grund des Unfriedens unter uns, nicht erst der Ehebruch, sondern die Regung des wahllosen Begehrens ist der Grund der Vergeudung der Liebe. Der Grund unseres moralischen Elends liegt nicht in dem, was wir *tun,* sondern in dem, was wir *sind.* Nicht Übertretungen zu vermeiden, sondern *anders zu werden,* ist der Sinn der Ethik.
Daß es möglich ist, anders zu werden, das ist die fast unglaubliche Hoffnung. Den Imperativ der Vernunft tastet die Bergpredigt nicht an, sie spricht ihn in aller Schärfe aus. Aber sie fügt zu ihm den Indikativ der Seligpreisungen, im Präsens und Futurum: Selig sind die Friedensmacher, schon jetzt, und sie werden Gottes Söhne heißen, wenn sichtbar geworden sein wird, was schon da ist. Das ist keine Forderung des Gedankens, sondern die Stimme eines lebendigen Menschen, der aus Erfahrung weiß, wovon er spricht. Der Friede Gottes ist schon unter uns. Er ist darin, daß wir lieben können, wie wir geliebt sind.

(Aus: C. F. von Weizsäcker, Der ungesicherte Friede, Göttingen 1969, S. 16 ff)

▷ *C. F. von Weizsäcker spricht in seinem Text über die Bergpredigt von »Vorbehalten, die wir in der Praxis machen«. Konkretisiert diese Aussage anhand der Meinung des ehemaligen Verteidigungsminsisters und Alt-Bundeskanzlers Helmut Schmidt!*

Helmut Schmidt in einer Fernsehdiskussion im ZDF 1980

Schmidt: In der Bergpredigt steht zum Beispiel, daß man dem keinen Widerstand leisten soll, der einem Böses zufügt. Wenn das gelten soll für die Frauen und Männer, die am 20. Juli 1944 versucht haben, den menschenfeindlichen, menschenvernichtenden Diktator Hitler zu beseitigen, dann stellt sich die Frage, ob sie war gegen die Bergpredigt verstoßen haben, gleichwohl aber möglicherweise moralisch gerechtfertigt sind. Oder anders gefragt: Die Sowjetunion, die Völker der Sowjetunion, die bei aller Ablehnung Stalins, bei aller Abneigung gegenüber diesem Mann, der weiß Gott Schlimmes auf dem Kerbholz hat, wie wir später aus sowjetisch-kommunistischem Munde selbst erfahren haben, die Sowjetmenschen, die Völker der Sowjetunion, die sich unter Stalins Oberbefehl zusammenschlossen, um dem Angriff Hitlers zu widerstehen, die leisteten Widerstand dem, der ihnen Böses zufügte. Zweifellos nicht im Geist der Bergpredigt, trotzdem glaube ich, daß sie gerechtfertigt waren in ihrem Widerstand gegen Hitlers Angriff. So einfach kann man es sich nicht machen, daß man sagt, ich nehme in Kauf, daß die anderen Rüstungen aufbauen, Raketen, die auf meine Stadt, auf andere Städte gerichtet sind. Ich ziehe mich darauf zurück, daß Gott schon für mich sorgen wird. Das kann man nicht. Wir sind auch mitverantwortlich.

Der Krieg soll nach Gottes Willen nicht sein

Bei der Gründung des ÖRK im Jahre 1948 in Amsterdam wurde von der Gemeinschaft der Kirchen eine Erklärung verabschiedet, der der nachfolgende Textabschnitt entnommen ist:

(...) Die Rolle, die der Krieg im heutigen internationalen Leben spielt, ist Sünde wider Gott und eine Entwürdigung des Menschen. Gerade jetzt sieht sich die Christenheit von besonders brennenden Fragen in bezug auf den Krieg gestellt. (...)

Es mag sein, daß man auf Mittel der Gewalt nicht verzichten kann, wenn das Recht zur Geltung gebracht werden soll. Ist der Krieg aber erst einmal ausgebrochen, dann wird die Gewalt in einem Umfang angewandt, der dem Recht seine Grundlage zu zerstören droht.

8. Wir können uns daher nicht länger der Frage entziehen: Kann der Krieg heute noch ein Akt der Gerechtigkeit sein? Auf diese Frage können wir freilich keine einmütige Antwort geben. Die drei verschiedenen Grundhaltungen werden in unserer Mitte vertreten:

a) Da sind zunächst jene, die die Überzeugung haben, daß, wenn der Christ auch untr bestimmten Umständen wird in den Krieg ziehen müssen, ein moderner Krieg mit seinen allumfassenden Zerstörungen niemals ein Akt der Gerechtigkeit sein kann.

b) Da es gegenwärtig unparteiische, internationale Instanzen nicht gibt, so meinen andere, militärische Maßnahmen seien das letzte Mittel, um dem Recht Geltung zu verschaffen, und man müsse die Staatsbürger klar und deutlich lehren, daß es ihre Pflicht ist, das Recht mit der Waffe in der Hand zu verteidigen, wenn es keine andere Möglichkeit mehr gibt.

c) Wieder andere lehnen jeden Kriegsdienst irgendwelcher Art ab und sind überzeugt, daß Gott von ihnen verlangt, bedingungslos gegen den Krieg und für den Frieden Stellung zu nehmen, und nach ihrer Meinung müßte die Kirche im gleichen Sinn sprechen. (...)

Bei aller Verschiedenheit der Meinungen aber gibt es gewisse Grundsätze, in denen wir alle übereinstimmen. (...) Wir sind der Überzeugung, daß sowohl im internationalen leben als auch im Leben der einzelnen Nationen Gerechtigkeit walten muß. (...) Aufgabe der Kirche ist es, die sittlichen Grundsätze geltend zu machen, die der Gehorsam gegen Gott im Kriege wie im Frieden fordert. Sie dürfen ihre geistlichen Kräfte vom Staat weder im Krieg noch im Frieden dazu mißbrauchen lassen, um eine bestimmte Ideologie zu propagieren oder irgendeine Sache zu unterstützen, der sie nicht von ganzem Herzen zustimmen können. (...)

Sie müssen jedem einzelnen Christen zum Bewußtsein bringen, daß ein geistiger Widerstand, wenn er auf einer weitverbreiteten festen Überzeugung beruht, eine macht ist, die vom Kriege abhalten kann.«

(Aus: Die erste Vollversammlung des ÖRK, hg. v. der Studienkommission der ÖRK in Genf, in: Die Verordnung der Welt und Gottes Heilsplan, Bd. 5, Tübingen, 116–120)

Aus der kirchlichen Diskussion über »Frieden und Rüstung«

In der gesellschaftlichen Auseinandersetzung zu Beginn der achtziger Jahre über die militärische Nachrüstung der westlichen Staatenwelt (vor allem mit atomaren Waffen) finden sich Grundhaltungen zur Frage einer christlichen Rechtfertigung von Kriegen wieder, die sich von der »Amsterdamer Erklärung« des ÖRK unterscheiden.

1 Aktion: »Ohne Rüstung leben«

»Wir haben uns daran gewöhnt zu sagen: ›Rüstung hilft den Frieden erhalten‹ – aber bedroht sie nicht das Leben aller Menschen? ›Rüstung schafft Arbeitsplätze‹ – aber entzieht sie nicht Millionen von Hungernden das Brot? ›Rüstung hilft Gewalt eindämmen‹ – aber ruft sie nicht Kriege und Terror auf den Plan?
Wir haben bisher unsere Hoffnung auf die Abrüstung gesetzt – aber werden nicht immer perfektere Waffensysteme entwikkelt?
Wir sagen bis heute: ›DM 2,80 von DM 10,00 der an den Bund abgeführten Steuer ist uns die Sicherheit wert‹ – aber erhöht nicht unser Beitrag ständig die Kriegsgefahr?
In dieser Situation fordert die V. Vollversammlung des Ökumenischen Rates der Kirchen 1975 in Nairobi die 271 Mitgliedskirchen auf:
›Die Kirche sollte ihre Bereitschaft betonen, ohne den Schutz von Waffen zu leben, und bedeutsame Initiativen ergreifen, um auf eine wirksame Abrüstung zu drängen.‹
In Aufnahme und Weiterführung dieser Forderung erklären wir:
›Ich bin bereit, ohne den Schutz militärischer Rüstung zu leben. Ich will in unserem Staat dafür eintreten, daß Frieden ohne Waffen politisch entwickelt wird.«

(Aktion »Ohne Rüstung leben«: Aufruf an alle Christen, 1978, aus: Kirche und Frieden, EKD-Texte 3, Hannover 1872, 42

2 Aktion Sühnezeichen

»Bisher gilt der Satz: Die Angst, die ich meinem Gegner mache, sichert meinen Frieden. Dagegen wächst die Erkenntnis:
Die Angst, die ich dem Gegner nehme, gewährleistet meine eigene Sicherheit: Deshalb treten wir für kalkulierte einseitige Abrüstungsschritte ein.«

(Aktion Sühnezeichen/Friedensdienste e.V.: Frieden schaffen ohne Waffen, 1980, aus: ebd., 44)

3 Arbeitskreis »Sicherung des Friedens«

»Wollen Christen nach den Regeln der Zehn Gebote und der Bergpredigt leben und diese Regeln auch zum Maßstab ihres politischen Handelns machen, müssen sie in doppelter Weise ständig gerüstet und wachsam sein:
– zur Stärkung des Willens und der Fähigkeit, immer von neuem den Ausgleich von Konflikten zu suchen, der Entspannung zu dienen, soziale Mißstände zu beseitigen und Anreiz zum friedlichen Zusammenleben der Menschen und der Völker zu schaffen
– ebenso zur Bereitstellung von Mitteln, durch die Gewaltakte einzelner Menschen oder ganzer Staaten verhindert werden könnten. Dies gilt besonders dann, wenn jedes weitere Nachgeben nur zu solchen Gewalttaten ermuntert und damit die Gemeinschaft immer mehr zerstört. (...)
Die Klage gegen den Wahnsinn des Rüstungswettlaufs ist angesichts des Hungers in der Welt mit Recht heute in aller Munde. Entscheidend bleibt aber die Frage, wie dieser Wettlauf abgebremst oder beseitigt werden kann. Dabei erhebt sich insbesondere die Frage, ob die Parole ›Ohne Rüstung leben‹, die heute in der deutschen Christenheit verbreitet wird, diesen Wettlauf eindämmt oder beschleunigt. Beschleunigt wird er dort, wo durch einseitige Abrüstung anderen die Aussicht eröffnet wird, mit überlegener Rüstung ohne eigenes Risiko immer mehr Macht und Besitz durch politische Erpressung oder militärische Gewalt zu erwerben. Die Aufrechterhal-

tung des Gleichgewichtes militärischer Macht ist daher in dem Umfang unerläßlich, der nötig ist, um jeden politischen Gewaltakt zu einem unkalkulierbaren Risiko zu machen. (...).
Im Zusammenhang mit den theologischen Thesen ›Sicherung des Friedens‹ vom Juli 1980 billigen wir folgende
Erklärung: Jedes Staatswesen ist verpflichtet, nach Kräften das Leben seiner Bürger und deren grundlegende Menschenrechte zu schützen. Dieser Schutz ist nicht nur gegenüber kriminellen Handlungen im Inneren, sondern auch gegen auswärtige Mächte erforderlich, die mit äußerer Gewalt die Freiheit und die Menschenrechte gefährden. Die Erhaltung und Wiederherstellung des Friedens muß dabei immer der leitende Gesichtspunkt sein. Soweit dafür eine militärische Sicherung nötig ist, bejahe ich sie. Ich bejahe vor allem jede Bemühung um Abrüstung auf der Basis eines ausgewogenen Kräfteverhältnisses.«

(Arbeitskreis »Sicherung des Friedens«: Aufruf an die evangelischen Christen, 1980, aus: ebd., 48–50)

▷ *Die Position der »Aktion ohne Rüstung leben« beziehungsweise der »Aktion Sühnezeichen/Friedensdienste« auf der einen sowie der Aufruf des »Arbeitskreises Sicherung des Friedens« auf der anderen Seite stehen einander scheinbar unversöhnlich gegenüber. Überlegt, inwieweit beide Positionen dennoch miteinander zu vermitteln sind. Bezieht hier auch den Textauszug der »Amsterdamer Erklärung« von 1948 ein!*

Exkurs: Aggressivität, Friedfertigkeit und Erziehung – Texte zur Weiterarbeit

Quitt

jetzt sind sie quitt
und gehn auseinander
haß im herzen
oder

jetzt sind sie quitt
einer liegt, einer geht fort
furcht im herzen
oder

jetzt sind sie quitt
einer liegt
wie der andre
nichts im herzen.
jetzt sind sie quitt.

(Ernst Jandl, in: U. Milke, a.a.O., S. 158)

▷ *Welche möglichen Folgen von Konflikten werden im Gedicht angesprochen?*
▷ *Tragt zusammen, welche Lösungsmöglichkeiten Jesus im Neuen Testament anbietet.*

Es gibt zahlreiche Erklärungsversuche über die Entstehung aggressiven Verhaltens beim Menschen. Zu den inzwischen anerkanntesten Erklärungsmodellen gehören diejenigen, welche behaupten, daß Aggression gelernt wird.
Zwei verschiedene Modelle werden zur Erklärung des Lernens aggressiven Verhaltens herangezogen:

Wie aggressives Verhalten gelernt wird

1. das (...) Lernen durch Erfolg
2. das Lernen am Modell

zu 1. Lernen durch Erfolg. Macht zum Beispiel ein Kind die Erfahrung, daß es am einfachsten in den Besitz von Spielzeug kommt, mit dem gerade andere Kinder beschäftigt sind, wenn es diesen das Spielzeug wegnimmt, versucht es, das Spielzeug in einer aggressiven Handlung wegzunehmen. Hat es dabei Erfolg, wird es diese Handlung später in ähnlichen Situationen wiederholen. Der Erfolg bekräftigt, verstärkt die Erwartung, daß die Androhung oder Anwendung von Gewalt ein sehr nützliches Mittel ist, um eigene Bedürfnisse zu befriedigen. (...) Erweist sich aggressives Verhalten wiederholt als erfolgreich, wird es auch auf andere Situationen übertragen, auch andere aggressive Verhaltensweisen werden als erfolgversprechend betrachtet, die Erfahrung also generalisiert. Wahrscheinlich läßt sich mit der Zeit sogar der Zusammenhang zwischen dem erfolgversprechenden Mittel aggressives Verhalten und den zeitlich vorhergehenden Bedürfnissen so weit lockern, daß es selbst zum Motiv werden kann. Es entsteht das Bedürfnis, aggressiv zu handeln. Das Mittel wird zum Zweck.

zu 2. Lernen am Modell. Lerntheoretiker sind der Überzeugung, daß viele Lernprozesse nicht so verlaufen, wie es bisher beschrieben wurde, sondern daß ganze Verhaltensmodelle im ganzen übernommen werden von einem Beobachter, der sieht, daß andere mit bestimmten Handlungen, hier vor allem aggressiven, bei der Bewältigung einer Situation erfolgreich sind. Der Beobachter wird darüber informiert, wie man sich ›richtig‹ verhalten kann. (...) Die Modellsituation kann eine Life-Situation sein, oder eine symbolische, etwa übermittelt durch die modernen Kommunikationsmedien Zeitung, Rundfunk, Film, Fernsehen. Eine Life-Situation bieten zum Beispiel oft Eltern, die sich untereinander oder zu ihren Kindern aggressiv verhalten. Wenn für Eltern zum Beispiel immer noch Prügeln eine ultimato ratio* der Erziehung ist, lernt das Kind an diesem Modell, daß man sich offenbar in zugespitzten Situationen aggressiv noch am besten durchsetzen kann. Symbolische Modelle können verschiedene Abstraktheitsgrade haben.

1. So kann z.B. die Zeitungsmeldung über einen erfolgreichen Bankeinbruch zu ähnlichen Taten ermutigen,
2. oder der Spielfilm mit aggressiver Handlung (Krimi, Western usw.) kann zu aggressiven Handlungen anregen,
3. aber selbst von Zeichentrickfilmen, gehen, wie Experimente gezeigt haben, diese Wirkungen aus.

In vielen exakten Laborexperimenten wurde der Beweis erbracht, daß Kinder nach der Ermunterung durch das Vormachen, besonders auf das Vorführen aggressiver Handlungen in Filmen, motiviert wurden, selbst anschließend verstärkt aggressiv zu handeln.

(Aus: R. Denker, Zum gegenwärtigen Stand der Aggressionsforschung, in: Aggressionstrieb und Krieg, hg. v. W. Hollitscher, Stuttgart 1973, S. 21 f.)

▷ *Könnt ihr diese Erklärungsmodelle für aggressives Verhalten anhand eigener Erfahrungen bestätigen? Nennt Beispiele (– oder Gegenbeispiele). Diskutiert, inwiefern diese Erklärungsmodelle auch auf aggressives Verhalten zwischen größeren Gemeinschaften oder Völkern zutreffen.*

Frieden spielen?

Ein russischer Schriftsteller hatte Kinder bei Kriegsspielen beobachtet. Als die Kinder aufgefordert wurden, doch einmal Frieden zu spielen, riefen die Jungen und Mädchen: »Ja, fein!« Dann überlegten sie, berieten und fragten schließlich: »Wie spielt man Frieden?«

(Aus: H. E. Richter, Alle reden vom Frieden. Versuch einer paradoxen Intervention, Hamburg 1981, S. 80)

▷ *Sammelt Werbematerialien für Spiele, und ordnet diese zunächst drei Altersgruppen zu, die dadurch angesprochen werden: a) Kinder, b) Jugendliche, c) Erwachsene! – Untersucht in allen drei Gruppen, ob darin jeweils Spiele überwiegen, die aggressive Gefühle oder die friedlichen Umgang miteinander fördern. – Bezieht in eure Untersuchung möglichst auch Computerspiele ein.*

▷ *Welche Konsequenz ergeben sich aus euren Untersuchungsergebnissen für eine »Erziehung zum Frieden?«*

* ultima ratio: letztes, äußeres Mittel, um etwas zu erreichen.

A. Paul Weber: Das Ende

Von einem, der weit gekommen ist

I wish we could just sit down and
play with the rocks for a while

Scott, auf dem Mond

Du bist wirklich weit gekommen!
Zuerst warst du Stein,
aus Stein wurdest du Pflanze,
aus Pflanze Fisch,
Aus Fisch Affe,
aus Affe der abendländische Mensch,
und diese ganze Reise hat du gemacht,
ohne es zu wissen,
und du weißt auch heute nicht,
daß du noch hundert Monde hast
zum Steinchensuchen
und nicht eine Minute,
damit zu spielen.

(N. Suescún, in: Lesebuch Dritte Welt, Wuppertal 1974, S. 333)

Bei der Entgegennahme des Friedensnobelpreises 1954 in Oslo forderte Albert Schweitzer die ganze Welt auf:
»Wagen wir die Dinge zu sehen, wie sie sind. Es hat sich ereignet, daß der Mensch ein *Übermensch* geworden ist (...). Er bringt [aber] die übermenschliche Vernünftigkeit, die dem Besitz übermenschlicher Macht entsprechen sollte, nicht auf (...). Damit wird nun vollends offenbar, was man sich vorher nicht recht eingestehen wollte, daß der Übermensch mit dem Zunehmen seiner Macht zugleich immer mehr zum armseligen Menschen wird (...). Was uns aber eigentlich zu Bewußtsein kommen sollte und schon lange vorher hätte kommen sollen, ist dies, daß wir als Übermenschen *Unmenschen* geworden sind.«

(Aus: A. Schweitzer, Gesammelte Werke in 5 Bänden, Zürich 1973, Bd. 2, S. 441)

▷ *Welches Bild vom Menschen entwirft Albert Schweitzer, wie zeigt A. Paul Weber den Menschen? Überlegt, inwiefern sich zwischen der Forderung Schweitzers, der Zeichnung Webers und dem Gedicht von N. Suescún Bezüge herstellen lassen!*

Kapitel 5

Christen und Juden – Umkehr heißt Erinnerung

1. Über das Gedenken und das Vergessen – »Die Religion des guten Gedächtnisses«

Kindheitserinnerungen

Ein Erlebnis, welches sich dem Gedächtnis so scharf eingeprägt hat, daß die Erinnerung daran niemals ganz desaktualisiert war oder auch nur undeutlich geworden ist:
Es geschah an einem jüdischen Ostertage, frühestens im Jahre 1911, spätestens 1912. Den Vormittag hatten die Kinder mit den Vätern im Bethaus verbracht; nun, nach dem festlichen Essen, waren sie sich selbst überlassen, frei von jeder Verpflichtung, vor allem vom Schulbesuch – wie sonst nur am Sabbath. Plötzlich bemerkten wir, daß ein sonderbar gekleideter Mann die Schenke verließ. Er war klein und zierlich, trug einen hochsommerlichen Panamahut, einen hellen Anzug und gelbe Schuhe. In der Rechten hielt er einen Spazierstock, den er spielerisch in die Höhe warf und wieder auffing, in der Linken aber – und das war etwas Entsetzliches – hielt er eine Semmel. Die Kinder wußten, daß er Jude war, da er in dem schönen steinernen Haus, in der »Mauer«, mit seiner Mutter und der älteren Schwester wohnte. Man erkannte ihn, obwohl er lange weg gewesen war. Er stand auf der Schwelle des Wirtshauses so ruhig, ja vergnügt da, als ob er nicht eben ein furchtbares Verbrechen begangen hätte. Denn gewiß hatte er Bier getrunken und vielleicht eine andere Semmel, also gesäuertes Brot, gegessen und somit die Ostergebote übertreten, die die allerstrengsten waren.
Der erste Stein traf die Hand, in der er die Semmel hielt und mit der er uns zuwinkte, wie um Abschied zu nehmen. Ein großer Junge hatte ihn geworfen, andere folgten seinem Beispiel. Der Mann schien zuerst erstaunt, ja vielleicht amüsiert, er lächelte, als wollte er gerne ein Mißverständnis verzeihen. Plötzlich aber erfaßte ihn panische Angst, er stieß einen Schrei aus und begann zu laufen. Als ihm der Hut vom Kopf fiel, drehte er sich um, um ihn aufzuheben. In diesem Augenblick hatte ich ihn erreicht, ich hielt einen Kieselstein in der Hand, doch warf ich ihn nicht, denn auf einmal stand eine schwarz gekleidete Dame zwischen ihm und mir. Ihr Körper schützte den Verschreckten, der dem Hause zueilte. Nach wenigen Schritten drehte sie sich um und sagte sehr deutlich, jedoch ohne die Stimme zu heben: »Bis ans Lebensende, ja bis zu eurem Tode werdet ihr euch schämen, daß ihr meinem kranken Bruder so Schlechtes angetan habt.« Sie schluchzte auf, dann richtete sie den Blick auf mich: »Erzähl deinem Vater, was du getan hast. Er ist gerecht.« Wieder schluchzte sie auf, dann nannte sie mich bei meinem Kosenamen.
Ich wahr sehr niedergeschlagen an diesem Nachmittag und zog mich in die dunkelste Ecke des Dachbodens über der Scheune

zurück. Ich wußte nicht, ob ich weinen würde. Die Tränen kamen nicht. Es ist wahr, ich weinte überhaupt selten und wenig. Ich wollte mich damit trösten, daß ich erst nach dem großen Jungen einen Stein aufgehoben hatte, aber ich empfand, daß von den zahlreichen Awejres, den schlechten Taten, die ich begangen hatte, dies die übelste war. Ich glaubte, daß sie unsühnbar war; ich glaube es auch heute noch.

»Gedenk! Erinnere dich! (...)« In drei Sprachen klang es mir von frühester Kindheit ins Ohr: »Was deinen Ahnen irgendwann einmal als Unrecht geschehen ist, vergiß es nie; was sie anderen Böses angetan haben, denke daran und an die Gerechtigkeit der Strafe, die sie erlitten haben. Was ihnen Gutes zugestoßen ist, behalt es im Gedächtnisse; wer dir einen Trunk Wasser gereicht hat, lösch die Erinnerung an ihn nie aus, denn er hat gehandelt wie Rebekka, die dem fremden Elieser den lebenden Trunk gereicht hat. Jedesmal, wenn du den Fuß auf die Stelle setzt, an der du jemandem Unrecht getan hast, sollst du das Weh empfinden, an dem du schuldig warst, bist, sein wirst.«

Ja, die »Religion des guten Gedächtnisses« (...) ist die meine geworden vor langer Zeit – sie ist die einzige, deren Gebote zu erfüllen ich mich bemühe, obschon ich auch an ihr zweifle, natürlich.

Es war im Juni 1915 – wenige Jahre nach dem Überfall auf den geistesgestörten jungen Mann. Wir waren schon wieder auf der Flucht vor der Front, die blitzschnell, etwa fünfzehn Stunden nach dem Beginn der neuen russischen Offensive, unser Städtchen erreicht hatte. Der voll beladene Wagen kam nur schrittweise vorwärts, er schlängelte sich zwischen den Kanonen, den Pontons und den marschierenden und reitenden Truppen durch, die in die Gegenrichtung, in die Schlacht zogen. Nur der Vater und ich schritten dem Wagen voran. Mit der Rechten beruhigte er durch besänftigende Berührung bald das eine, bald das andere Pferd, seine Linke umklammerte meine Hand, die nicht zittern sollte – nicht, wenn der Kanonendonner die Nacht mit ohrenbetäubendem Lärm und dem Feuerschein von Blitzen anfiel, und nicht, wenn die Schauer des erwachenden Morgens das übernächtigte Kind in winterliche Kälte hüllten.

In jener Nacht, der kürzesten des Jahres, einer der längsten meines Lebens, geschah es, daß vor meinen Augen immer wieder ein weißes Haus auftauchte mit schönen Treppen davor. Ich wollte den Schritt beschleunigen, um ohne Verzug diese Treppe zu erreichen und auf ihr zu ruhen, vielleicht sogar mit geschlossenen Augen, vielleicht gar eine Minute und noch eine zu schlafen. Das Bild verschwand sobald wir nahe genug waren, nur die Finsternis blieb und das Gebüsch. Bald jedoch tauchte die weiße Treppe wieder auf und hinter ihr die »Mauer«. Es war nicht unser Haus, sondern das der Witwe, der Mutter jenes jungen Unschuldigen, dem ich mit einem Stein in der Hand nachgelaufen war. Sein Haus und das seiner Schwester, die meinen Kosenamen so vorwurfsvoll wiederholt hatte, war es, das sich mir in jener Nacht als wundersame Zuflucht anbot und sogleich wieder ins Nichts entfloh; mit der trügerischen Erscheinung jenes Hauses narrte ich mich in jenen Stunden, die die allerletzten meiner Kindheit waren.

(Aus: M. Sperber, Die Wasserträger Gottes. All das Vergangene, Wien 1974, S. 62–65. [Manès Sperber, 1905 in Galizien geborener Jude, war Schriftsteller und Psychologe])

Schema Jissrael: »Höre Israel!«

Höre, Jissrael:
ER unser Gott, Er (ist) einer!

Liebe denn
IHN deinen Gott
mit all deinem Herzen, mit all deiner Seele, mit all deiner Macht.
Es seien diese Reden, die ich heuttags dir gebiete, auf deinem Herzen,
einschärfe sie deinen Söhnen,
rede davon,
wann du sitzest in deinem Haus und wann du gehst auf den Weg,
wann du dich legst und wann du dich erhebst,
knote sie zu einem Zeichen an deine Hand,
sie seien zu Gebind zwischen deinen Augen,
schreibe sie an die Pfosten deines Hauses und in deine Tore!

ER sprach zu Mosche, sprach:
Rede zu den Söhnen Jissraels, sprich zu ihnen,
sie sollen sich ein Geblätter machen an die Zipfel ihrer Kleider, für ihre Geschlechter,
sie sollen an das Zipfelgeblätter einen hyazinthenen Faden geben,
es sei euch zu einem Blattmal:
ihr seht es an –
ihr gedenkt all SEINER Gebote,
ihr tut sie
und schwärmt hinter eurem Herzen und hinter euren Augen, hinter denen ihr herhurt.
Damit ihr gedenket,
tuet all meine Gebote
heilig werdet eurem Gott.
ICH bin euer Gott,
der ich euch aus dem Land Ägypten führte,
euch Gott zu sein,
ICH euer Gott.

(Dtn 6,4–9; Num 15,37–41)

(nach: Die Schrift, verdeutscht von Martin Buber gemeinsam mit Franz Rosenzweig, Heidelberg 1976, S. 45)

Ein alter Jude

So ein alter Jude mit einem langen Bart und zerrissenem Rock, und der kein orthografisch Wort sprechen kann und sogar ein bißchen grindig ist, fühlt sich vielleicht innerlich glücklicher als ich mit meiner ganzen Bildung. Da wohnt in Hamburg, im Bäckerbreitengang, auf einem Sab ein Mann, der heißt Moses Lump, man nennt ihn auch Mose-Lümpchen oder kurzweg Lümpchen; der läuft die ganze Woche herum, in Wind und Wetter, mit seinem Packen auf dem Rücken, um seine paar Mark zu verdienen; wenn der nun Freitags abends nach Hause kommt, findet er die Lampe mit sieben Lichtern angezündet, den Tisch weiß gedeckt, und er legt seinen Packen und seine Sorgen vor sich und setzt sich zu Tisch mit seiner schiefen Frau und schieferen Tochter, ißt mit ihnen Fische, die gekocht sind in angenehm weißer Knoblauchsoße, singt dabei die prächtigsten Lieder von König David, freut sich von ganzem Herzen über den Auszug der Kinder Israel aus Ägypten, freut sich auch, daß alle Bösewichter, die ihnen Böses getan, am Ende gestorben sind, daß König Pharao, Nebukadnezar, Haman, Antiochus, Titus und all solche Leute tot sind, daß Lümpchen aber noch lebt und mit Frau und Kind ißt. – Und ich sage Ihnen, Herr Doktor, die Fische sind delikat, und der Mann ist glücklich, er braucht sich mit keiner Bildung abzuquälen, er sitzt vergnügt in seiner Religion und seinem grünen Schlafrock wie Diogenes in seiner Tonne, er betrachtet vergnügt seine Lichter, die er nicht einmal selbst putzt. – Und ich sage Ihnen, wenn die Lichter etwas matt werden und die Schabbesfrau, die sie zu putzen hat, nicht bei der Hand ist, und Rothschild der Große käme jetzt herein, mit all seinen Maklern, Diskonteuren, Spediteuren und Chefs de Comptoir, womit er die Welt erobert, und er spräche: »Moses Lump, bitte dir eine Gnade aus, was du haben willst, soll geschehen« – Herr Doktor, ich bin überzeugt, Moses Lump würde ruhig antworten: »Putz mir die Lichter!«, und Rothschild der Große würde mit Verwunderung sagen. »Wäre ich nicht Rothschild, so möchte ich so ein Lümpchen sein!«

(H. Heine, Die Bäder von Lucca, in: Heines Werke in fünf Bänden, Berlin und Weimar 1964, S. 266 f)

Das große Vergessen

Die Welt geht unter, und man wird es nicht wissen. Alles was gestern war, wird man vergessen haben; was heute ist, nicht sehen; was morgen kommt, nicht fürchten. Man wird vergessen haben, daß man den Krieg verloren, vergessen haben, daß man ihn begonnen, vergessen, daß man ihn geführt hat. Darum wird er nicht aufhören.

(Aus: K. Kraus, Die letzten Tage der Menschheit, Frankfurt am Main 1945, S. 655)

▷ *Überlegt, welche Themen sich durch die Texte auf den Seiten 75–76 ziehen. Macht dies anhand von Stichwörtern aus den Texten konkret!*

2. Das Geheimnis der Erlösung heißt Erinnerung

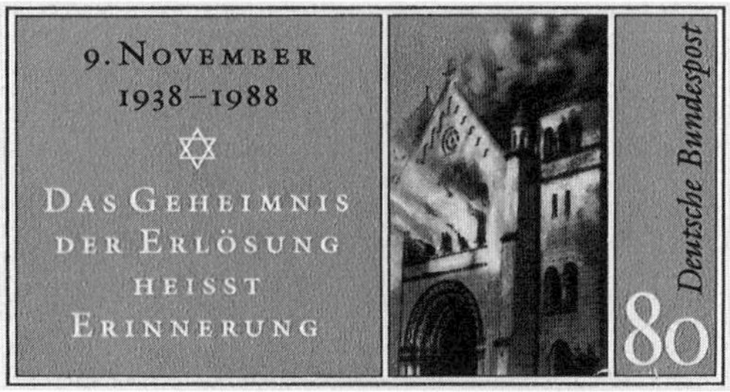

Zwei Briefmarken aus Deutschland zum 50. Jahrestag der sogenannten »Reichskristallnacht«, 1988

▷ *Hört euch zum besseren Verständnis eine Aufnahme des BAP-Songs »Kristallnaach« an, und/oder sucht jemanden, der euch den »Kölsch«-Dialekt Wort für Wort ins Hochdeutsche übersetzen kann!*

▷ *Überlegt, warum die Popgruppe BAP in den achtziger Jahren den Titel »Kristallnacht« wählt.*

▷ *Sammelt Informationen über die historischen Ereignisse während der sogenannten »Reichskristallnacht« im November 1938!*

BAP: Kristallnaach

1

kommt vor etwas
Et kütt vüür, dat ich mein, dat jet klirrt,
dat sich irjendjet en mich verirrt,
nicht mal laut
e Jeräusch, nit ens laut
manchmol klirrt et vertraut
selden su, dat mer't direk durchschaut
Man wird
Mer weed wach, rief die Aure un sieht
en 'nem Bild zweschen Brueghel un Bosch
keinen um was gibt
kei Minsch, dä öm Sirene jet jitt
kostet
weil Entwarnung nur half su vill koss
riecht
et 'rüsch noh Kristallnaach

2

En der Ruhe vür'm Sturm, wat ess dat?
Janz klammheimlich verlööß wer die Stadt.
Honoratioren incognito
hasten vorbei,
nicht gerne
offiziell sinn die nit jähn dobei,
wenn die Volksseele – allzeit bereit
Richtung Siedepunkt wütet un schreit
»Heil – Halali« un grenzenlos geil
noch Vergeltung brüllt, zitternd vor Neid
in der Kristallnaach

3

stört
Doch die alles wat anders ess stührt,
mit dem gehört
die mem Strom schwemme, wie't sich jehührt,
für die Schwule Verbrecher sinn,
Ausländer Aussatz sinn
brauchen jemanden
bruchen jer, der se verführt.
Un dann rettet kein Kavallerie,
darum
keine Zorro kömmert sich dodromm.
Schnee
Dä piss höchstens e »Z« en der Schnie
un fällt lallend vüür Lässigkeit öm:
»Na un? – Kristallnaach!«

4

En der Kirch met dä Franz-Kafka-Uhr,
drauf
ohne Zeiger, met Strich drop nur
liest ein einem
ließ ne Blinde nem Taube
Strubbelpeter vüür
hinter Tür
hinger dreifach verriejelter Düür
mit dem
Un dä Wächter mem Schlüsselbund hällt
Ernst sowas ein
sich em Ähnz für jet wie e Jenie,
weil'er Auswege pulverisiert
gegen
un verkäuf jäjen Klaustrophobie
en der Kristallnaach.

5

Marktplatz
Währenddessen, am Maatplatz vielleich,
heute mit einem wahren Gesicht
unmaskiert, hück mem wohre Jeseech,
schleift das Messer
sammelt Stein, schlief et Mezz,
auf denunziert
op die, die schon verpezz
den Gericht
probt dä Lynch-Mob für't jüngste Jereech.
zum Laden
Un zem Laade nur flüchtig verträut
stehen unter
– die Galeeren stonn längs unger Dampf –
wird gewartet
weet em Hafen op Sklaven jewaat,
auf den
op dä Schrott uss dämm ungleiche Kampf
uss der Kristallnaach

6

Do, wo Darwin für alles herhällt,
man vertreibt
ob mer Minsche verdriev oder quält,
hinter Geld
do, wo hinger Macht Jeld ess,
wo stark sinn die Welt ess,
strammstehen
vun Kusche un Strammstonn entstellt
auf dem sogar
Wo mer Hymnen om Kamm sujar blööß,
nach
en barbarischer Gier noh Profit
ruft
»Hosianna« un »Kreuzigt ihn« rööf,
wenn man
wemmer irjend ne Vorteil drin sieht
ess täglich Kristallnaach

(Text: Wolfgang Niedcken, BAP, Kristallnaach, 1982 bei Edition Melodia, Hans Olzig, Köln)

Der evangelische Theologe Helmut Gollwitzer hielt am Bußtag 1938 nach der historischen »Kristallnacht« folgende Predigt:

Wer soll denn heute noch Buße predigen?

Wer soll denn heute noch predigen? Wer soll denn heute noch Buße predigen? Ist uns nicht allen der Mund gestopft an diesem Tage? Können wir heute noch etwas anderes, als nur schweigen? Was hat nun uns und unserem Volk und unserer Kirche all das Predigen und Predigthören genützt, die ganzen Jahre und Jahrhunderte lang, als wir nun da angelangt sind, wo wir heute stehen (...)? Was muten wir Gott zu, wenn wir jetzt zu Ihm kommen und singen und die Bibel lesen, beten, predigen, unsere Sünden bekennen, so als sei damit zu rechnen, daß Er noch da ist und nicht nur ein leerer Religionsbetrieb abläuft! Ekeln muß es Ihn doch vor unserer Dreistigkeit und Vermessenheit. Warum schweigen wir nicht wenigstens? Ja, es wäre vielleicht das Richtige, wir säßen heute hier nur schweigend eine Stunde lang zusammen, wir würden nicht singen, nicht beten, nicht reden, nur schweigend darauf vorbereiten, daß wir dann, wenn die Strafen Gottes, in denen wir ja schon mitten drin stecken, offenbar und sichtbar werden, nicht schreiend und hadernd herumlaufen: wie kann Gott so etwas zulassen? – Ach, wie viele von uns werden dann (...) in ihrer Blindheit keinen Zusammenhang sehen zwischen dem, was Gott zuläßt, und dem, was wir getan und zugelassen haben. Wir sollten uns vorbereiten darauf, daß wir dann ja sagen zu dem, was kommt: »Ach Herr, unsere Missetaten haben's ja verdient« (Jer. 14,7). (...) Wer meint, ein Christ zu sein und doch die *Entrüstung* über den Bußruf mitmachen zu können, dem muß man doch wenigstens klar sagen, daß er damit den Maßstab Gottes mit dem Maßstab der politischen Propaganda vertauscht hat, den Altar der Gerechtigkeit gegen den Altar der Gerechtigkeit der eigenen Nation.

(Aus: H. Gollwitzer, Zuspruch und Anspruch, München 1954, S. 367 f)

▷ *Versucht, Beziehungen zwischen der Weisung der → Bergpredigt (Mt 7,1–5), der Predigt von Gollwitzer und dem Lied von BAP herzustellen. Gibt es eine zeitlose Botschaft?*

3. Verdrängen hält die Erlösung auf, Erinnern bringt sie näher – (Un-)christlicher Judenhaß

Der folgende Text aus dem Oberammergauer Passionsspiel (Ausgabe 1910) und die neben abgebildeten Skulpturen »Kirche« und »Synagoge« am Straßburger Münster sind Beispiele für *eine* folgenreiche christliche Interpretation des Verhältnisses von *Christenheit* und *Judentum.*

Prolog

Volk Gottes! Sieh'! Dein Retter ist nahe dir,
Gekommen ist der längst dir Verheißene
O hör' hin! Folge seiner Führung!
Segen und Leben wird er dir bringen.
Doch blind und taub zeigt sich Jerusalem;
Es stößt die dargebotene Hand zurück.
D'rum kehrt sich auch von ihm der Höchste,
Läßt es Versinken in sein Verderben.
Der Vasthi (...) Stolz verschmähet das Königsmahl;
D'rob schwer erzürnt, verweiset der König sie
Aus seinen Augen – wählt sich eine Edlere Seele zur Eh'genossin*.
So wird die Synagoge verstoßen auch:
Von ihr hinweggenommen, wird Gottes Reich
An and're Völker hingegeben,

* König Assuer verstößt die Vasthi und erhebt die Esther, vgl. Esth. 1,2.

Die der Gerechtigkeit Früchte bringen.
(...)
Jerusalem! Jerusalem erwache!
Erkenne, was zum Frieden dir noch werden kann;
Doch zögerst du – so fängt die Zeit der Rache,
Unselige! mit fürchterlichen Schlägen an.
Jerusalam! Jerusalem!
Bekehre dich zu deinem Gott!
Verachte nicht mit Frevelspott
Den Mahnungsruf der Gnade...
Jerusalem! Jerusalem!
Ihr Sünder! Höret Gottes Wort:
Wollt ihr noch Gnade finden,
So schafft aus eurem Herzen fort
Den Sauertag der Sünden.

(Aus: J. A. Daisenberger, Das Passionsspiel im Oberammergau, Oberammergau 1910, S. 36f und S. 49)

Ecclesia und Synagoge vom Straßburger Münster (um 1200)

▷ *Wie werden »Kirche« und »Synagoge« in diesen beiden Skulpturen charakterisiert? Welche Wertung enthalten sie?*

Gedanken zur Geschichte des Antisemitismus

Anders als in einem Geschichts- oder Politikschulbuch beschäftigt sich dieses Religionsbuchkapitel schwerpunktmäßig mit Quellen, die Aufschluß über religiös bedingte Gründe für die Entstehung und die Verschärfung von Antisemitismus geben. Der folgende Abschnitt geht der Frage nach, wie es im Laufe der Jahrhunderte zum Haß der Christen gegen die Juden bis hin zur kirchlichen Unterstützung nationalsozialistischer Judenpolitik kommen konnte.

Jesus und seine ersten Anhänger waren Juden. Erst im Laufe einer Entwicklung von drei Generationen kam es zu einer deutlichen Spaltung von Christen und Juden. Dazu, daß aus der anfänglichen bloßen Auseinanderentwicklung zweier Religionsgemeinschaften mit unterschiedlichen Bekenntnissen allmählich immer stärkere Antipathie, sogar Haß, entstehen konnten, trugen theologische, politische und soziologische Gründe bei.

a) *Im theologischen Bereich* spielte schon sehr früh das zentrale Glaubensbekenntnis der Christenheit »Jesus von Nazareth ist → Christus« eine wesentliche Rolle (→ Messias). Später nahm auch die Auseinandersetzung um das erste Gebot eine bedeutsame Stellung ein. Für viele Juden war die (durch den Hellenismus beeinflußte) starke Betonung der Göttlichkeit Jesu, den sie ja als historische Gestalt erlebt hatten, ein klarer Verstoß gegen ihr Glaubensbekenntnis und das erste Gebot (vgl. Exodus 20,2–17). – Die theologische Vorstellung von der → Trinität wie auch die gesamte → Christologie sind bis auf den heutigen Tag zwischen Juden und Christen Diskussionspunkte geblieben; bilden diese Inhalte doch deutliche Glaubensunterschiede beider Religionen.

b) Die besondere Problematik der Lage der Juden zur Zeit Jesu zeigt sich bereits *in der politischen Situation;* die Juden litten sehr unter der Fremdherrschaft der Römer. Immer wieder unternahmen sie Aufstände gegen die Römer. Hier stieß das römische Reich im Laufe der Zeit auf die Grenze seiner Integrationsfähigkeit gegenüber den Juden. Dabei kam es 70 n. Chr. zur Eroberung und Zerstörung Jerusalems durch Kaiser Titus. Nach den Bar-Kochba-Aufständen (132–135 n. Chr.) verbot Kaiser Hadrian den Juden den Zugang nach Jerusalem und besiedelte die Stadt als römische Kolonie. Aus dieser Zeit schon datiert die Zerstreuung der Juden in alle Welt und ihr Zuzug ins Abendland, das sich – nach der Entscheidung Kaiser Konstantins und seiner Nachfolger im 4. Jahrhundert – christlich und zugleich antijüdisch orientierte.

c) Um den komplexen Tatbestand wirklich zu verstehen, bedarf es noch der *soziologischen* Erklärung. Wie oben dargestellt, waren die Juden – trotz ihres Status als religio licata (erlaubte Religion) – während der römischen Fremdherrschaft und auch später eine gefährdete Minderheit. In derselben Situation waren auch die Christen. Ihnen fehlte jedoch die lange Tradition und die Zusammengehörigkeit eines Volkes. Deshalb wurden sie gesellschaftlich noch weniger toleriert als die Juden und fühlten sich der hellenistisch-römischen Umgebung hilflos ausgeliefert. Ihre dadurch entstehende Aggression richtete sich u. a. gegen die andere gefährdete Minderheit, die Juden. – Konfliktverschärfend kam hinzu, daß in der Zeit der Christenverfolgungen bisweilen wohl auch Juden bei den Behörden Christen angezeigt hatten.

▷ *Anhand der folgenden blitzlichtartigen Zusammenstellung von historischen Quellen könnt ihr theologische, politische und soziologische Ursachen für den Haß von Christen Juden gegenüber genauer erarbeiten!*

Stationen des Judenhasses – eine Quellensammlung

1. Beispiel: Die Zeit der frühen Kirche

Eine Grundlage für theologische Vorbehalte der Christenheit boten Aussagen früher Kirchenväter, zum Beispiel von Bischof Melito von Sardes um 165 n. Chr., Origenes (185–254) und Johannes Chrysostomos (354–407), wie die folgenden:

Hört es, alle Geschlechter der Völker, und seht es: Ein nie gewesener Mord geschah in Jerusalem, in der Stadt des Gesetzes, in der hebräischen Stadt, in der Stadt der Propheten, in der Stadt, die als gerecht angesehen wurde! (...) Der, welcher die Erde aufgehängt hat, ist selbst aufgehängt worden; der, der die Himmel anheftete, ist angeheftet worden; der, der das All fest gemacht hat, ist am Holz festgemacht worden! (...) Gott ist getötet! Der König Israels ist durch Israels Hand beseitigt worden! Oh des unerhörten Mordes! Oh des unerhörten Unrechts!

(Zit. nach: K. H. Rengstorf und S. Kortzfleisch [Hg.], Kirche und Synagoge, Handbuch zur Geschichte von Christen und Juden, Darstellung mit Quellen, Band 1, Stuttgart 1969, S. 73)

Das Blut Jesu traf daher nicht nur die Juden seines, Jesu Zeitalters, sondern alle Juden bis zum Ende der Welt. Daher ist bis jetzt ihre Heimat verlassen und ihnen verwüstet.

(Aus: Kommentare zu Matthäus [Mt 27,25], zit. nach: B. Uhde [Hg.], Judentum im Religionsunterricht, Sek II, München 1978, S. 173)

Man muß die Juden fliehen wie eine die ganze Welt bedrohende Pest! Man muß die Märtyrer nachahmen, die die Juden haßten, weil sie Christus liebten. Denn man kann das Opfer nicht lieben, ohne die Mörder zu hassen. (...) Wie ein gemästetes und arbeitsunfähiges Tier taugen sie (die Juden) nur noch für den Schlächter.

(Zit. nach: R. Pfister [Hg.], Von A bis Z, Quellen zu Fragen um Juden und Christen, Gladbeck 1971, S. 25)

2. Beispiel: Die Zeit des Mittelalters

▷ *Das obenstehende Relief aus dem Naumburger Dom von 1250, »... die Auszahlung des Verräterlohnes«, zeigt den Jünger Judas und die Hohen Priester mit den spitzen Hüten (sogenannter »Judenhut«). Überlegt, warum diese Darstellung im Zusammenhang mit dem Verhältnis von Christen zu Juden wichtig ist. Welche theologische Aussage übermittelt sie?*

Antijüdisch geprägte christliche Theologie und → kanonische Gesetzgebung bildeten die Voraussetzungen der Judenverfolgungen im Hohen und Späten Mittelalter. Handfeste wirtschaftliche Interessen verstärkten noch den Haß gegen die Juden; denn sie waren durch ihren Handel, vor allem durch den Großhandel zwischen christlichem Westen und Orient, zu Wohlstand gelangt.

Im Zusammenhang mit dem *ersten Kreuzzug 1096* kam es zum ersten Mal zu großen Massakern. Die Begründung lautete: »Es ist sinnlos, die Feinde unseres Christusglaubens in der Fremde zu bekämpfen, wenn die Juden, die schlimmer als die Moslims sind, in unseren Städten ungestraft unseren Herrn Jesus Christus beleidigen dürfen.« So wurden unter anderem die jüdischen Bewohner der Städte Trier, Speyer, Worms, Mainz und Köln, den Zentren des Judentums in Deutschland, verfolgt und umgebracht. Eine zweite Welle des Hasses überrollte die Juden *1146/47* während des *zweiten Kreuzzuges.*
In der Folgezeit kam es immer wieder zu lokalen Verfolgungen, vor allem aufgrund des Vorwurfes der *Hostienschändung* und des *Ritualmordes.*
Zum ersten Mal tauchte der Vorwurf der Hostienschändung in Frankreich auf. Eine

Chronik berichtete: »In Paris kaufte ein Jude von einer christlichen Magd eine geweihte Hostie. Die legte er vor seinen Glaubensgenossen auf den Tisch und durchstach sie mit einem Messer. Darauf strömte das Blut aus ihr heraus.« 1337 fiel einem solchen Vorwurf die ganze Judengemeinde von Deggendorf zum Opfer.

Ein weiterer Aberglaube war der des sogenannten Ritualmordes. Der Fall des Werner von Bacharach ist sehr bekannt geworden: Am 30. April 1287 stieß ein Bauer in der Nähe von Bacharach beim Pflügen auf den Leichnam eines Jungen, der erstochen worden war. Die näheren Umstände des Mordes wurden nie untersucht, denn man zweifelte nicht daran, daß die Juden die Tat begangen hatten. Zudem fand sich eine christliche Magd, die bei einer jüdischen Familie in Diensten stand. Sie erklärte, sie habe beobachtet, wie ihr Dienstherr und seine jüdischen Freunde den Jungen in einem Kellergewölbe geschlachtet und ihm das Blut abgezapft hätten. Über die Glaubwürdigkeit der Magd wurden nie Ermittlungen angestellt. Als Folge dieser Anschuldigung machten sich die Menschen über die Juden der gesamten Umgebung her. Nur wenige konnten durch Flucht dem Tod entrinnen.

Diese grausamen Ereignisse schienen aber nur Vorankündigungen für die umfassendste und blutigste Verfolgung der Juden im Mittelalter zu sein. Als die Pestepidemie 1348/49 ein Viertel der europäischen Bevölkerung dahinraffte, wurde den Juden vorgeworfen, dieses schreckliche Sterben durch Brunnen- und Quellenvergiftung verursacht zu haben. Dieses Gerücht traf vielerorts auf offene Ohren, denn der Reichtum mancher jüdischer Gemeinde – der u. a. auf erfolgreiche Zinsgeschäfte zurückzuführen war – erregte Neid und Mißgunst. Den Christen waren Zinseinnahmen durch → kanonisches Recht verboten; da die Handwerkszünfte aber andererseits als christliche Verbände alle Juden ausschlossen, war die jüdische Bevölkerung notgedrungen in andere Berufszweige ausgewichen. Die sogenannte *»Kammerknechtschaft«*, die im 12. Jahrhundert den Status der Reichsfremden abgelöst hatte, bedeutete zwar einen gewissen Schutz für die Juden in Deutschland, besagte aber auch, daß Juden besondere Steuern an den Kaiser entrichten mußten. So kam zur religiösen und sozialen Diskriminierung die wirtschaftliche hinzu.

Als die Pest in Westeuropa im Jahre 1351 abklang, hatten mehrere hunderttausend Juden gewaltsam den Tod gefunden; es waren 210 jüdische Gemeinden vernichtet und deren Synagogen verwüstet.

3. Beispiel: Zeit der Reformation

Auch in der → Reformationszeit und weit über sie hinaus blieben trotz aller sonstigen theologischen Fortschritte die (christlichen) Vorurteile den Juden gegenüber weiterhin bestehen.

Auf diesem Hintergrund schrieb beispielsweise Martin Luther über die Juden:

»Und wenn wir gleich hoch uns rühmen, so sind wir dennoch Heiden und die Juden von dem Geblüt Christi, wir sind Schwäger und Fremdlinge, sie sind Blutsfreunde, Vettern und Brüder unseres Herrn. Darum, wenn man sich des Blutes und Fleisches rühmen sollte, so gehören ja die Juden Christo näher zu als wir, wie auch S. Paulus Röm 9 (V. 5) sagt.«

(Aus: M. Luther, Daß Jesus Christus ein geborener Jude sei, in: Ausgewählte Werke, Erg. Bd. 3, München 1938, S. 2 f)

»Ich will meinen treuen Rat geben. Erstlich, daß man ihre Synagogen oder Schulen mit Feuer anstecke und, was nicht verbrennen will, mit Erde überhäufe und beschütte, daß kein Mensch einen Stein oder Schlacke davon sehe ewiglich. Und solches soll man tun, unserem Herrn und der Christenheit zu Ehren, damit Gott sehe, daß wir Christen seien und solch öffentlich Lügen, Fluchen und Lästern seines Sohnes und seiner Christen wissentlich nicht geduldet noch gewilliget haben. (...) Zum anderen, daß man auch ihre Häuser desgleichen zerbreche und zerstöre. Denn sie treiben ebendasselbige darinnen, was sie in ihren Schulen treiben. Dafür mag man sie etwa unter ein Dach oder Stall tun, wie die Zigeuner, auf daß sie wissen, sie seien nicht Herren in unserem Lande. (...) Zum dritten, daß man ihnen nehme alle ihre Betbüchlein und Talmudisten, darin solche Abgöttereien, Lügen, Fluchen und Lästerungen gelehret wird. Zum vierten, daß man ihren Rabbinern bei Leib und Leben verbiete, hinfort zu lehren. Denn solch Amt haben sie mit allem Recht verloren. (...) Denn, wie gehört, Gottes Zorn ist groß über sie, daß sie durch sanfte Barmherzigkeit nur ärger und ärger, durch Schärfe aber wenig besser werden. Drum immer weg mit ihnen.«

(Aus: M. Luther, Von den Juden und ihren Lügen, Ausgewählte Werke, Erg. Bd. 3, München 1938, S. 189 ff)

▷ *Arbeitet aus den beiden Texten des Reformators Martin Luther dessen Einstellung zu den Juden heraus! Versucht Gründe für seine unterschiedlichen Positionen zu finden!*

▷ *Christlich-theologische Äußerungen wie auf S. 81 (linke Spalte) trugen schon früh bei zur Aussonderung der Juden aus dem allmählich christlich werdenden römischen Staat. Sie haben von den Anfängen bis in unser Jahrhundert hinein so manches Vorurteil heraufbeschworen und das Verhalten vieler Menschen des Abendlandes gegenüber den Juden bestimmt. Dies verdeutlicht provokativ auch folgende Gegenüberstellung:*

Kanonisches Recht	**Nazi-»Recht«**
306 Verbot von Eheschließung und Sexualverkehr zwischen Christen und Juden: Synode von Elvira 306	1935 Eheschließung zwischen Juden und Staatsangehörigen deutschen oder artverwandten Blutes sind verboten. Ebenso außerehelicher Verkehr. Gesetz zum Schutz des deutschen Blutes und der deutschen Ehre: RGBL I 1146 vom 15. 9. 1935
306 Juden und Christen dürfen nicht an einem Tisch essen: Synode von Elvira 306	1939 Juden dürfen Speisewagen nicht betreten: Schreiben des Reichsverkehrsministers an den Reichsminister des Inneren vom 30. 12. 1939
535 Juden dürfen kein öffentliches Amt bekleiden: Synode von Clermont 535	1933 Zwangspensionierung der Beamten jüdischer Herkunft sowie Entlassung der jüdischen Arbeiter und Angestellten im öffentlichen Dienst: Gesetz zur Wiederherstellung des Berufsbeamtentums RGBL I 175 vom 7. 4. 1933
681 Verbrennung des Talmuds und anderer jüdischer Bücher: 12. Synode von Toledo 681	1933 Bücherverbrennung 10.5. 1933
1215 Juden müssen mit Armbinden, Stern oder gelbem Stoff äußerlich kenntlich sein: 4. Lateran Konzil 1215	1941 Verpflichtung zum Tragen des Judensterns für alle Juden über 6 Jahre: Erlaß vom 19.1. 1941
1267 Zwangsghettoisierung der Juden: Synode von Breslau 1267	1939 Beginn der Ghettoisierung polnischer Juden auf Erlaß des Leiters des Reichssicherheitshauptamtes Heydrich: 21. 9. 1939

4. Beispiel: Die Zeit der Aufklärung

Zeichen der Vernunft und Humanität im Geiste der französischen → Aufklärung, wie sie zum Beispiel Wilhelm von Humboldt (deutscher Gelehrter, geboren 1767) setzen wollte, konnten sich in Deutschland nicht durchsetzen.

»Es läßt sich kein Rechtsgrund denken, warum der Jude, der alle Pflichten der Christen erfüllen will, nicht auch der Rechte teilhaftig werden soll.«

(Aus: J. Elbogen/E. Sterling, Die Geschichte der Juden in Deutschland, Frankfurt am Main 1966, S. 179)

Gesetz-Sammlung
für die
Königlichen Preußischen Staaten.

No. 5.

(No. 80.) Edikt, betreffend die bürgerlichen Verhältnisse der Juden in dem Preußischen Staate. Vom 11ten März 1812.

Wir Friedrich Wilhelm, von Gottes Gnaden König von Preußen rc. rc.

haben beschlossen, den jüdischen Glaubensgenossen in Unserer Monarchie eine neue, der allgemeinen Wohlfahrt angemessene Verfassung zu ertheilen, erklären alle bisherige, durch das gegenwärtige Edikt nicht bestätigte Gesetze und Vorschriften für die Juden für aufgehoben und verordnen wie folget:

§. 1. Die in Unsern Staaten jetzt wohnhaften, mit General-Privilegien, Naturalisations-Patenten, Schutzbriefen und Konzessionen versehenen Juden und deren Familien sind für Einländer und Preußische Staatsbürger zu achten.

§. 2. Die Fortdauer dieser ihnen beigelegten Eigenschaft als Einländer und Staatsbürger wird aber nur unter der Verpflichtung gestattet:

daß sie fest bestimmte Familien-Namen führen,

und

daß sie nicht nur bei Führung ihrer Handelsbücher, sondern auch bei Abfassung ihrer Verträge und rechtlichen Willens-Erklärungen der deutschen oder einer andern lebenden Sprache, und bei ihren Namens-Unterschriften keiner andern, als deutscher oder lateinischer Schriftzüge sich bedienen sollen.

§. 3. Binnen sechs Monaten, von dem Tage der Publikation dieses Edikts an gerechnet, muß ein jeder geschützte oder konzessionirte Jude vor der

Jahrgang 1812. E Obrigkeit

(Ausgegeben zu Berlin den 17ten März 1812.)

Edikt betreffend die bürgerlichen Verhältnisse der Juden in dem Preußischen Staate

(Zit. in: N.T. Gidat, Die Juden in Deutschland, Von der Römerzeit bis zur Weimarer Republik, Gütersloh 1988, S. 145)

5. Beispiel: Die Zeit des Nationalismus

Im Zusammenhang der Befreiungskriege gegen Napoleon und mit wachsendem deutschen Nationalbewußtsein setzten sich wieder verstärkt antijüdische Tendenzen durch, wie sie unter anderem Turnvater Jahn, Ernst Moritz Arndt und Johann Gottlieb Fichte formulierten. Was hier in theoretischen Schriften und an Universitäten verbreitet wurde, schlug sich ab 1819 in Gewalttätigkeiten des Volkes gegen die Juden nieder, wozu in Flugblättern wie dem folgenden aufgerufen wurde:

Brüder in Christo! Auf, auf, sammelt euch, rüstet euch mit Muth und Kraft gegen deine Feinde unseres Glaubens, es ist Zeit, das Geschlecht der Christusmörder zu unterdrücken, damit sie nicht Herrscher werden über euch und unsere Nachkommen, denn stolz erhebt schon die Juden-Rotte ihre Häupter und spotten unserer Ehrfurcht, daß wir unsere Knie beugen für den, den sie gewürgt, darum nieder! nieder mit ihnen, ehe sie unsere Priester kreuzigen, unsere Heiligtümer schänden und unsere Tempel zerstören, noch haben wir Macht über ihnen und die Gewalt ist in unseren Händen, darum laßt uns jetzt ihr sich selbst gefälltes Urtheil an ihnen vorstrecken, laut dem sie geschrieen: Sein Blut komme über uns und unsere Kinder! Auf, er getauft ist, es gilt der heiligsten Sache, fürchtet nichts und zögert keine Stunde, den Streit für den Glauben offen zu wagen. Diese Juden die hier unter uns leben, die sich wie verzehrende Heuschrecken unter uns verbreiten, und die das ganze preußische Christentum dem Umsturz drohen, das sind Kinder derer, die da geschrieen: kreutzige, kreutzige. Nun auf zur Rache! Unser Kampfgeschrey sey Hepp! Hepp!! Hepp!!! Aller Juden Tod und Verderben, Ihr müßt fliehen oder sterben.

(Aus: E. Sterling, Judenhaß. Die Anfänge des politischen Antisemitismus in Deutschland, Frankfurt am Main 1969, S. 171)

Im Kaiserreich, Ende des 19. Jahrhunderts, nahmen die Juden in Wirtschaft, Kultur und Politik eine führende Stellung ein. Dies führte mehr und mehr zum Haß des deutschen Bürgertums gegen die Juden.

4. »Gedächtnis« an den Holocaust*

»Das Kreuz war noch nicht schwer genug«
Fotomontage: **John Heartfield**

Im 20. Jahrhundert kam es unter der Herrschaft der Nationalsozialisten zur Gründung der deutschen Staatskirche: Der Katholik Adolf Hitler organisierte die evangelische deutsche Staatskirche und ernannte einen Reichsbischof (→ Deutsche Christen; → Bekennende Kirche).

---

* »Holocaust« (von griechisch holocáustos) zunächst Wort für das biblisch belegte Brandopfer, bei dem das Opfertier ganz verbrannt wurde; bezeichnet im englischsprachigen Raum den durch die Nationalsozialisten begangenen Völkermord an den europäischen Juden.

Adolf Hitler: Mein Kampf

Siegt der Jude mit Hilfe seines marxistischen Glaubensbekenntnisses über die Völker dieser Welt, dann wird seine Krone der Totentanz der Menschheit sein, dann wird dieser Planet wieder wie einst vor Jahrmillionen menschenleer durch den Äther ziehen. Die ewige Natur rächt unerbittlich die Übertretung der Gebote. So glaube ich heute im Sinne des allmächtigen Schöpfers zu handeln: indem ich mich des Juden erwehre, kämpfe ich für das Werk des Herrn.

(Aus: A. Hitler, Mein Kampf, München 1933, S. 58)

Kirchliche Standpunkte zur staatlichen »Judenpolitik«

Am 1. April 1933 findet der Boykott jüdischer Geschäfte durch die SA statt. Wenige Tage nach dem Boykott richtet der Kirchenführer Otto Dibelius ein österliches Sendschreiben an seine untergebenen Pfarrer:

Meine lieben Brüder!
Für die letzten Motive, aus denen die völkische Bewegung hervorgegangen ist, werden wir alle nicht nur Verständnis, sondern volle Sympathie haben. Ich habe mich trotz des bösen Klanges, den das Wort vielfach angenommen hat, immer als Antisemiten gewußt. Man kann nicht verkennen, daß bei allen zersetzenden Erscheinungen der modernen Zivilisation das Judentum eine führende Rolle spielt. Gott segne uns Christen und unsere Osterverkündigung!

(O. Dibelius, zit. nach: W. Gerlach, Als die Zeugen schwiegen. Bekennende Kirche und die Juden, Berlin 1987, S. 42)

Der evangelische Theologe und spätere Widerstandskämpfer Dietrich Bonhoeffer schreibt dagegen zur selben Zeit an einen Freund:

»Auch die Judenfrage macht der Kirche sehr zu schaffen und hier haben die verständigsten Leute ihren Kopf und ihre ganze Bibel verloren.«

(Zit. nach: K. Kupisch [Hg.], Quellen zur Geschichte des deutschen Protestantismus 1817–1945, München und Hamburg 1965, S. 267 ff)

Am 6. September 1933 beschließt die Generalsynode der Evangelischen Kirche der altpreußischen Union folgendes Kirchengesetz, welches später »Arierparagraph« genannt wird.

§ 1 Absatz 2: Wer nicht arischer Abstammung oder mit einer Person nichtarischer Abstammung verheiratet ist, darf nicht als Geistlicher oder Beamter der allgemeinen kirchlichen Verwaltung berufen werden. Geistliche und Beamte arischer Abstammung, die mit einer Person nichtarischer Abstammung die Ehe eingehen, sind zu entlassen. Wer als Person nichtarischer Abstammung zu gelten hat, bestimmt sich nach den Vorschriften der Reichsgesetze. (…)
§ 3 Absatz 2: Geistliche oder Beamte, die nichtarischer Abstammung oder mit einer Person nichtarischer Abstammung verheiratet sind, sind in den Ruhestand zu versetzen.

Einen Monat später erscheint im »Evangelischen Ruf« (Breslauer Christliches Wochenblatt Nr. 42) folgender Text:

Vision

Gottesdienst. Das Eingangslied ist verklungen. Der Pfarrer steht am Altar und beginnt: ›Nichtarier werden gebeten, die Kirche zu verlassen!‹ Niemand rührt sich. ›Nichtarier werden gebeten, die Kirche zu verlassen!‹ Wieder bleibt alles still. ›Nichtarier werden gebeten, die Kirche zu verlassen!‹ Da steigt Christus vom Kreuz des Altars herab und verläßt die Kirche.

(Aus: W. Gerlach, a.a.O., S. 121)

Das Echo kommt prompt: Der »Evangelische Ruf« wird sofort bis auf weiteres verboten.

Aus der Entschließung der »Glaubensbewegung → Deutsche Christen« vom 13. November 1933

(…)
4. Wir erwarten, daß unsere Landeskirche als eine deutsche Volkskirche sich frei macht von allem Undeutschen in Gottesdienst und Bekenntnis, insbesondere vom alten Testament und seiner jüdischen Lohnmoral.
5. Wir fordern, daß eine deutsche Volkskirche Ernst macht mit der Verkündung der von aller orientalischen Entstellung gereinigten schlichten Frohbotschaft und einer heldischen Jesusgestalt als Grundlage eines artgemäßen Christentums, in dem an die Stelle der zerbrechenden Knechtsseele der stolze Mensch tritt, der sich als Gotteskind dem Göttlichen in sich und in seinem Volke verpflichtet fühlt.

6. Wir bekennen, daß der einzig wirkliche Gottesdienst für uns der Dienst an unseren Volksgenossen ist, und fühlen uns als Kampfgemeinschaft vor unserem Gott verpflichtet, mitzubauen an einer wehrhaften und wahrhaften völkischen Kirche, in der wir die Vollendung der deutschen Reformation Martin Luthers erblicken, und die allein dem Totalitätsanspruch des nationalsozialistischen Staates gerecht wird.

(Aus: J. Ganger [Hg.], Chronik der Kirchenwirren, 1. Teil: Vom Aufkommen der »Deutschen Christen« 1932 bis zur Bekenntnis-Reichssynode im Mai 1934, Eberfeld 1934, S. 111 f)

▷ *Vergleicht diese Entschließung der Deutschen Christen mit den Äußerungen Luthers (S. 82–83), und zeigt Gemeinsamkeiten sowie Unterschiede auf!*

Die Saarbrücker Synagoge in Flammen

Ein Judenbengel setzte durch seine feige Mordtat an dem deutschen Gesandschaftsrat vom Rath die ganze deutsche Öffentlichkeit in siedendheiße Erregung, und diese Hitze schien sich gestern morgen auf die Synagoge in der Kaiserstraße übertragen zu haben. Jedenfalls schlugen gegen acht Uhr in der Frühe die Flammen aus dem Zwiebelturm, der samt dem darunter befindlichen Gebäude noch nie in unser Stadtbild hineingepaßt hatte. Bald hatte sich eine große Menschenmenge in der Kaiser- und Futterstraße angesammelt, die mit größter Spannung den weiteren Verlauf der Dinge verfolgte. Keiner konnte die Genugtuung verbergen darüber, daß nun das Haus, in dem sich noch immer die Judenclique ungestört hatte zusammenfinden können, verschwand. War es nicht wie ein Symbol, als der Judenstern, der auf der höchsten Spitze immer noch kühn in den deutschen Himmel gestarrt hatte, auf einmal brennend durch das knisternde und funkensprühende Gebälk in die Tiefe stürzte! Knistert es nicht genau so im Gebälk des internationalen Judentums, dessen Stern auch im Versinken ist, wenn man es auch mancherorts nicht wahrhaben will. Die Menge in den Straßen wich und wankte nicht. Man wollte es erleben, wie die Kuppel zusammenbrach, man wollte dabei sein, wenn dieses äußere Zeichen fremden Volkstums und fremder Geisteshaltung aus dem deutschen Stadtbild getilgt wurde. Daß man währenddessen in dem neben der Synagoge gelegenen Judenhaus eine Durchsuchung vornahm und allerhand mehr oder weniger wertvolles Material hervorschaffte, diente zur allgemeinen Belustigung und wurde gebührend bejubelt. So ist auch bei uns das alte Sprichwort wahr geworden: »Wer Wind sät, wird Sturm ernten.«

(Saarbrücker Zeitung am 11. November 1938, S. 3)

1954 schrieb der katholische Schriftsteller Reinhold Schneider:
Am Tage des Synagogensturmes hätte die Kirche schwesterlich neben der Synagoge erscheinen müssen. Es ist entscheidend, daß das nicht geschah. Aber was tat ich selbst? Als ich von den Bränden, Plünderungen, Greueln hörte, verschloß ich mich in meinem Arbeitszimmer, zu feige, mich dem Geschehenden zu stellen und etwas zu sagen. (...) Das Leben in Deutschland wurde unerträglich. Dankbar folgte ich im Dezember einer Einladung nach Paris. Das war schmähliche Flucht.

(Aus: Reinhold Schneider, Verhüllter Tag, Köln/Olten 1954, S. 155)

▷ *Wie empfindet ihr den offiziellen Zeitungsbericht aus Saarbrücken und die 16 Jahre später erfolgte Selbstkritik Reinhold Schneiders?*

Das folgende Gedicht schrieb Erich Fried 1988 im Gedenken an die Nacht der Judenverfolgung (»Reichskristallnacht«) in Deutschland am 9. / 10. November 1938.

Erich Fried: Diese Toten

Hört auf, sie immer Miriam
und Rachel und Sulamith
und Aron und David zu nennen
in euren Trauerworten!
Sie haben auch Anna geheißen
und Maria und Margarete
und Helmut und Siegfried:
Sie haben geheißen wie ihr heißt

Ihr sollt sie euch nicht
so anders denken, wenn ihr
von ihrem Andenken redet,
als sähet ihr sie
alle mit schwarzem Kraushaar
und mit gebogener Nase:
Sie waren auch blond
und sie hatten auch blaue Augen

Sie waren wie ihr seid.
Der einzige Unterschied
war der Stern den sie tragen mußten
und was man ihnen getan hat:
Sie starben wie alle Menschen sterben
wenn man sie tötet
nur sind nicht alle Menschen
in Gaskammern gestorben

Hört auf, aus ihnen
ein fremdes Zeichen zu machen!
Sie waren nicht nur wie ihr
sie waren ein Teil von euch:
wer Menschen tötet
tötet immer seinesgleichen.
Jeder der sie ermordet
tötet sich selbst

(Erich Fried, in: »Die Zeit« – Datum unbekannt)

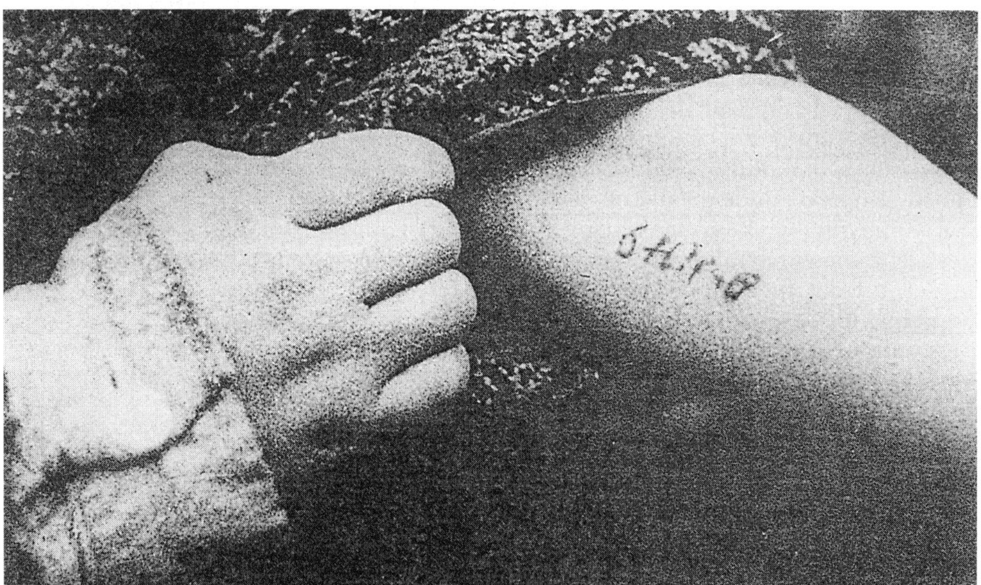

Am 11./12. Februar 1940 begannen die Deportationen von Juden, die dann vom 7. März 1941 an zu Zwangsarbeit eingesetzt wurden. Die »Endlösung der Judenfrage in Europa« wurde am 20. Januar 1942 in einer Ministerialbesprechung (Wannsee-Konferenz) beschlossen und mit zynischer Konsequenz durchgeführt.

Bettina Wegner erinnert 1981
an die Opfer
der Konzentrationslager zur Zeit
der Nationalsozialisten.

KZ

Für die aus Auschwitz
und auch Buchenwald
aus Bergen-Belsen
und aus Birkenau
die aus Treblinka und aus Ravensbrück
für die aus Sutthoff und aus Börgermoor
die aus Mauthausen und aus Flossenbürg
aus Eschwege und aus Lichtenburg
die aus Theresienstadt und Dora I
für die aus Dachau und aus Majdanek
die aus Groß-Rosen und aus Stutthoff
für die aus Plaszow und aus Warschau
aus Neuengamme und Oranienburg
für die aus Belzec und aus Emsland
für die aus Culmhof und aus Sobibor
für die aus Hinzert und aus Leonberg
für die aus Breendonk und aus
Westerbork
aus Gardelegen und aus Heuberg
aus Sachsenhausen und Lublin
die aus Demblin und aus Natzweiler

(B.Wegner, in: Traurig bin ich sowieso, CBI Schallplatten GmbH Germany 1981)

Alle Worte versagen

Diese Vorgänge übersteigen dermaßen alle menschliche Vorstellungskraft, hinter den nackten Zahlen verbirgt sich eine solche Fülle von menschlichem Leid und Schmerz, von Angst und Verzweiflung, daß alle Worte versagen müssen, wenn man versuchen wollte, das Unvorstellbare auszudrücken. Der Mensch ist kaum in der Lage, das Leiden eines *einzigen* Menschen nachzuempfinden. Wie sollte er es für Millionen tun können? Wenn wir über das individuelle Schicksal hinausgehen, dann geraten wir sehr rasch unter das Gesetz der großen Zahl, und das Leben wird zur Statistik.

(Aus: W. Hofer [Hg.], Der Nationalsozialismus, Dokumente 1933–1945, Frankfurt am Main 1957, S. 132)

Eine evangelische Frage?

Als Christen können wir es nicht länger ertragen, daß die Kirche in Deutschland zu den Judenverfolgungen schweigt. (...) Die Judenfrage ist eine evangelische und keine politische Frage. Dem Staat gegenüber hat die Kirche die heilsgeschichtliche Bedeutung Israels zu bezeugen und jedem Versuch, das Judentum zu vernichten, Widerstand zu leisten. Jeder Nichtarier, ob Jude oder Christ, ist heute in Deutschland der unter die Mörder gefallene. Die Kirche muß bekennen, daß sie als das wahre Israel in Schuld und Verheißung unlösbar mit dem Judentum verknüpft ist. (...) Sie darf nicht länger versuchen, vor dem gegen Israel gerichteten Angriff sich selbst in Sicherheit zu bringen. Sie muß vielmehr bezeugen, daß mit Israel sie und ihr Herr Jesus Christus selbst bekämpft wird.

(Helmut Hesse in einer Bekenntnisversammlung in Wuppertal am 6. Juni 1943, zit. nach: W. Gerlach, a.a.O., S. 371.)

Mit der Begründung des Verstoßes gegen das »Heimtückegesetz« durch öffentliches Eintreten für die Juden wurden Helmut Hesse und sein Vater inhaftiert. Als Belastung für den Vater kam hinzu, daß er die Barmer Bombenkatastrophe vom 30. Mai 1943 als ein Gericht Gottes bezeichnet und im Fürbittengebet Gottes Hilfe für die Juden angerufen hatte:

»Und so sei Du, Herr, mit den Juden; bringe zusammen die Verjagten Israels! (...)«

(zit. in: W. Hofer, a.a.O., S. 275; Hesse ist 1943 im Konzentrationslager Dachau gestorben)

Jesus lehrt seine Jünger beten

9 Darum sollt ihr so beten:
Unser Vater im Himmel! (...)
12 Und vergib uns unsere Schuld,
wie auch wir vergeben unsern Schuldigern.
(Mt 6, 9, 12)

Übersicht zur Zeit des Nationalsozialismus

Kirchengeschichte	Politische Geschichte
	1929–32 Weltwirtschaftskrise
	1932 6 Mill. Arbeitslose in Deutschland
1933 Reichskonkordat zwischem dem Deutschen Reich und dem Vatikan 1933 23. Juli, Mehrheit der Deutschen Christen bei Kirchenwahlen Gründung der »Deutschen Evangelischen Kirche«, Reichsbischof Ludwig Müller 6. September, Beschluß des sogenannten Arierparagraphen Oktober, Gründung des Pfarrernotbundes	1933 31. Januar, **Hitler wird Reichskanzler** Mai/Juni, Auflösung bzw. Verbot von Parteien und Gewerkschaften (KPD) im März Dezember, NSDAP wird (alleinige) Staatspartei
1934 Mai, **Barmer Bekenntnissynode**	1934 Juni/Juli, Ausschaltung der SA
1935 Einrichtung eines Reichsministeriums für kirchliche Angelegenheiten	
	1936 März, Einmarsch der Wehrmacht in das entmilitarisierte Rheinland
1937 Enyzklika Pius XI. »Mit brennender Sorge« Pfarrer Paul Schneider und Martin Niemöller inhaftiert	1938 9. November, Zerstörung von jüdischen Synagogen und Geschäften 1939 1. September, Beginn des Zweiten Weltkrieges
1941 **Predigten des Kardinals von Galen in Münster/Westf. gegen NS-Verbrechen** 1943 Widerstandgruppe »Weiße Rose« verhaftet	seit 1940 **Einrichtungen des Vernichtungslagers Auschwitz.** Systematische Ermordung von nahezu 6 Millionen Juden, etwa 600 000 Zigeuneuern und etwa 700 000 Geisteskranken
	1944 20. Juli, Attentatsversuch auf Hitler
	1945 8. Mai, bedingungslose Kapitulation Deutschland
	1945 August, **Abwurf der ersten (amerikanischen) Atombomben auf die japanischen Städte Hiroshima und Nagasaki**

(Aus: M. Stupperich / A. Stupperich / J. Ohlemacher, Zweitausend Jahre Christentum, Bd. II, 2 Die Gegenwart, Göttingen, 1984, S. 7)

5. ... und wir danach? – Notwendiges Gedächtnis bis heute

April 65

Auf dem Schottergelände
des Konzentrationslagers Buchenwald
blüht jetzt der Huflattich
Es handelt sich um schätzungsweise
sechsundfünfzigtausend Blüten

(A. Astel, zit. nach U. Miehe, a.a.O., S. 25)

»Aber wir haben doch von nichts gewußt!«

Was ist damit gemeint, worauf bezieht sich das »... von nichts gewußt?« Es bezieht sich auf Auschwitz und auf alles, was dieser Name symbolisiert und materialisiert, das heißt auf den Serien-, Massen- und Völkermord der Jahre 1941 bis 1945. Aber der kriminelle Charakter des Nationalsozialismus begann nicht mit seinem Vernichtungsapparat! Das Verbrechen begann bereits mit den Maßnahmen, die die demokratischen Freiheiten aufhoben, die erste Republik zerstörten, und es setzte sich fort über die Verhaftungen, Folterungen und Ermordungen politischer Gegner von gestern, die Errichtung von Konzentrationslagern, die Bücherverbrennungen, den Boykott jüdischer Geschäfte schon im April 1933, alles Geschehnisse, von denen jedermann in Deutschland gewußt hat. Und zwar so gut gewußt, daß schon sehr bald nach dem 30. Januar 1933 der »deutsche Blick« aufkam: Wenn zwei sich trafen, die sich nicht kannten, schätzten sie sich erstmal ab, ob der eine den anderen ins Konzentrationslager bringen könnte. (...) Jedermann wußte von der Proklamation der Nürnberger Rassengesetze; von der viehischen Brutalität, mit der Hitler seinen Rivalen Ernst Röhm und dessen Anhang umbringen ließ; von der sogenannten »Reichskristallnacht« im November 1938, dem bis dahin schrecklichsten Pogrom gegen die Juden im Reich. Und jedermann wußte von der Deportation dieser Juden ab 1940/41, denn das geschah unter freiem Himmel, am hellichten Tag und über ganz Deutschland verstreut. Der kollektive Affekt »Aber wir haben doch von nichts gewußt!« schafft von der »Machtergreifung« bis zur Errichtung des Vernichtungsapparats unter dem Dach des Reichssicherheitshauptamtes und dem Beginn seiner Mordpraktiken im Großformat, also von 1933 bis 1941, eine quasi verbrechensfreie Strecke. (...) Der Versuch, die kriminelle Gesamtheit des NS-Staates auf einen Teilsektor oder eine bestimmte Phase seiner Herrschaft zu reduzieren, dauert bis in unsere Tage an. Der Affekt signalisiert das immer noch fehlende Bewußtsein, daß der Nationalsozialismus durch und durch verbrecherisch war, von seiner Peripherie bis zu seinem Zentrum. Die neun Jahre zwischen 30. Januar 1933 und der Wannseekonferenz am 20. Januar 1942, auf der die »Endlösung der Judenfrage« in Europa beschlossen wurde, waren keineswegs *relativ,* sie waren *absolut* verbrecherisch: als der Schoß, aus dem dann die höchste Institutionalisierung des NS-Staates kroch, die Mordmaschinerie der Einsatzgruppen und des Holocausts. Der Vernichtungsapparat war die Spitze einer Staatsstruktur, die voll in seinem Dienste stand. Dem kollektiven Affekt »Aber wir haben doch von nichts gewußt!« folgt übrigens meist eine Zwillingsbeteuerung, sozusagen ein Unteraffekt, der lautete: »Wir konnten doch nichts dagegen machen!« Da sei doch in aller Unschuld gefragt: Wogegen denn? Gegen das, was man »nicht gewußt« hat? Instabilitäten wie diese wohnen dem gesamten Bau der Schuldabwehr inne.

(R. Giordano, Die zweite Schuld oder von der Last Deutscher zu sein, Hamburg 1987, S. 32 f)

Weiße Kreuzigung (Marc Chagall)

Viele Jahre nach dem Holocaust, 1988, schreibt der Theologe Martin Stöhr:

Notwendige Ergänzungen

1. Wir sind in die Irre gegangen, als wir meinten, die →Kirche sei das neue oder wahre Israel, die das gescheiterte und alte Israel abgelöst habe; als wir verkündeten, auf den Juden liege ein Fluch, weil sie Jesus gekreuzigt und ihn als →Messias abgelehnt hätten; als wir lehrten, die Botschaft des alten Testamentes enthalte »nur« Gesetz und Erwartung und nicht auch Heil in Gestalt von Gerechtigkeit und Liebe, Befreiung und Schalom, Versöhnung und Hoffnung, Menschenwürde und Vergebung.
2. Die Geringschätzung der →Hebräischen Bibel ließ uns die hebräisch-biblische Materialität von Gerechtigkeit und Liebe, Befreiung und Frieden geringschätzen. Wir spiritualisierten und verjenseitigten, was im Diesseits auf Verwirklichung drängt.
3. Wir vergaßen die biblischen Wurzeln der Befreiungsbewegungen, an die das erste Gebot erinnert, das uns davon befreit, irgendwelche vorletzten ökonomischen, staatlichen oder ideologischen Größen anzubeten.
4. In der Entwicklung einer possessiven und triumphalistischen →Christologie duldeten und förderten wir die Ausgrenzung, Diffamierung und Vernichtung der Juden durch eine →Theologie und kirchliche Praxis, an die sich nahtlos und unchristlich eine rassisch, völkisch oder ökonomisch argumentierende Judenfeindschaft anschließen konnte.
5. Die erste Front, die wir Christen gegen »das Böse« aufrichteten, war die Front gegen das Judentum. In seiner Negation gewannen wir unsere Position.
6. Kirchlich wurde legitimiert und vorbereitet, was biblisch und christlich nicht zu rechtfertigen war. In unserer Theologie und in unserem Glauben brachen wir uns selbst das Rückgrat, der Judenfeindschaft und anderen Freund-Feind-Bildern zu widerstehen, wir machten uns blind, indem wir unseren eigenen »Augapfel« Israel (Sach 2,8) blendeten, als wir Israel antasteten oder antasten ließen.
7. Die Verstaatlichung des Christentums unter Konstantin und die Verchristlichung der Staaten im Zeitalter des Nationalismus engten Juden, Ketzern und Nichtchristen die Möglichkeiten zu leben ein und führten die Kirche oft zu einer securitas, sich mit dem →Reich Gottes zu verwechseln. Besitz wurde, was Aufgabe, Status, was Ziel war; zu Brudermord geriet, was Nächstenliebe hätte werden können.
8. (...)
9. Im jüdischen Nein zu Jesus als dem Messias sahen wir ein Defizit, anstatt in ihm die heilsame und kritische Anfrage der →Bibel zu sehen, ob die Erneuerung des Himmels und der Erde in der Christenheit Wirklichkeit werde. Diese Anfrage stammt aus einer spezifischen Treue Israels gegenüber Gottes Wort, dessen messianische Wirklichkeit mehr verheißt, als die Christenheit liebt. Die Juden halten die Christusfrage offen (Dietrich Bonhoeffer).
10. Im Verhalten der Christen gegenüber den Juden fand keine Umkehr zu Gott und keine Einkehr zum Nächsten statt.

(Aus: M. Stöhr, Kirche und Israel, Neukircher Theologische Zeitschrift, 3. Jg. 1988, S. 62 ff)

▷ *Lest zum besseren Verständnis der Aussageabsicht Martin Stöhrs alle mit »→« gekennzeichneten theologischen Fachbegriffe im Lexikon nach! – Diskutiert die Thesen des Textes im einzelnen.*
▷ *Tragt Gründe dafür zusammen, warum Christen im heutigen Dialog mit Juden ihre theologische Wortwahl besonders sorgfältig überdenken sollten!*
▷ *Was haben Christen bisher getan, und was könnten sie tun, um die Beziehung zwischen Christentum und Judentum (dauerhaft) »wiedergutzumachen«?*

> Die Jungen sind nicht verantwortlich für das, was damals geschah. Aber sie sind verantwortlich für das, was in der Geschichte daraus wird.

(Richard v. Weizsäcker, aus seiner Rede zum 8. Mai 1985, zitiert nach Bundespresseamt, Bonn)

Kapitel 6

Eschatologie – Von der Zukunft der Welt und den Hoffnungen der Bibel

Gibt es (noch) eine Zukunft?

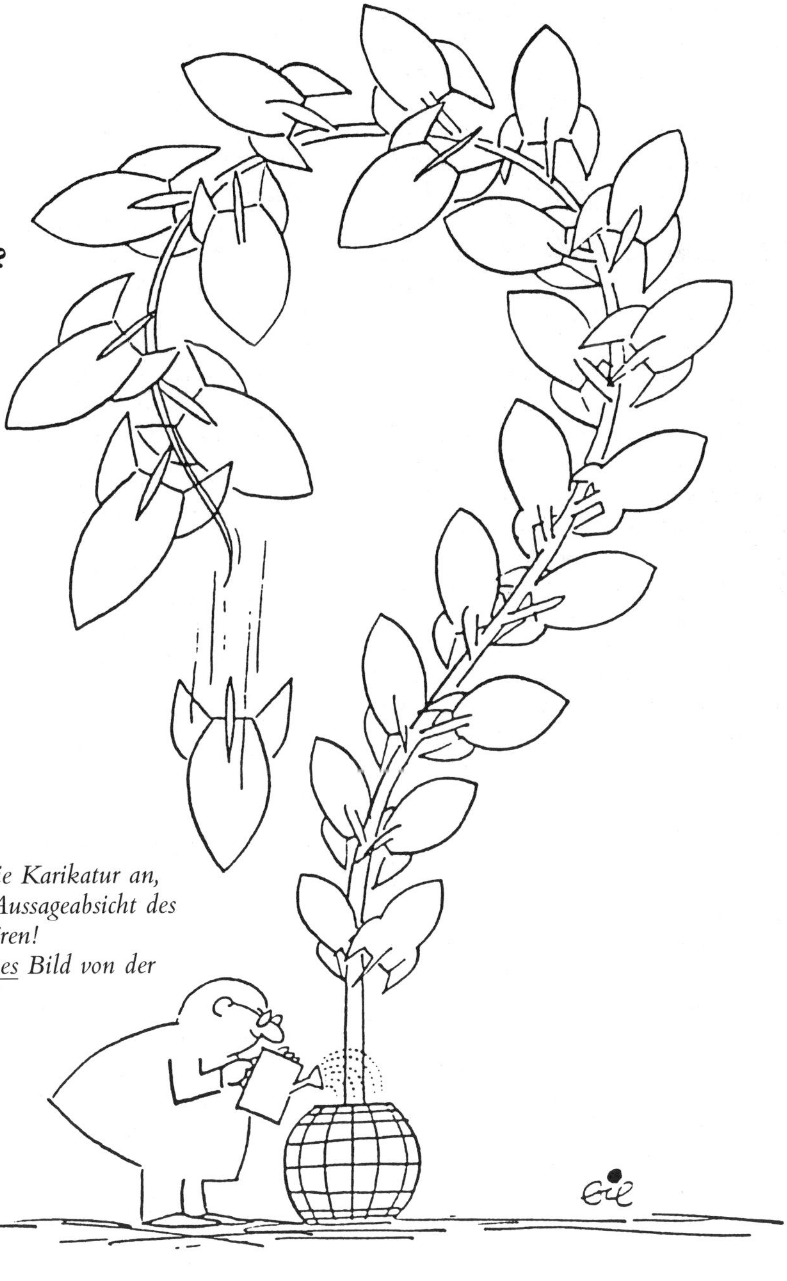

▷ *Schaut euch die Karikatur an, und versucht, die Aussageabsicht des Zeichners zu erklären!*
▷ *Diskutiert <u>dieses</u> Bild von der Zukunft der Welt!*

▷ *Schreibt einen Text zu der folgenden Bildergeschichte, der die Gedanken des »Kükens« verrät! – Wenn ihr es für sinnvoll haltet, könnt ihr dabei auch die Reihenfolge der Einzelbilder verändern.*

Schon immer haben sich Menschen nicht nur Gedanken gemacht über ihre eigene Herkunft und den Ursprung des Universums, sondern auch über das Kommende, das *Zu-künftige* ihres persönlichen Lebens und der Welt. Sie brachten dabei ihre Erfahrungen in Gegenwart und Vergangenheit, ihre Hoffnungen und Ängste zum Ausdruck. In diesem Kapitel geht es um den Themenkomplex *Zukunft:*

Wie wird (könnte) sie aussehen?
Was bedeutet sie für unsere Gegenwart?
Was können wir vielleicht von den biblischen Menschen und ihren Zukunfts-Hoffnungen lernen?

1. Möglichkeiten und Verantwortung des Menschen

Perspektiven

▷ *Schaut euch die beiden »Zukunfts-Bilder« auf der rechten Seite genau an! Von welchen Erfahrungen, Ängsten oder Hoffnungen mögen die beiden Künstler ausgegangen sein?*
▷ *Welche Absicht könnten sie mit ihren Bildern jeweils verfolgen?*
▷ *Lest dazu Jesaja 24,1–13! (→ Prophet) – Äußert euch zur Aktualität dieses Textes!*

E. Hicks, ein amerikanischer Maler, schuf sein Werk aus den Erfahrungen der Kriege gegen die Indianer Anfang des 19. Jahrhunderts. Der andere Künstler, Horst Bartsch, ist Zeitgenosse und lebt in der ehemaligen DDR.

E. Hicks, »Das friedvolle Königreich« (1833)

H. Bartsch, »Atompilz über Aachen« (1960)

Gott, in früheren Zeiten hat man dich als den Schöpfer angebetet, der der Herr über die unbegreiflichen Naturgewalten ist und in Ordnung bringt, was die Menschen mit ihrer Kurzsichtigkeit und Verantwortungslosigkeit auf der Erde in Unordnung gebracht haben.
Heute ist es an uns, die Städte bewohnbar zu machen, die Gesellschaft zu verändern und Flüsse, Seen und Meere nicht länger als Kloaken zu mißbrauchen. Das Schöpfungswunder ist jetzt eine Frage des politischen Handelns geworden. Für die ganze Schöpfung nehmen nun Menschen die Verantwortung wahr. An uns liegt es, für die Menschen von morgen mitzudenken, mitzuplanen, mitzusorgen, für das Glück, die Gesundheit und das Wohlergehen der Generationen nach uns. (...) Laß uns die Erde für morgen erhalten als deine Schöpfung und unsere Werkstatt.

(Aus: P. Cornehl, P. Mainberger, P. Gonslar, Gebete unserer Zeit, Gütersloh 1973, S. 87)

▷ *Vergleicht Schaubild und Text. Wie seht ihr persönlich den Zusammenhang von Verantwortung und Möglichkeiten des Menschen?*

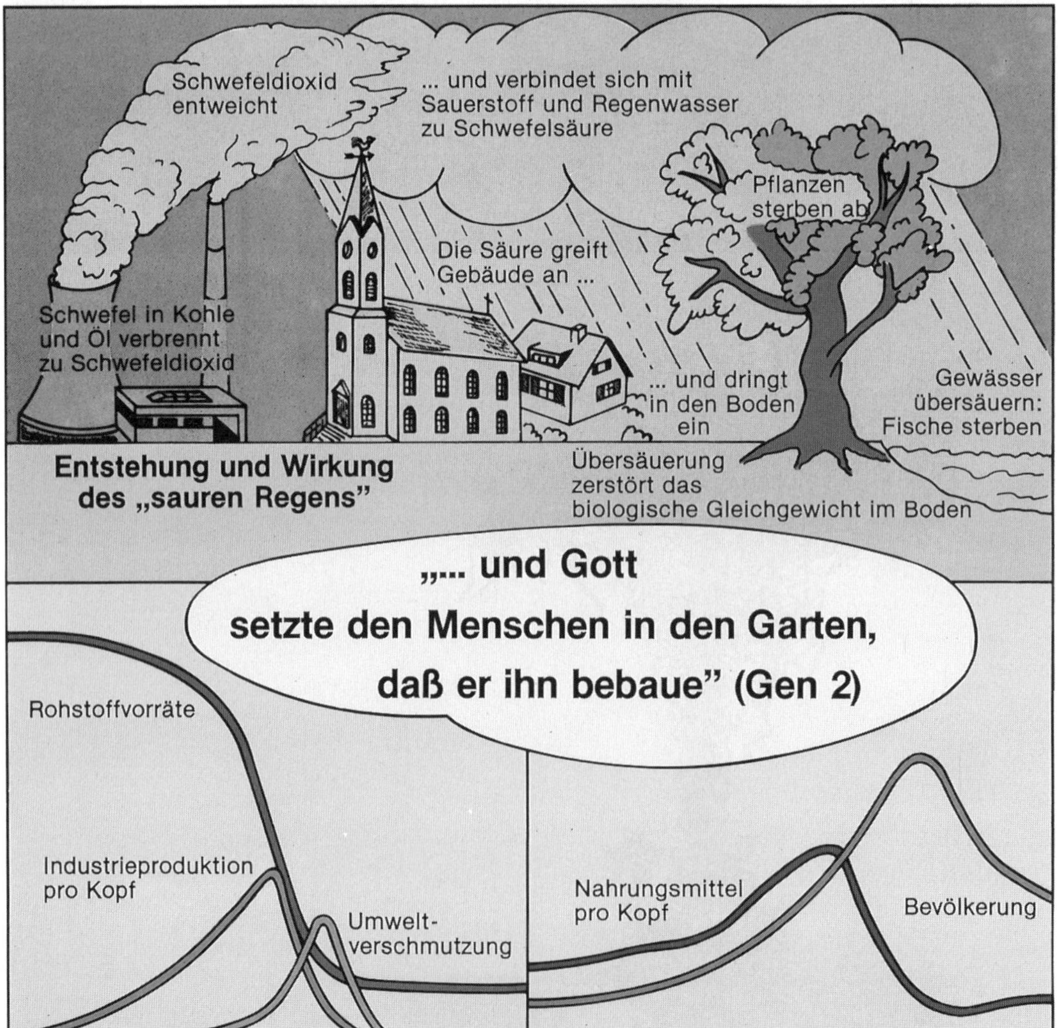

Verantwortung für die Welt – Nein danke?

▷ *Betrachtet die Lithographie von A. P. Weber mit dem Titel »Die toten Fische« aus dem Jahr 1973.*
Welche Gedanken kommen euch bei diesem Motiv?
Was soll das Bild wohl eigentlich darstellen?
Wie ist die Beziehung von Natur, Mensch und Tod skizziert?

Von der Verantwortung des Menschen

1936 schrieb der jüdische Religionsphilosoph Martin Buber ein Buch zum Problem der Entfremdung des »modernen« Menschen von der Bibel (der »Schrift«) und über die Verantwortung des Menschen für den Erhalt der Schöpfung in der Geschichte.

Die Schöpfung ist der Ursprung, die Erlösung ist das Ziel, aber die Offenbarung ist nicht ein zwischen beiden ruhender, verfestigter, datierbarer Punkt; nicht die Sinai-Offenbarung[1] ist die Mitte, sondern ihr immer wieder geschehen könnendes *Vernommenwerden.* (...) Die Schrift: Urkunde der Geschichte einer Welt, die zwischen Schöpfung und Erlösung schwingt, einer Welt, der in ihrer Geschichte Offenbarung widerfährt, – eine Offenbarung, die *mir* widerfährt, *wenn ich da bin:* (...) von hier aus verstehen wir den Widerstand des heutigen Menschen als einen Widerstand seines Wesens.
Der heutige Mensch steht zur Geschichte entweder libertinistisch[2], sie hinnehmend und mitmachend im Hin und Her der Bege-

1 Offenbarung Gottes am Berg Sinai im Buch Exodus; im engeren Sinne: die Zehn Gebote.
2 ungebunden, unabhängig

benheiten, im Auf und Nieder der Machtkämpfe (...): Völkertaten, Völkertode, (...) Verlieren, Triumph und Misere, – ein an sich sinnloses Getriebe, dem nur [vom] Menschen her je und je ein unbegründeter (...) *Scheinsinn* verliehen werden kann; oder er steht zu ihr dogmatisch, Gesetze von Abläufen fixierend und künftige Abläufe vorberechnend, als stünden die »großen Linien« schon irgendwo auf einer Rolle, die nur eben abrollte, als sei Geschichte nicht die werdende und lebendig stets sich entscheidende Zeit, (...) sondern ein starrer, vorhandener, unabwendbarer Raum. [Ver]kennen des Schicksals [ist beides]! Schicksal ist weder Zufall noch Verhängnis; (...) von Hüben und Drüben, die Austragung der *ganzen* Zeit in der *jeweiligen* [des Augenblicks]. Wo man um *Ursprung* und *Ziel* weiß, da gibt es kein Getriebe: man ist von einem Sinn getragen (...); man empfängt ihn (...), *um ihn zu leben*; und gelebt wird er in der furchtbaren und herrlichen Entscheidungsfülle des Augenblicks; des geschichtlichen Augenblicks, der in seinen Wirklichkeiten überall ein biographischer ist, deiner und meiner nicht weniger als Alexanders und Cäsars; aber deiner als der Augenblick *deiner* Begegnung. Der heutige Mensch kennt keinen Anfang – die Geschichte plätschert ihn (...) an; er kennt kein Ende – die Geschichte verbrandet ihm in kosmisch geschichtsloser Zeit; und dies hier dazwischen, zu welch einer gewaltsamen und läppischen Episode ist es geworden! Der Mensch kennt Ursprung und Ziel nicht mehr, weil er die *Mitte* nicht mehr kennen will: zu der er selber sich hergeben müßte, um sie zu erkennen. (...) Der heutige Mensch widersteht der Schrift, weil er der Offenbarung nicht standhält. *Der Offenbarung standhalten* heißt die Entscheidungsfülle des Augenblicks aushalten; heißt für den Augenblick antworten: ihn verantworten. Der heutige Mensch widersteht der Schrift, weil er nicht mehr *verantwortet*. Er [glaubt] viel zu wagen, aber dem einzigen echten Wagnis, dem der Verantwortung, weicht er geschäftig aus.

(M. Buber, Der Mensch von heute und die jüdische Bibel, in: ders., Werke 2, München 1964, S. 853 ff)

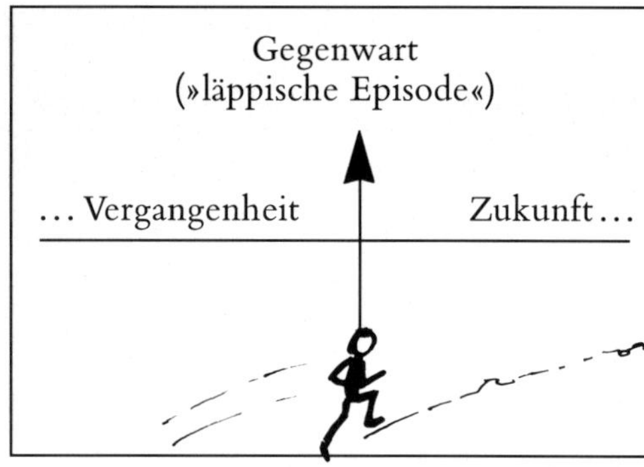

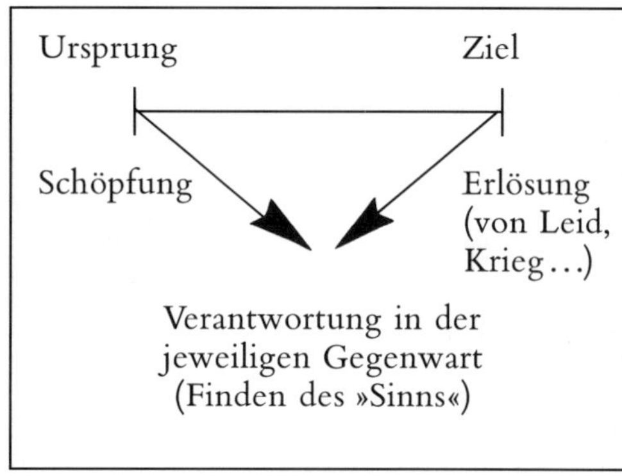

▷ *Die beiden Skizzen sollen den (etwas schwierigen) Text von Martin Buber verdeutlichen helfen. Versucht, sie dem Text zuzuordnen!*

▷ *Äußert euch zu der These Martin Bubers: »Wo man um Ursprung und Ziel weiß, da gibt es kein Getriebe«!*
Inwiefern könnte das Wissen um »Ursprung« und »Ziel« eine Chance des Menschen heute bedeuten?

▷ *Erfindet ein »Strichmännchen« für Skizze 2!*

▷ *In Kapitel 5 heißt es auf S. 76: »Das Geheimnis der Erlösung heißt Erinnerung.« Wie könnte hier die Erinnerung an den Ursprung der Welt ihre »Erlösung« ermöglichen? Lest dazu auch Genesis 1–2 (besonders Genesis 1,26–28!)*

Raumschiff »Arche«?

▷ *Lest die sogenannte Sintflutgeschichte« Genesis 6,5–9,17 in eurer Bibel nach!*
Welche Begründungen für das Einbrechen der Flut werden dort genannt? Welche Konsequenzen ergeben sich aus dem → Bund Gottes mit Noah für das Handeln und die Hoffnungen der Menschen?

▷ *Betrachtet das Bild von Marc Chagall! Es trägt den Titel »Arche«.*

Marc Chagall 1931

▷ *Was erkennt ihr auf dem Bild auf der vorigen Seite, und was fällt euch daran besonders auf?*
▷ *Lest dazu auch den folgenden Text von Christoph Goldmann, den er nach einer Betrachtung dieses Bildes mit Grundschülern niedergeschrieben hat.*

Grundschüler betrachten Chagalls Bild von der Arche

Menschen und Tiere sind in einem Zimmer, es ist eng darin. Es ist ein alter Mann, mit einem langen Bart und vielen Falten auf der Stirn – vielleicht hat er Kummer. Aber seine Augen zeigen keine Angst oder Sorge – er guckt ernst aber freundlich – es sieht aus, als blickte er jemanden ganz in der Ferne an – vielleicht spricht er mit den Augen zu Gott – mit der einen Hand läßt er einen Vogel aus dem Fenster – eine Taube? – vielleicht ist es Noah in der Arche?
Hinten in der Ecke die Frau ist traurig – ihr Kindchen sieht aus, als sei es schon tot – sie drückt es an ihre Brust – kann sie ihrem Kind vielleicht nichts mehr zu essen geben – dann würde die ganze Familie aussterben, nicht? – sie alle haben Hunger – das Tier kuschelt sich an Noah, und er krault es – der Hahn wartet, ob er nicht ein paar Körner bekommen kann.
Ist es denn wirklich Noah? – ich kenne nur Bilder, wo man die Arche auf dem Wasser schwimmen sieht – (...) (da schwimmt die hübsche Arche, fast wie ein Ausflugsschiff, und lustig: all die Tiere darin machen lauter Späßchen). –
Aber eigentlich darf man die Arche doch nur so malen wie Chagall, denn von außen hat ja niemand zuschauen können – warum haben es denn die anderen Maler nicht so gemacht? – vielleicht haben die es nicht gewußt, – die haben es nicht erlebt.
Wenn ihr an die Geschichte von Chagalls Volk denkt, werdet ihr vielleicht verstehen, warum er darauf kam, die Arche so zu zeichnen: in solchen kleinen Häuschen haben die Juden oft durch Jahrhunderte hin leben müssen und konnten nicht hinaus in die Welt, aber sie haben sich erinnert an ihren Auftrag, auch im kleinen Raum Frieden zu halten und die Hoffnung nicht zu verlieren, daß Gott ihnen wieder Freiheit schenken wird.
Vielleicht geht es heute auch vielen Menschen so. Unser Pfarrer hat einmal gesagt, unsere Erde ist wie ein Raumschiff »Arche«, das durch den Weltraum fliegt und bei dem an Bord vieles kaputtgegangen ist, und viele denken: wo werden wir einmal landen? – wird unser Leben wohl einmal menschlicher werden: ohne Umweltvergiftung, Atomangst, Terror – aber wenn sie dann nicht so, wie der Noah, zu Gott wie zu einem Freund blicken können?
Warum läßt Gott so Schreckliches überhaupt zu? – Einer unserer Väter hat sich das so klar gemacht: Es hat vielleicht eine Zeit gegeben, da war alles, was aus den Herzen aller Menschen an Träumen oder Gedanken aufstieg, nur auf das Verkehrte aus, dem Nächsten nur zum Bösen, so daß es Gott eigentlich leid tun konnte, dieses schöne Geschöpf Mensch geschaffen zu haben.
Aber was können wir Menschen denn gegen so etwas Schlimmes tun? – Der Noah schaut unverwandt zu Gott, so wie der Hahn zum Noah blickt, – ja, vielleicht dürfen wir uns nicht bange machen lassen von all dem Schlimmen, das Menschen tun, die feste Hoffnung nicht aufgeben, daß Gott uns braucht als seine Freunde, die ihm mithelfen, diese schöne Schöpfung mit Liebe und Freundlichkeit zu erfüllen. – Und dann das Notwendige tun, so wie Noah, der die Taube fliegen läßt.

(Aus: Chr. Goldmann, Kinder entdecken die Bibel mit Marc Chagall, Göttingen 1989, S. 18)

▷ *Empfindet ihr diese Beobachtungen als »zu kindlich«, oder könnt ihr in ihnen auch für Erwachsene wichtige Aussagen entdecken?*

2. Vertrauen in die Zukunft – Vertrauen in Gott

»Wir blicken hoffnungsvoll nach *vorn,* in eine bessere Zukunft«. – Wie oft hören wir diesen oder ähnliche Sätze von Politikern, die sich ja vorwiegend mit der Zukunft beschäftigen: der Zukunft des Landes, der Wirtschaft, der Zukunft Europas. Das Vergangene, die Erinnerung an die Vergangenheit, wird dabei oft vernachlässigt. Das, was war, ist unwichtig geworden; es zählt nur noch das, was kommen soll.
Doch während wir die Vorstellung haben, die Zukunft liege vor uns, vor unseren Augen, und die Vergangenheit hinter uns, begegnet uns beim Menschen zur Zeit der Hebräischen Bibel (→Altes Testament) eine andere Sichtweise. Die *Vergangenheit* ist das, was eigentlich vor Augen liegt, die Zukunft liegt sozusagen im Rücken, sie ist ja (noch) unbekannt. – Trotzdem kennt die Bibel Zukunftsbilder, Zukunftsvisionen: Aus den Erfahrungen seiner Geschichte heraus konnte das Volk Israel Hoffnungen für die Zukunft schöpfen. Diese Erfahrungen waren durchaus nicht immer positive, auch die einer langen Leidensgeschichte, aber es waren die Erfahrungen eines »Geführtwerdens«, eines von Gott durch Leid und Not hindurch Geführtwerdens (→Exodus). Diese Zukunftsbilder sind nicht einheitlich, sondern eher sehr vielfältig. Aber immer sind sie das Ergebnis einer Auseinandersetzung mit der Vergangenheit und der Gegenwart. So finden sich Visionen von einer kommenden Heilszeit, aber auch von einem Gericht, in dem die Menschen sich für ihre Taten zu verantworten haben.

▷ *Tragt Beispiele biblischer Erzählungen zusammen, in denen das »Geführtwerden« von Gott eurer Meinung nach eine besonders wichtige Rolle spielt!*

▷ *Zum besseren Verständnis der folgenden Texte lest im Lexikon nach, was dort zu den zentralen Begriffen biblischer und theologischer Zukunftshoffnung steht: →»Messias/messianische Zeit«, →»Eschatologie«, →»Utopie«, →»Apokalyptik«, →»Parusie« und →»Prophet«!*

Eine Vision des Propheten Micha

1 In den letzten Tagen aber wird der Berg, darauf des HERRN Haus ist, fest stehen, höher als alle Berge und über die Hügel erhaben. Und die Völker werden herzulaufen,
2 und viele Heiden werden hingehen und sagen: Kommt, laßt uns hinauf zum Berge des HERRN gehen und zum Hause des Gottes Jakobs, daß er uns lehre seine Wege und wir in seinen Pfaden wandeln!(…)
3 Er wird unter großen Völkern richten und viele Heiden zurechtweisen in fernen Landen. Sie werden ihre Schwerter zu Pflugscharen und ihre Spieße zu Sicheln machen. Es wird kein Volk wider das andere das Schwert erheben, und sie werden hinfort nicht mehr lernen, Krieg zu führen.
4 Ein jeder wird unter seinem Weinstock und Feigenbaum wohnen, und niemand wird sie schrecken. Denn der Mund des HERRN Zebaoth hat's geredet.
5 Ein jedes Volk wandelt im Namen seines Gottes, aber wir wandeln im Namen des HERRN, unseres Gottes, immer und ewiglich!
(Mi 4,1–5)

▷ *Worin bestehen die wichtigsten Aussagen Michas über die kommende Zeit?*
▷ *Wie versteht ihr den Satz in Vers 2: »Er zeige uns seine Wege, auf seinen Pfaden wollen wir gehen?« Vergleicht dazu auch Psalm 1!*
▷ *Was unterscheidet Michas prophetische Vision von der Vorstellung eines »Schlaraffenlandes«?*

»Schwerter zu Pflugscharen« – dieser Slogan der Friedensbewegung leitet sich von Micha 4,3 ab. Sind diese Hoffnung und Forderung phantastische Träumerei? Der Theologe Ingo Baldermann schreibt dazu 1981:

Eine starke Hoffnung

Die »Utopie« ist in der Friedensdiskussion ein ambivalentes Wort: An den Argumenten der Friedensbewegung haftet der Makel des Utopischen; utopisch heißt hier: wirklichkeitsfern, politisch nicht machbar. Auf der anderen Seite gewinnt das Utopische gegenüber dem bloß Pragmatischen einen neuen, verheißungsvollen Klang: Pragmatisches[1] Handeln bleibt doch nur befangen in den bekannten verhängnisvollen Zirkeln; erst die Utopie eröffnet neue Perspektiven und entbindet damit auch die emotionalen Kräfte, die allein politische Veränderungen zu bewirken vermögen. (...)

Die Utopie (...) schärft den Blick nicht nur für die Bedrohungen des Lebens, sondern auch für all das unendlich Kostbare, das es bereithält; aber das Grundproblem bleibt das ihrer vitalen Wirksamkeit. Denn die drohende Resignation, mag sie sich als Lähmung äußern oder in der Weise wachsender Verbissenheit, ist eine tödliche Gefahr für die Friedensbewegung. Nichts liegt näher als die Resignation: Zuviel Zeit ist schon verstrichen; unbeirrbar und unbelehrbar bleiben die Mächtigen bei ihrer Option[2] für immer mehr nukleare Stärke, unangefochten können sie ihre alten, längst fadenscheinig gewordenen Begründungen wiederholen; Verhandlungen sind offenbar auf Scheitern programmiert, noch ehe sie ernsthaft begonnen haben. Was ist denn überhaupt noch zu tun möglich? (...)

Deshalb wird die Frage der Hoffnung zur Lebensfrage aller Friedensarbeit. (...) Überzeugen kann auf die Dauer nur der Gelassene. Gelassen sein angesichts einer so ungeheuerlichen Bedrohung aber kann nur, wer eine Hoffnung in sich trägt, deren Bilder *stärker* sind als die der drohenden Vernichtung. So hängt die Fähigkeit, zum Frieden auf Erden beizutragen, mit der *Vitalität der Hoffnung* unmittelbar zusammen.

Damit sind wir bei dem biblischen Kern des Problems der Friedensfähigkeit: Die Hoffnung kann in der Bibel auch einfach »Glaube« heißen, und zu glauben bedeutet nach dem hebräischen Wortsinn, sich »fest zu machen«. Wer dem Frieden auf Dauer dienen will, braucht *eine Hoffnung, an der er sich fest machen kann,* so daß ihn nicht die Nachrichten jedes Tages in neue Verzweiflung stürzen können. So wird sogar das starke Wort des Jesaja, in einer vergleichbaren Situation gesprochen, in unserer Bedrängnis wieder einleuchtend: »Glaubt ihr nicht, so bleibt ihr nicht!« (Jes 7,9)

Es gibt allerdings auch ein Mißverständnis christlicher Hoffnung, als solches daran erkennbar, daß diese Hoffnung nicht ermutigt, sondern lähmt: eine Hoffnung, die sich nur noch auf ein neues Leben jenseits dieser Erde und jenseits unseres Todes richtet. Was *diesseits* unseres Todes beheimatet ist, wird damit der Hoffnungslosigkeit preisgegeben. Diese Art der Hoffnung äußert sich in der Friedensdiskussion so, daß die nukleare Katastrophe, wenn sie denn kommen soll, als Gottes Gericht angesehen wird, das den →Jüngsten Tag heraufführt und sich ohnehin nicht aufhalten läßt. (...)

Unbiblisch ist diese Hoffnung, weil sie alles auf das persönliche jenseitige Heil setzt und darüber die *Liebe* aufkündigt und die Bereitschaft zum Mitleiden verliert. (...)

Freilich wissen wir und lassen es uns von Paulus sagen: »Hoffen wir allein in *diesem* Leben auf Christus, so sind wir die Elendesten unter allen Menschen« (1 Kor 15,19). Jeder einzelne von uns wird an den Punkt kommen, an dem es sich bewähren muß, daß seine Hoffnung dem Tod in jeder Gestalt standzuhalten vermag. Aber heute legen wir den Finger erst einmal auf die notwendige Fortsetzung dieses paulinischen Satzes: Hoffen wir allein in einem *jenseitigen* Leben auf Christus, so verraten wir diese kostbare Schöpfung an die Götzen der Zerstörung.

(Aus: I. Baldermann, Der Gott des Friedens und die Götter der Macht. Biblische Alternativen, Wege des Lernens 1, Neukirchen-Vluyn 1983, S. 116 f und S. 136)

---

1 = dem praktischen Nutzen dienend

2 = Wunsch, Wahl

▷ *Wie sieht Ingo Baldermann den Zusammenhang von Utopie, Hoffnung und Veränderung der Verhältnisse?*
▷ *Baldermann redet von einer »unbiblischen Hoffnung«. Vergleicht seine Ansicht mit dem Prophetenzitat Micha 4,1–5!*
▷ *Erläutert die Baldermannsche Fortführung des Paulus-Zitates (1. Korinther 15,19)!*

> Denn ich bin gewiß, daß weder Tod noch Leben, weder Engel noch Mächte noch Gewalten, weder Gegenwärtiges noch Zukünftiges, weder Hohes noch Tiefes noch eine andere Kreatur uns scheiden kann von der Liebe Gottes, die in Christus Jesus ist, unserm Herrn. (Röm 8,38–39)

▷ *Nehmt zu dieser Karikatur Stellung! – Was sagt sie über das Vertrauen in die Zukunft und das »Geführt-Werden« von Gott aus?*
▷ *Woher kann ein Mensch überhaupt eine tragfähige Glaubensgewißheit beziehen, und wie kann er sie weiterentwickeln? – Lest dazu beispielsweise Psalm 23 und 116,1–9; Jona 2,6–8!*

Ein neuer Himmel, eine neue Erde?

In der Hebräischen Bibel (→Altes Testament) und auch im Neuen Testament gibt es Visionen von der Zukunft als einem »neuen Himmel« und einer »neuen Erde«.

▷ *Lest Jesaja 65,16–25 und Offenbarung 21,1–8, und tragt Gemeinsamkeiten und Unterschiede dieser bildhaften Vorstellungen zusammen!*

Neuer Himmel, neue Erde, Frieden, Erlösung von allem Leiden: Ist das nicht »zu schön, um wahr zu sein«? Sind das nicht bloß Träume, Wunschträume? Müssen unsere Hoffnungen realistischerweise nicht etwas bescheidener ausfallen?

▷ *Welche Antworten die Bibel genau auf diese Fragen gibt, könnt ihr im folgenden erarbeiten. – Lest dazu zuallererst: 1) Jesaja 25,6–8; 2) Micha 5,1–4; 3) Jeremia 31,31–34; 4) Amos 9,11–15! – Versucht in einem zweiten Schritt, diese biblischen Texte dem »Verstehensraster« des folgenden Textes von Schalom Ben-Chorin zuzuordnen!*

Die messianische Zeit

In der Hebräischen Bibel (→Altes Testament) gibt es nebeneinander zwei verschiedene Grundvorstellungen von der messianischen Zeit: den sogenannten *restaurativen* und den *utopischen* Messianismus:
Der *restaurative* Messianismus gehört in jene rückwärts gewandte, sozusagen umgekehrte Eschatologie, die ein goldenes Zeitalter an den Beginn der Geschichte setzt. Israel konnte kein goldenes Zeitalter an den eigentlichen Beginn seiner Volksgeschichte, wohl aber seiner Reichsgeschichte setzen. Es ist dies das Reich Davids, das den späteren Generationen als das ideale Königreich erscheint. Man erwartet für die Zukunft also eine Rückkehr in die Herkunft: das Reich Davids soll wieder errichtet werden, Gottes Knecht David, wiedergeboren in einem späten Enkel, soll über das eigene Volk herrschen.
Wie stark sich diese Hoffnung erhalten hat, geht unter anderem aus dem Neuen Testament hervor, in welchem Jesus als Sohn Davids begrüßt wird. (...)
Demgegenüber steht der *utopische* Messianismus, der ein universelles Reich des Friedens, der Liebe und der Gerechtigkeit erwartet, in welchem vor allem der Krieg abgeschafft ist und das Kriegshandwerk nicht mehr gelehrt wird (...), das Wort Gottes von Zion und Jerusalem ausgeht, alle Völker auf den Heiligen Berg Zion pilgern, wie dies vor allem bei Exilpropheten wie Sacharja zum Ausdruck

kommt, und durch ein neues Herz die Harmonie zwischen dem göttlichen Anspruch und der menschlichen Natur herbeigeführt wird.
Der Mensch im Widerspruch gehört dann der Vergangenheit an, (...) denn ein neuer Himmel und eine neue Erde kennzeichnen dieses Reich.

(Sch. Ben-Chorin, Jüdischer Glaube. Strukturen einer Theologie des Judentums anhand des Maimonidischen Credo. Tübinger Vorlesungen, Tübingen 1979[2], S. 280f)

▷ *Was bedeutet es eurer Meinung nach, daß diese beiden verschiedenen Vorstellungen von Erlösung nicht zugunsten einer einzigen aufgehoben wurden, sondern in der Bibel nebeneinander bestehen blieben?*

Wir warten aber auf einen neuen Himmel und eine neue Erde nach seiner Verheißung, in denen Gerechtigkeit wohnt. (2. Petr 3,13)

Wir warten aber eines neuen Himmels und einer neuen Erde

Wir warten darauf,
daß es besser wird mit Himmel und Erde,
besser mit uns und unseren Kindern.
Aber die Aussichten sind düster,
Furcht breitet sich aus.
Prognosen und Hochrechnungen werden gehandelt,
die Forschungsergebnisse für den Club of Rome.
Sie errechnen den Zusammenbruch
der Wirtschaft und der Politik.
Parteizentralen sind eifrig.
Bei Verhandlungen und Konferenzen
siegt die Unvernunft.
Die nächsten Krisen sind schon programmiert.

Wir warten aber eines neuen Himmels und einer neuen Erde,
in welchen Gerechtigkeit wohnt...

Das letzte Wort ist noch nicht gesprochen.
Nicht die Angstmacher werden es haben
und nicht die Beschwichtigungsakrobaten.
Gott wird sprechen.
Dann verstummen Propaganda und Lügen,
Irreführungen und billige Vertröstungen
und die Schreie der Verzweiflung.
Das letzte Wort gehört Gott.
Es heißt Gerechtigkeit.
Sie verwandelt Himmel und Erde
in eine neue Welt.
Es wird Regen geben über der Wüste
und Kühle in der sengenden Hitze,
daß Bäume aufwachsen und Felder
wie in einem neuen Garten Eden.

Wir warten aber eines neuen Himmels und einer neuen Erde,
in welchen Gerechtigkeit wohnt...

Es wird ein Himmel sein,
der Unrecht nicht mehr zuläßt,
der die Betrogenen beschenkt,
all die Verstümmelten,
die Nerven- und Hirngeschädigten,
die spastisch Gelähmten,
daß sie lachen und singen und tanzen.
Wir warten,
doch nicht mit den Händen im Schoß.
Wir bauen auf die Gerechtigkeit, die kommt – schon heute.
Wir fangen an und arbeiten
gegen den Hunger auf unserer Erde
für eine gerechte Verteilung der Güter,
gegen die sinnlose Verschwendung,
die Ausplünderung unseres Planeten,
für Bescheidung und Fähigkeit zum Verzicht,
gegen Egoismus und Abgrenzungsdenken
für das Zusammengehörigkeitsbewußtsein der Menschen,
gegen den Haß zwischen Gruppen und Völkern
für Anerkennung und Versöhnung,
gegen die unmenschlichen Strukturen
unserer Ausbildung und Arbeit
für die Gesundheit des Leibes und der Seele.
Denn Gott will die Erde
als Heimat einer neuen Menschheit
nach seinem Bilde.

(Aus: M. Fischer, Niedergefahren zur Erde. Biblische Texte zum Glaubensbekenntnis – weitergeschrieben in unsere Zeit, Stuttgart 1976, S. 117–119)

▷ *Fertigt eine Collage zu den sprachlichen Bildern des Textes von Manfred Fischer an!*

3. Reich Gottes: Ein »Himmel auf Erden«?

»Dein Reich komme«: darum bitten Christen, wenn sie das Vaterunser beten. Diese Bitte und die Hoffnungen auf ein kommendes Gottesreich verbindet sie mit den Juden. Zum Abschluß des Morgengottesdienstes beten auch sie: »Er gründe sein Reich bei eurem Leben und in euren Tagen und beim Leben des ganzen Hauses Israel, bald und in naher Zeit!«

»Reich Gottes« – damit ist eine Menschenwelt gemeint, die die Züge der alten biblischen Verheißungen und Visionen trägt. Jesus greift mit seiner Botschaft von der kommenden Gottesherrschaft auf diese alten Traditionen zurück. Und mehr noch: Die Predigt vom nahe herbeigekommenen →Reich Gottes ist zentrales Thema seiner Verkündigung. Eng verbunden mit Jesu Verkündigung vom Reich Gottes ist sein Aufruf zur *Umkehr:* »Kehrt um! Denn das Himmelreich ist nahe« (Mt 4,17); »Die Zeit ist erfüllt, das Reich Gottes ist nahe. Kehrt um, und glaubt an das Evangelium« (Mk 1,15). Auch mit diesem Ruf steht Jesus in der Tradition der Hebräischen Bibel. Wie die Propheten vor ihm versucht auch Jesus, nicht nur eine bloß innerliche »Bekehrung« zu Gott, sondern eine Kehrtwendung des *ganzen* Menschen in Richtung auf Gott und seine →Wegweisung (»Tora«) zu bewirken: Denn nur der so umkehrende Mensch ist fähig, in das Reich Gottes einzugehen.

Was also bedeutet es, im Reich Gottes zu leben? Was bedeutet es, wenn sich die Menschen ganz der Herrschaft *Gottes* unterstellen? Ist das möglich – in *unserer* Welt?

▷ *Überlegt, was der Zeichner mit der Karikatur wohl ausdrücken wollte!*

▷ *Lest Markus 4,1–9.14–20, und versucht, die Karikatur und das Gleichnis vom Sämann miteinander in Beziehung zu setzen!*

Es gibt einen Himmel . . .

Es gibt einen Himmel,
der geht zwischen uns einher,
doch weil er für Geld nicht zu kaufen ist,
sehn' wir ihn nicht mehr!

Ritzen ihn mit Lügenworten,
treffen ihn mit falschem Tun,
schlagen nach ihm allerorten,
statt bei ihm auszuruhn',
sitzen blind vor Fernsehbildern,
essen Kekse und die Erde stirbt,
lassen unsere Toleranz verwildern,
während man um Konsumenten wirbt,
an den Händen halten sich nicht viele,
mit den Fäusten schlägt man gerne zu,
Zwischenräume gelten nicht als Ziele,
Träume sind für uns Tabu
und Lieben heißt doch nur Haben wollen,
und hab' ich, bring ich dich um,
unsere Zärtlichkeit ist lang verschollen,

wir treiben in einem Vakuum,
kaufen Autos, für jeden ein eignes,
zum günstigsten Angebot!
Es gibt einen Himmel,
der geht zwischen uns einher,
doch weil er für Geld nicht zu kaufen ist,
sehn' wir ihn nicht mehr!

(Erika Pluhar, Schallplatte »Überleben«, Mandragora INT 160.177; Polidor Hamburg 040-308702)

▷ *Beschreibt, was der Song-Text unter »Himmel« versteht!*
▷ *Wie sieht eigentlich das Verhältnis zwischen unserer ganz persönlichen Alltags-Wirklichkeit und dem »Himmel« aus?*
▷ *Vergleicht eure bisherigen Überlegungen zum Reich Gottes mit dem Urteil in Matthäus 11,12 ff!*

Exkurs: Reich Gottes in den Gleichnissen Jesu

Jesus redete zu seinen Jüngern häufiger in *Gleichnissen*. Dies gilt besonders für seine Verkündigung vom kommenden Gottesreich. Die Form der Gleichnisrede war damals etwas durchaus Übliches, auch die Schriftgelehrten zur Zeit Jesu gebrauchten sie.

Gleichnisse – eine Form bildhafter Rede

»Seine Ursprungssituation ist die Unterredung, das Gespräch. Ein *Gleichnis* ist eine eindringliche Bemühung des Redenden um den Hörenden. Wer ein Gleichnis erzählt, will mehr als etwas aussagen, eine Mitteilung machen. Er möchte auf den anderen einwirken, seine Zustimmung erwerben, sein Urteil in eine bestimmte Richtung lenken, ihn zu einer Entscheidung nötigen, ihn überführen oder überwinden. Auch dann, wenn nur der Erzähler zu Wort kommt, ist in Wahrheit ein Gespräch im Gange. Wer ein Gleichnis erzählt, hat den möglichen Einspruch des Hörenden schon vorausbedacht, denn um solchen Widerstand zu überwinden, wird das Gleichnis als Weise der Rede gewählt.«

(Aus: E. Linnemann, Gleichnisse Jesu. Einführung und Auslegung, Göttingen 1978, S. 153)

In diesem Sinne sind Gleichnisse stets auf das für die Sache Wesentliche beschränkt; Details fehlen meistens. Jedes Gleichnis hat eine Pointe, einen Punkt, auf den sich alles zuspitzt. Diesen Punkt nennt man *Vergleichspunkt:* Er verbindet *Bildhälfte* und *Sachhälfte* miteinander. Unter *Bildhälfte* versteht man das, was die Gleichniserzählung bildhaft vor Augen hält, und unter *Sachhälfte* das, was das Gleichnis eigentlich »bedeuten« soll. Aufgabe der Interpretation eines Gleichnisses ist es, Bild- und Sachhälfte miteinander in sinnvolle Beziehung zu setzen.

▷ *Lest das Gleichnis vom unbarmherzigen Knecht (Mt 18,23–25)! Welche charakteristischen Merkmale des Lebens im Reich Gottes will das Gleichnis den Hörern vermitteln? Worin besteht die Bild- und worin die Sachhälfte des Gleichnisses? (Zum besseren Verständnis: Talent – damals größte Geldeinheit im ganzen vorderasiatischen Raum. Denar – ein Talent entspricht 10 000 Denaren.)*
▷ *Lest Lukas 15,11–32; Lukas 18,18–27; Matthäus 20,1–16, und tragt anhand dieser Gleichnisse und Beispielerzählungen weitere charakteristische Merkmale vom »Reich Gottes« zusammen!*
▷ *Was unterscheidet Jesu Predigt vom Reich Gottes von unserer herkömmlichen Vorstellung eines »Himmels auf Erden«?*

Jesu Wahrheit macht konkret

Jesus verkündet die Königsherrschaft Gottes als hier und jetzt in seinem Wort, durch sein Wirken hereindrängende Realität. (...) Auf den Einwand, durch sein Wirken habe sich nichts verändert, antwortet Jesus mit seinen Gleichnissen. Er vergleicht das Reich Gottes

mit einem Senfkorn, das, als das Kleinste unter allen Samenkörnern, zu einem großen Baum heranwächst, in dem die Vögel des Himmels nisten werden (vgl. Mt. 13,31 f). Er vergleicht es mit einer kleinen Menge Sauerteig, die aber den ganzen Teig durchsäuert (vgl. Mt. 13,33). Die Gleichnisse vom »Aussäen« des Wortes (Mt 13,24 ff) bezeugen, daß Jesus das Kommen des Reiches Gottes und der Erlösung als einen Prozeß sieht. Dieser Prozeß ist auf der einen Seite als Gottesgeschehen zu charakterisieren. Gott ist es, der sein Reich aufrichten wird. Auf der anderen Seite impliziert dieser Prozeß die menschliche Umkehr, die Glaubensentscheidung für Gott (...).
Jesus verkündet diese Gottesherrschaft aber nicht nur. Sie nimmt in seinem Leben, im Umgang mit den Menschen Gestalt an. Zöllnern und Dirnen, Kranken, Kindern und Armen verkündet er die Freude Gottes (vgl. Mk 2,15; 10,15–16 u. ö.). Er hält mit den Sündern und den Ausgesonderten Mahlgemeinschaft (vgl. Lk 5,27–32). Durch die Art, wie er mit den Menschen umgeht, zeigt er ihnen, daß sie in endgültiger und unverlierbarer Weise von Gott, ihrem Vater angenommen sind. Zugleich damit aber sind die Menschen von Gott in der Mitte ihres eigenen Herzens beansprucht (...).

(Aus: P. Hünermann, Erlöst in Jesus Christus. Grundzüge des christlichen Erlösungsverständnisses, in: A.Th. Khoury/P. Hünermann [Hg.], Was ist Erlösung? Die Antwort der Weltreligionen, Freiburg i. B. 1985, S. 121–124)

Biblische Frauengestalten – Wegweiser zum Reich Gottes?

Auch das Misereor →Hungertuch 1990 der indischen Künstlerin Lucy D'Souza will wie ein Gleichnis bildhaft-symbolisch auf Gottes neue Welt hinweisen. Es trägt den Titel: »Biblische Frauengestalten – Wegweiser zum Reich Gottes«.

▷ *Betrachtet die Einzelbilder, und versucht, sie folgenden Bibelworten zuzuordnen: Lukas 13,20–21/Exodus 15,19–21/Exodus 1,15–21/ Ruth 1,22; 2.8; 4,13.17/ Lukas 1,41–42.44–47/Markus 7,25–30/ Joh 20,17–18.*

▷ *Welche Lebenserfahrungen könnten die Künstlerin veranlaßt haben, die Rolle der Frau bei der Gestaltung einer »neuen« Welt ganz besonders zu betonen?*

Schon jetzt oder noch nicht? – Konkrete Versuche, das Reich Gottes zu verwirklichen

20 Als er aber von den Pharisäern gefragt wurde: Wann kommt das Reich Gottes?, antwortete er ihnen und sprach: Das Reich Gottes kommt nicht so, daß man's beobachten kann; 21 man wird auch nicht sagen: Siehe, hier ist es! oder: Da ist es! Denn siehe, das Reich Gottes ist mitten unter euch.
(Lk 17,20–21)

▷ *Laßt euch von den folgenden Materialien dazu anregen, euch genauer über die darin lediglich angedeuteten Bewegungen und Personen, ihre Hintergründe und Zielsetzungen zu informieren!*

▷ *Überlegt auch, welche Schwierigkeiten und welche Chancen ihr persönlich bei diesen Versuchen, das »Reich Gottes« konkret auf der Erde zu verwirklichen, seht!*

Mehr als ein Traum

Ich habe einen Traum: Ich träume, daß diese Nation sich eines Tages erheben wird und daß sie eines Tages wirklich nach ihrem Bekenntnis leben wird: wir halten für selbstverständlich wahr, daß alle Menschen gleich geschaffen sind.
Ich träume einen Traum: daß sich eines Tages die Söhne derer, die Sklaven waren, und die Söhne der Sklavenhalter auf den roten Hügeln Georgias brüderlich an einen Tisch werden setzen können. Ich träume einen Taum: daß sich eines Tages sogar der Bundesstaat Mississippi, der jetzt unter dem sengenden Druck der Unterdrückung darbt, in eine Oase der Freiheit und Gerechtigkeit verwandeln werden wird.
Ich träume einen Traum: daß meine vier kleinen Kinder eines Tages in einer Nation leben werden, die sie nicht nach der Hautfarbe, sondern ihrem Charakter gemäß beurteilen wird. Ich träume einen Traum: daß eines Tages jedes tiefe Tal erhoben und jeder Hügel und Berg abgetragen wird, daß alles Unebene geebnet, alles Krumme begradigt wird. Mit diesem Glauben kehre ich in den Süden zurück. Dieser Glaube gibt uns die Kraft, aus Bergen von Verzweiflung den Stein der Hoffnung zu hauen. Dieser Glaube gibt uns die Kraft, gemeinsam zu arbeiten, gemeinsam zu beten, gemeinsam zu kämpfen, gemeinsam ins Gefängnis zu gehen und uns gemeinsam zu erheben in der Sehnsucht nach Freiheit, denn wir wissen, daß wir eines Tages frei sein werden.

(Martin Luther King, Rede anläßlich des »Marsches nach Washington«, 1963; Übersetzung: B. Besser-Scholz)

Zur Hintergrund-Information: Pfarrer Martin Luther King (1929–1968) war einer der führenden Vertreter der amerikanischen Bürgerrechtsbewegung für die Rechte der amerikanischen Farbigen. Er vertrat die Prinzipien der Gewaltfreiheit und des zivilen Ungehorsams zur Bekämpfung der Rassendiskriminierung in seinem gesellschaftlichen System. M. L. King starb durch ein Attentat seiner weißen Gegner.

»Auch noch adelig, der Bursche: J. von Nazareth! Aber die adeligen Sozis sind ja meist auch die schlimmsten!«

»Reich Gottes« als Reich der Liebe?

Das folgende Gespräch der »Bauern von → Solentiname« über Lk 17,20–21 wurde von Ernesto Cardenal, einem katholischen Priester, aufgezeichnet, der auf einer abgeschiedenen Inselgruppe im Großen See von Nicaragua mit einfachen und armen Bauern in einer alternativen, laienklosterähnlichen Gemeinschaft lebte.

Olivia: Ich verstehe nicht, wie die Menschen so lange glauben konnten, das Reich Gottes wäre der Himmel, wo Jesus doch ganz klar gesagt hat, es wäre mitten unter den Menschen.

Marita: Und ich glaube, man kann es nicht sehen, weil die Liebe im Herzen der Menschen ist. Sie ist nicht irgend etwas Sichtbares, von dem man sagen könnte: Hier ist es. Aber man kann sie indirekt doch an den Veränderungen sehen. Die ganze Welt ist dabei, sich zu verändern (...). Und so sehen wir auch das Reich Gottes kommen.

Laureano: Das Reich Gottes ist in uns, aber wir müssen es auch verwirklichen. Man kann das Herz voller Liebe haben, aber man muß sie auch in die Tat umsetzen, denn sonst wird das Reich Gottes keine Wirklichkeit.

Alejandro: Auch wenn ein Land schon weit fortgeschritten ist in der Verwirklichung der Liebe, so kann man doch nie sagen, es wäre schon vollkommen. Man kann nie direkt sagen: Hier ist es. Man kann immer noch mehr tun.

Felipe: Und außerdem ist da die kapitalistische Propaganda, die die Menschen immerzu verwirrt. So kann man nie ganz klar wissen, ob irgendwo das Reich Gottes schon da ist oder nicht.

Olivia: Ich würde sagen, man kann es doch sehen. Es ist nicht so, wie immer alle geglaubt haben, daß das Reich Gottes plötzlich kommt, indem Christus in aller Herrlichkeit auf einer Wolke erscheint. Das Reich der Liebe kommt nach und nach, und dann kann man es auch sehen. In einem Land, in dem es gerecht zugeht, in dem die Menschenrechte geachtet werden und in dem es Nahrung und Schulen für alle gibt, in einem solchen Land kann man das Reich der Liebe schon sehen und auch in einer kleinen Gemeinschaft wie der unseren, wo wir uns alle achten und lieben. Das ist das Reich Gottes.

(Aus: Das Evangelium der Bauern von Solentiname. Gespräche über das Leben Jesu in Lateinamerika, aufgezeichnet von E. Cardenal, Wuppertal 1978, S. 36 f)

▷ *Die direkte aktuelle Umsetzung biblischer Texte ist ein Kennzeichen der → Theologie der Befreiung.*
Nehmt Stellung zu dieser ganz konkreten Deutung der Reich-Gottes-Verkündigung Jesu!

NO-WHERE → NOW HERE

Dem Rabbi Jakob war es einmal vergönnt, einen Blick in das jenseitige Leben zu tun. Er kam an eine Tür, auf der geschrieben stand: DIE AUF EWIG VERDAMMTEN. Er trat ein und sah einen langen Tisch. Auf dem Tisch standen die erlesensten Speisen und die köstlichsten Getränke. An dem langen, langen Tisch stand eine lange Reihe von prächtigen Sesseln. Und auf den Sesseln saßen Menschen, denen war die linke Hand an die Lehne gebunden, und in der rechten hielten sie einen Löffel, der war so lang, daß sie damit an all die erlesenen Speisen und all die köstlichen Getränke heranreichen konnten – aber viel zu lang, als daß sie ihn hätten an den Mund führen können.
Der Rabbi sah das Bild des Hungers, des Durstes, der Verzweiflung, und betrübt ging er davon.
Da kam der Rabbi an eine andere Tür, auf der stand geschrieben: DIE AUF EWIG SELIG SIND. Er tat ein und sah einen langen, langen Tisch. Auf dem Tisch standen die erlesensten Speisen und die köstlichsten Getränke. An dem langen, langen Tisch stand eine lange Reihe von prächtigen Sesseln. Und auf den Sesseln saßen Menschen, denen war die linke Hand an die Lehne gebunden, und in der rechten hielten sie einen Löffel, der war so lang, daß sie damit an all die erlesenen Speisen und all die köstlichen Getränke heanreichen konnten – aber viel zu lang, als daß sie ihn hätten an den Mund führen können. Und ein jeder fütterte seinen Nachbarn.

(Aus: J. Ebach, Ursprung und Ziel. Erinnerte Zukunft und erhoffte Vergangenheit. Biblische Exegese, Reflexionen, Geschichte, Neukirchen-Vluyn 1986, S. 153)

Der Theologe Jürgen Ebach schreibt zu dieser Geschichte:

»Die Rettung hält sich an den kleinen Sprung in der Kontinuität. Das ist viel mehr als der Verweis darauf, daß man eine gute Idee haben muß – es ist eine messianische Dimension.
No-where – now here, es bedarf keiner neuen Ressourcen, die Erde hat Nahrung für alle, Wasser für alle, Arbeit für alle (...).
»Liebe deinen Nächsten, denn er ist wie du« (Lev 19,18). Es ist das Allereinfachste. Freilich ist es ein exzentrischer Standpunkt, ein ver-rückter.«

(Aus: J. Ebach, a.a.O., S. 153)

▷ *Nehmt zu dieser Interpretation Stellung! Geht dabei auf die Vorstellung von »Kontinuität«, die Bedeutung »neuer Ideen« für eine Weltverbesserung und auf eine mögliche Veränderung durch das »Allereinfachste« ein!*

▷ *Könnte der Karikaturist Ebachs Auslegung gelesen haben?*

» – und die sagen, wir sind verrückt.«

Die Geschichte vom Rabbi Josua ben Lewi – Eine Anregung aus dem → Talmud

»Rabbi Josua fand eines Tages den Propheten Elia am Eingang der Gruft des Rabbi Simon stehen (…). Da befragte er den Propheten: ›Wann wird der Messias kommen?‹ Elia erwiderte: ›Frag ihn doch selber.‹ Darauf Rabbi Josua: ›Wo weilt er denn?‹ ›An der Pforte Roms.‹ ›Und woran erkennt man ihn?‹ ›Er sitzt unter armen Siechen, und während alle anderen (die Verbände von ihren Schwären) auf einmal abnehmen und wieder anlegen, löst er jedesmal bloß einen (Verband) und knüpft den anderen zurecht, denn er sagt sich: Vielleicht wird man meiner (unversehens) bedürfen, so will ich nicht behindert sein.‹ Da begab sich Rabbi Josua zu ihm (zum Messias), und er begrüßte ihn mit den Worten: ›Friede mit dir, Sohn Lewis.‹ Rabbi Josua fragte: ›Wann wird mein Herr erscheinen?‹ Jener antwortete: ›Heute.‹ Da kehrte er um zum Propheten Elia, der ihn fragte: ›Nun, was hat er dir gesagt?‹ Darauf Rabbi Josua: ›Er sagte: Friede mit dir, Sohn Lewis‹. Jener sprach: ›Damit hat er dir das Leben der künftigen Welt verheißen.‹ Rabbi Josua fuhr fort: ›Er hat mich aber belogen, denn er sagte: Heute werde ich erscheinen, und ist doch nicht gekommen.‹ Der Prophet entgegnete ihm: ›Er wollte dir bloß sagen: Heute, wenn ihr auf Seine Stimme hört.‹ (Ps 95,7).«

(Aus: b Sanhedrin 98a; abgedruckt in: D. Vetter, Erlösung im Judentum, in: Freiburg i. B. 1985)

▷ *Wo ist der Messias und damit letztlich die Erlösung der Welt anzutreffen?*
▷ *Welchen Zusammenhang von göttlichem und menschlichem Handeln stellt diese Geschichte her? Lest dazu auch Mt 25,31–46 (besonders Vers 40)!*

Ein neuer Himmel

Text: E. Eckert
Musik: J. Kandiziora

Kapitel 7

Arbeit – Unzuverlässige Mitarbeiter?

1. Unser täglich Brot – Das Brot der Sieger?

▷ *Beide Bilder sind Produkte von Arbeit. Das erste Bild ist ein Plakat aus dem Schaufenster von McDonald's in Bonn. Das zweite stammt aus einem Buch für Jugendliche über Probleme, die mit »Hamburger«-Ketten zusammenhängen. Überlegt, welche Aussageabsichten hinter jedem Bild stehen! – Diskutiert, welchen Sinn die Arbeit des jeweiligen Grafikers hat!*
Erörtert folgende Fälle:
a) Der Grafiker des Werbeplakats ist Anhänger von Vollwertkost und »Müsli-Ernährung«. – Wie fühlt er sich wohl bei der Arbeit? Welche Gedanken könnten ihm durch den Kopf gehen?
b) Der Grafiker der zweiten Darstellung geht in der Mittagspause zu McDonald's, weil es so schön schnell geht und er bald nach Hause will. – Ist er unehrlich?

Berichte aus der Welt des »Hamburgers«

»Du gehörst zu einem Siegerteam, Mann!« (McDonald's-Lehrfilm) –
»The Winning Edge – Wir schaffen Siegertypen« (Burger King University) –
»Hinter poppiger Fassade herrschen die Gesetze des Dschungels« (Gewerkschaftschef Döding)

▷ *Betrachtet in einem »Fast-Food«-Restaurant die Menschen und ihre Arbeit. Welches der oben abgedruckten Zitate würdet ihr als das zutreffendste zuordnen?*
▷ *Versucht, das Verhalten von Personal und Kunden und die Atmosphäre dort möglichst realistisch zu beschreiben.*
▷ *Ein Kritiker der Fast-Food-Industrie hat folgende Beschreibung eines bekannten Hamburger-Konzerns gegeben. – Sammelt Materialien (Anzeigen, Broschüren), mit denen dieser Konzern sich selbst darstellt, und zieht Vergleiche!*

Fast-Food-Herstellung: Weil's Spaß macht und schmeckt?

Der größte Koch der Welt, die Fast-Food-Kette McDonald's, verkauft in jeder Sekunde 140 Markenburger auf dem Erdball. Die bis zum 20. November 1984 um 12.10 Uhr Chicagoer Ortszeit verfütterten 50 Milliarden Frikadellen würden – die Reihen fest geschlossen – einhundertzweiundzwanzigmal die Erde umspannen. Aufeinandergestapelt hätten die Burger einen grausigen Turm von ein paar Millionen Kilometern Höhe ergeben. Und der wächst in atemberaubender Geschwindigkeit. Ed Rensi, Präsident von McDonald's USA, plant den 100.000.000.000. Hamburger aus der Frikadellen-Schmiede für den 13. Mai 1993.
1970, als McDonald's fast nur ein Viertel der heutigen Größe hatte, wurde errechnet: In einem Jahr verbrauchte das Unternehmen für die Verpackung 81.585 Hektar an Wald; der Stromverbrauch entsprach der Energie von über 11,5 Millionen Tonnen Kohle, was damals soviel war wie der Jahresverbrauch der Millionenstädte Boston, Washington und San Francisco zusammen. Den wichtigsten Stoff, die Burgerseele aus Hackfleisch, bezahlten Rinderherden mit ihrem Leben, die dicht gedrängt die Fläche der Zehn-Millionen-Stadt Groß-London bedeckt hätten. McDonald's ist der größte Fleischverbraucher der Vereinigten Staaten: pro Woche werden fünf Millionen Kilo Rind für Hamburger verschmort (1984).
Die Hamburger-Herstellung ist zu einem Industriezweig geworden. Die Rohstoffgewinnung für die Massenproduktion ist eine der tragenden Säulen der Landwirtschaft im industriellen Zeitalter. Die Fast-Food-Kultur stellt eine Antwort auf neue Lebensverhältnisse des Menschen dar und ist zudem Ergebnis wie Ursache der extensiven, monokulturellen Produktion in der Landwirtschaft. (...)
Eine ganze Industrie forscht daran, das Fettwachstum zu beschleunigen, das Rekordtempo weiter zu erhöhen. Fettes Rinderhack hält Hamburger-Scheiben beisammen; fettdurchwachsenes Grillfleisch kauen Besucher der Steak-Haus-Restaurantketten lieber: fettes Fleisch ist billiger in Mengen und schneller produziert. In den »Feedlots« der USA wird pro Jahr ebensoviel Getreide an Vieh verfüttert, wie der Bevölkerung von Indien und China zusammengenommen im gleichen Zeitraum zum Essen zur Verfügung steht. In den Vereinigten Staaten wird nahezu die Hälfte der weltgrößten Getreideproduktion (USA) an Tiere verfüttert, woanders ist Getreide die Hauptnahrung der Armen.
Wachstumsfördernde Chemikalien sind gängige Futterbeimischung – passives Bodybuilding für Ochsen. (...)

Das rote, fadschmeckende Tomatenscheibchen gehört zudem oft dem Design des Bulettenarrangements an, will Frische vortäuschen und Vitamine simulieren. Im Architekturkorsett des Whoppers von Burger King zum Beispiel als nicht zu unterschätzender Image-Klecks ist das Tomatenrot eingeklemmt zwischen den weichen Brötchendeckeln, dem blaugelbgrünen Salat und dem braunen Hackscheibchen.

»Unsere Kritiker behaupten, in unseren Adern fließt Ketchup und kein Blut.« Und selbst, wenn es so wäre, dann wäre Michael Gerling, der Einkaufsleiter von McDonald's für Europa, auch darauf noch stolz, denn »in unserem Ketchup sind zehn bis fünfzehn Prozent mehr Tomatenanteile als in herkömmlichen Qualitäten«. Fragt sich nur, woraus der Rest besteht.
Mindestens 60 Prozent der einheimischen Ernte an Frischtomaten kommt bei uns aus Treibhäusern, vielfach aus dem Anbau als Hydrokultur, bei der Temperatur, Sonnen- und Kunstlicht, Feuchtigkeitszufuhr und Düngung per Computer gesteuert werden. Das Kunstprodukt ist farblich reif – doch geschmacklich zurückgeblieben. (...)

»Wir halten uns strikt an die vereinbarten Tarifverträge«, sagt ein Sprecher des Unternehmens. Bundesweit gebe es bei McDonald's 14 verschiedene Tarifgebiete. Überall würden die Vereinbarungen über die Mindestlöhne erfüllt und je nach Region übertariflich gezahlt. (...)

Originalton Werbung: »Ein Arbeitsplatz bei McDonald's – das bedeutet Sicherheit und flexible Arbeitszeitgestaltung.« In den Augen der Ex-McDonald's-Grillerin Kathrin Stamke ein Hohn, da ja über die Hälfte nur teilzeitbeschäftigt und unter den Vollzeitkräften die meisten Ausländer seien, die nach ihren Erfahrungen nach Strich und Faden ausgenutzt würden. (...)
Ein Inder wurde 1981 in Frankfurt bei McDonald's für 7,85 Mark brutto beschäftigt. Er wurde aufgefordert, die Toilette zu reinigen, was er verweigerte. Der Manager legte daraufhin dem der deutschen Sprache nicht Mächtigen eine angebliche »Abmahnung« – Verwarnung des Arbeitgebers für die Personalakte – zur Unterschrift vor, die er auch unterzeichnete im guten Glauben, es handele sich tatsächlich um eine Abmahnung. Später stellte sich heraus, daß er seine eigene Kündigung unterschrieben hatte. Bei einem Vergleich vor dem Arbeitsgericht wurden ihm schließlich nur 850 Mark Abfindung zugesprochen.

Die Arbeitsbedingungen sind extrem hart, nicht nur für Ausländer. Frau Rapsloch, ehemalige Angestellte in einer McDonald's-Filiale: »Da habe ich mich wie ein Computer gefühlt. Einmal mußte ich trotz 40 Fieber arbeiten und bin dann nach ein paar Stunden zusammengebrochen.« Und der einstige Buletten-Griller Hofmann: »Wenn viel los war, war's einfach Schwerstarbeit, vor allem wegen der Hitze. Und nach ein paar Wochen ist das auch immer nur das gleiche. Man wirft mit einer Affengeschwindigkeit die Hamburger da drauf. Es ist halt ein gut durchorganisierter Schnellimbiß, in dem die Arbeit schlecht bezahlt ist – das ist von vornherein klar.« (...)

(Aus: Chr. Grefe, u a., Das Brot des Siegers. Die Hamburger-Konzerne, Göttingen 1987, S. 24 ff)

Straßenszene in Sao Paulo: Ein Mann trinkt aus dem Rinnstein

▷ *Unser täglich Brot, »das Brot der Sieger«? – Welche Kritik an unserem Umgang mit dem täglichen Brot steckt in diesem Foto? – Haltet ihr diese Darstellung für übertrieben?*

▷ *Stellt in einer Übersicht zusammen, welche »Berufe« oder »Tätigkeiten« (direkt oder indirekt) im obigen Text zur »Fast-Food-Industrie« angesprochen werden und worin jeweils der Sinn des Arbeitens besteht!*

▷ *Arbeitet heraus, warum die Autoren die jeweiligen Sachverhalte so negativ darstellen! – Erörtert, wie berechtigt ihre Maßstäbe sind!*

Arbeit – Beruf – Verantwortung. Eine Betrachtung

Wenn wir den Aussagen von Autoren, die die Hamburger-Industrie kritisieren, folgen, dann ergeben sich zusammengefaßt die folgenden schwerwiegenden Bedenken hinsichtlich der Arbeiten, die mit diesem Industriezweig verbunden sind:

Die Menschen werden durch diese Ernährung geschädigt. Eine entsprechende Aufklärung der Verbraucher findet nicht statt. Obendrein wird durch gezielte Fehlinformation der Sinn für das Natürliche untergraben.

Die Natur wird ausgebeutet und vergewaltigt: Durch die monokulturellen Anbaumethoden werden die Böden ruiniert, so daß sie ihre Fruchtbarkeit in Zukunft verlieren. Das bedeutet, daß die Zukunft der nächsten Generation ernsthaft gefährdet wird.

Tiere werden unter quälerischen Bedingungen gehalten. Es fehlt jeglicher Respekt gegenüber anderen Lebewesen. Tierarten werden »verändert«, so daß – ähnlich wie bei den Pflanzen – natürliche Arten und die natürliche Grundlage des Lebens für immer verloren zu gehen drohen.

Für die intensive Tierhaltung werden Futtermittel benötigt. Diese Futtermittel werden aufgekauft in Hungergebieten der Erde. Für die Erzeugung unserer hochentwickelten, aber minderwertigen Nahrung nehmen wir den Hunger andernorts in Kauf.

Die Arbeitsbedingungen in der Fast-Food-Industrie laufen auf die konsequente Ausnutzung der Arbeitskraft hinaus. Die Arbeiten sind einseitig und lassen die Menschen immer dümmer werden bei ihrer Arbeit. Zugleich werden die Menschen durch eine Mischung von Druck und Anreizsystemen zu Arbeitsleistungen gebracht, die sie nur noch funktionieren lassen. Von einer Mitbestimmung über die Arbeit kann keine Rede sein. Menschen an derartigen Arbeitsplätzen haben keine Zukunftsperspektive, sondern verdienen einzig und allein ihren Lebensunterhalt.

Die rauhe Wirklichkeit der Fast-Food-Industrie wird durch einen riesigen Werbe- und Reklameapparat beschönigt.

Dem distanzierten Beobachter stellt sich die Frage: Können die Arbeitenden in dieser Branche ihre eigene Arbeit verantworten? Müssen sie ihre Arbeit verantworten:

- die Serviererin, die den Leistungswettbewerb gewinnt?
- der Händler, der die Sojaernte aus Brasilien nach Europa auf den Weg bringt?
- der Forscher, der neue Wachstumshormone in Tierversuchen erforscht?
- der leitende Angestellte, der die Forscher beauftragt und bezahlt?
- der Werbefachmann, der die schöne und heile McDonald's-Welt darstellt?

Alle die Genannten müssen entscheiden, ob sie ihre Arbeit verantworten können oder ob sie sich eine neue Arbeit suchen sollten. Wenn man die Dinge so zuspitzt, dann wird freilich auch sehr schnell deutlich, daß die Entscheidungsspielräume unterschiedlich sind: Beispielsweise können sich die einen ihre Arbeit aussuchen, die anderen nicht.

▷ *Formuliert mögliche Einwände, die die oben skizzierten Arbeitnehmer der Fast-Food-Industrie zu ihrer Rechtfertigung vorbringen könnten!*

▷ *Diskutiert, ob manche dieser Arbeiten im Grunde als harmlos gelten können!*

▷ *Überlegt, mit welchem Recht man überhaupt irgend jemandem, der für seinen Lebensunterhalt arbeiten muß, einen Vorwurf machen kann? – Sucht konkrete Beispiele (möglichst auch außerhalb der Fast-Food-Branche)!*

2. Arbeit – Eine Sache der Religion?

> 7 So ist nun weder der pflanzt, noch der begießt etwas, sondern Gott, der das Gedeihen gibt.
> 8 Der aber pflanzt und der begießt, sind einer wie der andere. Jeder aber wird seinen Lohn empfangen nach seiner Arbeit.
> 9 Denn wir sind Gottes Mitarbeiter; (...) Gottes Ackerfeld und Gottes Bau. (1. Kor 3,7–9)

Folgt man der biblischen →Anthropologie, so ist der Mensch gewissermaßen »Bau« und »Baumeister Gottes« zugleich, denn die Bibel zeichnet ein zweifaches Bild vom Menschen:
– das eines Geschöpfes: damit ist er Teil der Schöpfung und muß sich in die übrige Welt einordnen;
– das eines Schöpfers: damit ist er zum Verwalter alles Geschaffenen eingesetzt und hat von Gott den Auftrag, die Welt zu gestalten und zu entwickeln.

»Um anzufangen«*, hat Gott die Schöpfung des Universums vollbracht; zuletzt hat Gott den Menschen in die Welt gesetzt und ihm auch noch seine Umgebung vorgegeben. Doch nun soll der Mensch eigenständig schalten und walten: Er soll die Schöpfung gestalten, aber er soll sie nicht zugrunde richten. Vor diesem doppelten Hintergrund ist die Arbeit des Menschen zu verstehen: Die Welt soll ihm untertan werden (Gen 1,28), sie will aber auch gepflegt und bewahrt sein (Gen 2,15). Arbeit bedeutet letztlich die Erfüllung eines Anteils am Schöpfungsauftrag Gottes, ist also eine Art Auftragsarbeit: *Mitarbeit an der Schöpfung.*

Bereits der erste Versuch des Menschen, es doch »besser« machen zu wollen als der Schöpfer oder zumindest »anders«, scheitert (Gen 3). Die Folgen sind nicht leicht zu verkraften: Nichts ist mehr »easy«! Was eigentlich Lust an schöpferischer Umgestaltung sein sollte, wird planvolle Anstrengung. Was eigentlich selbstverständliches Tagespensum an Arbeit sein sollte, wird zum Übel, das am liebsten vermieden wird. – Sinnvoll bleiben beide dennoch als Horizont der Teilhabe an Gottes Schöpfungszusagen, nach der Vertreibung aus dem →Paradies.

Nun mag es altmodisch erscheinen, wenn es heißt, der Mensch sei von nun an dazu verurteilt, sich sein »Leben lang mit Mühsal zu nähren« und »im Schweiße seines Angesichts sein Brot zu essen« (Gen 3,17.19). – Wer hat denn schon je die Gäste bei McDonald's schwitzen sehen? Ganz anders sieht es jedoch in Ländern der sogenannten Dritten Welt aus, die selbst so gar nicht von ihrer Arbeit »profitieren«. Spätestens in diesem Gesamtzusammenhang sind wir ernsthaft aufgefordert, uns darüber Rechenschaft abzulegen, was denn Mitarbeit an der Schöpfung *für uns* heißen könnte.

Der arbeitende Mensch als Ebenbild Gottes?

Das biblische Menschenbild nimmt in einer umfangreichen *religiösen Arbeitsethik* Gestalt an. Der Theologe N. Levinson schreibt über die Arbeit:

A. ist (...) die Herstellung oder Veränderung eines Dinges. In ihr erweist sich der Mensch als Ebenbild des schaffenden und erhaltenden Gottes. Bibel und →Talmud betonen die Würde und soziale Bedeutung der A. Sie enthalten eine ausführliche Gesetzgebung zum Schutz des A.nehmers. Körperliche A. gilt nicht als Strafe für Sünde, sondern als sinnvolles Leben. Gott wird als Pflanzer des Paradieses beschrieben (Gen 2,8), der sündlose Mensch bebaute und hütete es (Gen 15); die →messianische Zeit kennzeichnen. A.sgeräte und friedlicher Genuß der Erzeugnisse (Mi 4,33–4). Die eine Fassung der Zehn Gebote betont den Ruhetag als Nachahmung Gottes (Ex 20,11), die andere den sozialen Aspekt mit gleichen Rechten für Herren und Diener, als Gedenken an Israels Befreiung aus Unterdrückung (Dtn 5,12–

* So lautet wörtlich übersetzt das hebräische Anfangswort der Bibel (in der ersten Schöpfungserzählung).

16). Im Gegensatz zu anderen antiken Gesetzen haben auch die Frauen, Herrin und Dienerin, dieses Ruherecht. Die selbständige und vielseitige Frauen-A. beschreibt Spr 31,11 ff. Auch die Haustiere haben Ruherecht nach der A. Bei der A. fressen sie im Feld (Dtn 25,4), man hilft ihnen bei zu schwerer Beladung (Ex 23,5; Dtn 22,4), sie werden gefüttert, bevor der Mensch ißt (aufgrund Dtn 11,15), denn »der Gerechte kennt die Seele seines Tieres« (Spr 12,10).
Der Talmud betont vor allem den ethischen Wert der A. Viele (Lehr-)Meister waren Bauern, Schmiede, Tischler usf. Sie forderten als Elternpflicht eine Handwerkslehre für Söhne, weil Müßiggang den Charakter verdirbt. Neben die körperliche stellten sie die geistige A. an der Lehre Gottes als Lebensaufgabe. (...)
A.gesetze bilden ein umfangreiches Kapitel des jüdischen Rechts. Sie (...) fußen auf Bibel und Talmud. Ihr Grundsatz ist die Gleichheit der Menschen trotz Standesunterschieden. (...) Asylsuchende ausländische A.er erhielten Wohnrecht (Dtn 23,16–17). Kriegsgefangene Frauen durften nicht als A.erinnen behandelt werden (...). Diebstahl wurde durch ein A.sverhältnis auf Zeit gutgemacht, da das jüdische Recht weder Gefängnisstrafe noch Verstümmelung kannte. (...)
Vom A.stag wurden A.sweg, Essens- und Betzeit abgezogen. Gesundheitsvorsorge war Pflicht des A.gebers. Tagelöhner sollten abendlich ausbezahlt werden (Lev 19,13). A.er verdingten sich meist auf 3–6 Jahre (Jes 16,14; Dtn 15,18) oder schlossen einen Vertrag auf Pauschala. Bei vorzeitiger Erfüllung hatten sie Anspruch auf A.slosenlohn. Bei vorhandenem Ersatz konnte der A.er jederzeit vom Vertrag zurücktreten. (...)

(Aus: Lexikon religiöser Grundbegriffe, hrsg. v. A.Th. Khoury, Graz u.a. 1987, Spalte 58–60)

▷ *Wie beurteilt ihr die Tatsache, daß so viele arbeitsrechtliche Aspekte in der Bibel verankert sind? – Ist ihre Einhaltung in einer »modernen« Gesellschaft noch sinnvoll und möglich?*
▷ *Was passiert, wenn man die Berufsbilder auf S. 117 ernsthaft an diesem biblischen Maßstab mißt? – Lest zum Vergleich Johannes 8,7!*

Nicht Mitarbeiter, sondern Mitzerstörer der Schöpfung?

Und Gott segnete sie und sprach zu ihnen: Seid fruchtbar und mehret euch und füllet die Erde und machet sie euch untertan und herrschet über die Fische im Meer und über die Vögel unter dem Himmel und über das Vieh und über alles Getier, das auf Erden kriecht.
(Gen 1,28)

Die Sojaernte eines Hektars könnte in Brasilien den Eiweißbedarf von 5.000 Menschen decken. Wenn aber dieselbe Menge als Viehfutter auf große Reise geht und zu Fleisch ›veredelt‹ wird, wie das heißt, dann können in Europa davon nur 191 Menschen leben. Soja als Futtermittel ist keine Veredelung, sondern bedeutet Verelendung.

(Franz Alt in der Fernsehsendung »Report« vom 7. Oktober 1987)

Noch ein Beispiel aus der modernen Arbeitswelt

Es werden immer mehr Tiere unter den gleichen Bedingungen gehalten (»produziert« in der Fachsprache). So wird es möglich, Fütterung und Versorgung der Tiere in großen Anlagen zu automatisieren, weil sich die Investition in die Maschinen und Steuerungsanlagen lohnt. Im modernen Stall und in der modernen Legebatterie wird die Versorgung der Tiere über den Computer gesteuert. Das spart Löhne für das Personal.
Diesem Vorgang liegt ein Gesetz zugrunde wie bei aller industriellen Produktion: Je mehr Stück von einem Produkt hergestellt werden, desto mehr sinken die Kosten.
Dasselbe Gesetz wirkt doppelt und dreifach: Bei der Menge der gehaltenen Tiere wird der Einsatz von Antibiotika, Hormonen und anderen teuren Chemieprodukten billiger. Dadurch lassen sich die gefürchteten seuchenartigen Tierkrankheiten vermeiden, der Ausfall wird geringer.

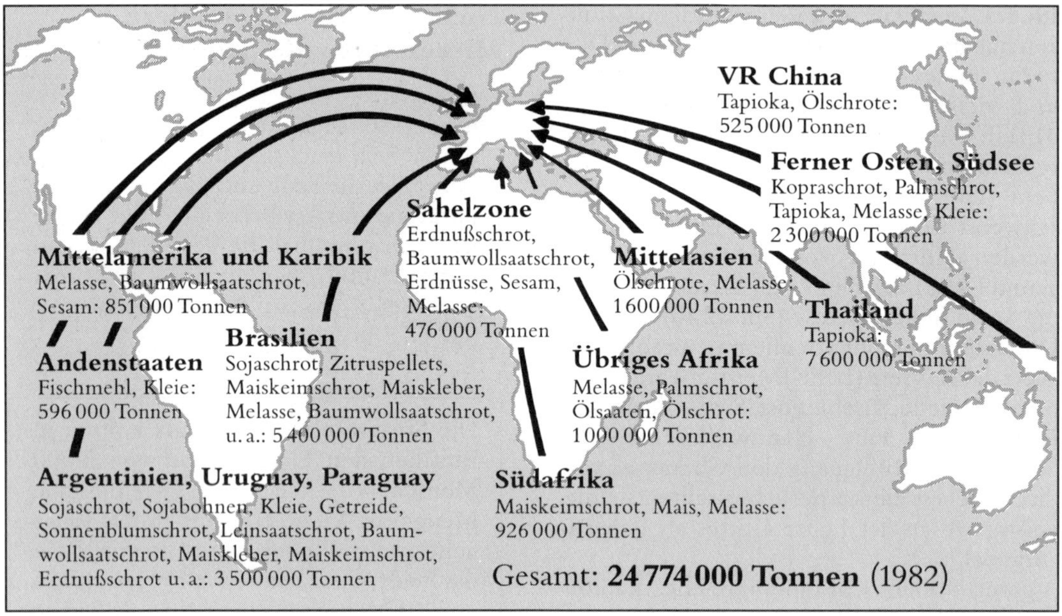

Futtermittel aus der sogenannten Dritten Welt für die EG

Schließlich läßt sich durch die Nahrung die Menge des Fleisches oder der Eier vermehren. Dazu wird nicht mehr das in unseren Breiten normale Futter eingesetzt, sondern es gibt ein besonders zusammengesetztes Kraftfutter für die Tiere, so daß sich der »Ertrag« vergrößert.

Allerdings mit diesem »Kraftfutter« wird es wirtschaftlich problematisch: Wenn man es zur direkten Ernährung von Menschen, statt zur Tierernährung verwenden würde, dann könnten damit wesentlich mehr Menschen satt werden. Anders gesprochen: Dieses Getreide und diese Feldfrüchte werden nicht am wirkungsvollsten verwendet.

In Gestalt von Soja, Maniok, Mais oder Erdnüssen wird dieses Futter in der sogenannten Dritten Welt erzeugt und nach Europa gebracht, wo es in der »Tierproduktion« eingesetzt wird. Da im Vergleich für die Erzeuger in Brasilien (Soja), Thailand (Maniok) und Indien und Westafrika (Erdnüsse) die Preise in der EG hoch sind, spezialisieren die Betriebe sich dort auf den Export. Zugleich kaufen sie Dünger, Herbizide und Pestizide in der EG, weil das den Ertrag steigert.

Mit dieser Entwicklung können vor Ort die kleinen Bauern nicht mithalten. Ihre Erträge sind zu gering, ihre Betriebe werden unwirtschaftlich, so daß sie aufgeben müssen. Auf diese Weise können sie von den Großbauern als billige Tagelöhner angeworben werden. Andere von ihnen gehen in die Städte und landen in den Elendsquartieren. So kommt es zu dem Ergebnis, daß uns die Karte oben aufzeigt, daß genau dort, wo wir unsere Futtermittel kaufen, die Menschen vor Hunger sterben.

Vor diesem Hintergrund wird man auch nur schwerlich behaupten können, daß ohne unsere Käufe und unsere Art zu wirtschaften, in den entsprechenden Regionen der Erde noch mehr Elend herrschen würde.

▷ *Sammelt ausgehend von Matthäus 7,16–21 und 25,31–46 eure grundsätzlichen Gedanken zur Verbindung von Arbeit und Verantwortung!*

▷ *Welche »Berufe« und »Tätigkeiten« erscheinen euch überhaupt bedenklich/unbedenklich im Sinne der Verantwortung vor der Schöpfung.*

▷ *Erörtert, welche Handlungsmöglichkeiten Arbeitnehmer oder Arbeitgeber wirklich haben und was man sinnvollerweise von ihnen erwarten kann. Überlegt auch, wo der einzelne etwas entscheiden kann und wo nur das Handeln zusammen mit anderen etwas hilft.*

Ich bin hungrig und Ihr verfüttert meine Nahrungsmittel Eurem Vieh.
Ich bin hungrig, und Ihr wollt nicht auf das Steak aus Südamerika verzichten.
Ich bin hungrig und Eure Konzerne pflanzen auf meine besten Böden Eure Wintertomaten.
Ich bin hungrig, aber wo Reis für meine tägliche Mahlzeit wachsen könnte, wird Tee für Euch angebaut.
Ich bin hungrig, aber mit Eurem Geld kauft Ihr meine Nahrungsmittel weg.
Ich bin hungrig, aber Ihr macht aus Zuckerrohr und Maniok Treibstoff für Eure Autos.
Ich bin hungrig, aber die Abwässer Eurer Fabriken vergiften die Fischgründe der Erde.
Ich bin hungrig, aber Ihr gebt mir nicht zu essen.

16 An ihren Früchten sollt ihr sie erkennen. Kann man denn Trauben lesen von den Dornen oder Feigen von den Disteln? 17 So bringt jeder gute Baum gute Früchte; aber ein fauler Baum bringt schlechte Früchte. 18 Ein guter Baum kann nicht schlechte Früchte bringen, und ein fauler Baum kann nicht gute Früchte bringen. 19 Jeder Baum, der nicht gute Früchte bringt, wird abgehauen und ins Feuer geworfen. 20 Darum: an ihren Früchten sollt ihr sie erkennen. 21 Es werden nicht alle, die zu mir sagen: Herr, Herr!, in das Himmelreich kommen, sondern die den Willen tun meines Vaters im Himmel.
(Mt 7,16–21)

3. Arbeit, Leistung und Erfolg

Leistungsvorbilder aus den siebziger Jahren – noch heute aktuell?

Wenige Stunden nach seiner Ernennung stellte sich im Jahre 1971 der damalige Finanzminister Karl Schiller den Fotografen.

Aus der großen weiten Welt: Termingeschäfte

Jochen H., 32 Jahre, ist studierter Betriebswirt. Er lebt in Hamburg und ist bei seiner Firma Kunkelmann & Co zuständig für Termingeschäfte. Diese Geschäfte werden bei Kunkelmann & Co vor allem mit Tee, Kaffee und Weizen getätigt.
»Mein erstes Termingeschäft habe ich mit zwanzig Jahren gemacht«, sagt Jochen, »gleich nach dem Abitur. Damals habe ich in fünf Minuten zwanzigtausend Mark Gewinn gemacht. Klar, daß etwas für mich abfiel. – Ich habe damals vor dem Militärdienst noch ein bißchen gejobbt. Der Chef hat mich damals ans Telefon gesetzt, als er mal kurz weg war. Als er wieder kam, war er um zwanzig Mille reicher. Jeder fängt halt mal klein an.«

> »Was ich tue, das kann man nicht studieren. Auf den Riecher kommt es an. Aber Zufall ist das alles auch nicht; halt gewußt wie!«

Das Studium hätte er eigentlich nicht gebraucht, meint Jochen heute. Es sei aber besser gewesen: Ohne Studium hätte ich bei Kunkelmann ganz unten anfangen müssen. So hätte ihn die Firma gleich am Anfang an die »interessanten« Dinge herangelassen. »Mein Studium habe ich mir damals auch mit den Termingeschäften verdient. Die haben mich nicht mehr losgelassen«, meint er. Aber die Firma von damals wäre ihm heute zu klein.
Das wichtigste Hilfsmittel ist der Computer. Jeden Morgen und jeden Mittag studiert Jochen die Auszüge. Er weiß auf diese Weise genau Bescheid über die Teemengen, die im Augenblick an der Teebörse in London gehandelt werden, er kennt die Preisbewegungen an der Weizenbörse in Chicago und – er kennt die Wetterlage über Argentinien ebensogut wie über dem Kornbelt der USA. Unwetter elektrisieren ihn: Wenn irgendwo auf der Erde eine Trockenheit ausbricht oder der Regen nicht mehr aufhört, dann, so weiß er, gibt es viel Geld zu verdienen. Dann nämlich fällt möglicherweise auf der Erde eine Ernte aus und man muß sich rechtzeitig Vorräte sichern, solange sie noch billig sind. »Schade, daß wir in Hamburg so weit vom Schuß sitzen«, bedauert er. »Bei Cargyll oder einem der Großen müßte man sein (...). Die lassen das Wetter über eigene Satelliten beobachten und sind immer vorn dran«, ärgert er sich.
Wenn Jochen zum Telefon greift, dann müssen die Farmer oder Plantagenarbeiter zittern; es kann auch sein, daß er es zu ihrem Glück tut. Sie wissen es nicht; er schon eher, aber auch nicht richtig, weil er nicht wissen kann, wen es trifft. An den internationalen Börsen werden aber die Preise gemacht. Im Falle des Tees bedeutet das, ob die Tee-Ernte auf Ceylon hoch oder niedrig bezahlt wird. So spielt Jochen ein wenig Schicksal für die tamilischen Tagelöhner auf Sri Lanka.
»Es sieht schon furchtbar aus, da unten«; das weiß Jochen. Er hat einmal Urlaub gemacht auf der Insel. Das Hotel war halb verfallen. Außerdem mußte man Angst haben wegen des Bürgerkriegs. »Nie wieder!«, hat seine Freundin gesagt. Jochen fand es interessant. »Aus dem Land könnte man etwas machen«, meint er. Wenn nur die Leute mehr könnten und gebildeter wären. »Wir im Norden haben eben mehr Glück. Aber schließlich: ›Glück muß der Mensch haben!‹«, setzt er ganz locker hinzu.

▷ *Beschreibt genau die Arbeit von Jochen!*
▷ *Stellt zusammen, wie Jochen selbst seine Arbeit wahrscheinlich sieht und wie man sie eigentlich bewerten müßte!*
▷ *Überlegt, wieso es derartige Arbeiten wie die Jochens gibt und warum sie heutzutage so hoch bewertet werden!*

Bewertung der Arbeit und Wert des Menschen

Wie können wir verantworten, was wir tun müssen?

Angesichts der heutigen Probleme scheinen wir dazu verdammt, in Unverantwortlichkeit zu leben. In Industrie und Wirtschaft geht vieles ganz automatisch seinen destruktiven Gang – ohne unser Einwirken. Wir sind nur »Rädchen im Getriebe«.
Wir können sozusagen nichts dafür:
Ein *Konsument* schildert seine Situation: »Getränke bekommt man oftmals nur noch in Alu-Dosen oder Plastikflaschen. Wir können uns aussuchen, ob wir damit zu den Müllproblemen der Zukunft, der Erschöpfung der Ressourcen oder der Verschwendung von Reichtum beitragen. Eine echte Entscheidung haben wir nicht. Ähnlich liegen die Probleme bei allen Gütern die wir benutzen (Kühlschränke, Autos, Textilien aus Kunststoff und vieles andere mehr).«
Ein *Arbeitnehmer* schreibt: »Sehr viele Menschen können sich unter den heutigen Bedingungen ihren Arbeitsplatz nicht aussuchen. Aber das wäre im Hinblick auf die Verantwortbarkeit von Arbeit sogar noch das weniger schwierige Problem. Es kommt hinzu, daß an sich vernünftige und nützliche Arbeitsplätze Bestandteile enthalten, die sich nicht mehr verantworten lassen. – Nicht jeder Arbeitsplatz in der Chemieindustrie trägt eindeutig zur Umweltverschmutzung bei. Wenn Lackfarben hergestellt werden, dann lassen sich die Farben zum Erhalt von wettergefährdetem Material verwenden; aber eine Belastung der Umwelt und damit eine Zerstörung von Natur ist auch damit verbunden.«
Es scheint gar nicht mehr möglich zu sein, daß wir heute noch die Folgen unserer Arbeit verantworten. Insofern sind die aufgeworfenen kritischen Fragen auch beinahe ungerecht. Sie machen den Menschen nur ein schlechtes Gewissen.
Wie läßt sich überhaupt eine Bewertung von Arbeit entwickeln, mit der die Menschen in unserer Zeit zurechtkommen?

»Nach bestem Wissen und Gewissen« – Eine Antwort aus der →Reformationszeit

Der Reformator Martin Luther beschrieb seine Sicht von menschlicher Arbeit und Verantwortung in anschaulichen Bildern wie diesen:

> »Daher kommt es, daß eine Magd, so sie in ihrem Befehl hingeht und nach ihrem Amt den Hof kehret und Mist austrägt, stracks gen Himmel geht auf der rechten Straß, dieweil ein anderer, der zu St. Jacob oder zur Kirch geht, sein Amt und Werk liegen läßt, stracks zur Hölle geht.« (nach WA 10,1,309)
>
> »Da könnt alsdann ein arm Dienstmägdelein ernstlich die Freud im Herzen haben und sagen: Ich koch' jetzt. Ich mach das Bett, ich kehre das Haus. Wer hat's mich geheißen? Es hat mich mein Herr und meine Frau geheißen. Wer hat ihnen eine solche Macht über mich gegeben? Es hat Gott getan. Ei, so muß es wahr sein, daß ich nicht allein ihnen, sondern auch Gott im Himmel diene. Wie kann ich seliger sein?! Ist es doch ebensoviel, als wenn ich Gott im Himmel wollte kochen.« (nach WA 53,471)

Luther versteht Arbeit und Beruf als eine *Berufung:* Gott hat jeden Menschen an eine bestimmte Stelle gesetzt, und es ist jedermanns Pflicht, alles zu tun, was zur vernünftigen Erledigung dieser Arbeit gehört.
Luther macht dabei folgende Voraussetzung: Es kann nicht Gottes Plan sein, daß ein Beruf von einem Menschen ausgefüllt wird, der dort nur Schaden anrichtet. Wenn dies tatsächlich eintritt, dann muß auch das – aus von uns nicht verstehbaren Gründen – Gottes Wille gewesen sein. Aber das ist die Ausnahme: Normalerweise verbindet sich mit dem Beruf und der Arbeit der Anspruch, daß wir alles nach bestem Wissen und Gewissen verrichten und daß wir uns darüber Gedanken machen, was an der jeweiligen Stelle von uns verlangt wird und was

»gottgefällig ist«. Insofern ist die gewissenhafte Verrichtung von Arbeit auch Gottesdienst: Wir verrichten das Werk, für das uns Gott an eine bestimmte Stelle gesetzt hat. Oberstes Gebot ist daher, daß ein jeder seine Pflicht tut. Daher kann Luther behaupten, daß Arbeiten unter Umständen besser ist, als zur Kirche gehen.

Im Sinne dieser Arbeitsauffassung ergibt sich eine doppelte Haltung:
– Ein jeder von uns muß sich mühen, seine Aufgaben nach dem besten Wissen und Gewissen zu erledigen. Berufswahl ist nicht irgend etwas, sondern bedeutet, daß wir uns genau überlegen, was wir im Leben leisten können und leisten wollen.
– Wir können aber – auch und gerade unter heutigen Bedingungen – nicht davon ausgehen, daß wir die Folgen unseres Handelns verantworten können und bis in die letzte Konsequenz hinein auch müssen (→ Rechtfertigung). In jedem Beruf werden wir vor der Lage stehen, daß wir durch unsere Arbeit auch Unverantwortliches angerichtet haben. Das gilt für jeden Menschen, so unfehlbar er sich darstellen möge.

▷ *Zu den Zitaten aus Luthers Schriften: Luther nimmt zwei Selbstgespräche der Magd an. Stellt euch zwei ähnliche Selbstgespräche einer Serviererin bei McDonald's vor, und schreibt sie auf! – Dann stellt euch vor, die »Magd« bei McDonald's hat eine Sendung von Franz Alt gesehen (vgl. S. 119). Schreibt ihre Gedanken nieder! – Luther bekommt das Schreiben der Angestellten von McDonald's. Laßt ihn antworten! (Ihr könnt das Ganze auch als Rollenspiel gestalten.)*

> Darum sind die zwei Sprüche wahr: Gute fromme Werke machen nimmermehr einen guten frommen Mann, sondern ein guter frommer Mann macht gute fromme Werke. Böse Werke machen nimmermehr einen bösen Mann, sondern ein böser Mann macht böse Werke.«
>
> (Aus: M. Luther, Von der Freiheit eines Christenmenschen, 1520)

▷ *Lest zum besseren Verständnis dieser Sichtweise Römer 3,23 f!*

Die Position Luthers könnten wir auch folgendermaßen verstehen: Alle Fragen um den Sinn und die Verantwortbarkeit von Arbeit sind unnütz. Schließlich ist doch jeder an seinen Ort gestellt, und seine Arbeit ist ihm von Gott zugewiesen. So nimmt ihm auch Gott die Verantwortung ab. – Jedoch wird diese Haltung kaum dem Reformator gerecht. Eher ist das Gegenteil der Fall: Wenn wir von Gott an unseren Ort gestellt sind, dann sind wir als Mitarbeiter der Schöpfung auch ihr gegenüber verantwortlich.
Dabei stehen wir nicht unter Erfolgszwang. Niemand kann sich einbilden, daß ausgerechnet er die eingefahrenen Verhältnisse ändert. Der Maschinenbauingenieur, der an der Herstellung harmloser Gummidichtungen beteiligt ist, hat nicht in der Hand, ob dieses Produkt hinterher in Panzer eingebaut wird. Schlimm wäre es aber, wenn er erführe, daß er mit seiner Arbeitskraft an destruktiven Handlungen beteiligt wird und er dann nichts dagegen unternähme. Letztlich kommt es darauf an, daß die Menschen darauf beharren, daß niemand ihre Arbeitskraft zur Gefährdung von Leben verwendet. Wir können nicht davon ausgehen, daß es in unserer Macht steht, die Welt »heil« zu machen; wir müssen aber von uns verlangen, daß wir nicht zu ihrer natürlichen und sozialen Zerstörung beitragen.
Es bleibt aber auch die Feststellung, daß wir unter heutigen Bedingungen kaum noch für unser Tun Verantwortung tragen *können*, weil wir in Abläufe verstrickt sind, die unser Verständnis und unseren Handlungsspielraum übersteigen.
Das beginnt bei unseren allereinfachsten Alltagstätigkeiten und endet in jenen Entscheidungen, durch die wir mit dem Leben räumlich ferner oder zukünftiger Generationen spielen.
Die Umkehr und Neubesinnung, eine Neuordnung der Arbeitswelt, die den Geboten Gottes eher gerecht wird, ist daher nicht leicht zu haben, sondern verlangt von uns ein erhebliches Umdenken.

4. Vom Ertrag der Arbeit und der Sorge um die Zukunft

16 Und er sagte ihnen ein Gleichnis und
sprach: Es war ein reicher Mensch, des-
sen Feld hatte gut getragen. 17 Und er
dachte bei sich selbst und sprach: Was
soll ich tun? Ich habe nichts, wohin ich
meine Früchte sammle. 18 Und sprach:
Das will ich tun: ich will meine Scheu-
nen abbrechen und größere bauen, und
will darin sammeln all mein Korn und
meine Vorräte 19 und will sagen zu mei-
ner Seele: Liebe Seele, du hast einen gro-
ßen Vorrat für viele Jahre; habe nun
Ruhe, iß, trink und habe guten Mut!
20 Aber Gott sprach zu ihm: Du Narr!
Diese Nacht wird man deine Seele von
dir fordern; und wem wird dann gehö-
ren, was du angehäuft hast? 21 So geht
es dem, der sich Schätze sammelt und ist
nicht reich bei Gott.
(Lk 12,16–21).

Eine moderne Auslegung

→ **Anhang: Umgang mit der Bibel**

Dieses Gleichnis hat eine durchaus aktuelle Bedeutung. Es stellt die Frage neu, wie heutzutage eine Daseins- und Zukunftsfürsorge aussehen könnte. Dabei kann man das Bild zunächst ganz wörtlich nehmen:

– Die Milchseen, Weinseen, Butterberge und Fleischkühlhäuser der EG gefährden nicht nur die Existenz unserer Bauern, sondern vernichten auch noch das Leben in der sogenannten Dritten Welt. Sie gefährden durch Chemieeinsatz und Intensivproduktion obendrein den Boden, für den sich langfristig eine Gefahr der Versteppung abzeichnet. Dabei geht es weniger um den ökonomischen Schaden als solchen als um die Inhumanität eines Systems, das Überfluß produziert und dem das Leben so gleichgültig ist.

– Auf einer übertragenen Verständnisebene müssen wir uns fragen, welchen Preis wir eigentlich selber bezahlen, wenn wir Erfolg haben und Karriere machen wollen. Ist nicht der Erfolg des einen die Misere oder sogar Existenzgefährdung des anderen? Ist dieses Erfolgsstreben nicht »inhuman« und verlangt nach einer Neubesinnung?

Das Gleichnis vom reichen Kornbauern erscheint uns auf den ersten Blick eigenartig fremd. Es zeugt von einer Grundhaltung, die wir nicht verstehen und von deren Gegenteil wir in der Regel überzeugt sind. Wie heißt es doch so schön: Reichtum macht nicht glücklich, aber er beruhigt. – Nun: *Beruhigt* war der Bauer auch, aber er hätte sich mehr um seine wirklich wichtige Zukunft sorgen sollen; freilich in einem anderen Sinne, als er immer dachte. Das dürfte auch unsere heutige Lage treffen.

In diesem Gleichnis geht es aber nicht nur um die Haltung zum materiellen Erfolg von Arbeit, sondern es geht vor allem um die Haltung anderen Menschen gegenüber. Aus der heutigen Sicht hat die Bibel in diesem Zusammenhang noch viel radikalere, fast »unvernünftige« Lebenseinstellungen anzubieten, beispielsweise in dem »Gleichnis von den Arbeitern im Weinberg«.

▷ *Setzt euch anhand dieser und der folgenden Auslegung (auf S. 126) mit der Frage auseinander, ob es auch exegetische Zugänge geben kann, die an der eigentlichen Aussageabsicht des Bibeltextes vorbeiführen! – Welche Bedingungen müssen dann erfüllt sein, damit das nicht geschieht?*

Worum es eigentlich geht – Von der »Unvernunft« der Bibel

1 Denn das Himmelreich gleicht einem
Hausherrn, der früh am Morgen aus-
ging, um Arbeiter für seinen Weinberg
einzustellen. 2 Und als er mit den Arbei-
tern einig wurde über einen Silbergro-
schen als Tageslohn, sandte er sie in sei-
nen Weinberg. 3 Und er ging aus um die

dritte Stunde und sah andere müßig auf dem Markt stehen 4 und sprach zu ihnen: Geht ihr auch hin in den Weinberg; ich will euch geben, was recht ist. 5 Und sie gingen hin. Abermals ging er aus um die sechste und um die neunte Stunde und tat dasselbe. 6 Um die elfte Stunde aber ging er aus und fand andere und sprach zu ihnen: Was steht ihr den ganzen Tag müßig da? 7 Sie sprachen zu ihm: Es hat uns niemand eingestellt. Er sprach zu ihnen: Geht ihr auch hin in den Weinberg. 8 Als es nun Abend wurde, sprach der Herr des Weinbergs zu seinem Verwalter: Ruf die Arbeiter und gib ihnen den Lohn und fang an bei den letzten bis zu den ersten. 9 Da kamen, die um die elfte Stunde eingestellt waren, und jeder empfing seinen Silbergroschen. 10 Als aber die ersten kamen, meinten sie, sie würden mehr empfangen; und auch sie empfingen ein jeder seinen Silbergroschen. 11 Und als sie den empfingen, murrten sie gegen den Hausherrn 12 und sprachen: Diese letzten haben nur eine Stunde gearbeitet, doch du hast sie uns gleichgestellt, die wir des Tages Last und Hitze getragen haben. 13 Er antwortete aber und sagte zu einem von ihnen: Mein Freund, ich tu dir nicht Unrecht. Bist du nicht mit mir einig geworden über einen Silbergroschen? 14 Nimm, was dein ist, und geh! Ich will aber diesem letzten dasselbe geben wir dir. 15 Oder habe ich nicht Macht zu tun, was ich will, mit dem, was mein ist? Siehst du scheel drein, weil ich so gütig bin? 16 So werden die Letzten die Ersten und die Ersten die Letzten sein.
(Mt 20,1–16)

Noch eine Auslegung

»Das Gleichnis zeigt sehr deutlich, daß im Neuen Testament die Armen und im Arbeitsleben Gedrückten im Mittelpunkt stehen. Die Landarbeiter, die auch ansonsten im Matthäusevangelium auftauchen, sind in der Regel Tagelöhner. Es sind Menschen, die durch die damalige Modernisierung der Landwirtschaft ihren Besitz oft schon seit Generationen verloren haben, weil ihre Betriebe der Konkurrenz der Großen nicht gewachsen waren. Es sind die Opfer der modernen Entwicklung, die hier im Mittelpunkt stehen und deren Schicksal die Sorge gilt. Diesen Ausgangspunkt sollte gerade der nordeuropäische Leser des Neuen Testaments beachten.
Der Arbeitgeber im Gleichnis – es ist natürlich Gott gemeint – verletzt auch heute noch unser Gerechtigkeitsgefühl. Das ist nicht etwa der Fall, weil wir inzwischen »moderner« geworden sind. Vielmehr enthielt die Geschichte schon immer ein Ärgernis. Was ist das denn für ein Arbeitgeber, der seinen Arbeitskräften scheinbar redlich verdienten Lohn vorenthält? Allerdings geht es »dem Arbeitgeber« gar nicht darum, Verdienstes vorzuenthalten. Vielmehr ist das Abstandsdenken der Arbeitskräfte falsch: Sie wollen nach ihrer *Leistung* bezahlt werden und damit besser dastehen als die anderen. Es geht ihnen um den Abstand, nicht eigentlich um die Sicherung ihrer Existenz. »Gerecht sein« heißt – in der Pointe dieses Gleichnisses –, die eigene Existenz sichern, aber doch auch jedem das zuzugestehen, was er braucht. Das herkömmliche Denken der Leistungsgerechtigkeit wird demgegenüber als mißgünstig bloßgestellt.
Zu diesem Gleichnis fallen uns viele »Wenns« und »Abers« ein. Müßte nicht zumindest die Aussage so eingeschränkt werden, daß wir nur lediglich so lange abgeben, wie andere in ihrer Existenz bedroht sind? Darüber hinaus soll dann aber doch die Entlohnung nach Leistung gelten. Ohne sie, so sagt man uns, würde bald der Leistungswille aller und damit unser Lebensstandard zusammenbrechen. Das hört sich sehr vernünftig an. Aber erinnern wir uns noch einmal an die Kehrseite der Leistungsbereichtschaft: Andere, die nicht davon profitieren, zahlen die Zeche.
Daher sei noch einmal daran erinnert: Ohne Umdenken und ohne radikale Änderung ist die Mitarbeit an der Schöpfung nicht zu haben.«

> Dem anderen gerecht zu werden, heißt ihm das zu geben, was er braucht, um nicht zugrunde zu gehen.
> (Ingo Baldermann)

▷ *Diskutiert, inwiefern das Beispiel der Arbeiter im Weinberg eine eher passive Haltung gegenüber der Ungerechtigkeit nahelegt oder eine aktiv verändernde! – Nennt Beispiele!*

▷ *Benennt Motive, warum Menschen arbeiten*
a) aus heute geläufiger Sicht
b) aus der Sicht einer »Mitarbeit an der Schöpfung«!

▷ *Erörtert, was »Mitarbeit an der Schöpfung« für die konkrete Berufswahl bedeuten könnte!*

▷ *Überlegt, was man allgemein im Bereich Arbeit tun kann, um die Zielvorstellung der »Mitarbeit an der Schöpfung« ein stückweit auch auf gesellschaftlicher Ebene zu verwirklichen!*

5. Über die Zukunft der Arbeit – Ein Bericht aus dem Jahre 1516

Der englische Gelehrte Thomas Morus verfaßte 1516 einen Entwurf der idealen Gesellschaft auf der Insel Utopia (→ Utopie).

Ein Gewerbe betreiben alle, Männer und Frauen ohne Unterschied: den Ackerbau, und auf ihn versteht sich jedermann. Von Jugend auf werden sie darin unterwiesen, zum Teil auch auf den Feldern in der Nähe der Stadt, wohin man sie wie zu einem Spiele führt. Hier sehen sie der Arbeit nicht bloß zu, sondern üben sie auch aus und stärken bei dieser Gelegenheit zugleich ihre Körperkräfte.
Neben der Landwirtschaft, die, wie gesagt, alle betreiben, erlernt jeder noch irgendein Handwerk als seinen besonderen Beruf. Das ist in der Regel entweder die Tuchmacherei oder die Leinenweberei oder das Maurer- oder das Zimmermanns- oder das Schmiedehandwerk. In keinem anderen Berufe nämlich ist dort eine nennenswerte Anzahl Menschen beschäftigt. Denn der Schnitt der Kleidung ist, abgesehen davon, daß sich die Geschlechter sowie die Ledigen und die Verheirateten in der Tracht voneinander unterscheiden, auf der ganzen Insel einheitlich und stets der gleiche in jedem Lebensalter, wohlgefällig fürs Auge, bequem für die Körperbewegung und vor allem für Kälte und Hitze berechnet. Diese Kleidung fertigt sich jede Familie selber an. Von den oben erwähnten anderen Gewerben aber erlernt jeder eines (...)

> (...) daß niemand untätig herumsitzt, sondern daß jeder sein Gewerbe mit Fleiß betreibt, ohne sich jedoch, gleich einem Lasttiere, in ununterbrochener Arbeit vom frühesten Morgen an bis in die tiefe Nacht abzumühen.

(...) [So ist es] bei den Utopiern. Diese teilen nämlich den Tag mitsamt der Nacht in vierundzwanzig gleiche Stunden ein und kennen eine Arbeitszeit von nur sechs Stunden. Drei Stunden arbeiten sie am Vormittag; danach essen sie zu Mittag und halten eine Rast von zwei Stunden. Dann arbeiten sie wieder drei Stunden und beschließen den Tag mit dem Abendessen. (...)
Über all die Zeit zwischen den Stunden der Arbeit, des Schlafes und des Essens darf ein jeder nach seinem Belieben verfügen, nicht etwa um sie durch Schwelgerei und Trägheit schlecht auszunützen, sondern um die arbeitsfreie Zeit nach Herzenslust auf irgendeine andere Beschäftigung nutzbringend zu verwenden. Die meisten treiben in diesen Pausen literarische Studien. Es herrscht nämlich der Brauch, täglich in den frühen Morgenstunden öffentliche Vorlesungen zu halten; zu ihrem Besuche sind diejenigen verpflichtet, die zu wissenschaftlicher Arbeit namentlich ausgewählt sind. Aus jedem Stande aber strömt eine gewaltige Menge Hörer, Männer wie Frauen zu den Vorlesungen, die einen zu diesen, die anderen zu jenen, je nach ihren persönli-

chen Neigungen. Wenn jedoch einer auch diese Zeit lieber auf seine berufliche Tätigkeit verwenden will, was bei vielen der Fall ist, deren Geist sich nicht zur Höhe wissenschaftlicher Betrachtung erhebt, so hindert man ihn nicht daran; er erntet vielmehr sogar noch Lob, weil er sich dem Staate nützlich macht. (...)
Nach dem Abendessen verbringen die Utopier noch eine Stunde mit Spielen, während des Sommers in ihren Gärten, während des Winters aber in jenen Sälen, in denen sie gemeinsam essen. Entweder treiben sie dort Musik, oder sie erholen sich in der Unterhaltung. (...)
Um aber einer irrtümlichen Auffassung eurerseits vorzubeugen, müssen wir an dieser Stelle einen Punkt genauer betrachten. Wenn die Utopier nämlich nur sechs Stunden arbeiten, könnte man vielleicht meinen, es müsse das einen Mangel an den notwendigen Gütern zur Folge haben. Aber gerade das Gegenteil ist der Fall. Diese Arbeitszeit genügt nicht nur, sondern wird nicht einmal ganz gebraucht zur Produktion eines Vorrats an allem, was zu den Bedürfnissen oder Annehmlichkeiten des Lebens gehört.

> Das werdet auch ihr einsehen, wenn ihr euch überlegt, ein wie großer Teil des Volkes in anderen Ländern untätig dahinlebt:

erstens fast alle Frauen, also die Hälfte der Gesamtheit, oder wenn irgendwo Frauen arbeiten, schnarchen dort meistens an ihrer Stelle die Männer; außerdem dann die Priester und die sogenannten frommen Männer, was für eine große und faule Schar ist das! Nimm noch all die Reichen und besonders die Grundbesitzer dazu, die man allgemein als Standespersonen und Edelleute bezeichnet! Zu ihnen rechne noch ihre Dienerschaft, jenen ganzen zusammengespülten Haufen von Raufbolden und Windbeuteln! Vergiß schließlich auch die kräftigen und gesunden Bettler nicht: die ihren Müßiggang mit irgendeinem Gebrechen bemänteln, und die Zahl der Leute, die durch ihre Tätigkeit für die gesamten Bedürfnisse der Sterblichen sorgen, wirst du dann viel geringer finden, als du angenommen hast. Und nun überlege dir, wie wenige von diesen selbst mit wirklich notwendigen Arbeiten beschäftigt sind! Da nämlich bei uns das Geld der Maßstab für alles ist, müssen wir viele völlig unnütze und überflüssige Gewerbe betreiben, die bloß der Verschwendung und der Genußsucht dienen.

> Würde man nämlich diese ganze Masse, die jetzt im Arbeitsprozeß steht, nur auf die so wenigen Gewerbe verteilen, die ein angemessener natürlicher Bedarf erfordert, so würde ein großer Überfluß an Waren entstehen,

und die Preise würden notwendigerweise zu tief sinken, als daß die Handwerker ihren Lebensunterhalt davon bestreiten könnten. Aber wenn alle die, die jetzt ihre Kräfte in nutzloser Tätigkeit verzetteln, und wenn noch dazu der ganze Schwarm derer, die jetzt in Nichtstun und Trägheit erschlaffen (...) zu Arbeiten, und zwar zu nützlichen, verwendete, so würde, wie leicht einzusehen ist, ungemein wenig Zeit genügen, um alles zu beschaffen, was zum Leben notwendig oder nützlich ist; du kannst auch noch hinzusetzen, zum Vergnügen, soweit es echt und natürlich ist. (...)
Zu dem von mir Erwähnten kommt für die Utopier noch die Erleichterung hinzu, daß bei ihnen die meisten unentbehrlichen Gewerbe weniger Arbeit als bei anderen Völkern erfordern. Erstens nämlich ist bei diesen zum Bau oder zur Ausbesserung von Gebäuden deshalb so vieler Hände Arbeit dauernd notwendig, weil der zu wenig wirtschaftliche Erbe das Haus, das sein Vater erbaut hat, allmählich verfallen läßt. Was er mit ganz geringen Kosten hätte erhalten können, muß sein Nachfolger mit großen Kosten erneuern. Ja, häufig sagt auch ein Haus, das dem einen ungeheuer viel Geld gekostet hat, dem verwöhnten Geschmack des anderen nicht zu. Da sich dieser nicht darum kümmert, verfällt es in kurzer Zeit, und sein Besitzer baut sich an anderer Stelle ein neues Haus für nicht weniger Geld. Aber bei den Utopiern kommt es, dank der allgemeinen Ordnung und dank ihrer Verfassung, nur ganz selten vor, daß man einen neuen Platz für den Bau eines Hauses sucht.

Und sie beheben nicht nur rasch die vorhandenen Schäden, sondern beugen auch drohenden vor.

Infolgedessen bleiben ihre Gebäude bei ganz geringem Aufwand an Arbeit überaus lange erhalten, und die Bauhandwerker haben bisweilen kaum etwas zu tun, außer daß sie angewiesen werden, daheim Bauholz zu bearbeiten und bisweilen Steine quadratisch zu behauen und fertigzumachen, damit gegebenenfalls ein Haus schneller hochkommt.
Beachte ferner, wie wenig Arbeit zur Anfertigung der Kleidung der Utopier erforderlich ist! Zunächst tragen sie bei der Arbeit einfach Leder oder Felle, die bis zu sieben Jahren halten. Beim Ausgehen ziehen sie einen mantelähnlichen Rock über, der jene gröberen Unterkleider verdeckt. Diese Röcke haben auf der ganzen Insel die gleiche Farbe, und zwar die Naturfarbe des Stoffes. Die Utopier verbrauchen also nicht bloß viel weniger wollenes Tuch, als das anderswo der Fall ist, sondern der Stoff kostet ihnen auch viel weniger. Aber noch weniger Arbeit macht die Herstellung von Leinwand, und deshalb trägt man sie auch noch mehr. (...) Und während sonst nirgends einer Person vier oder fünf wollene Unterkleider von verschiedener Farbe und ebenso viele Untersachen aus Seide genügen – etwas eleganteren Leuten nicht einmal zehn – begnügt sich hier in Utopien ein jeder mit nur einem Anzug, und zwar zumeist für zwei Jahre. Warum sollte sich dort jemand auch mehr Kleidung wünschen? Wenn er sie nämlich bekäme, wäre er weder besser vor der Kälte geschützt, noch würde er in seiner Kleidung auch nur um ein Haar hübscher aussehen. Da die Utopier also alle in nützlichen Gewerben beschäftigt sind und diese selbst auch eine geringere Arbeitszeit erfordern, braucht man sich nicht zu wundern, daß bisweilen alle Erzeugnisse im Überfluß vorhanden sind. Dann führt man eine ungeheure Menge Arbeiter zur Ausbesserung öffentlicher Straßen, die schadhaft geworden sind, aus der Stadt hinaus; sehr oft setzt man aber auch, wenn sich keinerlei Arbeit der Art nötig macht, die Arbeitszeit von Staats wegen herab. Die Behörden zwingen nämlich die Bürger nicht zu unnötiger Arbeit;

denn die Einrichtung dieses Staates hat das eine Hauptziel im Auge, soweit es die dringenden Bedürfnisse des Staates erlauben, den Sklavendienst des Körpers nach Möglichkeiten einzuschränken, damit die dadurch gewonnne Zeit auf die freie Ausbildung des Geistes verwendet werden kann. Darin liegt nämlich nach ihrer Ansicht das Glück des Lebens.

(Aus: T. Morus, Utopia, Hg. von J. Teller, Leipzig 1990, S. 57–62)

▷ *Arbeitet die zentralen Aussagen zum »Arbeiten« bei Thomas Morus heraus! Stellt diese Aussagen unseren heutigen Auffassungen gegenüber.*
▷ *Überlegt, inwiefern die Gesellschaftskritik des Thomas Morus auch heute noch gilt! – Wendet eure Einsichten auf konkrete Beispiele von Arbeit an.*
▷ *Stellt eine Verbindung her zu den Gleichnissen vom reichen Kornbauern und den Arbeitern im Weinberg. Zieht dazu auch die Ergebnisse der materialistischen Bibelauslegung (S. 125 f) heran!*
▷ *Informiert euch selbständig über den Lebenslauf von Thomas Morus. Überlegt, an welchen Punkten man ihn mit dem Martin Luthers vergleichen kann. – Vergleicht die Auffassungen Luthers über die Arbeit mit denen des Thomas Morus.*

25 Darum sage ich euch: Sorgt nicht um euer Leben, was ihr essen und trinken werdet; auch nicht um euren Leib, was ihr anziehen werdet. Ist nicht das Leben mehr als die Nahrung und der Leib mehr als die Kleidung? 26 Seht die Vögel unter dem Himmel an: sie säen nicht, sie ernten nicht, sie sammeln nicht in die Scheunen; und euer himmlischer Vater ernährt sie doch. Seid ihr denn nicht viel mehr als sie? (...) 28 Und warum sorgt ihr euch um die Kleidung? Schaut die Lilien auf dem Feld an, wie sie wachsen: sie arbeiten nicht, auch spinnen sie nicht.
(Mt 6, 25, 26, 28)

▷ *Durchdenkt den Textauszug aus »Utopia« im Lichte dieser Bibelstelle!*

Kapitel 8

Beziehungen – »Und hättet ihr die Liebe nicht ...«

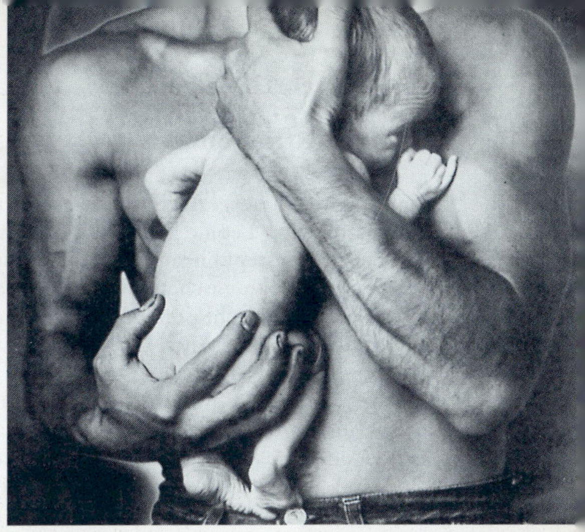

1. Zuwendungsformen und Erfahrungen von Liebe

▷ *Sammelt weitere Fotos zum Thema. Tragt dann zusammen, welche unterschiedlichen Formen Menschen entwickeln können, um sich anderen zuzuwenden!*

Sexualität und andere Formen von Zärtlichkeit und Liebe

Das Wort »Liebe« dient als Sammelbegriff für alle möglichen Formen positiver Zuwendung – für Zärtlichkeit wie Sexualität. Bei näherer Betrachtung erweist sich jede Zuwendungsform als *anders* und doch auf bestimmten Ebenen wieder als mit anderen *vergleichbar*. – *Ein* Versuch, die verschiedenen Arten von Liebe voneinander abzugrenzen, zeigt sich in der Unterscheidung von *»Agape«*, *»Erotik«* und *»Sexualität«*; dabei versteht man – ganz knapp definiert – unter »Agape« die helfende Liebe, das heißt Nächstenliebe in Verbindung mit der Liebe zu Gott, unter »Erotik« die sinnliche Liebe, das heißt das Spüren und Weitergeben von Liebe und Zärtlichkeit mit allen Sinneswahrnehmungen, und unter »Sexualität« die Geschlechtlichkeit an sich. Wann, in welchem Lebensalter und auf welcher Stufe der Persönlichkeitsentwicklung (wie zum Beispiel: Säugling, Kleinkind, Kind, Jugendlicher, Erwachsener) und in welcher Beziehungsform »Zärtlichkeit«, »Agape« oder »Erotik« jeweils besonders wichtig sind, ist umstritten.

Einfach losfliegen

In dem mehrfach ausgezeichneten Roman »Die große Flatter« von Leonie Ossowski geht es um das Leben bundesrepublikanischer Jugendlicher, die unter zum Teil menschenunwürdigen Bedingungen in einer Obdachlosensiedlung Berlins aufwachsen. Es geht dabei auch um ihre Sehnsucht nach Liebe und menschlicher Wärme.
Bei seinen Versuchen, aus seiner miesen Lebenssituation auszubrechen, begegnet eine der Hauptpersonen des Romans, Joachim Schock (genannt: »Schocker«), dem Mädchen Elli Grün. – Die folgende Szene spielt sich ab, als Schocker, der für ein paar warme Mahlzeiten den Schrebergarten der Familie Grün wieder hergerichtet hat, Elli bittet, mit ihm zu kommen, um sich den fertigen Garten einmal anzusehen.

Spätsommerabend. Ein Gewitter liegt in der Luft, türmt blauschwarzes Gewölk in den Himmel. Kein Windchen. Die Blätter hängen wie angegipst zwischen den Zweigen. Unbeweglich das Gras. Kein Mensch kommt in die Gärten. Ein Sauwetter wird es geben.
Schocker und Elli halten sich an den Händen. Das machen sie oft. Manchmal schlenkern sie sich auch hin und her, vor allem, wenn sie fröhlich sind. Elli fängt an, und Schocker macht mit, obwohl er sich dabei geniert.
Stille zwischen den Gärten. Kein Gießkannengeklapper, kein Kindergebrüll, kein Zischen von Rasensprengern. Selbst die Vögel zwitschern mit halber Kraft, sitzen im schützenden Grün und schwitzen.
»Vögel schwitzen nicht«, sagt Schocker, meint, daß denen beim Fliegen genug Luft zwischen die Federn kommt.
»Wärst du gern ein Vogel?« fragt Elli.
Eine Frage, die Schocker normalerweise nicht beantworten würde. Bei Elli ist das was anderes.
»Wenn du einer wärst, ja!« sagt er und wartet darauf, daß sie verlegen wird. Elli wird nicht verlegen, lacht, reißt sich los, breitet die Arme aus, schwingt sich auf und ab, tippelt mit den Füßen. Sie neigt sich mal rechts, mal links, so als wollte sie nur nach einer günstigen Startposition suchen, um wegzuflattern.
»Ich bin ein Vogel, ich flieg jetzt los, kommst du mit?«
»Wohin?«
Schocker breitet seine Arme nicht aus, tippelt auch nicht, obwohl er Lust dazu verspürt.
»Irgendwohin, wo's schön ist und wir so lange allein sein könnnen, wie wir wollen!«
Schocker klappt den Mund zu. Elli ist heute ein bißchen überkandidelt, was vielleicht an dem heraufziehenden Gewitter liegt.
»Dann flieg mal hier hin«, sagt er und stößt das Tor zum Grünschen Schrebergarten auf.
Elli läßt die Arme sinken.
»Mensch, sieht das toll aus!«
Ihre Fußspuren zeichnen jeden Schritt ins Frischgeharkte.
Den Weg, seitlich sauber abgestochen, trennt nur ein schmaler Grasstreifen von den Beeten. Auch die umgegraben und glattgerecht. Vor der Laube kreisrund ein Erdstückchen, in dessen Mitte ein kleiner Baum steht.
»Hat mir der Nachbar geschenkt«, erklärt Schocker, »ein Wacholderbusch!« In Ermangelung von Gartenzwergen, Rehen und anderem künstlichen Getier, hat Schocker Steine gesammelt, die gekalkt und den Rand des runden Beetes damit umlegt. Ein schöner weißrunder Kreis. Auch das hat ihm der Nachbar geraten. Elli ist hingerissen.
»Was du alles weißt«, sagt sie, »und wie du das kannst!«
Zum ersten Mal legt er den Arm um ihre Schulter und läßt ihn dort liegen. So stehen sie eine Weile still, den Blick immer auf die Steine gerichtet, auch auf das Bäumchen, obwohl ihnen bei der Gewitterschwüle so eng nebeneinander mächtig heiß wird. Schocker spürt, daß an den Stellen, wo er Ellis Körper berührt, Schweiß herunterläuft. Elli geht es nicht anders. Trotzdem bleiben sie in ihrer Haltung unverändert.
»Wenn das Mama sieht«, flüstert Elli plötzlich.
»Was?« Schocker erschrickt, will schon den Arm von ihren Schultern nehmen.
»Was du hier gemacht hast. Den Weg, die Beete und das mit den Steinen!«
Schocker zieht Elli trotz Schweiß und Hitze noch ein bißchen näher.

»Was ist dann, wenn deine Mutter das sieht?«
»Dann wird sie dir bestimmt Arbeit besorgen. Sie hat Aussicht über eine Geschäftskollegin, deren Mann eine Autowerkstatt kennt!«
»Mensch, wär das Klasse!« Schocker räuspert sich. Das ist ein Glückstag heute, kaum zu fassen. Jetzt könnte auch er Vogel spielen. Einfach losfliegen!
Ein paar Sekunden später ist es aus mit der Stille, aus mit der Hitze. Ein Wind fährt auf, fegt durch den Garten, wirbelt Staub auf und reißt die Blätter von den Bäumen. Der erste Donner rollt sich aus den Wolken. In der Laube nebenan schlägt der Fensterladen. Irgendwo klappert ein Eimer. Sand fegt durch die Luft, setzt sich in die Haare, beißt auf der Haut. Kein einziger Regentropfen.
»Was machen wir jetzt?« schreit Elli in das lauter werdende Getöse.
»In die Laube«, schreit Schocker zurück, »da ist es dreckig, aber besser als draußen.«
Die Tür wird ihnen vom Wind aus der Hand gerissen.
»Laß sie offen«, bittet Elli und bleibt gerade so stehen, daß sie das Dach über dem Kopf hat.
Erst sind es nur einzelne Tropfen. Alle groß wie Hemdenknöpfe, dazwischen Hagelkörner. Immer schneller kommen die Böen, bis der erste Schauer Ellis Füße erwischt. Schokker zieht die Tür zu. Der Regen prasselt aufs Dach. Links in der Ecke bildet sich eine Pfütze.
»Ist kaputt«, sagt Schocker, froh etwas Praktisches in Angriff zu nehmen, und stellt eine Gießkanne unter die tropfende Stelle. Es riecht muffig, nach altem Holz und auch nach Mäusen. In den Ecken hängen Spinnweben. Elli bewegt sich weder vor noch zurück. Durch das verschmutzte Glas des kleinen Fensterchens zucken die Blitze. Dann donnert's. Alles in großen Pausen. Jede Sekunde zwischen Blitz und Donner bedeutet ein Kilometer Entfernung des Gewitters.
»Hier ist ein Sofa«, sagt Schocker.
»Das weiß ich auch«, sagt Elli und rührt sich nicht, »hat der Papa hergebracht. (...)«
Schocker setzt sich aufs Sofa, schaukelt. Der Regen klatscht gegen das Fensterchen, ein Schlag wie ein Peitschenknall, Blitz und Donner in einem. Schocker weiß nicht wie, aber mit dem Donner ist Elli in seine Arme geflogen. Jesusmaria, die ganze Laube zittert.
»Es passiert nichts«, sagt Schocker so langsam er kann und kriegt Elli zu fassen. (...) Wieder Blitze. Schocker sieht Ellis Augen auf sich gerichtet. Ihm wird heiß und kalt. Er fühlt seinen Puls am Hals, in der Brust, sogar in den Schläfen.
»Elli«, sagt er, »Elli ...« Kein richtiges Wort will ihm einfallen. Das Schweigen zwischen ihnen ist schwer zu ertragen.
»Ja?« fragt Elli zurücki. »Was ist?«
Da hilft Schocker ein mächtiger Donnerschlag. Bei dem Höllenlärm kann man sowieso nichts sagen, und das gibt Schocker einen Grund, Elli zu küssen. Erst nur ein bißchen, wie zum Beschützen. Als er aber ihre Arme fester an seinem Hals spürt, ihre Hand über sein Ohr streicht, legt er los. Schocker ist selbst erstaunt, daß er das so gut hinkriegt. Dann vergißt er auch das. Alles an Elli ist weich und zärtlich anzufassen, zu streicheln. Das ist schön, unheimlich schön, so schön, daß sie beide erst aus der Laube gehen, als wirklich nichts mehr von dem Gewitter zu hören ist.

(Aus: L. Ossowski, Die große Flatter, Weinheim 1980, S. 133–136)

▷ *Stellt euch vor, Schocker und Elli könnten sich nach ihrem Erlebnis im Schrebergarten eine Woche lang nicht sehen. – Beide möchten dem anderen aber unbedingt mitteilen, ob und unter welchen Bedingungen sie sich wiedersehen sollen/können/wollen. Entwerft einen Brief, wie ihn a) Schocker an Elli oder b) Elli an Schocker am Tag nach dem Gewitter geschrieben haben könnte! Euer Brief sollte u. a. deutlich machen, wie sich sein(e) Absender(in) zur Zeit fühlt und was die Begegnung bei ihm/ihr ausgelöst hat.*

▷ *Alternative: Stellt euch vor, ein Nachbar hätte Elli und Schocker im Garten der Familie beobachtet. Er entschließt sich, einen Brief an ihre Eltern zu schreiben, in dem er sich über »die Jugend von heute« ausläßt!*

Pyramidendiskussion »Liebe ist, (wenn) . . . «

▷ *Lest die folgenden Äußerungen zum Thema Liebe, und bewertet sie nach unten angegebener Skala*: 1. für euch persönlich. Diskutiert anschließend 2. mit einem Mitschüler solange, bis ihr eine einheitliche Bewertung von (mindestens) zwölf Sinnsprüchen erzielt habt. Setzt euch dann 3. mit einer anderen Zweier-Gruppe zusammen, die ebenfalls ein solches Bewertungs-Übereinkommen getroffen hat, und versucht, nunmehr zu viert eine übereinstimmende Bewertung von (mindestens) sechs Sinnsprüchen zu erreichen, und so weiter.*
Die Spitze der Pyramidendiskussion ist (in diesem Fall) dann erreicht, wenn die gesamte Gruppe zu einer einheitlichen Beurteilung (mindestens) eines Sinnspruches kommt. – Aber dieses Ziel muß nicht unbedingt erreicht werden; das wichtigste sind im Grunde eure Gespräche!

1. Liebe und Sex gehören zusammen!
2. Neue Liebe – neues Glück!
3. Liebe macht blind!
4. I love you, you love me, let's make a family!
5. Liebesfreud bringt Liebesleid!
6. Liebe ist ein Kinderspiel
7. Liebe geht durch den Magen.
8. Kein Feuer, keine Kohle kann brennen so heiß wie heimliche Liebe, von der niemand 'was weiß...!
9. Früh gefreit, hat nie gereut!
10. Was sich liebt, das neckt sich!
11. Die erste Liebe vergißt man nie!
12. Liebe ohne Gegenliebe ist eine Frage ohne Antwort!
13. Was man Liebe nennt, ist nichts als ein elektro-chemischer Prozeß.
14. Einen Menschen zu lieben, heißt ihn so zu sehen, wie Gott ihn gemeint hat.
15. Liebe ist Gefühlsduselei – Geld regiert die Welt!
16. Nur die Liebe läßt uns leben!
17. Es ist der größte Mangel unserer Gesellschaft, daß wir Liebe investieren, statt sie zu verschenken!
18. Petting statt Pershing!
19. Freundschaft ist Liebe ohne Flügel!
20. Hauptsache, du liebst Gott und deinen Nächsten wie dich selbst!
21. ... drum prüfe, wer sich ewig bindet, ob sich nicht doch 'was Bess'res findet!
22. Stärker als der Tod ist die Liebe!
23. Wahre Liebe gehört in die eheliche Gemeinschaft; denn Sexualität soll der Fortpflanzung dienen!
24. Liebe ist die Wahl, allein zu sein, die Lust, zu zweit zu sein, und die Angst, zu dritt zu sein.

* Bewertungsskala:
++ starke Zustimmung
\+ leichte Befürwortung
0 Gleichgültigkeit
\- schwache Ablehnung
– starke Abneigung

▷ *Welche Schwierigkeiten sind bei eurer Pyramidendiskussion aufgetreten? Was hat euch gefallen?*
▷ *Gibt es Sprüche, die ihr gerne ergänzen würdet?*

▷ *Tragt zusammen, welche Jugendbücher, -filme oder -songs zum Thema Liebe ihr kennt! Wie werden Sexualität und Erotik dort dargestellt? – Möglicherweise können einige unter euch besonders interessantes Material mitbringen oder in Kurzreferaten vorstellen.*

Was es ist

Es ist Unsinn
sagt die Vernunft
Es ist was es ist
sagt die Liebe

Es ist Unglück
sagt die Berechnung
Es ist nichts als Schmerz
sagt die Angst
Es ist aussichtslos
sagt die Einsicht
Es ist was es ist
sagt die Liebe

Es ist lächerlich
sagt der Stolz
Es ist leichtsinnig
sagt die Vorsicht
Es ist unmöglich
sagt die Erfahrung
Es ist was es ist
sagt die Liebe

(Aus: E. Fried, Es ist was es ist, Berlin 1983, S. 43)

E. Munch, »Der Kuß« (1923)

▷ *Welche Situationen könnte Erich Fried wohl erlebt haben, bevor er »Was es ist« schrieb?*

Erotik ist mehr

Die *Nächstenliebe* ist Liebe zwischen Gleichen; die *Mutterliebe* ist Liebe für den Hilflosen. So verschieden sie voneinander sind, haben sie doch eine Gemeinsamkeit: Sie sind ihrem Wesen nach nicht auf eine einzige Person beschränkt. Wenn ich meinen Nächsten liebe, liebe ich alle Menschen; wenn ich mein Kind liebe, liebe ich auch meine anderen Kinder und darüber hinaus alle Kinder, alle, die meine Hilfe brauchen. Im Gegensatz zu diesen beiden Arten der Liebe steht die *erotische Liebe*; sie ist das Verlangen nach vollständiger Vereinigung, nach der Verschmelzung mit dem anderen. Ihrem ganzen Wesen nach ist sie ausschließlich und nicht allumfassend; sie ist aber auch vielleicht die *irreführendste Form der Liebe,* die es gibt.
Vor allem wird sie häufig mit dem explosiven Erlebnis des »Verliebens« verwechselt, mit dem plötzlichen Niederbrechen aller Barrieren, die bis dahin zwischen zwei einander Fremden bestanden. (...)
Da das sexuelle Verlangen in der Ansicht der meisten Menschen mit der Liebe verbunden ist, kommen sie sehr leicht zu dem irreführenden Schluß, *daß man sich liebt, wenn man sich körperlich besitzen will.* (...)
Wenn das Verlangen nach physischer Vereinigung nicht durch Liebe bedingt wird, wenn die *erotische Liebe* also nicht auch *Nächstenliebe* ist, führt sie immer nur zu einer Vereinigung in orgiastischem, vorübergehendem Sinne. Die sexuelle Anziehung schafft

zwar im Augenblick die *Illusion* der Vereinigung, aber ohne Liebe bleiben nach dieser »Vereinigung« Fremde zurück, die genauso weit voneinander entfernt sind wie vorher; Fremde, die sich dann voreinander schämen oder sich hinterher hassen. (...)
Die erotische Liebe ist ausschließlich, liebt jedoch im anderen die ganze Menschheit, alles Lebende. Ausschließlich ist sie nur insoweit, als ich mich nur mit einem einzigen Menschen vollständig, das heißt *seelisch und körperlich,* verschmelzen kann. Erotische Liebe schließt Liebe für andere also nur insofern aus, als es sich um die erotische Vereinigung handelt, um völlige Hingabe in allen Aspekten des Lebens – nicht aber im Sinne einer tiefen Nächstenliebe.

(E. Fromm, zitiert nach: R. Kakuschke [Hg.], Befragter Glaube, »Verantwortete Sexualität – Quellentexte«, Band 15, Göttingen ^{2}1970, S. 23 f)

▷ *Inwiefern erweitert und verändert Erich Fromm die herkömmliche Definition von »Agape«, »Erotik« und »Sexualität« (s. o. S. 135)?*

2. Sexualität und Liebe in biblischer Sicht

Sexualität und Liebe werden in der Bibel sehr häufig und unter vielfältigsten Gesichtspunkten thematisiert. Während *Liebe* im Sinne von Nächstenliebe und Gottesliebe allgemein anerkannt zum zentralen Bestand jüdischer und christlicher Theologie gehört, bietet sich zum Verständnis von *Sexualität* und *Erotik* ein weniger einheitliches Bild; zahlreiche sexualethische Weisungen und Vorstellungen der →Bibel wurden in jüdischer und in christlicher Tradition ganz unterschiedlich aufgenommen und fortgesetzt.
In den biblischen Schriften, die Christen das →Alte Testament nennen, finden sich viele Erzählungen und auch poetische Texte, die in einer besonderen →Anthropologie die *Geschöpflichkeit* der Menschen als Männer und als Frauen und die Beziehung zwischen beiden als elementare Lebenserfahrung hervorheben. Sexualität gilt grundsätzlich als zur Schöpfung gehörig und damit als gottgewollt: »Ihm zu entsprechen, schuf er den Menschen, männlich, weiblich schuf Gott sie« (Gen. 1,27). Frausein und Mannsein wird dementsprechend als *besondere Form menschlichen Glücks* verstanden – wobei das erfüllte Glück zweier Menschen sie im Idealfall in ihrer *Ganzheitlichkeit* erfaßt; auch diese Erfahrung der ganzheitlich-sinnlichen Partnerschaft gilt biblisch betrachtet als gottgewollt. Das biblische Grundverständnis von Sexualität weist dem Geschlechtsverkehr die Fortpflanzung als besondere Aufgabe zu (vgl. Gen 1,28; 9,1), kennt und billigt aber auch die vom Zweck der Fortpflanzung völlig unabhängige Befriedigung des sinnlichen Lustgefühls (zum Beispiel Spr 5,18 f; Koh 2,8 und 3,8) und die zur Liebesbeziehung gehörende erotische Freude, die Mann und Frau aneinander haben können (vgl. Das Hohelied).

▷ *Tragt aus eurer Erinnerung biblische Erzählungen oder auch einzelne Bibelverse zusammen, in denen es um Sexualität, Zärtlichkeit, Liebe geht.*
▷ *Schlagt einige dieser Texte in der Bibel nach, und untersucht genauer, was sie über Menschenliebe und Gottesliebe aussagen!*
Ihr könnt euch bei eurer Arbeit auch an den folgenden ausgewählten Beispielen orientieren:

Erstes Beispiel: Die Erzählung vom Paradies

▷ *Lest Gen 2,4–3,24, und findet heraus, was dieser biblische Text über die Liebe zwischen Mann und Frau und über »das Erkennen« mit und ohne Gott aussagt!*
▷ *Betrachtet auf der rechten Seite das Bild von Marc Chagall mit dem Titel: »Paradies – Der Baum der Erkenntnis«! – Wie scheint der Künstler die Erzählung von Adam und Eva zu verstehen?*

Marc Chagall, Das Hohelied Salomos V.

Zweites Beispiel: Das Hohelied

Das sogenannte Hohelied – ein abgeschlossenes biblisches Buch – ist eine Sammlung von Liebesliedern, deren Hauptanteil aus der Zeit König Salomos (um 970 v. Chr.) stammen dürfte; manche vermuten sogar König Salomo selbst als Verfasser dieser Texte. Während einige Theologen das »Hohelied der Liebe« als Symbolisierung der *geistlichen* Liebe zwischen Gott und seinem auserwählten Volk Israel deuten, verstehen es andere als ganz besonders schönes Zeugnis einer verschwenderischen, *sinnlichen* Liebesbeziehung zwischen einem Mann und einer Frau.

Lege mich wie ein Siegel auf dein Herz...
Denn Liebe ist stark wie der Tod und Leidenschaft unwiderstehlich wie das Totenreich. Ihre Glut ist feurig und eine Flamme des Herrn.

(Hhld 8,6)

▷ *Lest möglichst das gesamte Hohelied – zumindest aber Kapitel 7,11–14 und Kapitel 8,6–7 – in eurer Bibel nach!*

▷ *Versucht das Wort »Liebe« im Hohelied durch möglichst viele andere Begriffe zu ersetzen (nach dem Muster: »Liebe« ist wie...)!*

▷ *Sammelt aus Illustrierten Fotos, die sich eurer Meinung nach besonders gut den sprachlichen Bildern des Hohelieds zuordnen lassen! Fertigt eine Collage daraus an!*
▷ *Zum »Hohelied der Liebe« hat der Künstler Marc Chagall (insgesamt fünf) Bilder gemalt. Was seht ihr in dem Bild auf der linken Seite?*

Der Theologe Christoph Goldmann hat dieses Bild folgendermaßen interpretiert:

Die »Liebe« in den Bildern Marc Chagalls

Unsere Zeit hat, ihrem Geschick entsprechend, versucht, Liebe durch Anweisung von Liebestechniken hervorzurufen, zu produzieren, Liebe durch statistischen Vergleich von Liebesverhalten zu beweisen oder sich der Liebe durch das Nachmessen von Körperreaktionen (...) zu bemächtigen. Andere Zeiten haben es, ihrem Geschick entsprechend, (...) mit Zauber oder → Magie versucht.
Aber zu allen Zeiten haben Menschen Liebe als etwas erfahren, das jenseits der Grenze des Sichtbaren und Herstellbaren liegt. Als eine *Welt hinter den Dingen* (→ Transzendenz), die sich plötzlich auftun kann, die dem Menschen Einlaß gewähren kann, so daß er sich *in einer Ekstase* noch in dieser Welt, aber schon über sie hinausstehend zu finden vermag; oder als *eine neue Möglichkeit,* die denen, die (...) es lernen, dem Liebenden zu entsprechen, das *neue* Leben, (...), »den Himmel auf Erden« gewährt; die die Liebenden sichtbar *verwandelt,* so daß auch andere, die mit solchen wahrhaft in der Liebe Lebenden zusammenwohnen, von der Ausstrahlung der Liebe getroffen und bereichert werden. Und dennoch entzieht sich die Liebe nicht nur der instrumentellen, sondern weitgehend auch der beschreibenden Vermittlung. Bild, Musik und Dichtung: Sie allein bleiben – unter den Mitteilungsformen so herausgehoben, wie die Liebe unter den Erfahrungen – als Möglichkeiten übrig, Liebe zu *äußern.* Und doch, wie schwach und gebrechlich ist selbst die Dichtung. Was in den Anthologien von Liebesdichtung aus der Geschichte der Welt könnte über die merkwürdigen Grenzen von »Epochen« oder auch »Moden« hinweg standhalten? Orpheus? David und Jonathan? Helena? Sappho? (...)
Welche Bilder und Gleichnisse der Liebe könnten über die Grenzen und Gräben der Zeit gelangen: Hosea? Jesus? Franziskus? Theresia von Ávila? die Chassiden?
(...) Chagall entdeckt das Hohe Lied und seine Bilder als etwas Besonderes in der Weltliteratur: Man muß zu diesen Bildern Chagalls das »Hohe Lied« in der Bibel hintereinander als Einheit lesen.
(...) die Liebe zweier Menschen, in unterschiedlichem Szenarium: im Weingarten, unter Bäumen, in der Stadt, in dem Haus der Mutter, unter den Freundinnen, vor dem Mitleid der Wächter der Stadt (...).

Chagalls Sicht von Menschenliebe und Gottesliebe

Die Liebe versteht Chagall als den Raum, in dem die Welt zu ihrem »Omega« kommt, wo das Ziel wieder dem Anfang entspricht: Gott und Mensch in dem Miteinander der → Paradies-Zeit sowie Mensch und Mensch in dem Miteinander der Liebeseinheit des Gartens Eden (...).
Chagall führt die Botschaft der Bibel über »Schöpfung«, »Errettung« (...) und → »Bund« bis in die intime Konkretion der menschlichen und göttlichen Liebe hinein: In der Liebe ist die Entfremdung überwunden, das Fremde wird erkannt als der Teil, der »bisher geschieden war von mir« (→ Sünde). Die beiden oft sich kreuzenden Linien im Gesamtzyklus der Biblischen Botschaft laufen zusammen. Ich und Du, Menschheit und Israel, Gott und Schöpfung vereinen sich: »Die Liebe ist das Ende der Wege Gottes.«

(Aus: C. Goldmann, a.a.O., S. 65)

▷ *Betrachtet Chagalls Bild zum Hohenlied nochmals, und vergleicht eure eigenen Entdeckungen daran mit den Aussagen Christoph Goldmanns!*
▷ *Überlegt, warum es manchmal – wie auch Goldmann betont – so schwierig ist, über Liebe zu sprechen.*
▷ *Wie würdet ihr persönlich die Erfahrung von »Liebe« ausdrücken oder malen? Wagt ruhig einmal einen konkreten Versuch!*

Drittes Beispiel: Ein Brief über die Liebe (1. Kor 13)

Der → Apostel Paulus schreibt über die Liebe in einem Brief an die urchristliche Gemeinde in Korinth:

Wenn ich alle Sprachen der Menschen redete
und sänge in den Worten der Engel,
und keine Liebe wäre in mir,
gliche ich einer dumpfen Brummglocke
oder einem scheppernden Becken aus Blech.
Wenn ich Gottes Gedanken kennte
und alle Geheimnisse wüßte,
wenn ich alle Weisheit der Welt besäße,
wenn mein Glaube die Macht hätte,
Berge zu versetzen,
und keine Liebe wäre in mir,
so wäre ich nichts.
Wenn ich mein Gut verteilte
und alle Hungrigen der Welt sättigte,
wenn ich für Christus ins Feuer ginge
und ließe meinen Leib brennen,
und es wäre keine Liebe in mir,
es nützte mir nichts.

Die Liebe ist langmütig und freundlich,
sie kennt keine Eifersucht,
sie prahlt nicht
und bläht sich nicht auf,
sie achtet auf das,
was sich schickt, und verletzt es nicht.
Sie sucht keinen Vorteil
und wird nicht bitter durch dunkle Erfahrung.
Sie rechnet niemandem Böses an.
Sie trauert über das Unrecht
und freut sich über die Wahrheit.
Sie trägt alles und hofft alles.
Sie beugt sich den Lasten
und bleibt geduldig.

(1. Kor 13,1–7; Übersetzung von Jörg Zink)

▷ *Tragt zusammen, welche Eigenschaften Paulus der »Liebe« in 1. Kor 13 zuschreibt! – Was bedeutet sie für das Menschsein an sich?*
▷ *Mit welchem Oberbegriff für Liebe (vgl. S. 134) könnte man diese Verse überschreiben? – Oder würdet ihr lieber einen ganz anderen Titel wählen?*

Der Theologe Lothar Zenetti hat den Text des Paulus wie folgt »verfremdet«:

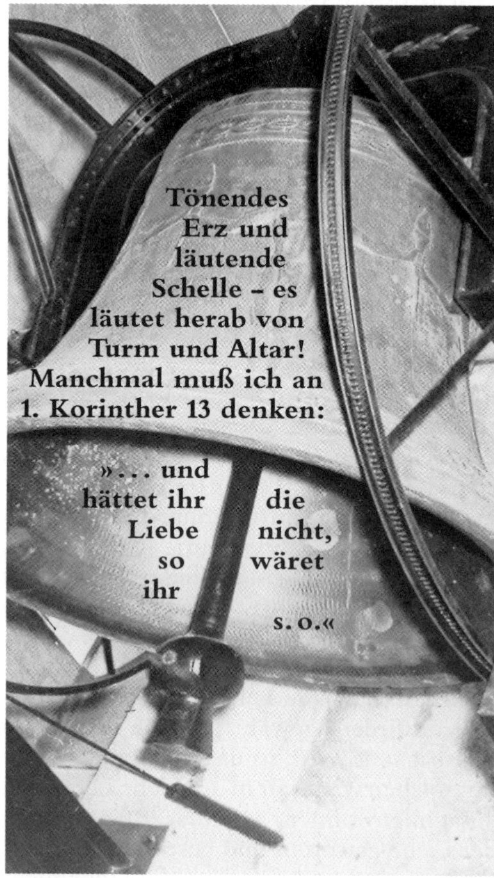

▷ *Welche Absicht(en) verfolgt Zenetti wohl mit dieser »Verfremdung« eines Bibeltextes? – Wogegen richtet sich seine Kritik?*
▷ *Versucht selbst einmal, 1. Kor 13 oder nur einen Vers daraus umzuschreiben und dadurch auf eine aktuelle Situation zuzuspitzen!*

3. Sexualethische Problembereiche

Sexualethik, die sich an einem biblisch begründeten Verständnis von Liebe und Glück orientiert, möchte Maßstab und Hilfe zum Leben »in Beziehungen« sein.
In unserer pluralistischen Gesellschaft wird dieser sexualethische Maßstab nicht von allen Menschen akzeptiert; in der öffentlichen Diskussion ergeben sich daher immer wieder eine Vielzahl von sexualethischen Kontroversen.

▷ *Die folgenden Materialien sollen euch dazu anregen, einen oder mehrere dieser Problembereiche (ansatzweise) zu erarbeiten, zum Beispiel:*
Erotische Liebe unter Jugendlichen?
Partnerschaften und Lebensentwürfe?
Sexualität als Ware?
AIDS – Eine todbringende Gefahr für die Liebe?

Erotische Liebe unter Jugendlichen?

▷ *Von welchem Alter an sollte Sexualität eurer Meinung nach frei ausgelebt werden dürfen? – Was sagt die Gesetzgebung in Deutschland dazu?*
▷ *Setzt euch mit den verschiedenen Auffassungen zum Thema Sexualität und Jugend auseinander! – Versucht euch vorzustellen, woran den Verfassern jeweils gelegen ist und wogegen sie sich ganz besonders wenden!*

1. Ich kenne kein stichhaltiges Argument gegen das Liebesleben Jugendlicher. Fast jedem Einwand liegt ein verdrängtes Bedürfnis oder Haß gegen das Leben zugrunde. (...)
Warum hat die Natur dem Menschen einen starken Sexualtrieb gegeben, wenn der Jugendliche sich seiner nicht bedienen darf, solange die älteren Menschen der Gesellschaft es nicht erlauben ...

(Aus: A. S. Neill, Theorie und Praxis der antiautoritären Erziehung. Das Beispiel Summerhill, Frankfurt 1968, S. 43)

2. In Sexfragen hat man jungen Leuten vorgespiegelt, sie wären freigelassen, in Wahrheit sind sie nur losgelassen.

(Heinrich Böll, zitiert nach: Impulse zur Verantwortung a.a.O., S. 132)

3. Sexualität als vitale Kraft, der *jeder* Mensch sein Leben verdankt, umfaßt im weitesten Sinn die Voraussetzungen körperlicher und seelischer Gesundheit. Die Freiheit von falschen Schuldgefühlen und eine natürliche Unbefangenheit bestimmen Glück und innere Sicherheit *jedes* Menschen.

(Aus: Tobias Brocher, Lexikon der Sexualerziehung für Eltern, Lehrer und Schüler, Gütersloh 1978, Titelblatt)

4. Du kannst keinen Fallschirm ausprobieren, indem du von einem Hausdach (...) abspringst. Er öffnet sich nicht in so kurzer Zeit (...), und Dein Sprung wird tödlich ausgehen. (...) Genausowenig kannst du die Liebe ausprobieren durch ein sexuelles Erlebnis. (...) Du mußt schon den Höhenflug der Ehe wagen.

(Nach: W. Trobisch, Ich liebte ein Mädchen, Göttingen 1983[13])

Aus den Denkschriften der Evangelischen Kirche in Deutschland (1982) zum Thema »Ehe, Familie, Sexualität, Jugend«

35. Alle Beziehungen zwischen Mann und Frau sind von Geburt an auch sexueller Art. Nach Eintritt der körperlichen Geschlechtsreife gewinnen sie eine neue Qualität, die auf Partnerschaft zielt. Für eine volle, dauerhaft partnerschaftliche Beziehung aber reicht die körperliche Geschlechtsreife allein nicht aus. Partnerschaftsfähigkeit ist abhängig von der Bereitschaft zur personalen und sozialen Verantwortung für einander und für sich selbst. Diese wird erst allmählich entwickelt. (...)

38. Aufgabe der Kirche in der Sexualerziehung ist es, alle jungen Menschen in ihren unterschiedlichen Situationen zu verstehen und ihnen Hilfe zur sinnvollen Gestaltung ihres sexuellen Lebens zu geben.
Gegenwärtig werden geschlechtliche Beziehungen vor der Ehe – wenn auch unter bestimmten Vorbehalten – in der Gesellschaft gebilligt. (...) In der christlichen Ethik herrscht die einhellige Überzeugung, daß volle geschlechtliche Partnerschaft ihren Ort in der Ehe hat. Doch wird (...) Geschlechtsverkehr verlobter oder fest befreundeter Paare in einer ganzheitlich-personalen Beziehung, die mit der Absicht auf Dauer verbunden ist, grundsätzlich anders gesehen als das »Ausprobieren« mit wechselnden Partnern. (...)
41. Wenn es zu Geschlechtsverkehr Unverheirateter kommt, besteht ebenso wie in der Ehe die Verantwortung für eine mögliche Elternschaft. Wenn die Bereitschaft zur Übernahme der Verantwortung für ein Kind fehlt, ist die Anwendung empfängnisverhütender Mittel unvermeidlich. (...)

(Aus: Die Denkschriften der Evangelischen Kirche in Deutschland, Band 3/1, Gütersloh ^{2}1988, S. 153–156)

▷ *Welche Hauptprobleme der Sexualität Jugendlicher werden hier kirchlicherseits angesprochen? Welche Orientierungs- und Entscheidungshilfen bietet die Kirche – in diesem Text und in ihren Institutionen – an?*

Sexualethische Anhaltspunkte für Jugendliche?

Der Pädagoge Ernst Ell schreibt über voreheliche Geschlechtsbeziehunen von Jugendlichen:

Auf drei Gesinnungen kommt es an:

1. *Respekt vor der Freiheit der Hingabe:* Dieser wird gefordert sowohl von der Liebe her, welche die Freiheit des anderen respektiert, als auch vom Geschlechtserlebnis selbst. (...) Jeder der beiden [muß] sich in *Freiheit* hingeben (...). Eine unanständige Gesinnung liegt nicht nur bei physischem, sondern auch bei psychischem Zwang vor. So ist es unanständig, wenn der eine Partner vermutet, der andere liebe ihn nicht richtig, weil er sich ihm nicht hingibt (...).
2. *Bereitschaft zur Verantwortung:* Wer in die geschlechtliche Aktivität eintritt, muß auch bereit und fähig sein, die daraus sich ergebende *Verantwortung* zu tragen, und zwar sowohl gegenüber dem Partner, in welchem durch den Geschlechtsakt die »große Liebe« durchbrechen kann. Zwar kann man daraus nicht die Pflicht zur Ehe ableiten, aber doch, daß dem anderen so lange beigestanden wird, bis er die Trennung verkraftet. Ebenso besteht die Pflicht, wenn doch ein Kind gezeugt worden ist, [dafür] nach besten Kräften zu sorgen.
3. *Gesinnung der Liebe:* Das geschlechtliche Tun sollte nicht nur einem dumpfen Triebe entspringen, sondern einer liebenden *Gesinnung,* die nicht nur für sich selbst Lust sucht, sondern auch dem anderen solche vermitteln will, und zwar als Geschenk und Gabe der Liebe, die man füreinander empfindet (und die mehr ist als nur ein bißchen Sympathie) (...).

(E. Ell, zitiert nach: Befragter Glaube 17, a.a.O., S. 70 f)

▷ *Setzt euch kritisch mit diesem Entwurf einer neuen Sexualmoral für Jugendliche auseinander! – Haltet ihr die »drei sexualethischen Gesinnungen« für hilfreiche und wichtige Orientierungspunkte? – Fallen euch wichtige Ergänzungen oder Änderungsvorschläge dazu ein?*

Wünsche einer Mutter an ihren Sohn

Ich wünsche dir eine Frau, die dich annimmt.
Nicht nur in den Stunden der Zärtlichkeit
und Freude, sondern auch in deiner Fremdheit
und in deinem Verlangen.

Ich wünsche dir eine Frau,
zu der du nach Hause kommen kannst,
wenn du beschwert bist
von Mißerfolgen und Niederlagen,
und wenn du dich selbst nicht mehr leiden kannst.

Ich wünsche dir eine Frau, die dich versteht,
auch wenn sie dein Verhalten
nicht gutheißen kann.
Eine Frau, die dir aufrichtig
ihre Überzeugung sagt
und dich dabei ihre Liebe so spüren läßt,
daß sie dich befreit zur Änderung deines Lebens
und für einen neuen Anfang.

Ich wünsche dir eine Frau, die dich herausfordert
zu Ritterlichkeit und Fairneß
allen Menschen gegenüber, auch jenen,
die schwach und alt und verachtet sind
in unserer Gesellschaft.

Ich wünsche dir eine Frau, die mit dir
über eure Zweierschaft hinaus sucht
nach der größeren Gemeinschaft
mit euren Mitmenschen
und nach der größten und tiefsten Gemeinschaft,
die es gibt, nach der Gemeinschaft mit Gott.

Ich wünsche dir eine Frau,
die ihren Glauben nicht verleugnet,
wenn du oder andere zweifeln oder kritisieren,
und die dich dennoch liebbehält
und dich herausliebt aus deinen Dunkelheiten.

(Aus: G. Kiefel, *Du,* Reihe: Wir – in der Welt von heute und morgen, Foto-Text-Bücher Band 8, Stuttgart 1985, S. 28)

Partnerschaften und Lebensentwürfe

Die oben abgedruckten »Wünsche einer Mutter an ihren Sohn« enthalten einen ganz bestimmten Lebensentwurf und eine besondere Vorstellung von der Liebe zwischen Mann und Frau.

▷ *Wie beurteilt ihr die Wünsche der Mutter? – Sind sie erfüllbar oder maßlos?*
▷ *Entwerft »Wünsche eines Vaters an seine Tochter«!*
▷ *Nennt spontan fünf typisch männliche und fünf typisch frauliche Eigenschaften!*
▷ *Diskutiert, ob es in unserem Land noch immer ganz festgelegte Geschlechterrollen gibt – beispielsweise in der Erziehung oder im Berufsleben oder auch in Partnerschaften!*

Partnerschaften könn(t)en auseinanderbrechen

Selten entwickeln sich Partnerschaften ganz genau so, wie man es sich anfangs in der Phantasie erträumt hat; der Beziehungsalltag sieht oft ganz anders aus. – Da scheinen Probleme, Streit und Enttäuschung beinahe vorprogrammiert:

Ein gemeinsamer Lebensweg

Ein gemeinsamer Lebensweg war ins
Auge gefaßt
mit achtzehn und einundzwanzig Jahren
das Auto lief auf Wechsel
ihr Hauptthema war Geld
die Möbel und der Fernseher auf Raten

Schon nach drei Jahren ging er fremd
sie konnte nicht mehr mitarbeiten
zwei Kinder in einer Dreizimmerwohnung
wer hält das aus
ja hätte sie ihn nicht betrogen

Und ebenso plötzlich trennten sich ihre
Wege
er nahm das Auto
sie die Möbel den Fernseher und die
Kinder

(W. Bittner, zitiert nach: Almanach für Literatur und Theologie 12 »Ehe«, Wuppertal 1978, S. 173)

▷ *Glaubt ihr, daß das Paar in dem Gedicht – oder deren Kinder – sich ihr Leben so vorgestellt hatten?*
Welchen Hindernissen sind die Partner auf ihrem gemeinsamen Weg begegnet?
Hätten diese Lebens-Situationen auch anders ausgehen oder gelöst werden können?
▷ *Auch in der Karikatur von Marie Marcks stekken mögliche Gründe für die Zerbrechlichkeit von Partnerschaften und Beziehungen.*
Könnte euch so etwas auch passieren?

Sexualität als Ware?

Obwohl die Informationen über Sexualität wohl niemals so umfangreich und so offen für jedermann zugänglich waren wie heutzutage, bedeutet dieses Phänomen noch lange nicht, daß damit auch der Umgang der Menschen unserer Gesellschaft mit der Sexualität aufgeklärter und glücklicher als in früheren Zeiten geworden wäre. Das zeigt sich unter anderem in der weitreichenden *Vermarktung* von Sexualität.

▷ *Anhand des folgenden Auszugs aus einem Lexikonbeitrag von Tobias Brocher könnt ihr Umfang, Wirkungen und Gefahren vermarkteter (= kommerzialisierter) Sexualität erarbeiten!*

Kommerzialisierte Sexualität

Unter K. versteht man allgemein (...) das Geschäft mit dem Sex. Dabei wird Sexualität gewissermaßen als Handelsartikel mit Profit vertrieben beziehungsweise als Anreiz benutzt, um Waren mit Gewinn zu verkaufen. (...)
Als »Ware« sind schriftliche, bildliche und akustische Darstellungen sexuell aufreizenden Inhalts zu verstehen, also Romane, Magazine, Illustrierte, Photomagazine, Filme, Schallplatten. Weiterhin wird in sogenannten Sexläden und von Sexversandhäusern Zubehör für sexuelle Betätigung angeboten (...).
Zur K. gehört auch die Prostitution sowie die Schaustellung halbbekleideter oder nackter Körper in Nachtlokalen oder Varieté-Theatern. (...)
Moderne Verkaufs- und Werbemethoden arbeiten in ausgedehntem Maße mit Sex-Symbolen. Autoreifen oder Herrenarmbanduhren werden um schlanke Damenbeine drapiert, barbusige Mädchen werben auf Reklamephotos für alkoholische Getränke oder Herrensocken, und nackte Schönheiten, auf Raubtierfellen hingestreckt, sollen den Absatz von Krawatten oder Plattenspielern heben. (...)
Die Berieselung mit Sex ist so umfassend geworden, daß sich ihr auch der Einzelgänger kaum noch entziehen kann. Sie ist fester Bestandteil unserer Umwelt geworden und beeinflußt den Sozialisationsprozeß der Heranwachsenden (...). Technisch perfekt gemacht, in ansprechender Aufmachung angeboten, besitzt der kommerzielle Sex eine hohe Überlegenheit gegenüber den erzieherischen Leitbildern von Schule und Elternhaus, die damit den Beigeschmack rückständiger Biederkeit bekommen. (...)
Die käuflich angebotenen Sexartikel (...) verändern den Charakter der Sexualität. Sie wird vereinfachend mit *Sexualtechniken* gleichgesetzt. (...)
In den Illustrierten oder der Werbung, die mit Sex arbeiten, erscheint das Leitbild des jederzeit liebesbereiten Sexualtechnikers, der in freier Partnerwahl sexuelle Befriedigung als sportliche Disziplin betreibt. Welche Irritierung von diesem Leistungsprinzip auf Jugendliche ausgeht, mögen zwei Beispiele zeigen: Ein junger Mann beklagt sich, er sei sehr unglücklich, da er den Beischlaf nicht mehrmals hintereinander ausführen könne, wie das angeblich alle Männer könnten. Eine Sechzehnjährige fragt ihren Lehrer, was sie machen soll, ob »das« denn wirklich immer dazugehöre, wenn man nur mal tanzen gehen wolle. Sie sei ganz irritiert, wenn sie sich weigere und dann von den Jungen ausgelacht werde. (...)

(Aus: T. Brocher, Lexikon, a.a.O., S. 326 f)

▷ *Sammelt aus Illustrierten Werbefotos, die eurer Meinung nach Tobias Brochers Thesen veranschaulichen!*
Diskutiert, ob diese Fotos belanglose Werbegags sind oder ob man sie als Angriffe auf die menschliche Würde ernster nehmen muß!

Sexmagazin – eine Frage der Religion?

(...) »Playboy« (...) wurzelt in einer tiefen *Furcht vor der Sexualität.* In einer Furcht, die sich in höchst unbequemer Weise mit *Faszination* mischt. Der »Playboy« versucht [diesen Widerspruch] dadurch zu lösen, daß er die (...) Sexualität, ihre Kraft und ihre Leidenschaft auf ein *verpackbares Konsumgut* reduziert. So symbolisiert in der Bildsprache des »Playboys« die nackte Frau zwar die totale sexuelle Verfügbarkeit, aber sie verlangt vom Beobachter überhaupt nichts. (...) Dieser vergebliche Versuch, das →mysterium tremendum des Sexuellen zu verkleinern, kann das *Problem des Menschseins* nicht lösen. Sexualität ist nämlich die *Grundform* aller menschlichen Beziehungen, und darum liegt in ihr Schrecken und Macht.
Karl Barth hat diese Grundform der Beziehung des menschlichen Lebens *Mitmenschlichkeit* genannt. Das heißt, daß die Erlangung der vollen Menschlichkeit (...) nicht voraussetzt, daß der andere mir und meinen Absichten total ausgeliefert ist, während ich mich distanziert verhalte, sondern daß ich mich selbst dem Risiko der Begegnung mit dem anderen in der gegenseitigen Selbstpreisgabe aussetze. (...)
Jede theologische Kritik des »Playboy«, die sich auf seine Liderlichkeit konzentriert, geht deshalb vollständig fehl. »Playboy« und seine weniger erfolgreichen Nachahmer sind überhaupt keine Sexmagazine. Sie sind grundsätzlich *antisexuell.* Sie verspielen und zerstören *echte Sexualität,* indem sie sie zu einem Zubehör herabwürdigen, indem sie sie in einer sicheren Distanz halten. (...)
Eben weil diese Magazine antisexuell sind, müssen sie der schärfsten *theologischen Kritik* ausgesetzt werden. Sie nähren eine (...) Lehre vom Menschen (→Anthropologie), die sich von der biblischen Schau radikal unterscheidet. Beim Mann des »Playboy« sind die anderen und besonders die Frauen *für ihn da.* Sie sind das Zubehör seiner Freizeit, seine Spielsachen. Für die Bibel wird der Mensch überhaupt erst Mensch, wenn er *für andere da* ist.

(Aus: Harvey Cox, Stadt ohne Gott?, Kreuz-Verlag, Stuttgart/Berlin 1968, S. 222–224 [gekürzt])

▷ *Mit welchen Argumenten richtet sich der Theologe Harvey Cox gegen die Vermarktung von Sexualität in Illustrierten? Teilt ihr seine Sichtweise?*

AIDS: Eine todbringende Gefahr für die Liebe?

Kurzinformation: Nach derzeitigem medizinischen Kenntnisstand ist die neue, ansteckende Krankheit AIDS, die durch das HIV-Virus verursacht wird, unheilbar. AIDS schwächt die Abwehrkräfte des menschlichen Körpers bis hin zu deren völligem Zusammenbruch; damit können alltägliche und sonst harmlose Infektionen, die vom gesunden Körper leicht abgewehrt werden, zu schwerer Krankheit und zum Tode führen. Einmal an ADS *erkrankte* Menschen haben in der Regel nur noch eine geringe Lebenserwartung; man kann aber auch den HIV-Erreger jahrelang in sich tragen, bevor die eigentliche Krankheit zum Ausbruch kommt. Die große Gefahr liegt dann darin, das Virus zuvor – ohne es zu ahnen – auf nicht infizierte Menschen zu übertragen. Das HIV-Virus findet sich in allen Körperflüssigkeiten eines Infizierten (zum Beispiel in Blut, Samenflüssigkeit, Speichel und Urin): es kann durch kleinste Verletzungen von Haut und Schleimhäuten eines Gesunden in dessen Blutkreislauf eindringen. Oft ist dies bei sogenanntem »ungeschützten« Geschlechtsverkehr (das heißt unter Verzicht auf Kondome) der Fall; als weitere mögliche Ansteckungsquellen mit hohem Risiko gelten: Bluttransfusionen, (gemeinsame) Benutzung verunreinigter Spritzennadeln bei Drogenabhängigen, nicht-sterile Tätowierungen, Sperma- oder Organspen-

den, gemeinsame Benutzung von Zahnbürsten – *auch:* von einer AIDS-infizierten Mutter geboren zu werden.
Bis heute ist keine statistisch repräsentative Untersuchung darüber veröffentlicht, wie viele Menschen eines Landes HIV-infiziert sind. Im April 1990 waren in der Bundesrepublik Deutschland über 4863 erkrankte Menschen bekannt; weltweit waren über 250 000 in 120 Ländern registriert. Die Ermittlung genauer Zahlen erweist sich aus vielerlei Gründen als sehr schwierig; Mediziner vermuten schon jetzt eine hohe »Dunkelziffer« – denn viele Menschen wissen gar nicht von ihrer Infizierung oder halten sich aus Angst vor sozialer Ächtung verborgen. Insbesondere in den sogenannten »Dritte Welt«-Ländern sind die Erfassungsmöglichkeiten – rein verwaltungsmäßig betrachtet – sehr eingeschränkt. In Europa sind sie prinzipiell umstritten. – Als sicher gilt jedoch: Die Ausbreitung von AIDS verläuft weltweit sehr schnell. AIDS bedeutet eine Gefahr *für jeden,* und offenbar müssen wir angesichts dieser neuen Krankheit erst lernen, in größerem Maße umzudenken und unser hygienisches, ethisches und moralisches Verhalten grundlegend zu ändern.

▷ *Sammelt weitere Informationsmaterialien, Zeitungsartikel, Stellungnahmen etc. zum Themenbereich AIDS!*
▷ *Legt eine Liste mit Adressen an, an welche sich AIDS-Infizierte, deren Angehörige oder Freunde wenden können, wenn sie Hilfe brauchen!*

AIDS – Eine Herausforderung an die christliche Ethik?

»Wir weisen auf den Zusammenhang von Sexualität und menschlicher Würde hin. Im sexuellen Bereich darf der Mensch nicht alles tun, wonach ihn der Trieb drängt. (…) Die AIDS-Gefahr wird (…) durch ein geschlechtliches Verhalten vermieden, das sich an verbindlichen sittlichen Maßstäben orientiert und die Menschenwürde respektiert. Der Geschlechtsverkehr mit unbekannten oder wechselnden Partnern ist menschenunwürdig. Eheliche Treue und auch sexuelle Enthaltsamkeit sind die geeigneten und menschenwürdigen Wege, um die Ausbreitung dieser Krankheit zu vermeiden.«

(Aus: Erklärung der Deutschen Katholischen Bischöfe, Januar 1987

Aus einer Stellungnahme des Ökumenischen Rates der Kirchen

»Im Geheimnis des Lebens und des Todes begegnen wir Gott. Diese Begegnung bewirkt nicht Lähmung und Fesselung, sondern schafft Vertrauen, Hoffnung und Ehrfurcht. Diejenigen, die wir nicht heilen können, können wir in Solidarität unterstützen und stärken: ›Ich war hungrig … durstig … ein Fremdling … nackt … krank … gefangen, und ihr habt mich gespeist … bekleidet … beherbergt … besucht‹ (Matthäus 25). Die Aids-Krise stellt uns vor die grundlegende Herausforderung, in Tat und Wahrheit Kirche zu sein: *Kirche als heilende Gemeinschaft zu sein.* Aids ist eine herzzerreißende Realität, die die Kirchen herausfordert, ihre eigenen Herzen zu zerreißen und ihre Untätigkeit und starren Moralprinzipien zu bereuen. Da die Menschen von Aids ungeachtet ihrer Rasse, Klasse, ihres Geschlechts oder Alters wie auch ihrer sexuellen Präferenzen und Beziehungen betroffen sind, fordert uns die Krankheit heraus, unsere Ängste und unser Ausschließlichkeitsverhalten in Frage zu stellen.«

(Aus: Stellungnahme des Ökumenischen Rates der Kirchen, Reykjavik, September 1986)

▷ *Vergleicht die beiden christlichen Stellungnahmen zum Thema AIDS miteinander! – Welche Aspekte des Problembereichs betonen sie? Welche Standpunkte nehmen sie ein?*
▷ *Versucht, eine persönliche Stellungnahme zum Thema »AIDS – eine Gefahr für die Liebe» zu formulieren! – Stellt euch beispielsweise vor, ihr solltet einen Artikel dazu für eure Schülerzeitung schreiben!*

Kapitel 9

Aberglaube, Okkultismus, Satanismus – »Wenn der Teufel los ist …«

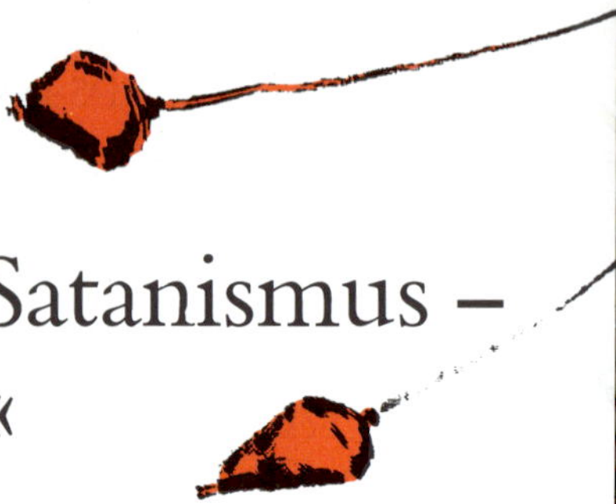

HELLOWEEN
Keeper Of The Seven Keys
666
STIER (21.
Liebe: Nich
mal etwas
läuft. Ab de
esser zum Zug
abe erweist sich
als zunächst a
bleiben. Am 14.
ilfe. Gesundhe
der mehr Sport!
ZWILLING
Liebe: Ein
Sie um den
Person zu
Geld/Beruf: Super
sich nach außen. P
nicht nur mit Kraft,
chen an. Erfolgsmel
heit: Schwacher Kr
dern probieren. Bes
SCHÜTZE (23. 11. bis 21. 12.)
Liebe: Spürbare Belebung
dürfte man sich so
kümm haben
am 15. 9. Geld
Gott des Han
den 13. 9.
das Ihner
sundheit: Lang
mung gut! Best
RAZOR

▷ *Sucht ausgehend von der Collage auf den beiden vorhergehenden Seiten möglichst viele Phänomene, die eurer Meinung nach zu den Oberbegriffen »Übersinnliches«, »Aberglaube«, »Magie« passen!*

▷ *Tragt aus eurer Erinnerung typisch abergläubische Verhaltensweisen zusammen! Ihr könnt dabei von Beispielen aus der Literatur (zum Beispiel Märchen) oder von konkreten Personen ausgehen!*

▷ *Wo habt ihr persönlich schon einmal Erfahrungen mit geheimnisvollen Kräften oder dem Glauben daran gemacht?*

▷ *Erinnert ihr euch an Filme, in denen »Übersinnliches« vorkommt? – Welche Stimmung strahlen diese Bilder aus?*

1. Faszination des Okkulten

Seit Jahren schon haben →Aberglaube, →Okkultismus und →Spiritismus in unserer Gesellschaft Hochkonjunktur. Immer mehr Menschen leben in dem Bewußtsein, ein neues astrologisches Zeitalter (→New Age), sei angebrochen, in welchem die Erde von neuen Prinzipien beherrscht werde – beispielsweise von Harmonie, Sanftheit, Verständigung, Klarheit und Freiheit. Die Ursache dieser grundlegenden Veränderung sehen sie »in den Sternen«, in einem neuen *Tierkreiszeichen* des Sternenhimmels, welches unsere – in der Verlängerung gedachte – Erdachse nach Ablauf eines *Weltjahres** nunmehr durchläuft. Nach dieser Theorie befindet sich die Menschheit im Übergang vom »Fisch«-Zeitalter zu dem des »Wassermanns« (=Age of Aquarius).

Eine unter vielen derzeit spürbaren Konsequenzen dieser *astrologischen* Deutung unserer Wirklichkeit ist das blühende Geschäft mit *Horoskopen* und anderen Formen astrologischer und/oder okkulter Lebensglück-Beratung (wie Zukunftsprognosen anhand von Geburtshoroskopen, Hellsehen, Kartenlegen, Pendeln). Alles nur Erdenkliche im Zusammenhang mit →Esoterik, →Parapsychologie, weißer und schwarzer →Magie erfreut sich großer Beliebtheit – von Literatur, Zeitschriften, Filmen, Video-Clips, Tonbandcassetten, bis zu Vereinigungen, Clubs, Ernährungsweisen und Heilmethoden, Talismanen und Symbolen, Kleidermoden und Musikstilen.

* Ein »Weltjahr« entspricht zirka 25.800 Zeitjahren.

Der Bereich des Okkulten übt offenbar eine starke *Faszination* auf alle Generationen und sozialen Schichten aus. Wie jede echte Faszination hat die des Okkulten einerseits etwas Verlockendes, aber andererseits auch etwas Abstoßendes, oder sogar Furchterregendes. Sehr viele Erfahrungen, die Menschen im Umfeld des Okkultismus machen, besitzen diesen *ambivalenten* Charakter: sie versetzen in Angst und Schrecken, aber locken und begeistern auch (→Mysterium tremendum)! Manche Okkultisten behaupten sogar, gerade diese gruselige Ambivalenz übe die größte Anziehungskraft auf sie aus. – Einige Gründe für die Attraktivität des Okkulten könnt ihr in diesem Kapitel kennenlernen.

▷ *Damit ihr auch wirklich wißt, wovon ihr genau sprecht: Lest alle Fachbegriffe (mit →gekennzeichnet), die im obigen Text vorkommen, im Lexikon nach!*

▷ *Sammelt eine Woche lang aus Zeitungen und Illustrierten alles, was mit Aberglauben, Astrologie, Okkultismus und Esoterik zu tun hat! – Wertet eure Materialien unter folgenden Gesichtspunkten aus: a) In welchem Umfang sind solche Fundstücke in der Presse anzutreffen?; b) an welchen Leserkreis richten sie sich hauptsächlich?; c) wie zuverlässig erscheint ihr Erfolg (in bezug auf geweckte Erwartungen)?; d) Wie glaubwürdig stellen sie sich dar?*

Der folgenden Tabelle könnt ihr den *vermuteten* Anteil Jugendlicher an der »Okkult-Welle« im Jahr 1988 entnehmen:

Erfahrungen Jugendlicher mit Okkultpraktiken

Auf welche Erfahrungen haben sich die Jugendlichen berufen? (Mehrfachankreuzungen)

Okkulte Praktiken (Psychische Automatismen)	
– Glasrücken beziehungsweise automatisches Buchstabieren	61,5
– Automatisches Schreiben ohne oder mit »Tischchen«	52,1
– Tischrücken	49,6
– Pendeln über dem Alphabet	23,7
– Kristallsehen	4,3
Nicht anerkannte Deute- und Beratungspraktiken	
– Horoskopdeutung	32,5
– Handlesen	13,7
– Tarotkarten legen	6,8
Magische Praktiken (zum Beispiel 6. und 7. Buch Moses **Spiritismus)**	
– Teilnahme an spiritistischen Sitzungen	35,9
– Tonbandeinspielungen (»Stimmen Verstorbener«)	41,0
Satanskulte/schwarze Messen	
Hören von Popgruppen mit okkulten/satanischem Hintergrund	18,8

(Aus: W. Hund, Alles fauler Zauber. Okkulte Phänomene – Was steckt dahinter, 1988, S. 6)

2. Begegnungen mit »Über-Sinnlichem«?

Sicherlich habt auch ihr schon von merkwürdigen Ereignissen oder »Fällen« gehört, in denen ganz außergewöhnliche Dinge geschehen sind – oder sein sollen – Dinge, die nach unserem herkömmlichen Wirklichkeitsverständnis eigentlich gar nicht möglich sind. Vielleicht waren euch diese Berichte unheimlich und ihr dachtet, es gehe »nicht alles mit rechten Dingen zu«. Vielleicht habt ihr auch nach »vernünftigen«

Erklärungen gesucht und alles als faulen Zauber abgetan.
Nicht immer finden alle sogenannten »Über-sinnlichen« Begebenheiten und alle unangenehmen Vorahnungen auf Anhieb eine so unmittelbare Entsprechung oder eine so banale Erklärung wie bei »Hägar dem Schrecklichen«.

▷ *Anhand der folgenden »Fallbeispiele« aus verschiedenen Zeiten und Kontexten könnt ihr eure eigene Einstellung zu diesen Dingen - und auch eure bisher erworbenen Sachkenntnisse – genauer überprüfen. – Was steckt eurer Meinung nach dahinter?*

Was das Pendel sagt – Ein Bericht aus dem Jahre 1986

1. Christina hatte Andrea am Nachmittag zu sich nach Hause eingeladen. Sie wollte ungestört das Pendel über ihre Liebe befragen – und sie hatte dabei unbewußt eine ganz wichtige Voraussetzung geschaffen, eine ruhige Umgebung und viel Zeit, um sich konzentrieren zu können.
Andrea nahm Christina ihre Halskette ab und zog ihr den Ring vom Finger. »So, das ist unser Pendel und jetzt brauchen wir irgendeinen Gegenstand, der dich an deinen ›Traumboy‹ erinnert. Ein Foto wirst du kaum haben?«
Natürlich besaß Christina kein Foto, aber dafür einen Bierdeckel, auf dem er im Schüler-Café achtlos rumgekritzelt hatte und den sie dann heimlich eingesteckt hatte.
»So, jetzt wickelst du das Ende der Kette um den Zeigefinger und läßt das Pendel genau über der Mitte des Bierdeckels hängen. Durch einen Test kannst du feststellen, welche Ausschlagrichtung des Pendels für dich ›Ja‹ oder ›Nein‹ bedeutet. Denn für den einen kann ein Ausschlag nach links ›Ja‹ bedeuten. Bei dem anderen ist es vielleicht umgekehrt. Durch mehrere Testfragen, deren richtige Antwort du todsicher weißt (zum Beispiel: Hast du Geschwister, ist heute Montag?), stellt sich dein Unterbewußtsein darauf ein und wird den Pendelausschlag in die entsprechende Richtung lenken. Durch deine Reaktion auf die Testfragen wird klar, ob ein Ausschlagen nach links oder rechts, eine Kreisbewegung vor oder zurück ein ›Ja‹ oder ›Nein‹ bedeutet.« (...)
»Wann werden wir zum erstenmal zusammen ausgehen?« Christina hatte vor Aufregung einen ganz roten Kopf bekommen.
»Nee, geht nicht. Du kannst das Pendel nur zu einer Ja- oder Nein-Antwort bekommen«, erklärte Andrea. »Liebt er mich? Soll ich ihn einfach ins Kino einladen?« (...) Dutzende von Fragen, auf die Christina nach drei aufregenden Stunden immer eine klare Antwort bekommen hatte. Das machte ihr Mut.
Am nächsten Tag ging sie zu »ihm«, fragte ihn nach seinem Namen und ob er Lust hätte, mit ihr den neuesten Film anzuschauen. Und ob er hatte (...).

(Aus: Bravo 1986, zit. nach: W. Hund, a.a.O., S. 52)

Ein Geist, der schreibt

2. Gabi war 18 Jahre alt und das einzige Mädchen in einer Berufsschulklasse von angehenden Malern und Anstreichern.
»Ich habe einen Mann in der Nachbarschaft besucht, der sich aus Amerika einen kleinen Tisch besorgt hat. Dieser Tisch kann Botschaften von Geistern aus dem Jenseits auf Papier schreiben«, erzählte sie eines Tages geheimnisvoll.
Ihre Mitschüler sahen sich vielsagend an, als wollten sie sagen: Jetzt ist sie übergeschnappt. Trotzdem waren sie neugierig und wollten von ihr wissen, was es mit dem Tischchen auf sich habe.
Gabi beschrieb, was sie wenige Tage zuvor erlebt hatte: »Wir saßen zu viert um einen großen runden Tisch, der mit Packpapier bedeckt war. Darauf stand der kleine Tisch. Er war ganz ausgelegt mit Holzarbeiten und Elfenbein, hatte drei Beine. An zwei Beinen hatte er Rollen, am dritten Bein war ein Bleistift befestigt. Der Nachbar hatte die Gardi-

nen zugezogen und Kerzen angezündet. Mir war es ziemlich unheimlich, aber ich glaubte nicht daran, daß das Tischchen tatsächlich Botschaften von Geistern und Verstorbenen aufschreiben könnte. Ich durfte als erste eine Frage stellen. Ich fragte, was meine Großmutter vor ihrem Tod zuletzt gegessen hatte. Meine Oma ist nämlich vor sechs Wochen gestorben. Ich hatte sie noch am Nachmittag gegen 16 Uhr im Krankenhaus besucht und ihr ein Pfund Kirschen mitgebracht. Die aß sie nämlich so gern. Ich fütterte sie und sah, wie sie sich freute. Als ich gegen 18 Uhr zu Hause war, klingelte kurz darauf unser Telefon: Oma ist gerade gestorben. Ich dachte, mich trifft der Schlag. Wir saßen ungefähr eine Stunde, hielten die Zeigefinger auf den Rand des Tischchens und warteten. Der Arm wurde mir lahm, und ich spürte kaum noch etwas. Nichts geschah – das Tischchen bewegte sich nicht vom Fleck. Da brachen wir ab, zogen die Vorhänge auf und ließen ein bißchen frische Luft herein. Nach einer kleinen Pause setzten wir uns noch einmal hin, legten die Finger auf und warteten wieder. Da – nach etwa einer halben Stunde begann das Tischchen zu rucken. Ich war ganz durcheinander und starrte auf das Packpapier: Krakelig, aber doch lesbar, schrieb er das Wort ›Kirschen‹.«

(Aus: M. u. M. Höhn, Kontakte ins Jenseits, Köln 1988, S. 23 f)

Nur ein Traum? – Ein Bericht aus dem Jahre 1889

3. »Meine älteste Tochter Kathleen, damals [1883] ein Kind von 5 Jahren, war von zu Hause abwesend. Sie weilte zu Besuch bei meiner Mutter. (...) Mein Töchterchen hatte sich schon einige Monate vor seiner Abreise in einem geschwächten nervösen Gesundheitszustand befunden. Allein ein dreimonatiges Verweilen in jener bezaubernden Gegend und der ständige Aufenthalt im Freien wirkten bei ihr Wunder. (...) Alle meine Sorge um das Kind war verflogen. Mein 3 Wochen altes Baby neben mir, lag ich in friedlichem Schlaf. Da wachte ich plötzlich auf. Ich hörte Kathleen mit erschreckter Stimme nach mir rufen: ›Mama, o Mama!‹ Ich vergaß, daß das Kind nicht da war, setzte mich im Bett auf und rief das Kindermädchen, zu dem ich sagte: ›Schauen Sie mal nach, was Kathleen fehlt!‹ – ›Aber gnädige Frau‹, erwiderte sie, ›Sie haben geträumt, Sie wissen doch, daß Kathleen in Newport ist.‹ Jetzt war ich hellwach. Ich lachte und legte mich wieder zum Schlafen nieder. Aber ich war gerade eingenickt, als ich von neuem aufgeschreckt wurde. Ich hörte die Stimme des Kindes aus dem oberen Stockwerk, wo es schlief, wenn es zu Hause war. Es rief die Treppe herunter: ›Mama, o Mama!‹ – Jetzt schrie ich einfach das Kindermädchen an: ›Ich habe sie wieder rufen hören, Schwester! Mit dem Kind stimmt etwas nicht!‹ Ich zitterte an allen Gliedern, denn alles war so wirklich. (...) Ich lag hellwach und dachte über das eben Erlebte nach, da traf Kathleens Ruf wieder mein Ohr: ›Mama, o Mama! Ich habe Scharlach, ich habe Scharlach!‹ – Diese Nacht fand ich keinen Schlaf mehr. (...) Am Morgen telegrafierte ich nach Newport. Hier ist das Ergebnis: Als Kathleen am Vorabend zu Bett gebracht wurde, klagte sie über Kopfschmerzen. Im Bett wurde sie so heiß und fiebrig, daß meine Mutter die ganze Nacht bei ihr sitzen blieb. (...) Kathleen sagte unaufhörlich die ganze Nacht: ›Wenn doch Mama hier wäre! Warum bin ich von Mama weggegangen!‹ (...)« Ein herbeigerufener Arzt befürchtete Scharlach. »Kaum hörte das Kind, was der Arzt sagte, als es jenen wilden Schrei ausstieß, den ich vernahm: ›Mama, o Mama! Ich habe Scharlach, ich habe Scharlach!‹ – Und über fast 200 Meilen hinweg trafen diese Worte mein Ohr!«

(Hyslop 1906; zit. n. Moufang/Stevens 1953; 201 f., hier zit. nach: Lexikon der Parapsychologie, S. 88)

▷ *Betrachtet ihr alle in Fall 1 bis 3 beschriebenen Phänomene als typische Beispiele des Okkulten oder sollte man einige davon vielmehr anderen Bereichen wie der Parapsychologie oder dem Spiritismus zuordnen?*

Erklärungsmodelle

Für sogenannte »paranormale Fälle« wie die oben beschriebenen sind die unterschiedlichsten Erklärungen gesucht und gefunden worden; die meisten davon lassen sich generell – im Sinne eines Erklärungsmodells – auf alle parapsychologischen Phänomene und okkulten Praktiken übertragen. Das Hauptproblem dabei besteht wohl darin, daß keine dieser Hypothesen *für alle* Erscheinungen als zutreffend *beweisbar* ist. Letztlich bleibt es der Entscheidung jedes einzelnen überlassen, welches Erklärungsmodell ihm am überzeugendsten erscheint.

1. Die animistische Hypothese: (von lat. »anima« = Seele): paranormale Erscheinungen werden mit *besonderen seelischen Kräften* erklärt (= Psi-Kraft), die bisweilen freigesetzt werden. Nach dieser Erklärung gibt es Menschen, die mit besonderen Fähigkeiten »außersinnlicher Wahrnehmung« wie Telepathie oder Hellsehen oder mit anderen ganz außergewöhnlichen Begabungen wie Psychokinese oder magischen Heilkräften ausgestattet sind.

2. Die spiritistische Hypothese: (von lat. spiritus = Geist): paranormale Erscheinungen werden auf die *Einwirkung von Geistern* zurückgeführt. Solche jenseitigen Wesen können Verstorbene, Engel oder Dämonen sein. Die »Geister« suchen sich in der Welt der Menschen »Medien«, das heißt Vermittler ihrer Botschaften.

3. Die (tiefen-)psychologische Hypothese: paranormale Erscheinungen werden als *Spiegelbilder der Seele* verstanden. Die (Tiefen-)Psychologie geht davon aus, daß jeder Mensch nicht nur ein *Bewußtsein* (=B.), sondern auch ein (viel umfangreicheres) *Unterbewußtsein* (=UB.) hat; in das UB. sinken unzählige (oft unangenehme) Wahrnehmungen und Erinnerungen ab und bleiben dort »vergessen« zurück. Durch bestimmte Praktiken können diese Daten aus dem UB. wieder wachgerufen werden und *wie in einer Steigröhre* zurück ins B. dringen, und zwar auch ohne daß sich der Betreffende darüber im klaren ist. – So könnte es auf einer spiritistischen Sitzung vorkommen, daß jemand eine bestimmte Mitteilung aus seinem UB. für eine *okkulte Offenbarung hält, nur weil er sich nicht mehr bewußt* daran erinnern kann, diese Einzelheit (etwa den Todestag des Urgroßvaters) als Kleinkind irgendwann einmal gehört und dann vergessen zu haben.

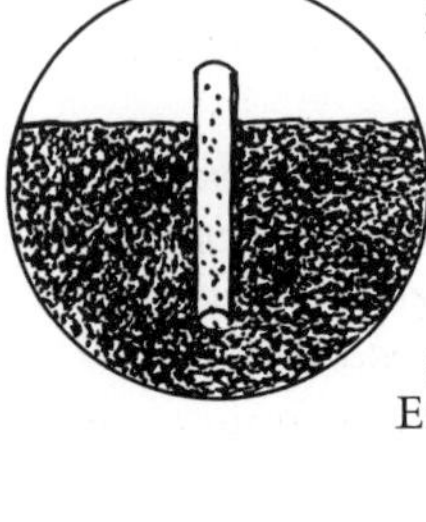

4. Die naturwissenschaftliche Hypothese: paranormale Erscheinungen werden als nicht existent abgelehnt; denn *alle* Erscheinungen in unserer Welt lassen sich mit Hilfe des naturwissenschaftlichen Verstandes erklären – auch wenn man aufgrund des aktuellen Forschungsstandes im Einzelfall noch nicht immer dazu in der Lage ist. – Ein Beispiel dafür ist der sogenannte »Carpenter-Effekt«. Bereits 1852 entdeckte der Mediziner Carpenter, daß aufgrund bestimmter psychomotorischer Voraussetzungen beim Menschen »jede *Vorstellung* einer Bewegung gleichzeitig einen *Antrieb zum Vollzug* dieser Bewegung einschließt«. Menschen etwa, die spontan eine Wendeltreppe beschreiben sollen, unterstützen diese Vorstellung automatisch mit einer entsprechenden Bewegung. Heute wird der Carpenter-Effekt herangezogen, um scheinbar »okkulte« Praktiken wie Pendeln und Gläserrücken als »natürlich« zu entlarven.

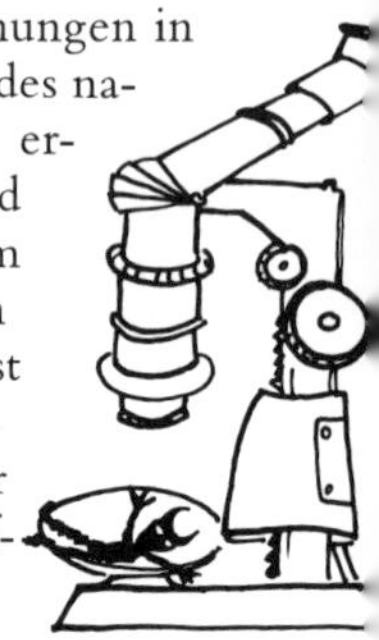

5. Die Betrugs-Hypothese: ihr zufolge erklärt das *Geschäft* mit paranormalen Erscheinungen am allerbesten ihre Ursache, und bei näherer Betrachtung entpuppt sich alles als Gaunerei und Scharlatanerie. Zur Bestätigung dieses Urteils werden zahlreiche »Fälle« herangezogen, in denen nachweislich die Gutgläubigkeit mancher Zeitgenossen durch geschickt einstudierte Tricks, Sinnestäuschungen, zielgerichtete Suggestionsmanöver oder Bluffs *gewinnbringend* ausgenutzt wurde – oder noch wird.

▷ *Welche Hypothese überzeugt <u>euch</u> persönlich auf den ersten Blick am ehesten? Begründet euer Urteil – so gut das die oben stark verkürzte Darstellung überhaupt erlaubt!*

▷ *Versucht, die unterschiedlichen Erklärungsmodelle auf die »konkreten Fallbeispiele« S. 152–153 anzuwenden! – Welche Schwierigkeiten ergeben sich bei und aus dieser Zuordnung?*

Einstellungen zur Okkult-Welle

Angesichts der explosionsartigen Verbreitung des Okkulten ergibt sich für jeden die Notwendigkeit, Stellung zu beziehen. Für den Bereich von Theologie und Kirche hat Wolfram Janzen *grundsätzliche Reaktionsmöglichkeiten* beschrieben, die sicherlich nicht nur für Christen hilfreich sind:

Wie Christen auf das Anwachsen des Okkultismus reagieren

1. Position: Die Nichtbeachtung oder Bagatellisierung
2. Position: Die scharfe Abgrenzung
3. Position: Die Dämonisierung
4. Position: »Alles aber prüfet, das Gute behaltet.« (Vgl. 1. Thess 5,21 und 1. Joh 4)
5. Position: Die »Umarmung«

▷ *Ordnet die folgenden Aussprüche den oben genannten Positionen zu!*

A Okkultismus ist samt und sonders gefährlich und läßt sich überhaupt nicht mit der kirchlichen Lehre und dem christlichen Glauben vereinbaren!

B Beim okkulten Trend handelt es sich um eine vorübergehende Modewelle. Am besten, man beachtet diese Vorgänge gar nicht weiter!

C Okkult-esoterische Erfahrungen sind eine Bereicherung und Vertiefung meiner ganz persönlichen Religiosität!

D Sofern paranormale Erscheinungen der Verkündigung des Evangeliums und dem Leben der Gemeinde dienen, ist nichts gegen sie einzuwenden. Außergewöhnliche Erscheinungen, die beanspruchen, neue *Offenbarungen* zu sein, müssen sich am Maßstab der biblischen Verkündigung messen lassen!

E Okkulte Praktiken und Lehren stammen allesamt vom Teufel! Die neue okkulte Welle muß man als Zeichen der Endzeit begreifen, die auf eine Verschwörung des Antichristen hinweisen. Man muß den Teufel rechtzeitig austreiben!

Exkurs: Das »Paranormale« in der Bibel

Wenn man genau hinsieht, entdeckt man, daß die biblischen Erzählungen voll sind von »paranormalen« Begebenheiten. Wundersames – so scheint es dort – ist fast schon selbstverständlicher Bestandteil des Lebens; da gibt es Traumoffenbarungen (Gen 28, 10–22); Wunderheilungen (Mk 8,22 –26/Mk 9,14–29); Beeinflussungen von Naturelementen (Mk 4,35–41); seltsame Speisungen (Mk 8,11 ff); geheimnisvolle Visionen (Ex 3,2–3), hellseherische Voraussagen (Mk 11,2); Beschwörungen, ja sogar Erweckungen von Toten (1 Sam 28/Mk 5,21–43) und vieles mehr. Und doch versteht sich die Bibel sicherlich nicht als Okkultismus-Report; die Aussageabsicht, *der eigentliche Sinn* ihrer Wundererzählungen liegt gerade nicht in der bloßen Darstellung unheimli-

→Anhang: Umgang mit der Bibel S. 213

cher oder ganz erstaunlicher Psi-Kräfte. Ihr Hauptanliegen ist vielmehr, Zeugnis zu geben von der *Wundermacht Gottes:* vom Glauben an die Kraft des Lichts und des Guten.

Ein Beispiel widersprüchlicher →Exegese mag diese These verdeutlichen.

Zwei Deutungen von Markus 6,45–52

▷ *Lest zuvor Markus 6,45–52 selbst in eurer Bibel nach!*

1. »Daß ein Mann wie Jesus übers Wasser zu gehen vermochte, steht für mich außer Zweifel. Andere konnten das auch. Dieses sogenannte Wassertreten war im Münsterland früher (...) bekannt (...). Ein zumindest leichter Trancezustand scheint eine Vorbedingung zu sein, auf jeden Fall aber gedankliche Konzentration in Form absoluten Vertrauens.«

(Aus: R. Passian, Neues Licht auf alte Wunder. PSI klärt Bibelwunderstreit, Buschhoven 1982, S. 172)

Gegen diese Auffassung interpretiert Wolfram Janzen die Erzählung *so:*

2. »Der Sinn der biblischen Geschichte ist (...) nicht, dem Leser eine Levitationsleistung Jesu vorzuführen. Sie will auch nicht zum Vertrauen in die paranormalen Fähigkeiten Jesu oder zur Hoffnung auf paranormale Wirkungen des Glaubens an Jesus aufrufen. Die Erzählung verdichtet vielmehr in bildhafter Weise die Erfahrung der frühen Christenheit, daß Jesus auch in ausweglos erscheinenden Situationen diejenigen, die ihm nachfolgen, nicht verläßt. (...) Die *Wahrheit* einer solchen Erfahrung ist davon unabhängig, ob Jesus nun »wirklich« über das Wasser gelaufen ist oder nicht.«

(Aus: W. Janzen, Okkultismus, Mainz 1988, S. 54)

Wunder und Mirakel

Der Theologe Günter Klein hat den Wunderglauben des →Neuen Testamentes näher untersucht und hat dabei die Erkenntnis gewonnen, daß *jede* neutestamentliche Wundergeschichte 1. ein *Mirakel* (= äußerlich sichtbares, übernatürliches Ereignis) und 2. ein wirkliches *Wunderthema* (= außerordentliche innere Glaubenserfahrung) enthält. Klein formuliert darüber hinaus ganz grundsätzliche Einsichten über das Paranormale in der Bibel:

a) Im gesamten NT wird *kein* Mirakel um seiner selbst willen erzählt; immer »bedeutet« es etwas.

b) Was das Mirakel »bedeuten« will, läßt sich nicht im voraus für alle Wundergeschichten in eine Formel fassen, denn jede Wundergeschichte hat ihr besonderes Thema, wie zum Beispiel den Glauben, der einem profanen Menschen in der größten Not seines Lebens widerfährt und der ihm die entscheidende Hilfe bringt.

c) Die Botschaft aller neutestamentlichen Wundergeschichten wurzelt im Glauben ihrer Erzähler an den gekreuzigten und auferstandenen →Christus.

d) Die neutestamentlichen Wundergeschichten wären in ihrer eigentlichen Erzählabsicht dann noch gar nicht begriffen, wenn der heutige Leser sie lediglich als Aufforderung verstände, die in ihnen erzählten Mirakel als historisch passiert und in ihnen den →»historischen Jesus« als Wundertäter zu erkennen. Vor lauter Anstrengung, das Mirakel für wahr zu halten, könnte man dabei leicht blind werden für das, was es – auch im Sinne der biblischen Schriftsteller – *bedeuten* soll.

e) Für wahr zu halten, daß einst durch ein Wort über Hunderte von Metern hin jemand gesund wurde, hülfe mir persönlich nichts. Ich weiß ja genau, daß in meiner Wirklichkeit dergleichen nicht vorkommt. Aber zu glauben, daß ich in all meiner Profanität und ohne jede religiöse Veranlagung in der Begegnung mit Jesus die Hingabe an Gott lernen darf und in solchem Vertrauen durch alle Lebensnöte hindurch gerettet werde, – solcher Glaube wird mein ganzes Leben verändern.

(Nach: Gespräch 28: G. Klein, Wunderglaube und Neues Testament, Wuppertal [4]1965, v. a. S. 28 f)

▷ *Faßt Günter Kleins Aussagen über die biblischen Wundergeschichten mit eigenen Worten zusammen!*
▷ *Lest einige Wundergeschichten im Neuen Testament nach (z. B. Mk 9,14–29; Lk 5,1–11, Mt 14,13–21; Mk 4,35–41; Mk 10,46–52), und macht die Probe, ob Günter Kleins Erkenntnisse darauf wirklich zutreffen!*

▷ *Lest Apostelgeschichte 8,4–25 und 1Sam 28,3–25!*
Zeigt an diesen Beispielen, welche Bedingungen erfüllt sein müßten, damit »Paranormales« als Zeichen für die Macht Gottes oder als Offenbarung einer göttlichen Botschaft anerkannt werden kann!

3. Gefährlicher Okkultismus?

Zum Beispiel »Satanismus«

Ein besorgniserregendes Beispiel für den Okkultismus moderner Ausprägung ist der sogenannte »Satanismus«; dabei handelt es sich um eine – erklärtermaßen – *anti-christliche* Vereinigung, deren internationale Anhängerschaft »Satan«, das heißt den → Teufel verehrt, indem sie verschiedene Verhaltensweisen und → Rituale [etwa Schwarze Messen] verwirklicht, die allen durch den Glauben an »Gott« bestimmten ethischen Grundsätzen völlig entgegenstehen.
Entscheidend geprägt wurde die satanische Bewegung von einem Engländer namens Alister Crowley (1875–1947). Crowley entstammte einer strenggläubigen, christlichen Familie, welche stark endzeitlich orientiert war (→ Apokalypse); man darf daher annehmen, daß er zum Beispiel die »Offenbarung des Johannes« schon in frühester Jugend gut kannte.
Aus dieser Quelle hat Crowley für seine eigenen Schriften zahlreiche Symbolbegriffe übernommen – wie den »Antichristen« oder »das Tier mit der Zahl 666« – mit welchem er sich später selbst identifizierte.
1904 schrieb Crowley eines seiner grundlegenden Werke, das »Gesetzbuch für ein neues Zeitalter« welches ihm ein übermenschliches Wesen in einer Offenbarung diktiert haben soll; fortan verstand er sich als → Prophet dieser okkulten Macht.
»›Tue was du willst‹, soll sein das ganze Gesetz. (...) Ich glaube an die Schlange und an den Löwen, Geheimnis der Geheimnisse, und sein Name ist Baphomet*!« – Dies wurde das zentrale Glaubensbekenntnis seines Lebens.
1920 gründete Crowley, nunmehr Bruder Baphomet genannt, auf Sizilien eine eigene Vereinigung, die sogenannte *Abtei Telema* (von griech. »der Wille«). Dort feierte er mit seinen Anhängern Orgien sexual-magischer Prägung. Dem »Antichristen« wurden dabei Tieropfer dargebracht.
Crowleys Plan, von Sizilien ausgehend nach Deutschland zu ziehen und als »Welt-Heilsbringer« aufzutreten, scheiterte in den dreißiger Jahren an Hitlers Machtübernahme. Das *Gesetz von Telema* jedoch, sein Vermächtnis, sollte zur ideologischen Grundlehre des *Neo-Satanismus* werden.
Heutzutage tut man gut daran, genau zwischen »echtem« *Satans-Kult* und den vielfältigen Erscheinungsformen von *Kultur-Satanismus* – etwa im Heavy Metal Rock, in okkulten Film-Schockern oder in der Kleidermode – zu unterscheiden. Besonders von Jugendlichen wird so manches Element aus der Satans-Kultur-Szene unkritisch übernommen, weil es gerade »in« ist, ohne daß sie sich über dessen *Gesamtzusammenhang* bewußt sind: dem Glauben nämlich an die Kräfte der Finsternis und des Bösen ...

* »Baphomet« ist ein anderer Name für den Teufel.

Wenn der Teufel los ist

»The number of the beast« (= Die Zahl des Tieres)

Allein gelassen – mein Kopf war leer.
Ich brauchte Zeit, um mein Erinnern zu vergessen.
Was hab' ich gesehen? Kann ich glauben, daß, was ich sah
in dieser Nacht, war Wirklichkeit und nicht nur Einbildung?
Was ich sah in meinen alten Träumen, waren das
Gedanken meines wirren Geistes, die mich anstarrten?
In meinen Träumen ist es immer da, das teuflische Gesicht,
das in mir den Verstand verdreht und mich zur Verzweiflung bringt.
Die Nacht war schwarz – zwecklos sie festzuhalten.
Denn, was ich sehen mußte – irgendwer, der mich beobachtete.
Im Nebel bewegen und drehen sich dunkle Gestalten.
War das alles wirklich oder eine Art von Hölle?
666 die Zahl des Tieres –
Hölle und Feuer schienen los zu sein.
Fackeln flackerten und heilige Gesänge stiegen empor.
Als sie zu schrein begannen, streckten sie die Hände gen Himmel.
In der Nacht brennen die Feuer hell,
das Ritual begann, Satans Werk ist getan.
666 die Zahl des Tieres –
Heute Nacht wird ein Opfer gebracht.
So kann's nicht weitergehen, ich muß es meiden.
Kann das noch wahr sein, oder ist es ein verrückter Traum?
Doch ich fühl mich hingezogen zu den böse singenden Horden.
Es scheint, sie hypnotisieren mich ... ich kann ihren Blicken nicht ausweichen.
666 die Zahl des Tieres –
666 der Eine für dich und für mich.
Ich komme zurück, ich kehre wieder,
und ich werde deinen Körper besitzen und dich entflammen.
Ich habe das Feuer, ich habe die Kraft,
ich habe die Macht, daß mein Übel seinen Lauf nimmt.

(Iron Maiden)

▷ *Welche Gefühle wecken das Bild von Hieronymus Bosch und das Textbeispiel aus dem Heavy Metal Rock?*
Unterscheidet sich die Atmosphäre des Bildes von der des Textes?
▷ *Versucht, das Erlebnis der »Satan-Erfahrung« genauer zu charakterisieren!*
▷ *Lest zum Vergleich auch Offenbarung 13!*
▷ *Diskutiert, warum Menschen sich mit dem »Teufel« auseinandersetzen! – Was könnte Hieronymus Bosch im Mittelalter zu diesem Bild bewegt haben – und was die Gruppe Iron Maiden zu diesem Song?*

Hieronymus Bosch: Das Jüngste Gericht (Ausschnitt)

Ein Erfahrungsbericht

Als Getaufter und Konfirmierter müßte ich mich eigentlich als Christ bezeichnen. Aber mir gefällt es nicht, schon mit der Geburt in einen Verein eingetreten zu sein, von dem man erst in späteren Jahren die Wahrheit erfährt. Wer sich wie ich gern mit Geschichte befaßt, wird schlimme Geschichten über diesen Verein gehört haben. Diese vielen »heiligen« Kriege, das Abschlachten der Juden, die Kämpfe zwischen den Päpsten, die Inquisition. Dieser Verein heißt Kirche! Ihr Machtanspruch ist zu groß. Ich möchte einen solchen Götzen nicht anbeten müssen. Ich suchte mir einen anderen Gott. Von ihm heißt es in einem Gebet: Der an den Paria, den Ausgestoßenen denkt, und mit der Liebe ihm ein Paradies geschenkt, erbarme, Satan, dich auch meiner tiefen Qualen!
Ja, mein Gott ist Luzifer, Herr der Hölle! In vielen Vollmondnächten rief ich ihn schon an, mit Pentagrammen, schwarzen Kerzen, mit Teufelsdreck und Friedhofserde. Es erregt mich und macht mich glücklich. Ich opferte ihm schon oft mein Blut – und fast schon mal einen Hamster.
Bin ich nun wahnsinnig, weil ich den Teufel anbete? Gibt es ihn wirklich? Für mich jedenfalls gibt es ihn. Er wird mir einmal die Unsterblichkeit übergeben. Und dann beweise ich es all denen, die mich verspotten, mich auslachten und ausstießen – es gibt ihn, den Teufel.

Ozzy Osbourne*, 16 Jahre

(Jugendwerk der Deutschen Shell (Hg.), Jugend vom Umtausch ausgeschlossen, Reinbek bei Hamburg 1984, S. 87)

* »Ozzy Osbourne« ist hier ein Deckname. Der wirkliche Ozzy Osbourne wurde als Sänger der Gruppe »Black Sabbath« bekannt, die gelegentlich satantisch 'angehauchte' Rituale bei Konzerten ausübte. Beispielsweise biß Ozzy Osbourne auf dem Höhepunkt seines Songs einer lebendigen Taube den Kopf ab.

▷ *Was gefällt »Ozzy Osbourne« am Satanismus?*
▷ *Wodurch werden eurer Meinung nach in unserer Zeit so viele Menschen dazu bewegt, ihr Heil in okkulten Praktiken bei neuen geistigen Führern zu suchen? – Stellt eine Liste möglicher Motive dafür zusammen!*
▷ *Vergleicht die folgenden kritischen Anmerkungen zum Okkultismus mit den Beweggründen und Erfahrungen »Ozzys«!*

Die Wirkungen des Okkultismus aus der Sicht von Theologen, Jugendpfarrern und Sozialarbeitern

Aufgrund langjähriger Erfahrungen mit Drogenabhängigen und Alkoholikern haben wir den Eindruck gewonnen, daß Okkultismus häufig ähnliche Wirkungen hervorbringt wie der Drogenkonsum:
– Okkultismus hilft – scheinbar – dabei, Probleme und Ängste zu bewältigen: Probleme in der Schule, Schwierigkeiten mit Eltern oder Freunden, die Angst davor, als junger Mensch keine Lehrstelle beziehungsweise keinen Arbeitsplatz zu finden, vielleicht auch die Angst, ein »verrückter« Computer könnte den letzten Weltkrieg auslösen oder die Firma XY würde nicht »nur« die Robben, sondern alles Leben in der Nordsee töten.
– Okkultismus macht abhängig. Wer mit okkulten Praktiken wie dem Glasrücken oder dem automatischen Schreiben begonnen hat, kommt häufig nur schwer wieder davon los, denn viele empfinden ein Gefühl der Stärke und Überlegenheit, wenn sie mit der Geisterwelt in Kontakt treten und diese sich dienstbar zu machen glauben.
– Okkultismus macht unfähig, eigene Entscheidungen zu treffen und sich gegen ungerechte Verhältnisse zur Wehr zu setzen. Wozu soll man den eigenen Kopf und die eigenen Hände gebrauchen, wenn letztlich doch die verborgenen Kräfte aus dem Jenseits alles bestimmen?

(Aus: M. u. M. Höhn, Kontakte ins Jenseits, a.a.O., S. 9)

4. Von Menschen und Götzen – Von Menschen und Gott

»Was uns unbedingt angeht«

In einem Song Bob Dylans heißt es:

You gotta' serve somebody,
It may be the devil, it may be the Lord
but you gotta' serve somebody!

Du mußt jemandem dienen,
es mag der Teufel sein oder Gott,
aber dienen mußt du jemandem!

Es verbirgt sich viel Wahres in Dylans → Anthropologie; scheint doch die Menschheitsgeschichte zu lehren, daß jemand, der aus irgendeinem Grunde Gott nicht anbetet, sich gewöhnlich einen *Gott-Ersatz* sucht. Manchmal ist das tatsächlich »der Teufel«, viel öfter aber ein weniger leicht erkennbarer »Götze« – ein Idol oder eine Ideologie vielleicht. Moderne »Götzen« der zivilisierten Welt erscheinen als: Erfolg, Geld, Macht, Sicherheit, Glanz, der Staat oder die Nation. Niemand würde diese Werte ohne weiteres »Gott« nennen, und doch haben sie in all ihrer Profanität den Einfluß und die Macht, all unser Interesse auf sich zu ziehen und – wenn wir es zulassen – unser ganzen Leben zu bestimmen.
Auch noch viel »kleinere« Götter können die Qualität einer *Ersatz-Religion* annehmen: Sportveranstaltungen oder Mammut-Konzerte beispielsweise. Wie leicht werden Fußballteams, Tennisstars, Musik-Idole zu »Hoffnungsträgern«, die ganzen Menschenmassen das Äußerste an Hingabe abverlangen und ihr → transzendentes Erleben werden.
Der Theologe *Paul Tillich* hat einmal »Gott« als »Objekt unseres letzten Anliegens« definiert, welches vollkommene Hingabe erfordert und nur so die Erfüllung unseres eigenen Seins ausmachen kann. Über die → Religion sagt er:

> »Glaube ist das Ergriffensein von dem, was uns unbedingt angeht.«

Der Reformator Martin Luther sah Wesen und Funktion des Glaubens ähnlich, als er schrieb: »Woran immer dein Herz hängt (...) und worauf es sich verläßt, dies ist eigentlich dein Gott!«
In unserer Zeit haben manche Menschen ihre Beziehung zum *Gott der Bibel* aufgegeben und sind damit zufrieden, ihr *letztes unbedingtes Anliegen* profanen Zielen zu weihen. Wenn »Gott« aber doch das bedeutet, was die absolute größte Wichtigkeit im Leben eines Menschen hat, sollte uns dann nicht die Frage bewegen: Ist der Gott, an den wir unser Herz gehängt haben, *groß genug?*
Niemand kann sich dieser Frage wirklich entziehen: »Ist *dein* Gott groß genug?« – Ist dein *Gott* immer für dich da? Kreist dein Gott ausschließlich um Freuden, oder trägt er dich auch durch Schmerz und Leid? Existiert dein Gott nur in den Siegen deines Selbstinteresses oder auch in den Tiefen deiner Niederlagen und Enttäuschungen? Übersteigt dein Gott die Grenzen menschlichen Vermögens, oder wohnt er doch in menschlicher Personalität? Richtet dein Gott, und vergibt er?
Der Gott, an den Christen glauben, hält diesem Idealbild stand; er ist: immer da, liebend, richtend, vergebend, leidend, göttlich, menschlich – über uns, mit uns, durch uns. Gott ist die Tiefe, Gott – größer als Leben und Tod

Was ist der Mensch, und wer ist Gott?

> Prüft aber alles, und das Gute behaltet.
> 1. Thess 5,21

▷ *Anhand der folgenden Materialien könnt ihr unter der Leitfrage des Titels (»Was ist der Mensch, und wer ist Gott?«) Satanismus und Christentum genauer vergleichen!*
▷ *Achtet bei eurem Vergleich auch darauf, welches Lebensgefühl beide »Weltanschauungen« (jeweils) vermitteln! Welche Idealvorstellungen vom Menschsein entwerfen sie?*

Quellen zum Satanismus

Manson* als Teufel

▷ *Beschreibt, wie das Bild auf euch wirkt! – Welche Details fallen euch besonders auf?*

Aus dem »Gesetz von Telema« Alister Crowleys

Das Gesetz des Starken: das ist unser
Gesetz und die Freude der Welt.
Tu was du willst, soll sein das ganze Gesetz.
Du hast kein Recht als deinen eigenen
Willen zu tun.
Tu den, und kein anderer soll nein sagen.

Jeder Mann und jede Frau ist ein Stern.
Es gibt keinen Gott außer dem Menschen.

Der Mensch hat das Recht, nach eigenem
Gesetz zu leben:
zu arbeiten wie er will,
zu spielen wie er will,
zu ruhen wie er will,
zu sterben wann und wie er will.

Der Mensch hat das Recht zu essen was er
will,
zu trinken was er will,
zu wohnen wo er will,
zu reisen auf dem Antlitz der Erde wie er
will.

Der Mensch hat das Recht zu denken was
er will,
zu sagen was er will,
zu schreiben was er will,
zu zeichnen, malen, schnitzen, ätzen,
gestalten und bauen wie er will,
sich zu bekleiden wie er will.

Der Mensch hat das Recht zu lieben wie er
will;
auch erfüllet euch nach Willen in Liebe,
wie ihr wollt, wann, wo und mit wem ihr
wollt!

Der Mensch hat das Recht, all diejenigen
zu töten,
die ihm diese Rechte zu nehmen suchen.
Die Sklaven sollen dienen.
Liebe ist das Gesetz, Liebe unter Willen!

(Aus: H. Knaut, Das Testament des Bösen, Stuttgart 1979)

---

* Charles Manson trat während der sechziger Jahre in den USA als Führer einer neo-satanischen Gruppe auf. Mit seinen überwiegend weiblichen Anhängern wollte er gewaltsam das »satanische Endgericht« herbeiführen. Eine von der Manson-Sekte veranstaltete Kultorgie gipfelte in der brutalen Ermordung der Filmschauspielerin Sharon Tate, der damals hochschwangeren Ehefrau Roman Polanskis (Polanski ist unter anderem als Regisseur des Films »Rosemary's Baby« bekannt).

Quellen zum Christentum

Von guten Mächten treu und still umgeben,
behütet und getröstet wunderbar,
so will ich diese Tage mit euch leben
und mit euch gehen in ein neues Jahr.

Von guten Mächten wunderbar geborgen
erwarten wir getrost, was kommen mag.
Gott ist bei uns am Abend und am Morgen
und ganz gewiß an jedem neuen Tag.

(Aus: D. Bonhoeffer, Widerstand und Ergebung, München, S. 274 f)

▷ *Lest den Dekalog (Exodus 20,1–17) und Lukas 10,25–37! – Welche besonderen ethischen Verhaltensgrundsätze und welches Menschenbild ergeben sich daraus?*
▷ *Beschreibt, welche Haltung Jesus in dem Bild von Rembrandt den Menschen gegenüber einnimmt! Betrachtet daraufhin noch einmal die Darstellung von Charles Manson!*

Das Hundertguldenblatt (Rembrandt)

Gott ist stärker

Eine Jugendliche erzählt: »Ich war drei Jahre lang Priesterin bei einer Satansloge (...) und dann hab' ich überlegt, ich kann nicht mehr mitmachen. (...) Es herrschte auch die Regel: Aussteiger müssen eigentlich sterben. (...) Mein Kopf war wie ein Mühlrad. Ich konnt' nicht mehr. Und die haben mich festgehalten, fast täglich zusammengeschlagen, vergewaltigt, unter Drogen gesetzt, (...) mich nicht schlafen lassen, (...) letztendlich bin ich dann zum Sekteninfo gekommen, und da hab' ich dann zum ersten Mal Hilfe bekommen. (...) Ich hatte ja totalen Verfolgungswahn. (...) Hinter jeder Ecke habe ich einen von der Sekte (...) gesehen und gedacht, die bringen mich jetzt um oder überhaupt, (...) ich hab' geglaubt, irgendwelche Dämonen, die verfolgen mich. (...)«

(WDR 2, Jugendliche und Spiritismus, 13. Juni 1988, zitiert in: M. u. M. Höhn, Kontakte ins Jenseits, a.a.O., S. 62)

▷ *Dieses Mädchen hat in einem Sekteninformationszentrum Hilfe gefunden. – Solche Beratungsstellen gibt es in jeder größeren Stadt. Findet die entsprechenden Kontaktadressen in der Nähe eures Wohnortes heraus, und legt eine Liste davon an. Sucht dort nach detaillierten Informationen über religiösen Extremismus und den Mißbrauch seelischer Abhängigkeit!*

1 Und ich sah einen Engel vom Himmel herabfahren, der hatte den Schlüssel zum Abgrund und eine große Kette in seiner Hand. 2 Und er ergriff den Drachen, die alte Schlange, das ist der Teufel und der Satan, und fesselte ihn (...) 3a und warf ihn in den Abgrund.
(Offb 20,1–3)

»Die Fesselung des Teufels«, aus der Bamberger Apokalypse (um 1000 n. Chr.)

Kapitel 10

Auferweckung – Tod und Leben

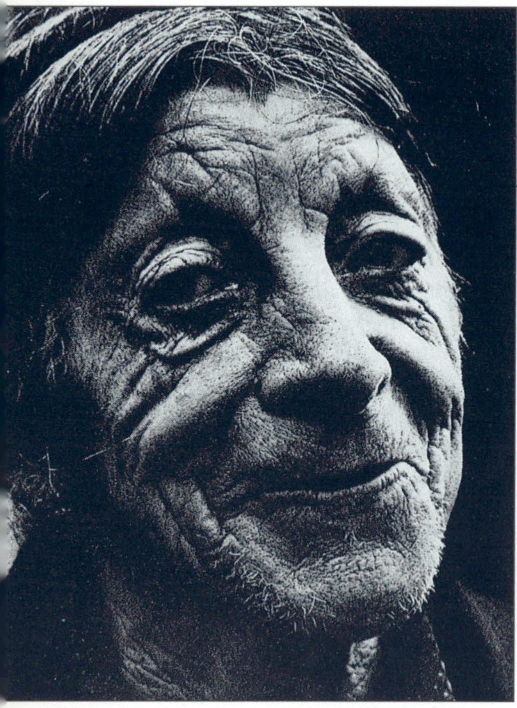

1. Erfahrungen von Sterben und Tod

Unwiederbringliches

Jeder hat seine eigene, geheime, persönliche Welt.
Es gibt in dieser Welt den besten Augenblick,
es gibt in dieser Welt die schrecklichste Stunde;
aber dies alles ist uns verborgen.

Und wenn ein Mensch stirbt,
dann stirbt mit ihm sein erster Schnee
und sein erster Kuß und sein erster Kampf...
All das nimmt er mit sich...

Die Menschen gehen fort...
Da gibt es keine Rückkehr,
ihre geheimen Welten können nicht wiedererstehen.
Und jedesmal – möchte ich von neuem
diese Unwiederbringlichkeit hinausschreien.

(Jewgenij Jewtuschenko, zit. nach: G. Kiefel [Hg.], Hoffnung für heute und morgen, Wuppertal 1969, S. 6)

▷ *Tragt zusammen, welche »Aufbrüche« und Stationen ein Mensch auf seinem Lebensweg (normalerweise) durchläuft!*
▷ *Welche Erfahrungen von Abschied, Sterben und Tod gehören dazu?*
▷ *Beschreibt aus eurer Erinnerung die stärksten Gefühle, die sich mit solchen »Aufbruchserfahrungen« in eurem Leben bisher verbunden haben!*

Kein Leben ohne Tod?

»Ich halte mich unheimlich gerne auf dem Friedhof auf. Das gibt mir ein gutes Feeling; diese Stimmung dort mag ich einfach! Manchmal denke ich dann an all die Leute, aus unserer Stadt, die schon hier begraben liegen. (...)
Dann habe ich mir auch schon vorgestellt, wie es wohl sein wird, wenn ich selbst kein Kind mehr bin oder, wenn meine Mutter und mein Vater tot sind. (...) Manchmal versuche ich sogar, mir meinen eigenen Tod vorzustellen. Das macht mir Angst – aber ich spüre auch, daß ich dem allem doch nicht ausweichen kann.«

(Steffen, 13)

»Wenn einer sich vornähme, das Wort Tod nicht mehr zu benutzen, auch kein anderes, das mit Tod zusammenhängt, mit dem Menschentod oder mit dem Sterben der Natur. Ein ganzes Buch würde er schreiben, ohne Vermissen der Toten, die natürlich auch nicht vorkommen dürfen, ebensowenig wie Friedhöfe, sterbende Häuser, tödliche Waffen, Autounfälle, Mord. Er hätte es nicht leicht dieser Schreibende, jeden Augenblick müßte er sich zur Ordnung rufen, etwas, das sich eingeschlichen hat, wieder austilgen, schon der Sonnenuntergäng wäre gefährlich, schon ein Abschied und das braune Blatt, das herabweht, erschrocken streicht er das braune Blatt. Nur wachsende Tage, nur Kinder und junge Leute, nur rasche Schritte, Hoffnung und Zukunft, ein schönes Buch, ein paradiesisches Buch.«

(Marie Luise Kaschnitz)

▷ *Anhand der Materialien auf dieser und den folgenden Seiten könnt ihr ganz unterschiedliche Erfahrungen und Einstellungen zum Thema »Sterben und Tod« kennenlernen. Manche dieser Gefühle und Gedanken werden euch vertraut erscheinen, andere eher fremd. Findet ihr euer ganz persönliches Verständnis von Tod, Leben und Sterben darin wieder?*

Zum Beispiel »Jack«

Heute morgen um sieben ging das Telefon.
Sie sagten: Dein Freund Jack ist tot.
Ein Laster ist frontal in ihn reingeknallt;
der hatte überholt, trotz Überholverbot.

Zuerst wollte ich das nicht begreifen.
Ich dachte: Das ist 'n makabrer Gag.
Mein Freund Jack kann doch nicht so plötzlich sterben,
wir woll'n doch heute abend noch zusammen weg.

Es war wie ein Fauschlag in den Magen,
diese Nachricht von Jackies Unglück.
Ich versuchte mir vorzustellen,
wie dieser Wagen auf ihn zukam,
und was in Jack vorgeht in diesem Augenblick

Ein komischer Zufall: Erst vor zwei Wochen
haben wir noch über den Tod gesprochen.
Er hatte Angst davor, er meinte, dann ist alles zu spät.
Ich sagte: »Nein, Jack, ich glaube,
daß nach dem Tod das Leben irgendwie weitergeht.«

Über den Wolken ist es so schön
wie in den Bergen der Antarktis.
Und weiter geht dein Flug vorbei an den Planeten.
Du erreichst die Rock'n-Roll-Galaxis.
Und da siehst du ihn wieder: Jimmy Hendrix.
Ich weiß noch: Als er starb, warst du sehr traurig,
weil's für dich keinen Größeren gab.
Und Buddy Holly singt für dich noch einmal »Peggy Sue«.

Du bist froh, daß er auch da ist.
Und zusammen mit deiner neuen Freundin Marylin
hörst du ihm zu.
Brian Jones und Janis Joplin auf dem Nebelpodium,
und bald gehörst auch du zu ihrem Stammpublikum.

(J. Kravetz/U. Lindenberg, aus: Udo Lindenberg und das Panikorchester, ›Votan Wahnsitz‹, Teldec Hamburg)

Hieronymus Bosch
Der Aufstieg in das himmliche Paradies

Leben nach dem Tod?

▷ *Was erkennt ihr in dem Bild von Hieronymus Bosch?*
▷ *Vergleicht die Aussage des Bildes mit dem folgenden »Erfahrungsbericht«!*

Der Medizinprofessor R. A. Moody hat Menschen interviewt, die einmal für kurze Zeit klinisch tot waren und dann doch überlebt haben. Eine Frau, die nach einem Verkehrsunfall »den Tod gestreift« hatte, berichtet über ihr (vorübergehendes) »Leben nach dem Tod«:

»Es war ein Gefühl von höchster Ruhe und vollkommenem Frieden, ganz frei von Furcht, und ich fand mich auf einmal in einem Tunnel wieder – einem aus konzentrischen Kreisen bestehenden Tunnel. Kurz darauf sah ich im Fernsehen eine Sendung mit dem Titel »The Time Tunnel«, in der sich Leute durch einen gewundenen Tunnel in der Zeit zurückbewegten. Sehen Sie, das ist das Ähnlichste, was mir überhaupt dazu einfällt.«

(Aus: R. A. Moody, Leben nach dem Tod, Hamburg 1977, S. 35)

2. Wir wissen, daß wir sterben müssen...

Der Mensch ist das einzige Lebewesen, von dem man mit Sicherheit weiß, daß es sich Gedanken über Tod und Leben macht und dabei nicht ohne weiteres bereit ist, den physischen Tod als endgültiges Ende hinzunehmen. Jede menschliche Reaktion auf das *Faktum des Todes,* auf die Tatsache, daß wir sterben müssen, verrät (direkt oder indirekt) immer auch ein ganz bestimmtes Verständnis vom *Leben* – meistens sogar von einem *Sinn,* der hinter Leben und Sterben gesehen wird. Der Mensch erfährt nicht nur Entstehung, Hinfälligkeit und Vergehen seiner irdisch-körperlichen Existenz; er denkt auch darüber nach und bemüht sich, dieser Erfahrung eine sinnvolle Bedeutung zu verleihen: Darin, so sagt man, unterscheidet sich der Mensch vom Tier.

Einstellungen zum Tod – Einstellungen zum Leben

Herr, du bist unsre Zuflucht für und für.
1 Ehe denn die Berge wurden und die Erde und die Welt geschaffen wurden,/ bist du, Gott, von Ewigkeit zu Ewigkeit.
10 Unser Leben währet siebzig Jahre,/ und wenn's hoch kommt, so sind's achtzig Jahre, (...) denn es fähret schnell dahin,/als flögen wir davon.
12 Lehre uns bedenken, daß wir sterben müssen,/auf daß wir klug werden.

(Psalm 90; 1–2; 10; 12)

Ich sehe überall Leben

Natürlich weiß ich, daß ich sterben muß. Aber was heißt das? Wer, wie ich, auf dem Land aufgewachsen ist und dort den Auf- und Abstieg der Jahreszeiten erlebt und wer es mit Tieren und Pflanzen zu tun hat, der kann nicht übersehen, daß alles, was lebt, zum Sterben hin lebt. Er weiß aber auch, daß das biologische Sterben eine Uneigentlichkeit hat, die nur flüchtige Trauer zuläßt: die Frucht stirbt, der Same überlebt, in der scheintoten Knospe wächst die Blüte, das Blatt, die Frucht; Abgestorbenes verfault, wird zu Erde und steigt in der von ihm genährten Pflanze wieder ans Licht; nichts geht ins Nichts, Sterben bedeutet nirgendwo das absolute Ende. Der aus der Natur gefallene Mensch sieht jedoch nichts als Schutthaufen, Autofriedhöfe, Müllabfuhr mit unbekanntem Ziel; er sieht Dinge, die zu kurzem Gebrauch bestimmt sind und, unbrauchbar geworden, zerstört werden. Ich sehe überall Leben.

(Aus: L. Rinser, Wir wissen, daß wir sterben müssen, Gütersloh 1975, S. 78 f)

Einerlei

»Ich fühle mich solidarisch mit allen Lebenden, daß es mir einerlei ist, wann der einzelne anfängt und aufhört.«

(Albert Einstein)

... es kann nicht alles aus sein

»Ich habe keine Angst mehr vor dem Tod, seit ich in letzter Zeit so vieles über Seelenwanderung und Wiedergeburt gelesen habe. Es gibt doch Erfahrungsberichte von Menschen, die schon einmal scheintot waren und danach genauestens beschreiben konnten, was da auf sie zugekommen ist. – Auch die psychologischen Experimente mit Hypnose, bei denen sich Patienten auf einmal an frühere Leben (lange vor ihrer Geburt ins 20. Jahrhundert hinein) ganz genau erinnern konnten, haben mich davon überzeugt, daß mit *diesem* Leben nicht alles aus sein kann. Das gibt mir persönlich eine ganz große Gelassenheit.«

(Daniela, 18)

»Wir sind vom Stoff, aus dem die Träume sind, und unser kleines Leben ist erfüllt mit einem Schlaf.«

(William Shakespeare, The Tempest, Act VI/1; Übersetzung: B. Besser-Scholz)

Gegen Verführung

1 Laßt euch nicht verführen!
Es gibt keine Wiederkehr.
Der Tag steht in den Türen;
Ihr könnt schon Nachtwind spüren:
Es kommt kein Morgen mehr.

2 Laßt euch nicht betrügen!
Das Leben wenig ist.
Schlürft es in schnellen Zügen!
Es wird euch nicht genügen
Wenn ihr es lassen müßt!

3 Laßt euch nicht betrügen!
Ihr habt nicht zu viel Zeit!
Laßt Moder den Erlösten!
Das Leben ist am größten:
Es steht nicht mehr bereit.

4 Laßt euch nicht verführen
Zu Fron und Ausgezehr!
Was kann euch Angst noch rühren?
Ihr sterbt mit allen Tieren
Und es kommt nichts nachher.

(B. Brecht, aus: Gesammelte Werke in 20 Bänden, Bd. 8, Gedichte 1, Frankfurt 1967)

▷ *Welche unterschiedlichen Auffassungen vom Sterben und seiner Bedeutung könnt ihr auf den Seiten 167–168 entdecken?*

▷ *Was bedeuten diese Einstellungen zum Tod jeweils für das Leben derer, die davon überzeugt sind?*

3. Wie wir mit dem Tod umgehen

Sichere Todeszeichen?

Wenn ein Mensch stirbt, muß ein Arzt gerufen werden, der den sicheren Tod feststellt und einen Totenschein ausstellt. Um die Gefahr des »Scheintodes« völlig auszuschließen, muß der Arzt unsichere von sicheren Todeszeichen genau zu unterscheiden wissen. Als *unsichere* biologische Todeszeichen gelten: Abkühlung, Reflexlosigkeit, Muskelerschlaffung, Pulslosigkeit, Atemstillstand, Leichenblässe und Vertrocknung (zum Beispiel an Schleimhäuten); *sichere* Zeichen des Todes sind nur: Totenflecken, Totenstarre und Fäulnis (als späte Leichenerscheinung). – Wie problematisch eine klare Definition des Todes sein kann, zeigt sich beispielsweise auf Intensivstationen von Krankenhäusern, wenn es um die Frage geht, *wann* die Reanimation an Patienten abgebrochen werden soll. Wo liegt die Grenze zwischen Leben und Tod? Wenn Atmung, Herz und Kreislauf ihre Funktion aufgeben, oder wenn der Gehirntod eintritt? Die Medizin setzt heute endgültigen Tod gleich mit dem *Gehirntod* des Menschen und unterscheidet noch weiter in »Hirntod« (= Individualtod eines Menschen) und den erst später eintretenden »Organtod« (= biologischer Tod des Körpers).

▷ *Welche Formalitäten, welche Riten und Gebräuche verbinden sich in unserer Gesellschaft mit dem Tod eines Menschen? – Tragt möglichst viele Details zusammen!*

Reaktionen auf den Tod

Die Bestattungsriten, Todesanzeigen und Grabsteine in unserer Gesellschaft spiegeln unser grundsätzliches *Verhältnis zum Tod* und verraten bei näherer Betrachtung oft sehr viel über unsere Einstellung zum Phänomen des Sterbens und über die Art und Weise, wie wir damit umgehen oder am liebsten umgehen möchten.
Allein Beobachtungen zur *sprachlichen Formulierung* von »Sterben« und »Totsein« in Todesanzeigen, zur Auswahl von *Informationen* und →*Symbolen*, die auf Grabsteinen erscheinen, sind in diesem Zusammenhang äußerst aufschlußreich.

▷ *Sammelt eine Woche lang alle Todesanzeigen, die euch in den Zeitungen begegnen! Untersucht, wie der Tod darin sprachlich umschrieben wird! Was ist den Hinterbliebenen der Toten jeweils zu sagen wichtig gewesen?*

Für uns alle unerwartet hat es dem Herrn über Leben und Tod gefallen, unseren lieben Ehemann, Vater und Freund

Gustav E. Lipps
* 1.4.1960 † 26.2.1992

zu sich zu nehmen. Um ein stilles Gedenken bittet im Namen aller Hinterbliebenen

Anna Lipps

Die Beisetzung hat im engsten Familienkreis stattgefunden.

dem herrn unserem gott
hat es ganz und gar nicht gefallen
daß gustav e. lipps
durch einen verkehrsunfall starb

erstens war er zu jung
zweitens seiner frau ein zärtlicher mann
drittens zwei kindern ein lustiger vater
viertens den freunden ein guter freund
fünftens erfüllt von vielen ideen

was soll jetzt ohne ihn werden?
was ist seine frau ohne ihn?
wer spielt mit den kindern?
wer ersetzt einen freund?
wer hat die neuen ideen?

dem herrn unserem gott
hat es ganz und gar nicht gefallen
daß einige von euch dachten
es habe ihm solches gefallen

im namen dessen der tote erweckte
im namen des toten der auferstand:
wir protestieren gegen den tod von
gustav e. lipps

(K. Marti, Leichenreden, Frankfurt/M. 1969)

▷ *Wogegen wendet sich Kurt Marti mit seinem Gedicht? – Nehmt zu dieser Auffassung Stellung!*
▷ *Vergleicht die Einstellungen zum Tod, die in der selbstverfaßten Grabinschrift Benjamin Franklins unten und in »Der geschminkte Tod« zum Ausdruck kommen, miteinander!*

**Der Leib
von
Benjamin Franklin
Buchdrucker
liegt hier wie der Deckel eines alten Buches
ohne Inhalt,
des Titels und der Vergoldung beraubt
den Würmern preisgegeben;
Doch soll das Werk deswegen nicht verloren gehen,
Denn es wird, wie er glaubte, noch einmal herauskommen
in einer neuen
und schöneren Ausgabe,
verbessert und fehlerfrei gemacht
vom
SCHÖPFER**

(Benjamin Franklin, in: M.W. Treichlinger, Wohl ist ihr und auch mir, Gesammelte Grabsprüche, Zürich, 1955, S. 57)

Der geschminkte Tod

Besonders in Amerika liebt man es den Tod zu »verschönern«. Ein Berichterstatter erzählt von einem Besuch in der Stadt Louisville im Staate Kentucky: »An einer eleganten Villa (...) sehe ich ein Schild ›Funeral Home‹ (...) Beerdigungsheim? Merkwürdige Sache! Kurzer Entschluß: Ich gehe auf das Haus zu und trete ein. Die Tür ist offen. Das ist drüben allgemein so. Man hat merkwürdigerweise keine Angst vor Dieben. Ich stehe in einem langen teppichbelegten Gang. Es ist still und feierlich. Kein Mensch weit und breit. Die Luft riecht ein wenig nach Weihrauch. Rechts und links sind Vorhänge, die offenbar die Zimmer abschließen. Ich gehe vorsichtig ein paar Schritte weiter und sehe in einen Raum hinein. Und stehe fassungslos. (...) Aufgebahrt, umrahmt von Blumen und brennenden Kerzen, steht da ein großer weißer Glassarg, und darin liegt so etwas wie Schneewittchen: ein junges Mädchen im Brautstaat, auf seidenen Kissen. Ich traue mich ein paar Schritte vor. Das Mädchen sieht aus, als ob es schläft. Die Lippen sind rot, das Gesicht sorgfältig gepflegt, die Augen geschlossen. In den gefalteten Händen hält es ein paar Lilien. Ich fühle mich als Eindringling und verlasse diese Stätte. Aber ich kann es doch nicht lassen, auch durch die anderen Vorhänge zu blicken. Überall das gleiche Bild: Särge, die Hälfte des Deckels geschlossen, die andere Hälfte unter einer Haube von Plexiglas, und dahinter der aufgeklappte zweite Teil des Deckels. Hier eine alte Frau, würdig im dunklen Kleid, dort ein Mann in seinen besten Jahren, im korrekten Anzug. Ich gehe wieder hinaus und finde eine Tür »Office« (Büro). Ich frage nach dem Inhaber, sage, wer ich bin und bitte um eine Erklärung. Große Freundlichkeit. (...) So gibt man bereitwillig auf meine Fragen Antwort, ob die Toten bis zur Beerdigung nicht zu Hause bleiben oder gleich im verschlossenen Sarg in die Kapelle kommen. ›O nein, es ist doch viel zu heiß. Die Leiche muß doch einbalsamiert werden!‹ – ›Einbalsamiert? Jeder Tote, reich und arm?‹ – ›Aber selbstverständlich, das ist doch die Sitte!‹ – ›Aber wie macht ihr denn das?‹ – fragte ich. – ›Wir holen die Toten mit unserem Wagen ab, und dann entnehmen wir ihnen den größten Teil des Blutes. Statt dessen pumpen wir ungefähr eineinhalb Liter einer chemischen Flüssigkeit (...) in die Körper hinein. Dadurch wird der Tote konserviert. Öffnen tun wir die Leichen nicht. Die Eingeweide werden nicht entfernt.‹

›Und was tun Sie dann?‹ will ich wissen. – ›Jetzt versuchen wir, die Toten nach Wunsch der Familie so herzurichten, daß sie genau wie im Leben aussehen und der Familie eine schöne Erinnerung an ihre Lieben ermöglichen. Wir machen sie hübsch zurecht, ziehen sie gut an, schminken und pudern sie ein wenig, um die Totenblässe vergessen zu lassen, und dann bahren wir sie vorne auf. Kommen Sie mit!‹

Ich verrate nichts davon, daß ich schon vorher eingedrungen war, und stehe wieder vor dem jungen Kind in seinem Brautkleid. ›Dies ist zum Beispiel‹, sagt der Chef, ›ein junges Mädchen, das einen Tag vor seiner Hochzeit starb. Und so begraben wir es in Erinnerung an den Tag, den es nicht mehr erleben wird.‹«

(Aus: J. Besser, Wofür es sich zu leben lohnt, Düsseldorf 1963, S. 24)

Der Tod und der Gänsehirt

▷ *Die folgende Geschichte verdeutlicht wie in einem Gleichnis typische menschliche Verhaltensweisen angesichts des Todes. – Welche Einstellungen zu Leben und Tod verkörpern die einzelnen Figuren?*

▷ *Erläutert die Kernaussage dieser Geschichte mit eigenen Worten!*

Einmal kam der Tod über den Fluß, wo die Welt beginnt.

Dort lebte ein armer Hirt, der eine Herde weißer Gänse hütete. »Du weißt, wer ich bin, Kamerad?« fragte der Tod.

»Ich weiß, du bist der Tod. Ich habe dich auf der anderen Seite hinter dem Fluß oft gesehen.«

»Du weißt, daß ich hier bin, um dich zu holen und dich mitzunehmen auf die andere Seite des Flusses?«

»Ich weiß. Aber das wird noch lange sein.«
»Oder es wird nicht lange sein. Sag, fürchtest du dich nicht?«
»Nein«, sagte der Hirt. »Ich habe immer über den Fluß geschaut, seit ich hier bin, ich weiß, wie es dort ist.«
»Gibt es nichts, was du mitnehmen möchtest?«
»Nichts, denn ich habe nichts.«
»Nichts, worauf du hier noch wartest?«
»Nichts, denn ich warte auf nichts.«
»Dann werde ich jetzt weitergehen und dich auf dem Rückweg holen. Brauchst du noch etwas, wünscht du dir noch was?«
»Brauche nichts, hab' alles«, sagte der Hirt. »Ich habe eine Hose und ein Hemd und ein paar Winterschuhe und eine Mütze. Ich kann Flöte spielen, das macht lustig. Meine Gänse verstehn nicht viel von Musik.«
Als dann der Tod nach langer Zeit wiederkam, gingen viele hinter ihm her, die er mitgebracht hatte, um sie über den Fluß zu führen. Da war ein Reicher dabei, ein Geizhals, der Zeit seines Lebens wertvolles und wertloses Zeug an sich gerafft hatte: Klamotten, auch Gold und Aktien und fünf Häuser mit etlichen Etagen.
Der Mann jammerte und zeterte: »Noch fünf Jahre, nur noch fünf Jahre hätte ich gebraucht, und ich hätte noch fünf Häuser mehr gehabt. So ein Unglück, so ein Unglück, verfluchtes!« Das war schlimm für ihn.
Ein Rennfahrer war unter ihnen, der Zeit seines Lebens trainiert hatte, um den großen Preis zu gewinnen. Fünf Minuten hätte er noch gebraucht zum Sieg. Da erwischte ihn der Tod.
Ein Berühmter war dabei, dem ein Orden gefehlt hatte, nur ein einziger Orden, für den er Jahre aufgewendet hatte, da holte ihn der Bruder Tod. Das war schlimm für ihn.
Dann war da ein junger Mensch, der hatte an seiner Braut gehangen, denn sie waren ein Liebespaar gewesen, und keiner konnte ohne den anderen leben.
Ein schönes Fräulein war dabei mit langen Haaren. Und viele Reiche, die jetzt nichts mehr besaßen, und noch mehr Arme, die jetzt auch nicht das besaßen, was sie gerne hätten haben wollen.
Ein alter Mann war freiwillig mitgegangen. Aber auch er war nicht froh, denn siebzig Jahre waren vergangen, ohne daß er das bekommen hatte, was er hatte haben wollen. Schlimm für sie alle.
Als sie an den Fluß kamen, wo die Welt aufhört, saß dort der Hirt. Und als der Tod ihm die Hand auf die Schulter legte, stand er auf, ging mit über den Fluß, als wäre nichts, und die andere Seite hinter dem Fluß war ihm nicht fremd. Er hatte Zeit genug gehabt, hinüberzuschauen, er kannte sich hier aus, und die Töne waren noch da, die er immer auf der Flöte gespielt hatte: Er war sehr fröhlich. Das war schön für ihn.
Was mit den Gänsen geschah?
Ein neuer Hirt kam.

(Janosch, in: Impulse 2/1988)

▷ *Entwerft eine eigene Geschichte, die ausmalt, was die Gruppe jenseits des Flusses im Bereich der Toten erwartet!*
▷ *Wie wirkt das Foto auf euch?*
Seht ihr in der Gestaltung beider Bereiche – dem Lebensbereich und dem Bereich für die Toten – ein charakteristisches Porträt unseres Zeitgeistes?

Was Grabsteine aussagen

Der Mensch ist das einzige Lebewesen, das seine Toten bestattet. Oft sind die Grabstätten das einzige einer Kultur, das die Jahrhunderte überdauert und Archäologen späterer Zeiten Aufschlüsse über Bestattungsriten – und damit indirekt auch über die *Einstellung zu Tod und Leben* – in einer Gemeinschaft erlaubt.

▷ *Beschreibt, welche Wirkung diese Grabplatte auf euch hat!*
Welche Details fallen euch besonders auf?

Man sagt, das Ehepaar, dessen Grab mit dieser Platte verschlossen wurde, habe das Relief lange vor dem Tod eines der Partner nach einem gemeinsamen Entwurf anfertigen lassen. Warum haben sie das wohl getan?

▷ *Kennt ihr andere Beispiele, wie sich Menschen schon zu Lebzeiten auf ihren eigenen Tod vorbereiten? – Welchen Sinn haben solche Maßnahmen?*

▷ *Welche Einstellungen zum Tod spiegeln diese Grabsteine und -skulpturen? Was sagen sie über die Toten aus, die unter ihnen begraben liegen?*

▷ *Geht über einen Friedhof, und seht euch die Grabsteine dort einmal ganz bewußt an! Achtet darauf, was diese Grabsteine als wichtigste Information oder Aussage über einen Menschen oder das Leben an sich festhalten! Sucht ein Beispiel aus, das ihr für besonders gelungen oder aussagekräftig haltet!*

4. Biblisches Reden von Leben und Tod

Und sie behielten das Wort und befragten sich untereinander: Was ist das, auferstehen von den Toten?

(Mk 9,10)

Die Bibel erzählt auf vielfältige Weise von Leben und Tod. Da ist die Rede vom Leben mit und ohne Gott, vom »wahren« Leben und vom lebendig Totsein, aber auch vom physischen Altern und Sterben des Menschen und von der großen Hoffnung, daß Gott seine Geschöpfe über die Schwelle des Todes hinaus in ein neues Leben begleitet. Dabei bilden Schöpfung, Lebens-Exodus, Tod und Auferweckung *eine große Heilslinie:* Gott hat den Menschen nicht nur geschaffen und in diese Welt gesetzt, sondern er begleitet ihn auch auf allen Stationen seines Lebensweges. Selbst im Tod geht das Leben bei Gott weiter (→Exodus). Wie das Vertrauen, daß die ganze Welt als Schöpfung Gottes aus dem Nichts entstanden ist, und daß Gott immer für seine Geschöpfe da ist, so ist auch die Hoffnung darauf, daß Gott die Toten er*weckt,* zentrales *Glaubensbekenntnis.*

Im biblischen Reden von Leben und Tod, von Gott und den Menschen, wird ein ganz besonderes *Menschenbild* (→Anthropologie) vermittelt: eines, welches den Menschen als *Wesen mit Geschichte* begreift. Darin gehören Erfahrungen von Unvollkommenheit und Vergänglichkeit genauso zum Leben wie dessen strahlende Seiten. Todesstrukturen, die sich im Leben zeigen, können in einem Leben nach Gottes →Wegweisung sinnvoll als *Herausforderung* gelten; denn das →*Prinzip Hoffnung* gegen den Tod und über den Tod hinaus gilt als Ermutigung zum Leben schlechthin!

▷ *Tragt aus eurer Erinnerung biblische Erzählungen oder auch nur einzelne Verse daraus zusammen, die Wesentliches über »Leben« und »Tod« aussagen, oder die besonders gut veranschaulichen, daß sich der Mensch »als Wesen mit Geschichte« vor der Vergänglichkeit nicht fürchten muß!*

Wenn ein neuer Morgen anbricht . . .

Auch Autoren in unserer Zeit haben mit ihren Aussagen an die biblische Überlieferung angeknüpft. Das folgende Lied »Morning has broken« aus der amerikanischen Erweckungsbewegung, welches Cat Stevens durch eine Schallplattenaufnahme neu »belebt« hat, enthält eine ganz dynamische theologische Aussage zu Vergänglichkeit und neuem Leben; bestimmt kennt ihr die Melodie . . .

1 Morning has broken / Like the first morning, / Black-bird has
spoken/Like the first bird. / Praise for the singing! /
Praise for the morning! / Praise for them, springing / Fresh from the Word!

2 Sweet the rain's new fall / Sunlit from heaven,/Like the first
dewfall/On the first grass. / Praise for the sweetness /
Of the wet garden, / Sprung in completeness Where / HIS feet pass.

3 Mine is the sunlight! / Mine is the morning, / Born of the
one light/Eden saw play! / Praise with elation,
Praise every morning, / God's recreation / Of the new day!

Gott Abrahams. Nacht und Wüste,
Stern am Himmel, Name im Fleisch,
Same im toten Schoß seiner Frau.

Gott Jakobs, ringender Fremdling.
Faust, die ihn schlug, blutende Wunde.

Gott des Moses, brennende Stimme,
Feuer am Weg, Wort als Wolke,
Licht, das vorangeht, Wasser und Brot,
Land der Verheißung.

Gott Davids, Harfe in Händen,
Lied im Munde,
Liebe größer als Frauenliebe,
Eckstein des Hauses, Kind seines Namens,
fröstelnde Kälte in seinem Mark.

Gott in Babel, Gott unnennbar,
ausgestreut in der Fremde, Gott der Toten.

Gott Ijobs, Mann der Schmerzen,
niedergetreten, ganz gestaltlos,
Tropfen, Staubkorn
auf der Waagschale der Welt.

Gott Jesu, Schatten
über ein jüdisches Mädchen.
Gott nach Auschwitz,
du verstreute Asche der Juden,
Schmutz an den Sohlen.

Gott meiner selbst,
Zunge aus Schnee, Flamme Verzückung,
Stimme, die mitten im Wort mir stockt,
Sturm gegen mich –
zärtlicher Wind, rauhe Gefahr. – (...)

Niemandes Gott – einfach nur
Menschen –,
Schritt der Jahrhunderte,
erst allmählich bekannter Fremdling,
du unfindbarer Stein der Weisen,
du kein Gott, wie wir dich denken,
Ofen der Stille,
mühsamer Freund.

(Aus: H. Oosterhuis, Ganz nah ist dein Wort, Freiburg)

Der Text des niederländischen Theologen Huub Oosterhuis ruft biblische Erzählungen und Ereignisse aus unserem Jahrhundert in Erinnerung, die Lebens- und Todeserfahrungen beschreiben.

▷ *Welche Assoziationen und Bilder beschwört der Text herauf? – Welche Fragen und Gefühle weckt er in euch?*
▷ *Wie charakterisiert der Sprecher die Beziehung zwischen Gott und den Menschen?*
▷ *Sucht die zentrale(n) Aussage(n) im Text über Gottes »Mit-Sein« in Leben und Tod?*

Auferstanden von den Toten?

Der Begriff *Auferstehung* kommt in den obigen Texten gar nicht ausdrücklich vor, doch gerade *an ihm* haben sich immer wieder Verständnisfragen und Diskussionen entzündet. Allen biblischen Vorstellungen von der Bedeutung des Wortes »Auferstehung« gemeinsam ist wohl, daß sie *Gott* als den »Beleber der Toten« begreifen, als denjenigen, der sogar Tote aufweckt; damit verbindet sich bis heute die Hoffnung, daß Menschen nach ihrem Tod durch die Wundermacht Gottes an einem unvergänglichen, glücklichen Leben teilnehmen dürfen. Die Frage, *wo* der Ort des Lebens nach der Auferstehung ist und *wie* das Leben der Auferweckten sein wird, hat zu den unterschiedlichsten religiösen Anschauungen, Traditionen und Bräuchen geführt.

▷ *Auf den folgenden Seiten findet ihr einige Beispiele aus der Hebräischen Bibel (Altes Testament) und dem Neuen Testament, an welchen ihr genauer biblisches Reden von »Auferstehung – Tod und Leben« erarbeiten und eure bisherigen Fragestellungen und Entdeckungen vertiefen könnt!*

Erstes Beispiel: Die Erfahrung des Jona

▷ *Lest das gesamte Buch Jona im Zusammenhang! – Charakterisiert Jona, und beschreibt das Bild, das von Gott in dieser biblischen Erzählung vermittelt wird.*
Wovon hängen »Totsein« und »Leben« für Jona ab?

▷ *Betrachtet das Bild zur Jona-Erzählung eine Weile lang!*
▷ *Wie scheint der Künstler die Erfahrung des Jona zu interpretieren?*
▷ *Welche Anhaltspunkte bietet der biblische Text zu dieser Deutung?*
▷ *Setzt euch mit der Frage auseinander, ob die Jona-Erzählung symbolisch verstanden werden kann (→Symbol) und ob sie demnach zeitlose Wahrheiten für alle Menschen enthält?*

Hilfe in höchster Not

Aber der HERR ließ einen großen Fisch kommen, Jona zu verschlingen. Und Jona war im Leibe des Fischers drei Tage und drei Nächte. 2 Und Jona betete zu dem HERRN, seinem Gott, im Leibe des Fisches 3 und sprach:
Ich rief zu dem HERRN in meiner Angst, / und er antwortete mir.
Ich schrie aus dem Rachen des Todes, / und du hörtest meine Stimme.

(Jona 2,1–3)

Zweites Beispiel: Eine Botschaft an die Christen in Korinth

Das Neue Testament ist die Grundquelle der christlichen Auferstehungshoffnung. Vermutlich wäre sogar ohne die Erfahrung der Auferstehung Jesu das gesamte Neue Testament gar nicht geschrieben worden; alle neutestamentlichen Schriften wurden erst *nach* dem Tod Jesu verfaßt und gründen auf der »Guten Nachricht« (= griech. »Euangelion« →Evangelium) der *Osterbotschaft:* »Jesus ist auferstanden!« – Man kann sagen, die Schriftsteller des Neuen Testaments wollten nicht nur vom →*historischen Jesus,* sondern auch – und vielleicht sogar in erster Linie – vom *geglaubten* →*Christus* erzählen.
Schon die ersten Christen, die diese Glaubenszeugnisse kennenlernten, hatten offenbar besonders große Schwierigkeiten, die Bedeutung von Tod und Auferweckung Jesu Christi für ihren Glauben und für sich selbst zu verstehen und anzunehmen. Eines der ältesten uns überlieferten Dokumente für diese Glaubenszweifel findet sich im ersten Brief des Paulus an die Gemeinde von Korinth:

> 13 Gibt es keine Auferstehung der Toten, so ist auch Christus nicht auferstanden.
> 14 Ist aber Christus nicht auferstanden, so ist unsre Predigt vergeblich, so ist auch euer Glaube vergeblich.
>
> (1. Kor 15,13–14)

▷ *Lest das gesamte 15. Kapitel des 1. Korintherbriefes in eurer Bibel nach!*

▷ *Erstellt eine Liste mit allen konkreten Fragen zur Auferstehung, auf die Paulus den Christen von Korinth offenbar antwortet!*
Beschreibt die Art und Weise, wie Paulus antwortet und überlegt, warum er sich bei diesem Thema gerade so ausdrückt.
▷ *Vergleicht die Botschaft des Paulus mit der Aussage der folgenden Parabel!*

Eine österliche Parabel

Da war einmal ein guter Mensch. Der hatte Mitleid mit dem häßlichen Gewürm der Raupen, wie sie sich Stunde für Stunde vorwärts plagten, um mühselig den Stengel zu erklettern und ihr Fressen zu suchen – keine Ahnung von der Sonne, dem Regenbogen in den Wolken, den Liedern der Nachtigall! Und der Mensch dachte: Wenn diese Raupen wüßten, was da einmal sein wird! Wenn diese Raupen ahnten, was ihnen als Schmetterling blühen wird: Sie würden ganz anders leben, froher, zuversichtlicher, mit mehr Hoffnung. Sie würden erkennen: Das Leben besteht nicht nur aus Fressen, und der Tod ist nicht das letzte.
So dachte der gute Mensch, und er wollte ihnen sagen: Ihr werdet frei sein! Ihr werdet eure Schwerfälligkeit verlieren! Ihr werdet mühelos fliegen und Blüten finden! Und ihr werdet schön sein!
Aber die Raupen hörten nicht. Das Zukünftige, das Schmetterlingshafte ließ sich in der Raupensprache einfach nicht ausdrücken. – Er versuchte, Vergleiche zu finden: Es wird sein wie auf einem Feld voller Möhrenkraut... Und sie nickten, und mit ihrem Raupenhorizont dachten sie nur ans endlose Fressen.
Nein, so ging es nicht. Und als der gute Mensch neu anfing: Ihr Puppensarg sei nicht das letzte, sie würden sich verwandeln, über Nacht würden ihnen Flügel wachsen, sie würden leuchten wie Gold – da sagten sie: Hau ab! Du spinnst! Du hältst uns nur vom Fressen ab! – Und sie rotteten sich zusammen, um ihn lächerlich zu machen.

(Aus: W. Hoffsümmer, 255 Kurzgeschichten für Gottesdienst, Schule und Gruppe, Mainz [4]1983, S. 43)

Drittes Beispiel: Die Erzählungen vom leeren Grab

Alle vier →Evangelisten erzählen im Neuen Testament von »Auferstehungserfahrungen« im Zusammenhang mit dem Tod und dem Begräbnis Jesu von Nazareth. Im Anhangsteil sind die sogenannten »Erzählungen vom leeren Grab« aus allen vier Evangelien synoptisch nebeneinander abgedruckt. (→Synopse)

▷ *Lest zunächst nur Mk 16,1–8! – Versucht, das Verhalten der Frauen nachzuvollziehen und zu erklären! – Gibt es Passagen in dieser Erzählung, die euch merkwürdig erscheinen?*
▷ *Lest in einem weiteren Schritt auch die Grabeserzählungen der anderen drei Evangelisten im Anhang! – Sucht Gemeinsamkeiten und Unterschiede aller vier Texte!*
▷ *Können diese vier Erzählungen als sichere Beweise für die Auferstehung des historischen Jesu angesehen werden?*

→**Anhang: Umgang mit der Bibel S. 211**

Der Theologe W. Marxsen schreibt zum Problem der historischen Zuverlässigkeit folgendes:
»Wir sind aber heute nicht mehr in der Lage, so unmittelbar von der Auferstehung Jesu als von einem *Ereignis* zu reden, sondern wir müssen einfach sagen: Es handelt sich um ein *Interpretament,* dessen sich diejenigen be-

dient haben, die ihr Widerfahrnis (damals!) reflektierten. Wenn man heute also *historisch* (!) die Frage stellt: *Ist Jesus auferstanden?*, dann können wir nur antworten: Das läßt sich nicht feststellen. Historisch läßt sich nur feststellen (das aber sicher!), daß Menschen nach dem Tode Jesu ein ihnen geschehenes Widerfahrnis behaupteten, (...) – und die Reflexion dieses Widerfahrnisses führte diese Leute zur *Interpretation:* Jesus ist auferweckt worden.«

(Aus: W. Marxsen, Die Auferstehung Jesu als historisches und als theologisches Problem, Gütersloh 1964, S. 19 f.)

▷ *Was läßt sich – nach Marxsen – historisch durch die Grabeserzählungen lediglich belegen? Welche eigentliche Bedeutung erhält so gesehen der Satz »Er ist auferweckt worden« für heutige Leser?*

▷ *Studiert im Lexikonteil die Artikel → »Historischer Jesus«, → »Christus« und → »Zwei-Quellen-Theorie«, und informiert euch darüber, wann die einzelnen Evangelien verfaßt wurden! – Was tragen diese Sachinformationen für ein besseres Verständnis der Grabeserzählungen bei?*

▷ *Worum könnte es den biblischen Schriftstellern beim Abfassen ihrer Texte gegangen sein, wenn es nicht ausschließlich das Interesse der Geschichtsschreibung gewesen sein kann?*

5. Heutige Erfahrungen von Tod und Auferstehung?

▷ *Lest die folgende Kurzgeschichte und sucht nach möglichen Erklärungen für Jans Reaktion im Leichenschauhaus!*

▷ *Überlegt, warum diese Geschichte den Titel »Begegnung« trägt?*

Begegnung

Ein Ruck geht durch seinen Körper. Etwas hat ihn aufgeschreckt. Er erwacht und öffnet die Augen. Über ihm steht die Sonne, darunter die Konturen einer Frau. »Was ..., wer sind Sie?« Verstört blinzelt er auf die über ihm knieende Gestalt, deren Gesichtszüge das Gegenlicht nur erahnen läßt. »Na, wer schon? ... Hast wohl von einer anderen geträumt, was?« Jetzt erkennt er sie. Saras weiche, nun lachende Stimme. »Während mein Kleiner tief und fest schlief bin ich schon im Wasser gewesen und ein Stück weit den Strand entlanggelaufen – was ist los mit dir?« »Ich weiß auch nicht ... War plötzlich so müde. Die verdammte Autofahrt vielleicht ... Die Hitze ist kaum auszuhalten ...« »Warum bist du auch nicht mit schwimmen gegangen; das Wasser hätte dir gut getan.« Sie beugt sich zu ihm hinunter, ihre Finger gleiten über sein Gesicht, er spürt Saras Atem, sucht den Blick ihrer Augen ... Sie sind geschlossen ...
»Dein Mund schmeckt salzig«, sagt er und streicht über ihr nasses Haar. Sie richtet sich auf, entzieht sich seinen Händen, die sie erneut zu ihm hinabzuziehen versuchen. »Wenn ich dich ein paarmal untergetaucht habe, wirst du auch salzig schmecken.« Sie steht nun über ihm, hoch aufgerichtet im Schlagschatten der Sonne. Er hört noch ihr Lachen, ihre vergnügten Warnungen: »Ich habe Lust, noch mal ins Meer zu hüpfen. Das Wasser ist herrlich. Wenn ich zurückkomme und du liegst noch so schläfrig da, wird's ein feuchtes Erwachen geben – oder ich such' mir einen lebendigeren Liebhaber ...«
Die Frau wendet sich ab, läuft den Strand hinunter dem Meer zu. Das Sonnenlicht blendet ihn. Er schließt die Augen, sieht sie in Gedanken den Strand entlang und ins Meer laufen, spürt wie sie in die anbrandenden Wellen eintaucht, untertaucht, wieder auftaucht, weiterschwimmt ... Ganz nahe ist er ihr nun. Er horcht auf das Gleichmaß ihrer Atemzüge, schaut zu, wie sie dahingleitet, wie das Meer sie weiter und immer weiter mit sich fortträgt und ihm die Tage und

Nächte, die Stunden und Augenblicke zurückgibt, in denen sie einander angehörten und unsterblich wurden… Er sucht den Blick ihrer Augen… Sie spiegeln die Bilder und Begegnungen gemeinsamer Jahre… Sie kommen auf ihn zu… Verschwimmen mit den seinen…
Er erwacht und öffnet die Augen. Vor dem Bett, auf dem er liegt, steht Maren. »Guten Morgen, Jan.« Er blickt um sich. In dem Dämmerlicht, das durch die geschlossenen Vorhänge fällt, erkennt er das Hotelzimmer, das Sara und er vor einigen Tagen bezogen haben. »Was…, was ist los?« »Du hast geschlafen, Gott sei Dank hast du endlich ein paar Stunden geschlafen.« Er schaut seine Schwester an, sieht zu, wie sie ans Fenster tritt, die Vorhänge beiseite schiebt und einen der beiden Flügel öffnet. Straßenlärm dringt zu ihnen herauf, das einfallende Sonnenlicht blendet ihn. Er schließt die Augen, erinnert sich… »Glaubst du, daß du es schaffen wirst?« – »Was? – Marens Stimme klingt schwerfällig, stockend: »Die Identifizierung…« Er schaut sie an, blickt aus dem Fenster. Sie behaupten, Sara sei ertrunken, ihre Leiche an den Strand gespült, Unglücksursache unbekannt, Verdacht auf Herzversagen, Obduktion notwenig… Er tritt an die Brüstung des Fensters, sieht auf die Straße. Eine Frau geht vorüber. Er wünscht sich, sie würde heraufschauen. Sie geht vorüber. »Wir werden sehen«, sagt er.
Der Gerichtsmediziner, Maren, er. Weiße Fliesen, Kacheln die Wände hoch, Neonlicht. Ihn fröstelt. Er schaut Maren an, die neben ihm steht. Warum hat er sie gerufen? Warum sie gebeten, sofort in das nächste Flugzeug zu steigen und zu ihm zu kommen? Jetzt steht sie neben ihm, hält seine Hand… Was macht sie hier? Was macht er hier? Was wollen sie hier in diesem Raum, vor diesem Tisch, frierend… Er schaut den Pathologen an, der nun an den Tisch tritt, das Tuch zurückzieht, sie ansieht… Auf dem Tisch der Körper einer Frau, aufgeschwemmt, blutleer… Maren wendet sich ab, schluchzt… Er schaut auf die Leiche herab, in der Ferne ein Frauenlachen. »Ich kenne sie nicht. Wer soll das sein?« Maren wendet sich um, ihre Augen sind gerötet, starren ihn an. »Aber, Jan, erkennst du sie denn nicht…« Ihre Stimme zittert: »Es ist Sara…« Sie beginnt zu schwanken, er faßt ihren Arm, führt sie hinaus. An der Tür wendet er sich noch einmal um. Die Leiche ist wieder unter dem Tuch verschwunden. »Nein«, sagt er, »das ist sie nicht!« Der Gerichtsmediziner zuckt mit den Schultern, Maren stützend verläßt er den Raum…
Später steht er am Meer. Er hat Maren zurück ins Hotel gebracht und ist allein weitergefahren. Er läuft ein Stück weit den Strand entlang, hält an, schließt die Augen… Salzgeschmack…

(Stefan Kaufmann)

▷ *Lest die Erzählung vom »Gang nach Emmaus« im Lukasevangelium nach (vgl. Lk 24, 13–35)! – Wie interpretiert ihr diese Erfahrung der Jünger? – Gibt es in dieser Erzählung Passagen, die euch merkwürdig vorkommen? – Seht ihr Parallelen zur Erfahrung des Mannes in »Begegnung«?*

▷ *Betrachtet das Bild auf S. 179 eine Weile lang! – Welche Gedanken kommen euch dabei?*
Was erkennt ihr persönlich darin?
Welche Bedeutung verleiht ihr den unterschiedlichen Bildbereichen und der farblichen Komposition?

Bei dem Bild, das ihr gerade betrachtet habt, handelt es sich um einen Holzschnitt von Thomas Zacharias; er trägt den Titel »Gang nach Emmaus«. Der Künstler bezieht sich mit seinem Bild auf die neutestamentliche Erzählung von den zwei Jüngern, die sich nach der Hinrichtung Jesu ganz verzweifelt und niedergeschlagen auf den Weg nach Emmaus machen und die auf diesem Weg ein ganz besonderes Erlebnis haben, sie begegnen dem auferstandenen Christus.

Ein Wort zum Sonntag

Das folgende »Wort zum Sonntag« von Pfarrer Raettig beschäftigt sich auf seine Weise mit dem Leben nach dem Tod und mit einer Möglichkeit, Leid und Unsicherheit dabei auszuhalten, – ja sogar ›Lebenszeichen‹ darin zu entdecken.

»Dieses kleine Kreuz hier – das hat eine Geschichte. Meine Eltern, die hatten es nach dem Krieg in unserer ersten Wohnung in der Küche über der Tür aufgehängt. Ich kann mich noch gut daran erinnern. Da in unserer ersten Küche hat mein Glauben angefangen. So sehe ich das jedenfalls heute. Mir ist deutlich geworden: dieses Kreuz hatte eine Bedeutung für meine Eltern. Was für eine Bedeutung – darüber habe ich nie mit ihnen gesprochen. Brauchte ich auch nicht. Gott spielte eine Rolle in ihrem Leben und wenn sie von ihrem Leben erzählten.

»Gesundheit«, so sagte Vater zum Beispiel immer, »Gesundheit ist ein Geschenk Gottes«. Und es gab noch mehr solche Sätze, die sich mir eingeprägt haben, ja, die mich geprägt haben. Und diese Sätze wurden ganz selbstverständlich im Alltag gesprochen; so selbstverständlich wie da eben dieses Kreuz in der Küche dicht neben dem Kochtopf gehangen hat.

Jetzt habe ich mir dieses Kreuz einmal genauer angeschaut: da ist doch unten ein Totenkopf befestigt. Natürlich, denke ich: das Kreuz sehen, und die Gedanken, die gehen zum Tod, zum Friedhof, zum Leid. Damit ist das Kreuz wohl automatisch verbunden.

Auch Gott leidet. Das ist mir für meinen Glauben wichtig geworden; das hat mir Gott auch liebenswert gemacht. Denn ich sehe in ihm einen Verbündeten, wenn ich Schmerzen habe und leide. Und dann tut es ja gut, einen Verbündeten zu haben, dann kann ich eher mit meinem Leid fertig werden. Ich habe das Gefühl, dann kann ich über mein Leid hinauswachsen, und das Leid wächst mir nicht über den Kopf. Man sagt: So einer, der kann sein Leid besser bewältigen.

Und ich glaube: Gott will mir dazu Kraft geben. Diese Bedeutung hat für mich das Kreuz gewonnen.

Diese Kreuze stehen an der Hünsrück-Höhenstraße. Als ich sie gesehen habe, hab' ich an unser Küchenkreuz gedacht.

Da stehen *96 Holzkreuze.* Christen aller Konfessionen haben sie errichtet. Ein Denkmal haben sie da errichtet. Und hinter diesen Kreuzen, da ist ein Stacheldrahtzaun, und dahinter sind massive Betonbunker, in denen *96 Atomraketen* lagern. Jede dieser Raketen kann den Tod bringen und unermeßliches Leid.

Mir machen diese Kreuze deutlich: »Mitten im Leben – sind wir im Tod« – so hat Luther das mal ausgedrückt. Und er hat hinzugesetzt: »Kehr's um: mitten im Tod – sind wir im Leben. So spricht, so glaubt ein Christ.«

Ich glaube das so. Und deshalb sind diese Holzkreuze für mich Lebenszeichen – genau wie unser altes Küchenkreuz. Sie erinnern mich an Jesus, der dem Tod seinen Schrecken genommen hat.

Deshalb ist auf unserm alten Kreuz da oben auch eine Sonne befestigt. Ihre Strahlen stellen den Schrecken des Todes in den Schatten.

Ich glaube an Jesus, fühle mich mit ihm verbunden, bin sein Verbündeter, und er ist mein Verbündeter. Und aus diesem Glauben schöpfe ich die Kraft, mich heute gegen die Schrecken des Todes zur Wehr zu setzen.

Und deshalb habe ich dieses kleine alte Kreuz jetzt bei uns in der Küche über der Tür aufgehängt.

Und es erinnert mich jeden Tag an die Geschichte, die dieses Kreuz hat.«

(Pfarrer Volker Raettig, Kevelaer, »Wort zum Sonntag« vom 25.1.1986)

▷ *Faßt die Grundaussagen dieser Predigt mit eigenen Worten zusammen! Welche Hoffnung formuliert sie? Und welche Wege zeigt sie den Menschen zur Bewältigung von Leid und Tod?*

▷ *Seht ihr persönlich in dieser Predigt eine tragfähige Hoffnung gegen den Tod?*

Kapitel 11

Begegnung mit dem Buddhismus »Ein Weg zu wahrem Glück ...«

1. Buddhismus im Westen? – Ein Erfahrungsbericht

Wir – Klasse 10b des Nicolaus Cusanus Gymnasiums in Bonn – haben mit Interesse die Fernsehübertragung von der Verleihung des Friedensnobelpreises 1989 an den XIV. Dalai Lama, das religiöse und politische Oberhaupt Tibets, verfolgt. Seit einigen Wochen beschäftigen wir uns im Religionsunterricht mit den großen Weltreligionen. Unser Hauptanliegen dabei ist es, die *Besonderheit* jeder Religion kennen und verstehen zu lernen. Aber uns fesselt auch die Frage, ob es etwas gibt, was alle Religionen *gemeinsam* haben, beispielsweise einen Sinn, ein Ziel oder eine Erfahrung. Die Dankes-Rede des Dalai Lama bietet uns neuen Diskussionsstoff.

Wir alle suchen Glück ...

»Ich freue mich, daß Sie den Friedensnobelpreis einem einfachen Mönch aus Tibet geben wollen. *Ich* bin nichts Besonderes, aber ich glaube, der Preis ist eine Anerkennung für die Werte der Uneigennützigkeit, der Liebe, des Mitgefühls und der Gewaltlosigkeit – nach den Lehren des Buddha, des großen Weisen Indiens und Tibets. (...) Ich nehme den Preis an im Namen Mahatma Gandhis, der den neuen Brauch der Gewaltlosigkeit begründet und konsequent vertreten hat, und von dem ich gelernt habe und inspiriert wurde. – Natürlich nehme ich den Friedensnobelpreis auch an im Namen mei-

ner sechs Millionen tapferen Landsleute, die viel gelitten haben und immer noch leiden. Aus welchem Teil der Welt wir auch immer kommen, welcher Nation oder Rasse wir zugehören, wir sind doch alle dieselben menschlichen Lebewesen – Angehörige einer großen menschlichen Familie. Wir alle suchen Glück und wollen Leiden vermeiden. Wir alle haben dieselben grundlegenden Bedürfnisse und Interessen. Wir alle wollen Freiheit und das Recht, über unser Schicksal als einzelne oder als Völker selbst zu bestimmen. Das ist *menschlich.* Die großen Veränderungen, die zur Zeit überall in der Welt geschehen, von Osteuropa bis Afrika, sind dafür ein deutliches Zeichen. (...)
Die Probleme, vor denen wir heute stehen – gewalttätige Konflikte, Zerstörung der Natur, Armut und Hunger – sind von Menschen geschaffene Probleme, die durch menschliche Anstrengung und ein Gefühl für Brüderlichkeit gelöst werden müssen. Wir müssen universelle Verantwortung füreinander lernen und für den Planeten, den wir miteinander teilen. (...)

Der Dalai Lama bei der Meditation

Mit dem wachsenden Einfluß der Wissenschaft und der Wirtschaft auf unser Leben spielen die Religionen eine immer größere Rolle, indem sie uns an unsere Menschlichkeit erinnern. Bei allen Unterschieden vertreten die großen Weltreligionen gemeinsam die Ideale der Uneigennützigkeit, der Liebe, des Mitgefühls und der Gewaltlosigkeit. *Alle* Religionen stimmen darin überein, daß man die Selbstsucht, das Unwissen und die Habgier der Menschen zähmen muß; alle zeigen sie Wege, die zum Frieden und zum wahren Glück führen. – Das ist die Botschaft, die alle Religionen verkünden (...).«

(Aus: Originaltext der »Dankesrede« anläßlich der Verleihung des Friedensnobelpreises 1989 [Bundespresseamt], Übersetzung B. Besser-Scholz)

▷ *Welche Hoffnung formuliert der Dalai Lama aus buddhistischer Sicht für sein Land Tibet und für die ganze Welt?*
▷ *Erläutert, welche Rolle der Dalai Lama den Weltreligionen zuschreibt!*
▷ *Alle in diesem Kapitel mit → gekennzeichneten Begriffe könnt ihr im Glossar buddhistischer Fachbegriffe S. 304–205 oder im Lexikonteil des Anhangs nachschlagen!*

Wenn alle großen Weltreligionen im Kern mehr oder weniger identische Botschaften und Ideale verkünden, warum bemüht sich die Menschheit dann nicht, *eine* einheitliche Weltreligion zu entwickeln? Warum ist es nicht sinnvoll oder gar nicht wünschenswert, *eine* Religion für die ganze Welt anzustreben? Der Dalai Lama beantwortet diese Frage sinngemäß etwa so: Jede Religion hat ihre Eigenart und ihren ganz spezifischen Wert. Da es ganz verschiedene Dispositionen unter den Menschen gibt, ist die Verschiedenheit der Religionen hilfreich, diesen unterschiedlichen Anlagen zu entsprechen. – Er vergleicht die Welt mit all ihren Religionen mit einem Hotel, in dem Gäste aus verschiedenen Ländern übernachten. Sie alle haben unterschiedliche Bedürfnisse und Eßgewohnheiten. Ein gutes Hotel wird diesen verschiedenen Vorstellungen Rechnung tragen.
Welche grundsätzlichen Überlegungen und vor allem, welche gravierenden Unter-

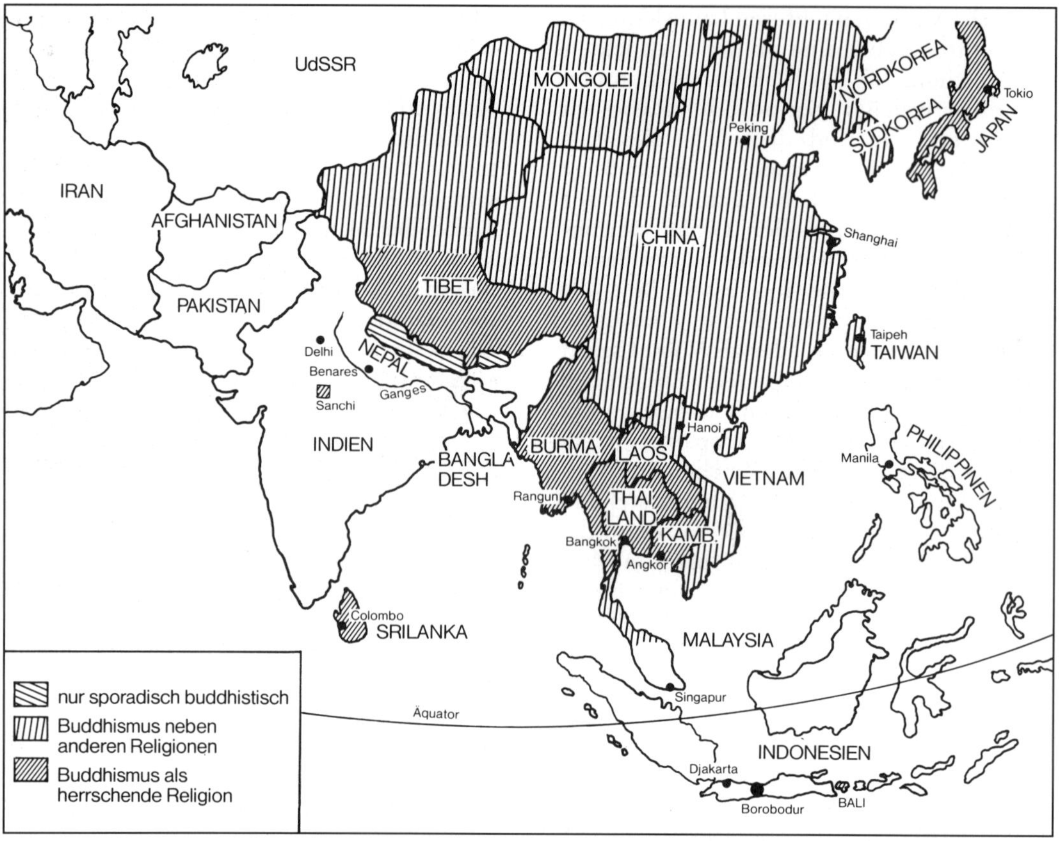

Die Verbreitung des Buddhismus (1978)

schiede – beispielsweise zwischen Buddhismus und Christentum – sprechen eigentlich *gegen* die Bildung einer Einheitsreligion? Unter dieser Fragestellung tragen wir zusammen, was wir an *Sachwissen über den Buddhismus* bisher erarbeitet haben:

Der Buddhismus

Der Buddhismus, eine der ältesten großen →Weltreligionen, ist um 500 v. Chr. in Indien entstanden und zählt heute weltweit zirka 400 Millionen Anhänger. Die größte Verbreitung hat der Buddhismus in der östlichen Hemisphäre gefunden, doch übt er in diesem Jahrhundert durch seine Lebensformen eine immer größer werdende Faszination auf westliche Länder aus. Auch in Deutschland hat der Buddhismus Freunde und Anhänger gefunden.

Es gibt *drei große →Konfessionen* (→Die Drei Fahrzeuge) innerhalb der buddhistischen Religion: Hinayana, Mahayana und Vajrayana. Diese unterscheiden sich im Hinblick auf ihre Lehren, ihre Praxis und ihre traditionellen Schriften in einigen Punkten; alle halten jedoch an den *Vier Edlen Wahrheiten* und an dem *Edlen Achtfachen Pfad* (→Weg), der zur Erlösung führt, als Grundpfeiler buddhistischer Lehre fest.

▷ *Könnt ihr diese Sachkenntnisse über den Buddhismus erweitern? – Stöbert in Lexika, Fach- oder Kunstbüchern nach Detailinformationen.*
▷ *Bildet für die Weiterarbeit Spezialisten-Gruppen!*

Wir versprechen uns tiefere Einsichten von dem Besuch eines nahegelegenen buddhistischen Klosters und machen uns eines Morgens in aller Frühe auf zum »Studiengang«

Schloß Wachendorf, seit 1981 Sitz des Kamalashila-Instituts. Rechts oben **Künzig Sharmapa,** der Schirmherr und spirituelle Leiter des Kamalashila-Instituts.

nach Wachendorf. Dort liegt – mitten in der Eifel – das »Kamalashila-Institut«. →Lama Kunga, in ein weinrotes Gewand gekleidet, empfängt uns freundlich und führt uns durch die parkähnliche Außenanlage. Direkt vor dem Gebäude wehen fünf Fahnen in den buddhistischen Farben: gelb, blau, rot, grün und weiß an meterhohen Stangen. In einiger Entfernung, erhöht, ein goldglänzender Stupa, ein »Verehrungshügel« (=Behälter von Reliquien des Buddha); an langen Schnüren flattern viele kleine Gebetsfahnen im Wind.

Während wir das Gebäude betreten, erzählt uns Lama Kunga die Geschichte des Kamalashila-Instituts und erläutert wichtige Aufgabenbereiche der dort lebenden Buddhisten:

Damit alle – auch Menschen westlicher Kulturbereiche –, die ein Interesse am Buddhismus haben, auch wirklichen Nutzen aus ihm ziehen können, hat der 14. Künzig Sharmapa dieses Institut für buddhistische Studien 1981 gegründet. Hier finden seitdem über das Jahr verteilt Seminare und Meditationskurse statt, die von Lehrern verschiedener buddhistischer Traditionen geleitet werden. Der Schwerpunkt liegt auf der tibetischen Tradition.

Die *Grundpfeiler aller buddhistischer Praxis* sind auch hier im Institut:

1. *das Hören* der Lehre: buddhistische Lehrer geben dazu während des Jahres Unterweisungen;
2. das *Nachdenken,* in welchem man das eigene Verständnis prüft und es mit der eigenen Erfahrung vergleicht, um dadurch Gewißheit in der Sichtweise zu gewinnen;
3. die *Meditation,* in welcher man allumfassende Liebe und Einsicht in die Natur der Dinge entfaltet.

Im Gebäude selbst sehen wir Meditationsräume mit verschiedenen Kultgegenständen – Buddhastatuen, →Mandalas, →Thanka-Gemälde, Opfergaben (Blüten, Früchte, Räucherstäbchen).

Wir versammeln uns in einem der Meditationsräume, vor dessen Eingangstür wir unsere Schuhe ausgezogen haben, lassen uns auf dem kalten Boden nieder und hören eine Unterweisung des Lama Kunga. Im Anschluß daran dürfen wir Fragen stellen, die er geduldig und ganz auf den Fragesteller eingehend beantwortet. – Eine gemein-

same Meditationsübung im »Lotussitz« stellt unsere westeuropäischen Gliedmaßen auf eine harte Probe. Uns allen kommen die zwanzig Minuten der Meditation wesentlich länger vor; aber eher so, als hätten wir »die Zeit vergessen«. Wir nehmen Geräusche wahr, die uns im normalen Alltagstrott schon gar nicht mehr auffallen: Vogelstimmen beispielsweise oder das Knurren eines hungrigen Magens. Von der uns anfänglich eher störenden Kühle des Fußbodens merken wir nach einiger Zeit der Meditation gar nichts mehr.
Ein vegetarisches Essen mit den Bewohnern des Kamalashila-Instituts beschließt unsere Begegnung. Um viele Eindrücke und Erfahrungen reicher kehren wir nach Bonn zurück. Wir danken den Menschen in Schloß Wachendorf für ihre Offenheit, ihre Freundlichkeit und vor allem für ihre Geduld!
Dieser ersten Begegnung folgten weitere Gespräche, die uns immer mehr vom Buddhismus und seinen Lebensformen verstehen ließen. Weitere *Erläuterungen, Fragen und Antworten* sowie ein *Glossar* hat uns das Kamalashila-Institut freundlicherweise überlassen. Sie sind im folgenden auszugsweise und in stark bearbeiteter Form abgedruckt.

2. Die Lehre Buddhas

Die Geschichte

Buddha Shakyamuni wurde vor ungefähr 2550 Jahren (563 v. Chr.) in Nordindien als Prinz Siddhartha geboren. Gemäß der Legende sind zum Zeitpunkt seiner Geburt verschiedene wunderbare Zeichen erschienen: Kurz nachdem er aus dem Leib seiner Mutter Maya hervortrat, machte er sieben Schritte in jede Himmelsrichtung und es erschienen Lotusse unter seinen Füßen.
Der Vater, Herrscher der Shakyas, erhielt von einem Weisen die Voraussage, daß sein Sohn entweder ein großer Weltenherrscher oder ein Religionsführer würde. – Nach dem Wunsch des Vaters sollte Prinz Siddhartha ein Weltenherrscher werden. Als der Vater den Weisen nach den Bedingungen fragte, die zu erfüllen wären, um Prinz Siddhartha auf den Weg des Weltenherrschers zu führen, antwortete dieser, daß er von jeglicher Form des Leidens ferngehalten werden sollte.
In seiner Kindheit und Jugend wuchs Prinz Siddhartha im Wohlstand und mit den Annehmlichkeiten des Hofes auf. Im Alter von acht Jahren begann er die Wissenschaften und Künste, insbesondere die Kampfkunst, seiner Zeit kennenzulernen und trat in allem als der Beste hervor. Alle liebten und schätzten ihn aufgrund seiner Freundlichkeit und Güte. Im frühen Alter heiratete er und lebte glücklich mit seiner Frau.
Eines Tages jedoch bei einem Ausritt vom väterlichen Hof traf er einen kranken Mann, er beobachtete eine alte Frau, er sah einen Toten auf einem Scheiterhaufen aufgebahrt und am Wegrand sitzend erblickte er einen Saddhu, einen Weisen jener Zeit.
Mit diesen vier Personen begegnete ihm zum ersten Mal ein Teil des Lebens, das vor ihm verborgen gehalten worden war. Im Angesicht von Krankheit, Alter, Tod und Weisheit spürte er plötzlich, daß auch *er* diese Erfahrungen durchlaufen würde. Er stellte mit Befremden fest, daß es *Leiden* gab, und er begann nach dem *Sinn* zu fragen und nach den *Ursachen* des Leidens. Ihm wurde klar, es gibt den Tod, aber er konnte nicht einsehen, *warum* Wesen sterben. Auch die Frage, *was geschieht nach dem Tod,* blieb für ihn offen.
Prinz Siddhartha ließen alle diese Fragen nicht mehr los. Er wollte wissen: Wer kann mir eine *Antwort* geben? Was kann der *Weise* mir sagen? Was weiß *er* im Angesicht des Todes? – Prinz Siddhartha spürte, daß das Glück, welches er erfuhr, bedingt und vergänglich ist. Er fragte sich, welchen Sinn das Sein haben kann, wenn es durch den Tod begrenzt ist.
Im Alter von 29 Jahren, nachdem seine Frau einen Sohn geboren hatte, verließ er auf der

Buddha Shakyamuni ist in der erdberührenden Geste dargestellt; er nimmt die Erde als Zeuge, daß es wahr ist, was er sagt.

Das Rad der Lehre, umgeben von zwei Gazellen. Das Rad symbolisiert die Lehren des Buddha, die beiden Gazellen Friedfertigkeit, die durch die Lehre ausgedrückt wird. Sie repräsentieren auch die beiden Hauptschüler Buddhas.

Suche nach einer Antwort die Geborgenheit des Hofes, die er als nicht dauerhaft erkannt hatte. Er versuchte bei geistlichen Lehrern der damaligen Zeit durch verschiedene Formen und Stufen der Askese und Versenkung zu einer höheren Ebene der Erfahrung zu gelangen, die ihn erkennen ließ, was die Grundlage des Seins ist.
Nach sechs Jahren ausdauernder Suche und intensiver Meditationspraxis besiegte er →Mara in seiner furchterregenden und verführerischen Form, und er erlangte in Bodh-Gaya unter dem Bodhibaum sitzend *vollkommen erwachtes Bewußtsein.*
Nachdem Prinz Siddhartha zum →*»Buddha«,* dem vollkommen Erwachten, geworden war, verweilte er an dem Ort der Erleuchtung, bis er gebeten wurde, seine Erfahrung zum Wohle aller zu lehren.

Die Lehrreden Buddhas

Im Gazellenpark von Benares drehte Buddha zum ersten Mal das Rad der Lehre und legte die *Vier Edlen Wahrheiten* dar.
Im Laufe seines Lebens drehte Buddha Shakyamuni noch weitere zwei Male das Rad der Lehre. Bei jedem Kreis von Unterweisungen lehrte er »die Natur der Erscheinungen« auf unterschiedlichen Ebenen der Wahrnehmung und angepaßt an die jeweilige Auffassungsgabe seiner Zuhörer. So umfaßte der **erste Kreis der Lehre** die *Vier Edlen Wahrheiten* und den **Pfad,** den jedermann gehen kann. Den **zweiten Kreis der Lehre –** über die *Realität* und das *Wesen der Dinge* – richtete er an einen ausgewählten Hörerkreis, weil nur wenige Fortgeschrittene das zu verstehen in der Lage sind

(→Esoterik). Den **dritten Kreis der Lehre** vermittelte Buddha einer noch geringeren Zahl besonders weit fortgeschrittener Auserwählter: es ist dieses die →*Vajrayana-Lehre,* welche bis heute in vielem für Außenstehende geheim blieb.

Der erste Kreis der Lehre

Beim ersten Drehen des Rades erläuterte Buddha die **Vier Edlen Wahrheiten:**

1. Die Wahrheit vom Leiden
2. Die Wahrheit von der Entstehung des Leidens
3. Die Wahrheit vom Aufhören
4. Die Wahrheit vom Weg

Buddha Shakyamuni hat seine Lehre auch in Form der **Vier Siegel** dargelegt:

1. Alle zusammengesetzten Dinge sind unbeständig
2. Alles, was befleckt ist, bringt Leiden mit sich
3. Verwirklichung ist Frieden
4. Alle Erscheinungen sind ohne ein unabhängiges Selbst.

Die Vier Edlen Wahrheiten und die Vier Siegel werden im folgenden nebeneinander dargestellt. Sie sind miteinander verbunden und ergänzen sich auch.

▷ *Lest immer nur eine Wahrheit und das zugehörige Siegel im Zusammenhang – und das möglichst mehr als einmal! Nehmt euch anschließend viel Zeit, um Verständnisfragen zu klären oder um die zugehörigen Bilder zu betrachten!*
Bei der Beantwortung mancher Fragen kann euch das Glossar S. 203–205 helfen, anderes erschließt sich im weiteren Verlauf des Kapitels.

Die Wahrheit vom Leiden

Dabei sprach Buddha Shakyamuni von **drei Arten des Leids.**
a) Die erste Art – **das Leid des Leids** – sind jene Schmerzen und Probleme, die wir deutlich als Leid *empfinden.* Diese Form des Leids wird von allen Wesen erfahren, so von uns zum Beispiel als Krankheit und Kopfschmerzen.
b) Die zweite Art des Leids – **das Leid der Veränderung** – wird von uns paradoxerweise zunächst als *Glück* erfahren. Dieses Leid besteht nämlich darin, daß jedes neu entstandene Glück doch irgendwann ein Ende hat und somit letztendlich unbefriedigend ist.
c) Die dritte Art von Leid – das **Leid des Zusammengesetzten** – wird von Wesen ohne Erkenntnis überhaupt nicht wahrgenommen. Es besteht in der Tatsache, daß in der Welt alles von anderem abhängig ist.
Obwohl alle Wesen nach möglichst dauerhaftem Glück streben, erfahren sie immer wieder Schwierigkeiten und Probleme in Gestalt der drei Arten des Leids. Um uns auf diese Tatsache aufmerksam zu machen, lehrte Buddha Shakyamuni zuallererst diese Grundbedingung des Seins in →*Samsara,* die **Wahrheit vom Leiden:** der *Kreislauf der Existenzen* ist leidvoll und steht unserem Streben nach Glück entgegen.

Das erste Siegel: »Alle zusammengesetzten Dinge sind unbeständig«

Alles in Samsara ist unbeständig und vergänglich. – Dies nicht nur in dem Sinne, daß alles ein Ende finden muß, sondern auch im Hinblick auf seine Umwandlung von Augenblick zu Augenblick: Geburt endet im Tod, Gutes endet im Schlechten und Schlechtes im Guten, Zusammensein endet in Trennung, Schöpfung in Zerstörung und Aufbau in Verfall.
Nichts in Samsara hat einen unveränderlichen Kern, eine Essenz. Dies verdeutlicht das Beispiel des Bananenbaumes: Wird seine erste Rinde abgeschält, erscheint eine weitere, und dies setzt sich so fort, bis man schließlich zur Mitte vorstößt – der Baum ist hohl, er hat nur aus Rinde bestanden. Nichts in Samsara ist etwas anderes als Illusion.
Das Beispiel vom Fluß zeigt, wie **Illusion** für **Wirklichkeit** gehalten werden kann. Wenn wir den Fluß von der Brücke aus betrachten, sehen wir seine Wellenbewegungen und das Fließen des Wassers. Kehren wir am nächsten Tag zurück, glauben wir das gleiche zu sehen. Tatsächlich steht

der Fluß, da fließendes Wasser ihn bildet, niemals auch nur eine Sekunde lang still, und das Wasser, das wir gestern betrachtet haben, ist seitdem schon lange zum Meer geflossen.
Das gleiche gilt für unsere »Vorstellung vom Ich«. Wir verbinden mit dem »Ich« unseren Körper, unsere Charaktereigenschaften, unsere Intelligenz und Fähigkeiten. Wir halten dieses »Ich« für etwas Beständiges. Jedoch der Körper verändert sich unentwegt (die Zellen und Gewebe wachsen, altern und regenerieren sich unaufhörlich; die Darmschleimhaut bildet sich innerhalb von achtundvierzig Stunden vollkommen neu). Unsere Charaktereigenschaften sind mit fünf Jahren nicht die gleichen gewesen wie mit fünfzehn. Auch die Intelligenz und die eigenen Fähigkeiten sind niemals dieselben. Wir vermögen mit drei Jahren andere Dinge zu tun als mit dreizehn, dreißig oder fünfzig (→Die Fünf Skandhas). Alles verändert sich fortwährend in gegenseitiger Abhängigkeit.

Nichts in Samsara hat einen unveränderlichen Kern, eine Essenz.

Die Wahrheit von der Entstehung des Leidens

Wenn wir erkennen, daß alle Glück suchen, und wir sehen, daß wir dennoch verschiedene Formen von Leid erfahren, fragen wir uns, welches die **Ursache** für unsere Erfahrung sind: Es sind unsere →**Negativen Handlungen.** Obwohl unsere *eigenen* Handlungen immer wieder leidvolle Situationen nach sich ziehen, erkennen wir dies nicht, und meist ist es uns nicht klar, welches Verhalten unterlassen werden sollte, um Probleme zu vermeiden. Genau dieses *Nicht-Wissen* ist der Grund dafür, daß wir unser Handeln von den →Leidbringenden Gefühlen (wie Begierde, Zorn, Stolz und Neid) bestimmen lassen, anderen Leid zufügen und selbst Schwierigkeiten erleben.

Das zweite Siegel: »Alles, was befleckt ist, bringt Leiden«

Was ist hier mit »befleckt« gemeint? Jede negative und völlig abgeschlossene – das heißt →karmisch folgenreiche – Handlung ist befleckt. Selbst eine positive und völlig abgeschlossene Handlung gilt als »befleckt«, wenn sie aufgrund von selbstsüchtigen Motiven ausgeführt wird (→Negative Handlungen; →Positive Handlungen; →Sechs Paramitas).
Das Leiden, das befleckte Handlungen nach sich zieht, läßt sich auf vielen Ebenen betrachten. Letztlich werden auf diese Art und Weise alle Arten der folgenden Inkarnationen, die Verlängerung unserer gegenwärtigen Existenz, erschaffen, die wir später als Auswirkung zu erfahren haben. Eine befleckte Handlung kann niemals zur endgültigen Befreiung (→Nirvana) führen (vgl. Bild S. 195).

Das Lebensrad: Das Lebensrad wird von Yama, dem Herrn des Todes, gehalten. Er verkörpert die Zeit in seinem zweifachen Aspekt: dem verschlingenden sowie dem ewigen. Von innen nach außen werden dargestellt:
Innerster Kreis: Er gibt die Ursachen wieder, die zur Geburt in den sechs Bereichen führen; dies sind Begierde, Verblendung und Haß, die durch den Hahn, das Schwein und die Schlange wiedergegeben werden.
Im zweiten Kreis hat der Mensch zwei Möglichkeiten; entweder den Weg zur Befreiung zu gehen oder wieder in den Bereich der Dunkelheit zurückzufallen.
In dem großen Kreis sind die Erfahrungen und Leiden der sechs Bereiche dargestellt; es sind der Höllen-, der Geister-, der Tier-, der Menschen-, der Halbgötter- oder Asura- und der Götterbereich (→Gott). Die Ursachen für diese Bereiche sind: Haß, Gier, Dummheit, Anhaften, Eifersucht und Stolz.
Der äußere Ring stellt die →»zwölf Glieder des abhängigen Entstehens« dar. Durch sie werden der Kreislauf von Verblendung, Geburt und Tod beschrieben. Dieser Kreislauf schließt sich weider (→Rad des Lebens; →Samsara).

Die Wahrheit vom Aufhören (des Leidens)

Wir alle sehnen uns nach Glück und Freude, und wir sind ständig damit beschäftigt, alles Unangenehme von uns fernzuhalten – nur gelingt es nicht. Mit der **Wahrheit des Aufhörens** beschrieb Buddha Shakyamuni, wie es möglich ist, unseren jetzigen Zustand zu überwinden und *wahres Glück* zu verwirklichen. Dafür ist es notwendig, sich von der Ursache des Leids, nämlich den leidbringenden Gefühlen, zu befreien. (...) Wir müssen *lernen, die leidbringenden Gefühle umzuwandeln,* indem wir sie mit positiven vertauschen – ebenso wie wir eine schwarze Perle durch eine weiße ersetzen können: Zorn in Liebe und Mitgefühl, Begierde in Freigebigkeit, Unwissenheit in klare Einsicht. Haben wir *vollkommene Umwandlung* erreicht, entsteht kein Leid mehr, da dessen Ursachen entfernt wurden.

Das dritte Siegel: »Verwirklichung ist Frieden«

»Verwirklichung« bedeutet nicht etwas Neues oder Zusätzliches, sondern *vollständige Ansammlung und vollständige Reinigung.* Wenn es nichts mehr gibt, was noch weiter angesammelt und gereinigt werden kann, dann erkennt man die →*absolute Wahrheit* durch sich selbst. Diese Einsicht läßt sich mit keiner anderen Einsicht oder Erkenntnis vergleichen.

Wie kann eine solche Verwirklichung eintreten?

Sie begleitet uns jederzeit, genauso wie unser eigenes Gesicht. Auch Unwissenheit ist ja nichts Fremdes und von uns Getrenntes. Wenn wir erkennen, so ist es *Weisheit,* und wenn wir nicht erkennen, so ist es *Unwissenheit.* Manche werden vielleicht fragen: »Wenn diese höchste Wahrheit niemals von uns getrennt ist, wie ist es dann möglich, sie *nicht* zu erkennen?« Das ist sehr gut möglich; beispielsweise hat niemand von uns in seinem ganzen Leben jemals sein eigenes Gesicht gesehen. Er mag ein Foto oder sein Spiegelbild gesehen haben, doch nie das Gesicht direkt. Die **Verwirklichung der Buddhas** kann niemand *beschreiben,* selbst die Buddhas können es nicht. Wir können nichts anderes tun, als selbst Verwirklichung erlangen (→Buddhanatur; →Bodhi).

Welches wäre ein Weg, auf eine solche Verwirklichung hinzuarbeiten? – Wenn auch jeder Verwirklichung in sich trägt, müssen wir doch die Hindernisse beseitigen, die der Verwirklichung im Wege stehen, – Begierde, Anhaftung, Zorn, Abneigung und Unwissenheit. Zufriedenheit entfernt und reinigt das Begehren, Herzensgüte befreit von Zorn, Wissen und Weisheit klären die Unwissenheit.

Zufriedenheit beispielsweise läßt sich auf vielen Ebenen erfahren, und während man sich stufenweise entwickelt, nehmen die Wünsche, das Begehren, ab. Die gewöhnliche menschliche Natur kennt nur sehr wenig Zufriedenheit. Ein mittelloser Mensch beispielsweise denkt: »Hätte ich nur einen Ort zum Schlafen, etwas zu essen und etwas anzuziehen, so würde mir dies schon genügen«, – doch wenn er diese Dinge tatsächlich bekommt, entstehen neue Gedanken: »Nun, dies Essen schmeckt ziemlich schlecht, – ich würde etwas Schmackhaftes vorziehen. Diese Kleider sind so ärmlich, ich hätte gern etwas Besseres zum Anziehen. Der Ort, an dem ich schlafe, ist so kalt, – ich brauche einen wärmeren Platz zum Schlafen.« – So beschafft er sich also bessere Nahrung, Kleidung und Unterkunft, doch seine Gedanken laufen weiter: »So ist es zwar gut, aber ich brauche noch mehr und noch bessere Dinge.« Alles muß größer und bequemer sein, und wenn man einmal das gleiche wie die anderen im Dorf besitzt, denkt man: »Ich möchte der Beste im Dorf sein«, und wenn man dies erreicht hat: »Ich muß der Beste im ganzen Land sein« –, und selbst wenn man auf diese Weise den größten Reichtum im ganzen Universum ansammelt, ist der *Geist* immer noch hohl und leer. (...)

Durch die Ausbildung von Zufriedenheit, Herzensgüte und Weisheit müssen wir alle Hindernisse auf einer ganz konkreten Ebene entfernen, bis wir frei von allen Leidensformen sind, bis wir wirklich die →Dualität abstreifen. Auf diese Weise entwickelt sich *Verwirklichung.*

Verwirklichung ist Frieden; dann können wir uns an dem freuen, was wir haben.

> Wenn wir erkennen, so ist es Weisheit, und wenn wir nicht erkennen, so ist es Unwissenheit.
>
> Die gewöhnliche menschliche Natur kennt nur sehr wenig Zufriedenheit.
>
> Durch die Ausbildung von Zufriedenheit, Herzensgüte und Weisheit entwikkelt sich Verwirklichung.

Die Wahrheit vom Weg (Zum Aufhören des Leides)

Als Vierte Wahrheit lehrte Buddha Shakyamuni, *worin der Weg zum Aufhören des Leids besteht.* Aus einem Reiskorn wird nur dann Reis wachsen, wenn wir es in Erde setzen und für die richtigen Bedingungen sorgen. Ebenso ist es notwendig, wenn die →Buddhanatur verwirklicht werden soll, einen bestimmten →Weg einzuschlagen. Der Weg, den Buddha Shakyamuni lehrte, besteht konkret aus einer Vielzahl unterschiedlicher Methoden. Für ihre Anwendung ist es zunächst wichtig, sich der eigenen Neigungen bewußt zu werden. Je nachdem, welche leidbringenden Empfindungen bei uns vorherrschen, sollten wir die entsprechenden Gegenmittel anwenden. Nehmen wir als Beispiel das Gefühl von Zorn. Jemand, der aggressiv ist, sollte ganz besonders auf diese Empfindungen achten und Liebe und Mitgefühl entwickeln. Dabei ist der erste Schritt, den Zorn zu untersuchen. Man betrachtet ihn und überlegt, was Zorn eigentlich ist, warum er entsteht und wozu er führt. Durch diese Überlegungen wird klar, daß Zorn immer nur Probleme und Schwierigkeiten mit sich bringt, niemals aber Freude und Glück. Obwohl wir Freude erleben wollen, entsteht – scheinbar von selbst und ohne daß wir es verhindern können – Aggressivität.

Sind Begierde und Anhaftung besonders stark, sollte man sich auf Freigebigkeit konzentrieren, indem man sich an das Geben zunächst durch geringfügige, unwichtige Geschenke gewöhnt und dann allmählich dazu übergeht, auch Dinge zu geben, die einem besonders wertvoll sind. Mit diesem Verhalten werden sich Anhaftung und Begierde verringern.

> **Das Vierte Siegel: »Alle Erscheinungen sind ohne ein unabhängiges Selbst«**

Nichts in Samsara verfügt über ein »Selbst«, einen dauerhaften Kern. Selbst wenn wir »ich« sagen, geben wir uns einer Täuschung hin, obwohl wir immer von einem »Ich« sprechen, in Form eines »Ichs« fühlen und das »Ich« als etwas Beständiges und sehr Dauerhaftes empfinden. Was ist dieses »Ich«? Wir können keinen Ort entdecken, an dem es verweilt. Es kann weder mit dem Körper, mit dem Intellekt, mit den Gefühlen noch mit allen dreien zusammen identisch sein. Sowohl Körper, Intellekt und Gefühle als auch unser Charakter sind *nicht beständig*, sondern verändern sich dauernd. Auch sind sie von vielen Bedingungen *abhängig*, so daß wir nicht von Eigenständigkeit sprechen können. Auf der Ebene der →**relativen Wahrheit** gibt es das »Ich«. Es besitzt aber keine absolute Gültigkeit. Auf der Ebene der →**absoluten Wahrheit** kann man kein »Ich« finden. *Auf der absoluten Ebene besitzt nichts seinem Wesen nach eine wirkliche Existenz. Alles beruht auf etwas anderem, und daher hat nichts ein festes und unabhängiges Selbst.*

Was ergibt sich nun aus alledem? – Jemand, der die Methoden des Buddhismus anwendet, befindet sich auf der relativen Ebene und folgt einem Weg, der zur absoluten Ebene führt. *Dieses Absolute ist nach buddhistischer Auffassung unser Wesen, unsere Sicht, »die Natur des Geistes«. In den mystischen Gesängen heißt es:*

> In dieser Welt, die Täuschung ist, geht der illusorisch Praktizierende den illusorischen Pfad, um die illusorische Frucht zu erlangen.

Dies bedeutet, daß wir uns in einer Situation der Täuschung, in einer *Illusion* befinden, aber nichtsdestoweniger versuchen müssen, vorwärtszukommen, um *Verwirklichung* zu erlangen. Dazu müssen wir uns selbst vom Hindernis der Täuschung befreien. Damit wir dies Hindernis beseitigen können, müssen wir zuerst eine **bessere Illusion** erschaffen – indem wir positiv handeln –, und später ist es notwendig, mit der **Weisheit der Nicht-Dualität** auch diese bessere Illusion aufzulösen (→Dualität).

Der Stupa ist Symbol für die verschiedenen Entwicklungsstufen und Ebenen der Verwirklichung, die bis zur vollkommenen Buddhaschaft durchlaufen werden. Die Augen kennzeichnen die alldurchdringende, alles erkennende Natur des Geistes.

3. Ein Zwischenschritt

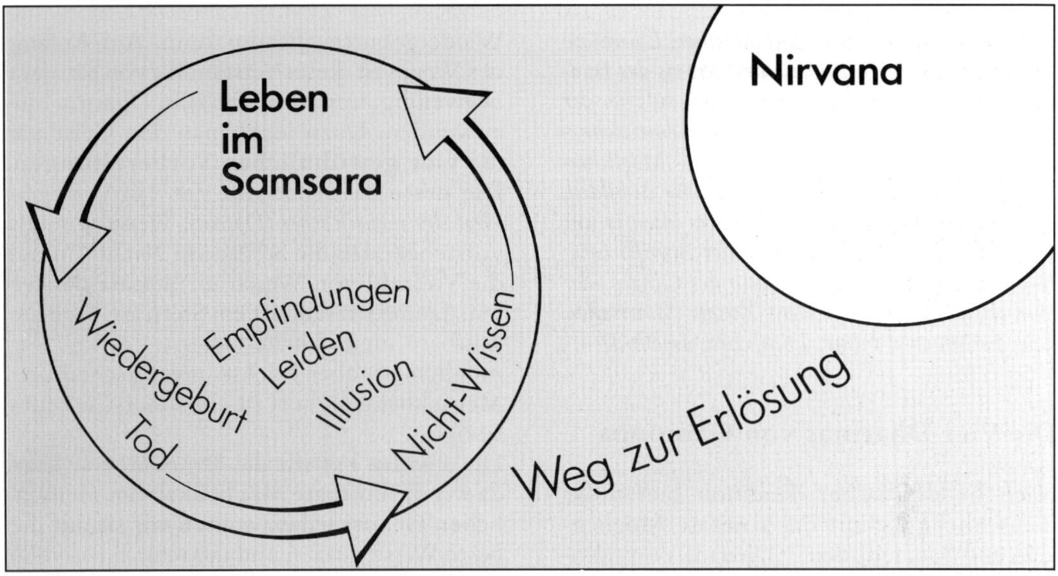

▷ *Bevor ihr euch der nächsten »Unterweisung« – für Fortgeschrittene – zuwendet, überprüft euer bisheriges Verständnis vom Buddhismus anhand des Schaubildes, des Textes von Buddha Shakyamuni und den Worten eines Buddhisten aus unserer Zeit!*

Worte Buddhas aus dem →Pali-Kanon

Es gibt, ihr Mönche, einen Bereich, wo weder Erde, noch Wasser, noch Feuer, noch Wind ist, wo die Sphäre der Unendlichkeit des Raumes und der Unendlichkeit des Bewußtseins nicht mehr besteht. Wo nicht irgend etwas mehr ist, weder die Sphäre des Unterscheidens, noch die des Nichtunterscheidens, nicht diese Welt, noch die jenseitige Welt, wo beide, Sonne und Mond, nicht mehr sind. (...) Ich verkündige euch ein Nichtkommen und Gehen, ein Nichtfeststehen und Vergehen, die Freiheit von der Wiedergeburt; ein Nichtstillstehen und ein Nichtweitergehen. Keinen Grund gibt es mehr für das Sehnen nach dem Leben. Dies ist das Ende des Leides.

(Aus: Theologisches Forum 8, hrsg. v. W. Trutwin, Düsseldorf 1971, S. 48)

Hinter den Schleiern: die Buddhanatur

Der Übergang von Samsara zu Nirvana ist keine Bewegung von hier nach dort, zu einem anderen Ort. Die Buddhanatur – Weisheit und Mitgefühl – ist schon hier. Sie muß nur befreit werden von leidbringenden Gefühlen und Konzepten. Wir können sie nicht irgendwo anders als in der uns eigenen und allen Wesen innewohnenden Buddhanatur selbst erkennen.

(Lama Kunga in einem Brief an eine noch nicht sehr weit fortgeschrittene Schülerin, 1990)

▷ *Erläutert mit eigenen Worten, was ein Buddhist meint, wenn er von »Samsara« und von »Nirvana« spricht!*
▷ *In der Skizze oben sind sowohl die Begriffe im ›Kreislauf der Existenzen‹ als auch ›Weg zur Erlösung‹ unvollständig. Ergänzt beide Listen, so gut ihr es nach eurem bisherigen Wissensstand könnt!*
▷ *Sollte euer Konzentrationsvermögen momentan erschöpft sein, könnt ihr auch auf die folgende »Unterweisung« (zunächst) verzichten und gleich auf S. 200 fortfahren!*

4. Eine Unterweisung, die den → Weg zeigt

▷ *Dieser folgende Text enthält einen Überblick über die tibetische Sichtweise und Praxis des Buddhismus. Schlagt zum besseren Verständnis vor der Lektüre alle durch einen Pfeil (→) gekennzeichneten Spezialbegriffe im Glossar nach! – Möglicherweise ist es hilfreich, »Expertengruppen« zu bilden, die sich zum Beispiel ganz besonders intensiv um die Erschließung einzelner zentraler Begriffe (wie: Buddhaschaft, Meditation, Natur des Geistes oder ähnliches) kümmern oder Zusatz-Materialien (wie: Fachbücher, Filme, Dias) zusammentragen.*

Die Vier Dharmas von Gampopa

Nach buddhistischer Tradition bietet die menschliche Geburt die kostbare Möglichkeit und Freiheit, den →Dharma zu praktizieren: So wird die tiefgründige →Buddhanatur zugänglich. Die **Vier Dharmas von Gampopa** geben eine Unterweisung über den ganzen Weg dahin. Gampopa lebte im 12. Jahrhundert in Tibet; er war von Buddha Shakyamuni in den →Sutras vorausgesagt worden! Gampopa, ein vollkommen verwirklichter Meister, wurde als der zweite Buddha angesehen.

Der erste Dharma
»Der Geist wendet sich dem Dharma zu«

Die erste Belehrung beinhaltet ein gründliches Verständnis der Situation in →Samsara und der verschiedenen Schicksale im Kreislauf der →Sechs Wiedergeburtsbereiche. Durch diese Unterweisung ist es möglich, die **Konsequenzen von heilsamen und unheilvollen Handlungen** kennenzulernen sowie die *Neigungen,* die zu diesen verschiedenartigen Wiedergeburten führen, und die *Leiden,* denen die Wesen in diesen Bereichen unterworfen sind. Man gelangt zu der Einsicht, daß Samsara selbst keine Mittel zum Entrinnen bietet, obwohl ein besonderer karmischer Prozeß von höheren zu niedrigen oder niedrigen zu höheren Wiedergeburten führen kann. Am Anfang des Weges ist dieses Verständnis von Samsara notwendig, um den Geist zum Dharma hinzuwenden. Dazu lenkt man den Geist auf die **vier gewöhnlichen Vorbereitungen.**
Die **erste** davon betrifft den einzigartigen *Wert des menschlichen Daseins.* Wenn wir uns vorstellen, daß die Sterne am Nachthimmel die Vielzahl von Wesen in Samsara darstellen, dann repräsentiert ein Stern am Tage die kostbare menschliche Geburt – etwas, was möglich ist, aber höchst unwahrscheinlich. Menschliche Geburt ist ein äußerst seltenes Ereignis.
Die **zweite** betrifft die *Vergänglichkeit.* Jetzt, da wir die kostbare Möglichkeit der menschlichen Geburt haben, sollten wir sie auf die beste Weise nutzen und tatsächlich das volle Potential des Menschseins verwirklichen. Dies kann durch unsere Anstrengung, den Kreislauf der Wiedergeburten vollständig zu überschreiten und *Buddhaschaft* zu erlangen, erreicht werden. Zusätzlich müssen wir verstehen, daß Sterblichkeit und Vergänglichkeit ein Teil unseres Daseins sind, und daß unsere unter so viel Mühen erlangte menschliche Geburt vergehen wird.
Die **dritte** Betrachtung betrifft das →*Karma.* Wir müssen die Verbindung zwischen dem, was wir *jetzt* tun, und dem, was wir *später* erfahren werden, ganz erkennen. Zum Zeitpunkt des Todes verläßt der Geist den Körper (→Bardo), und es sind die Eindrücke von →Negativen und →Positiven Handlungen, unsere *karmischen Ansammlungen,* die dann bestimmen, in welchem Bereich wir wieder Gestalt annehmen werden.
Die **vierte** Betrachtung handelt von der *unbefriedigenden und schmerzhaften Natur von Samsara.* Ohne die richtige Beurteilung der Vergänglichkeit und unseres eigenen bevorstehenden Todes ist es wahrscheinlich, daß wir durch die Vergnügen der Welt abgelenkt werden und uns selbst den gefühlsmäßigen Konflikten und der Verwirrung überlassen. Wenn dies geschieht, werden wir erschöpft durch das Leben und kommen nicht zu dem, was wirklich wichtig ist.

Der zweite Dharma
»Der Dharma wird der Weg«

Sind wir einmal mit den Lehren verbunden, gelangen wir zum zweiten Dharma: *Die Lehren des Dharma werden unsere Lebensweise, unser Weg.* Unsere Haltung gegenüber dem, was höher ist als wir – → **die Drei Juwelen** –, beginnt sich zu verändern, und so geschieht es auch mit unserer Haltung gegenüber den Wesen in Samsara, die uns gleich oder niedriger gestellt sind. Die erste Einstellung wird ausgedrückt, wenn wir mit Vertrauen, Hingabe und Achtung zum → Buddha, zum → Dharma und zum → Sangha → **Zuflucht** nehmen. Die zweite Einstellung zeigt sich in der Entwicklung von → **Mitgefühl.** Wenn Mitgefühl entsteht, sehen wir, daß alles Leben dasselbe ist und daß jedes einzelne Wesen wünscht, glücklich zu sein. Viele Wesen sind darin verstrickt, ihre Chancen für Glück tatsächlich durch verwirrte und schädliche Handlungen und Gedanken zu zerstören. Wenn wir das sehen, entwickeln wir anderen Wesen gegenüber wirkliche Zuneigung und Mitgefühl. Dieses grenzenlose Mitgefühl allen Formen des Lebens gegenüber ist daran beteiligt, die Lehre zum Weg zu machen (→ Die Vier Unermeßlichen). Durch *Vertrauen* und *Mitgefühl* wird die Lehre, die uns angezogen hat, zu einem vollständigen Lebensweg.

* *

Über die Entwicklung von → Mitgefühl. Der Weg, darin wirkungsvoll zu werden, besteht im Erlangen der Buddhaschaft oder zumindest im Erreichen einer Stufe der → Bodhisattva-Verwirklichung. Auf diesen höheren Ebenen gewinnen wir die Fähigkeit, uns zu manifestieren, um auch *andere Wesen* aus ihrer Verwirrung herauszuführen. Diese Haltung wird → **Bodhicitta** genannt; sie ist die Grundlage der Mahayana-Praxis.

Eine Methode, um Bodhicitta zu entwikkeln, heißt *tong-len,* was wörtlich »geben (und) nehmen« bedeutet. Wir entschließen uns dabei, Leiden auf uns zu nehmen, es allen anderen Wesen abzunehmen. Zur selben Zeit entwickeln wir die Einstellung, den anderen Wesen alles zu geben, was wir an Tugend, Glück, Gesundheit, Wohlstand und Potential für langes Leben besitzen. So besteht die → Meditation darin, bereitwillig alles Negative auf sich zu nehmen und bereitwillig alles Positive wegzugeben. Wir ändern so völlig unsere übliche Tendenz, andere zu ignorieren und an allem festzuhalten, was wir *für uns selbst* wünschen. Wir entwickeln eine tiefe Verbundenheit mit allem, was lebt.

* *

Der dritte Dharma
»Der Weg löst Verwirrung auf«

Der dritte Weg des Gampopa besagt, daß *durch das Gehen des Weges unsere Verwirrung aufgelöst wird.* Hauptthema der Lehre ist hier die **Erfahrung der Leerheit.** In der → Meditation erkennen wir, daß unser Geist und alle Erfahrungen, die er hervorbringt, grundlegend »unwirklich« sind: Sie bestehen in einem **relativen,** aber nicht in einem **absoluten Sinn.** Die Verwirklichung von Leerheit dagegen ist → **Bodhi.**

Ein Beispiel mag helfen, diese Vorstellung zu verdeutlichen: Im gegenwärtigen Augenblick haben wir einen physischen Körper, und während wir wach sind, fühlen wir uns auf das innigste mit ihm verbunden. Wir halten ihn für wirklich, für eine selbst bestehende Ganzheit. Aber in Träumen haben wir eine andere Art von Körper und erfahren einen anderen Zustand des Seins. Eine vollständige Erscheinungswelt ist mit diesem *Traumkörper* verbunden. Wir sehen, riechen, berühren, hören, fühlen, denken und kommunizieren – wir erfahren ein vollständiges Universum. Aber wenn wir erwachen, verschwindet seine »Wirklichkeit« einfach – sie war nur eine Projektion des Geistes. Ebenso müssen wir verstehen, daß unsere Erfahrung im Wachzustand im Grunde von derselben Natur ist und durch denselben Prozeß zustandekommt.

In den Mahayana → Sutras wird gelehrt, daß alles, was wir erfahren, wie eine Spiegelung, eine Fata Morgana, ein Regenbogen am Himmel ist oder wie der Mond, der auf die Wasseroberfläche scheint.

Wir müssen unsere Verwirrung vertreiben, indem wir die **Leerheit des Geistes** verstehen und erfahren. (Vgl. Meditationsformen: →Kontemplation; →Schine; →Lhatong.)

Der vierte Dharma
»Verwirrung wandelt sich in ursprüngliche Bewußtheit«

Der vierte Dharma des Gampopa zeigt die *Umwandlung von Verwirrung in ursprüngliche Bewußtheit.*
Diese Umwandlung ist *theoretisch* nicht schwer zu erklären. Im gewöhnlichen Zustand ist unsere Bewußtheit getrübt und verwirrt; **wenn wir die Natur des Geistes erkennen, dann erfahren wir ursprüngliche Bewußtheit.** Auf einer *praktischen* Ebene jedoch wird eine bestimmte Art geeigneter Mittel benötigt. Wir nutzen den Reichtum der Techniken und Vollendungsstufen der →*Meditation.* In unserer gegenwärtigen Situation als unerleuchtete Wesen sind unsere Fähigkeiten von **Körper, Rede und Geist** durch grundlegende Unwissenheit verdunkelt. Um diese Verwirrung in Bewußtheit umzuwandeln, müssen wir körperlich, verbal und geistig »bewußt« werden.

* *

Über die dreifache Chenresig-Meditation. Betrachten wir **unseren physischen Körper**, dann können wir sehen, wie wir an ihm hängen, als sei er etwas Dauerhaftes, Reines und Wirkliches. Dieser physische Körper ist jedoch vorübergehend zusammengesetzt aus vielen unreinen und verfallenden Substanzen (→Die Fünf Skandhas). Unser gewohnheitsmäßiges und instinktives Festhalten an ihm verhindert, daß ursprüngliche Bewußtheit entsteht. Wir müssen erkennen, daß dieser Körper einfach etwas ist, das »erscheint«, und daß er keine Eigennatur hat.
In der tantrischen Praxis (→Tantras) wird der Körper durch eine Meditation umgewandelt, die uns zur Identifikation mit einer reinen oder erleuchteten Form führt, zum Beispiel mit →**Chenresig.** Diese Erfahrung wird **die Vereinigung von Erscheinung und Leerheit** genannt.
Der zweite Aspekt der Umwandlung betrifft **unsere Rede.** Weil wir das, was wir sagen und hören, für »wirklich« halten, hat die Rede ein solche Macht. Bloße Worte können unser Glück und Leid bestimmen. Dadurch, daß wir an der Rede anhaften, schaffen wir Freude und Schmerzen. Im →Vajrayana rezitieren und meditieren wir über →**Mantras,** die erleuchteter Klang, die Rede der Gottheit sind. Durch die Mantras kleben wir nicht länger an der scheinbaren Wirklichkeit von Rede und Klang, denen wir im Leben begegnen, sondern erfahren sie als »leer«. Durch sie wird die Verwirrung des sprachlichen Aspektes unseres Seins in erleuchtete Bewußtheit umgewandelt. Diese Erfahrung wird **die Vereinigung von Klang und Leerheit** genannt.
Der dritte Aspekt der Umwandlung, **der Geist-Aspekt** der Chenresig-Meditation zentriert sich in Höhe des Herzens. Man visualisiert Licht, das die Verdunkelungen aller Wesen reinigt und sie in den *Zustand der Erleuchtung* versetzt. Der Geist-Aspekt ist mit der formlosen Meditation verbunden, in der der Geist einfach in seiner eigenen leeren Natur ruht (→Samahadi). Nachdem wir dies für einige Zeit praktiziert haben, wird eine Veränderung eintreten: *Wir werden eine Erfahrung machen, daß alles, was im Geist entsteht, jedes Gefühl und jeder Gedanke, aus der Leerheit entsteht und sich wieder in sie auflöst.* Während dieser Zeitspanne sind wir nirgendwo anders als in der Leerheit. In diesem Zustand erleben wir den Geist als **Vereinigung von Bewußtheit und Leerheit.** Das ist →**Mahamudra;** der Zustand *wahren* Glücks.

* *

Chenresig, der Bodhisattva des Mitgefühls, in vierarmiger Form. – Seine Haupthände bitten in Verehrungsgeste die Buddhas, alle Lebewesen aus → Samsara zu befreien. Sein zweites Händepaar hält links eine Gebetskette, deren Perlen seine ununterbrochene Liebe symbolisieren, und rechts eine Lotosblüte als Sinnbild unbefleckter Reinheit, zu der er auch andere Lebewesen führen möchte. – Chenresig gilt als Herr des → Mantras: »OM MANI PEME HUNG«.

Alles, was der Buddhismus lehrt, läßt sich wie folgt zusammenfassen. Nichts ist es wert, sich daran zu hängen. Wenn du alles losläßt,

Dinge
Begriffe
Lehrer
den Buddha
das Selbst
die Sinne
Erinnerungen
das Leben
den Tod
die Freiheit

laß los, und alles Leiden wird aufhören. Die Welt wird sichtbar, wie sie ursprünglich und an sich existiert, und du wirst die Freiheit des Buddha erfahren.

Jack Kornfield, 1977. Aus: H.J. Greschat/ M. Kraatz, Buddhismus, Religionen Band 2, Göttingen 1985, S.78)

5. Fragen im Gespräch*

Worum geht es im Buddhismus? – Was ist das wichtigste Ziel dieser Religion?
Im Mittelpunkt der buddhistischen Lehre steht das Bestreben, die Buddhaschaft, das heißt Erleuchtung, zu erlangen und damit das leidvolle Dasein in Samsara zu überwinden. Der Buddhismus beschreibt den Weg, den Pfad, der zu diesem Ziel führt. Wenn wir durch das Beschreiten des Pfades Buddhismus praktizieren, können wir selbst »Buddhas«, zu vollkommen Erwachten, werden. Das ist das Ziel des Buddhismus. Das Potential ist in allen Wesen vorhanden. Es muß nicht geschaffen, sondern nur freigelegt werden.

Denken Sie, daß es möglich ist, Buddhismus im Westen zu praktizieren, und daß es eine geeignete Religion für den Westen ist?
Grundsätzlich ist es möglich, die buddhistische Lehre auch im westlichen Kulturkreis zu praktizieren. Sowohl Menschen in Asien als auch Menschen in den westlichen Ländern sind den unheilsamen Gefühlen von Haß, Begierde, Eifersucht, Stolz und Unwissenheit unterworfen. Diese Empfindungen und ihre 84 000 Variationen sind in allen Kulturen vorhanden. Der Buddhismus sagt etwas darüber aus, wie man mit diesen leidbringenden Gefühlen umgeht.
Ob der Buddhismus für den Westen eine geeignete Religion ist, hängt vom einzelnen ab. Es gibt in den letzten Jahrzehnten eine zunehmende Zahl von Menschen, die Schwierigkeiten mit der Vorstellung von einem Gott haben, andere wiederum suchen ihn. Vielleicht kann der Buddhismus für die

* Dieses Interview wurde von Schülern der Klasse 10 b des Nicolaus-Cusanus-Gymnasiums, Bonn, mit Lama Kunga geführt.

ersteren etwas aussagen, das ihnen hilft, den Wert der menschlichen Existenz zu erkennen und sie zum eigenen Nutzen als auch zum Nutzen der anderen zu verwenden. Jedoch sollte sich jeder bemühen, die Lehre und Botschaft, die in seiner eigenen Tradition vorhanden ist, zu erkennen und sie auch zu leben.

Könnte man sagen, daß das Christentum eine Erlösungsreligion und der Buddhismus eine Selbsterlösungsreligion ist?
Ja, es ist möglich, es so zu sagen. Jedoch wird der Begriff der Selbsterlösung in der →Therawada und in der Mahayana-Tradition des Buddhismus unterschiedlich gesehen. In der ersteren hat Buddha Skahyamuni das Beispiel gegeben, jedoch den Weg muß jeder allein gehen, während in der Mahayana-Tradition auch Hilfe von Segen von außen kommen kann in Form der Bodhisattvas der höheren Stufen. Im →Vajrayana tritt noch die ganz besondere Hilfe des Guru hinzu.

Was ist Meditation?
Es ist im wesentlichen die Entwicklung von Einsgerichtetheit und von friedvollem Verweilen des Geistes, sowie die Entwicklung von »Klarem Sehen«, des »Erkennens der Natur der Dinge« und des »Bewußtseins«. – Es gibt im Buddhismus viele verschiedene Meditationsformen, die auch große Übung erfordern. Die damit verbundenen Erfahrungen kann man nicht rein theoretisch oder rein verbal vermitteln.

Wenn der Buddhismus letztlich Abgelöstsein von der Welt anstrebt, muß das nicht grundsätzlich bedeuten, daß eine verantwortliche Hinwendung zu einem anderen Menschen unmöglich ist?
Was ein Buddhist anstrebt, ist die Ablösung von Samsara, dem Kreislauf der Existenzen, und das Erreichen von Nirvana. Dies schließt nicht aus, daß man in der Welt verweilt, aber nicht von der Welt ist.
Der Weg und die damit einhergehenden Handlungen sind in der Theravada- und Mahayana-Tradition unterschiedlich. Im Theravada-Buddhismus besteht die Auffassung, daß jeder sich in Samsara befindet, aber jeder nur allein diesen Weg gehen

Meister und Schüler. Für die rechte Praxis ist insbesondere in der tibetischen Tradition das unmittelbare und offene Verhältnis zwischen Lehrer und Schüler außerordentlich notwendig. Die Unterweisungen werden in direkter mündlicher Übertragung gegeben, immer entsprechend den Fähigkeiten des Schülers.

kann, während man im Mahayana die Haltung entwickelt, daß alle sich in einem Kreislauf von Leiden befinden und man sie davon befreien möchte. – In der ersten Haltung liegt die Verantwortung darin, aus dem Kreislauf des Leidens herauszukommen und anderen dadurch ein Beispiel zu geben, in der zweiten Haltung liegt die Verantwortung darin, alle zu einem Zustand vollkommenen Erwachens zu führen.

Warum wirkt die in den östlichen Religionen geübte Praxis der Meditation so attraktiv auf Menschen des Westens?
Im Westen benutzen wir sehr stark den Intellekt. Der Intellekt ist ein hilfreicher Ausdruck des Geistes, aber unser Geist ist viel tiefer, viel weiter – tatsächlich wird er als unbegrenzt und ungehindert beschrieben. Der Intellekt ist vergleichbar den Wellen, die sich auf dem Ozean bilden, an ihnen können wir die Tiefe des Meeres nicht erkennen. Dies scheint manchmal, mehr oder weniger bewußt, spürbar zu sein.
Jedoch kann man sagen, daß es eine ganze Menge verkehrter Vorstellungen von Meditation und dem Prozeß der Meditation gibt.

6. Buddhismus und Christentum

Auf der Suche nach dem wahren Sinn des Lebens haben Buddhisten und Christen auch Vergleiche zwischen ihren beiden Religionen angestellt und dabei mitunter ganz unterschiedliche Gesichtspunkte erwogen. – Manchen war daran gelegen, wichtige Unterschiede herauszustellen, anderen ging es eher um die Betonung verbindender Elemente. – Stellvertretend für die vielen im Dialog möglichen Positionen sollen im folgenden nur zwei angedeutet werden:

Worte des Dalai Lama

»Jede Religion hat ihre eigene Philosophie, die Ähnlichkeiten und Unterschiede zu anderen Religionen aufweist. Dies muß im Zusammenhang mit den Bedürfnissen des einzelnen Individuums gesehen werden. Auf dieser Erde gibt es beispielsweise viele verschiedene Nahrungsmittel und Gerichte. Wir können nicht befehlen, daß alle Menschen nur eine ganz bestimmte Speise essen dürfen. Wichtig ist doch, daß die Nahrung den Bedürfnissen des einzelnen entspricht. So haben wir ja auch keinen Streit über die verschiedenen Eßgewohnheiten der Menschen; jeder nimmt, was er braucht.
Man könnte nun Religion als Geistesnahrung bezeichnen, und auch hier haben wir verschiedene Neigungen, denen wir entsprechen müssen. Wichtig dabei ist, daß wir den inneren Frieden haben. Während wir im Buddhismus die Liebe zu allen Wesen, die Liebe zum Mitmenschen betonen, steht im Christentum die Liebe zu Gott, die Liebe zum Nächsten im Mittelpunkt, und gerade diese *Gemeinsamkeiten* sind entscheidend. Wenn wir eine gewisse Enge in unserem Denken überwinden, sehe ich keine Probleme, daß die Religionen zusammenwirken können …«

(Aus: Dalai Lama, Ausgewählte Texte, München 1987, S. 63 f)

Erinnere dich an Gotama

Erinnere dich an gotama jüngling aus
reichem hause
der so behütet wurde um nicht zu sagen
vermummt
daß er mit achtzehn jahren auf einem
spaziergang
durch den park
unheilbar erschrak für sein leben
er sah dort vier figuren
die man auch dir gern versteckt
die krankheit
den hunger
das alter
den tod
einer von diesen schon war genug
die mauer des gartens einzureißen
und den park zu verwüsten
und die goldenen steine mit denen sein
kleid
besetzt war
schwarz zu machen für immer

Da es nun vier waren und kein übersehen
möglich
auch keine handvoll reis half
der alte hatte keine zähne
auch kein wort trost
der hungrige starb
auch kein beutel gold
der kranke konnte nicht gehen
auch kein vergessen
weil einer der vergißmeinnicht war der tod
da zog der aus dem schönen hause fort
und ließ kleider zurück und geld und
ehren
und eine frau
die jung war und gerade ein kind
bekommen hatte
der gotama aber ging fort
weil er die vier gesehen hatte

Der nun von dem ich dir erzählen will
hat die vier auch getroffen als er durch sein
land ging
in den höhlen nazareths sah er die
krankheit
die rasselte dort mit der klapper

in der steinwüste traf er den hunger an
und die alten sah er vergeblich hocken bei jericho
den tod aber hat er getroffen als er am jordan stand
und sich taufen ließ von einem dem schlugen sie bald
den kopf ab
Alle diese begegneten ihm
aber er wandte sich nicht ins gebirge der weisheit
sondern er lud sie zum essen ein
an seinem tisch saßen sie
alter und hunger krankheit und tod
auch zogen sie mit ihm die staubigen wege
wo es keinen schatten gab auf stunden
auch begleiteten sie ihn des nachts
denn ich nehme an daß er nicht gut schlief
gemeinhin

(Dorothee Sölle, zit. nach: P. Freimark [Hg.], Große fremde Religionen – Grundlagen für einen Dialog, Hannover 1978, S. 206 f)

▷ *Beide Texte enthalten einen Vergleich von Buddhismus und Christentum. Worin unterscheiden sich beide Positionen? – Wie kann man ihre Einstellung der jeweils anderen Religion gegenüber charakterisieren?*

▷ *Könnt ihr – ähnlich wie in der ersten Frage auf S. 200 für den Buddhismus – ein Ziel oder ein Hauptanliegen des Christentums formulieren?*

▷ *Setzt euch mit der Frage auseinander, ob es – wie manche Christen meinen – der Glaube an den »Schöpfergott« ist, der das Christentum ganz grundsätzlich vom Buddhismus und vom »östlichen Denken« unterscheidet!*

7. Glossar buddhistischer Fachbegriffe

Absolute Wahrheit: Alle Erscheinungen sind frei von irgendeiner substantiellen Existenz, das heißt frei von jeglichen Eigenschaften wie Form, Farbe, Geschmack, Festigkeit und so weiter.

Bardo: wörtlich: »zwischen zweien«, Zwischenraum. Es gibt sechs Formen des Bardo im Buddhismus, zum Beispiel ein Bardo im Traum oder eines in der Meditation. Herkömmlich wird unter Bardo das Zwischenstadium von Tod und nächster Geburt verstanden.

Bodhi: Erwachtsein, Erleuchtung, das heißt die Einsicht in die wahre Natur des Daseins. Bodhi befreit vom Leiden (vgl. →Dukkha) und ist eigentlich das Ziel aller Formen von Buddhismus.

Bodicitta: Erleuchtungsgeist; Haltung, alle Wesen aus dem leidvollen Kreislauf der Wiedergeburten herausführen zu wollen.

Bodhisattva: jemand, der zum Wohle aller Buddhaschaft verwirklichen möchte und der sich zielstrebig daraufhin bewegt.

Buddha: der vollkommen Gereinigte, der vollkommen Erwachte; kein Eigenname eines Gottes, sondern Bezeichnung für die höchstmögliche Erleuchtung schlechthin.

Buddha-Familien: Buddhas unterschiedlicher Gestalt und Farbe. Sie verkörpern die Umwandlung der verschiedenen leidbringenden Gefühle in die entsprechenden Weisheiten.

Buddhanatur: die nach buddhistischer Auffassung allen Wesen innewohnende, alles durchdringende klare Natur des Geistes, die selbst von den Buddhas nicht beschrieben, sondern nur durch Meditation erfahren werden kann.

Chenresig: Name für den Bodhisattva des Mitgefühls →Mantra.

Dharma: die Unterweisung des Buddha; die buddhistische Lehre.

Die Drei Fahrzeuge: die drei großen »Schulen« beziehungsweise Konfessionen des Buddhismus, nämlich: Hinayana, Mahayana und Vajrayana (= südlicher, östlicher und nördlicher Buddhismus), auch: »Kleines Fahrzeug«, »Großes Fahrzeug« und »Diamantfahrzeug« genannt.

Die Drei Juwelen: Buddha, Dharma und Sangha.

Die Fünf Skandhas: Daseinsgruppen. Nach buddhistischer Auffassung gibt es kein beständiges Selbst, kein Ich oder keine ewige Seele des

Menschen, sondern einen niemals stillstehenden Strom materieller und geistiger Bestandteile, die immer wieder neu zusammengesetzt werden. Ein Mensch bildet sich bei seiner Geburt aus Elementen der fünf Skandhas und zerfällt im Tod wieder in sie. Die fünf Daseinsgruppen umfassen: die Form (= Körperlichkeit), die Gefühle, die Wahrnehmungen, die Formation (= Haltungen und Einstellungen, die menschliches Verhalten bestimmen), das Bewußtsein.

Die Vier Unermeßlichen: die Entwicklung von grenzenlosem Mitgefühl, grenzenloser Liebe, grenzenloser Freude und grenzenloser Güte.

Dualität: wörtlich: »Zweiheit«; grob vereinfacht verstanden, bezeichnet das sogenannte »Dualitäts-Prinzip« im Buddhismus alles Denken und alle Vorstellungen, die die Erlangung von → Bodhi verhindert. Dualitäts-Denken zeigt sich zum Beispiel in der »Illusion vom ›Ich‹« als einer vom Geist getrennten selbständigen Identität.

Dukkha: alles Leiden, Unheil schlechthin; Gegenbegriff zur Erlösung; vgl. → Nirvana.

Gott: Bewohner desjenigen der sechs Bereiche in Samsara, der am wenigsten leidvoll ist.

Karma: das Gesetz von Ursache und Wirkung. Negative Handlungen (wie: Töten, Stehlen, Lügen) führen zu leidvollen Erfahrungen, positive Handlungen (wie: Leben bewahren; geben, was benötigt wird; die Wahrheit sagen) führen zu Erfahrungen von Glück. Karma bedeutet auch das Fazit der guten und schlechten Taten eines Lebens. Nach buddhistischer Auffassung hängt es vom Karma eines Menschen ab, in welche Umstände hinein er nach seinem Tod wiedergeboren werden wird.

Kontemplation: Betrachtung, anschauende Versenkung; Meditationsform.

Lama: wörtlich: »Höhergestellter«; Titel für einen erfahrenen religiösen Lehrer, Meister.

Leidbringende Gefühle: Unwissenheit, Haß, Begierde, Eifersucht, Stolz.

Lhatong/Vipassana: Meditation, die klare Einsicht, das heißt die Fähigkeit, auf die Natur der Dinge zu sehen, entwickelt.

Liebe: der Wunsch und die damit einhergehenden Handlungen, daß jemand Glück erfährt (vgl. → Unbegrenzte Liebe)

Mahamudra: wörtlich: »höchstes Siegel, höchstes Symbol«; Form höchstmöglicher Verwirklichung buddhistischer Praxis; Zustand völligen Erwachens.

Mandala: mystischer Kreis mit symbolischen Gestalten; dient dem Zweck der Kontemplation und hat auch die Aufgabe, als ein Mittel zur Heilung zu wirken.

Mantra: reiner »göttlicher« Klang; Mantra ist auch als Einheit von Laut und Leerheit zu verstehen. Das → Chenresig-Mantra OM MANI PEME HUNG ist Ausdruck von Chenresig-Segen und seiner erleuchteten Macht. Im Klang dieses Mantras sind Körper, Rede und Geist aller Buddhas und Bodhisattvas enthalten; in Meditationen und Rezitationen dieses Mantras entwickelt sich seine verwandelnde Kraft.

Mara: Name für den Tod. Mara gilt als Feind alles dessen, was gut und gesund ist. Im Buddhismus verkörpert Mara den »Versucher«, der als Personifizierung aller Übel und Leidenschaften ganz unterschiedliche »verlockende« oder »bedrohliche« Gestalten annehmen kann.

Meditation: Versenkung nach innen, »in die Mitte der Dinge«; innere Anschauung. Es gibt im Buddhismus vielfältige Meditationsformen und -praktiken. Alle verfolgen letztlich das Ziel zu bewirken, daß der Geist in der Leere/Offenheit seiner wahren Natur verweilen kann.

Mitgefühl: der Wunsch und die damit einhergehenden Handlungen, daß jemand frei ist von Leiden (vgl. Liebe).

Negative Handlungen: Töten, Stehlen, sexuelle Zügellosigkeit, Lügen, üble Nachrede, grobe Rede, Habgier, Böswilligkeit, falsche Ansichten.

Nirvana (auch: **Nibbana):** wörtlich: »Verwehen«; Verlöschen des Existierens in Samsara zu einem Zustand unüberbietbarer Seligkeit. Im Nirvana sind alle Leidenschaften erloschen; es hat keine Gestalt, in ihm ist das Bewußtsein aufgehoben, und es ist für jedes Wesen in Samsara unerfaßbar. Nirvana bedeutet das Ende alles Leidens und damit die Erlösung. Nirvana kann in der Meditation zeitweise verwirklicht werden; das endgültige Eingehen in diesen Zustand ist allerdings nur den wenigen Wesen vorbehalten, die das »Nichtwissen« besiegt haben.

Pali-Kanon: Sammlung von Worten Buddhas, die von allen Buddhisten anerkannt wird (vgl. → Tripitaka).

Positive Handlungen: Leben bewahren; geben, was nötig ist (Freigebigkeit); liebevolles sexuelles Verhalten; zu sagen, was wahr ist; über die positiven Eigenschaften anderer zu sprechen; mitfühlende Rede; Zufriedenheit; Gutherzigkeit; Beachten des Gesetzes von Ursache und Wirkung (Karma).

Rad des Lebens: Darstellung der sechs Daseinsbereiche und der Ursachen für die Wiedergeburt in diesen Bereichen; eine tibetisch-buddhistische Tradition.

Relative Wahrheit: Alle Wesen sowie alle Dinge in Samsara existieren nur auf einer illusorischen Ebene. Die relative Wahrheit der Dinge *erscheint* uns nur; sie hat aber keinen dauerhaften Kern, keinen unabhängigen Bestand, kein »Selbst«.

Samahadi: Zustand eingerichteten Bewußtsein in der Meditation.

Samsara: Kreislauf der Wiedergeburten in den sechs Bereichen, die durch die drei Formen des Leidens charakterisiert sind. Samsara bedeutet das unaufhörliche Weiterkreisen von Geburt und Tod ohne bleibenden Wesenskern.

Sangha: die Gemeinschaft der praktizierenden Buddhisten: a) die Edle Gemeinschaft (= die Bodhisattvas der ersten bis zehnten Stufe); b) die gewöhnliche Gemeinschaft (= alle diejenigen, die Zuflucht zu den Drei Juwelen nehmen).

Schine/Schamatha: Meditation, die friedvolles Verweilen, die Fähigkeit, das Bewußtsein auf einem Objekt verweilen zu lassen, entwickelt.

Sechs Wiedergeburts-Bereiche: Man kann in sechs verschiedene Daseinsbereiche wiedergeboren werden; es sind dieses: die Hölle, der Geisterbereich, die Tierwelt, der menschliche Bereich, der Bereich der Asuras (= Halbgötter) und der Götterbereich. Die drei ersten Bereiche sind die niederen Daseinsebenen und Erfahrungsbereiche großen Leids; die drei letzteren sind Erfahrungsbereiche »relativen« Glücks.

Sechs Paramitas (= vollendete Handlungen): Großzügigkeit, rechtes Verhalten, Geduld, freudevolle Anstrengung, Meditation, Weisheit.

Sutras: traditionelle Texte, die Buddha Shakayamuni zugeschrieben werden.

Tantras: wörtlich: »Faden, Schnur«; Symbol für die Aufeinanderfolge von Meistern und Schülern, die durch Einführung in geheime Formeln und Riten miteinander verbunden sind. Später auch Bezeichnung für Texte oder Darstellungen solcher Geheimlehren.

Thanka: ein Rollbild aus Stoff, auf dem verschiedene religiöse Darstellungen zu finden sind (zum Beispiel sind dort verschiedene Wesensaspekte der →Buddhas, wie Mitgefühl, Weisheit oder Kraft, in charakteristischen Formen dargestellt. →Chenresig)

Theravada: Tradition der »Älteren«; orthodoxe Richtung des Buddhismus. Der Hinayana-Buddhismus wird auch Theravada genannt. →Die Drei Fahrzeuge

Tripitaka: wörtlich: »Dreikorb«; traditionelle buddhistische Schriften mit Ordensregeln, Reden Buddhas und der Lehre Buddhas; andere Bezeichnung für den Pali-Kanon.

Unbegrenzte Liebe: der Wunsch und die entsprechenden Handlungen, daß *alle* Wesen Glück erfahren.

Vajrayana: »Diamantfahrzeug«; tibetische Richtung des Buddhismus; eine der drei großen buddhistischen Schulen, die auch die Drei Fahrzeuge genannt werden.

Weg: Beschreiten des *Edlen Achtfachen Pfades,* der von allen Leiden befreit und zur Erlösung führt. Er beinhaltet: 1. rechte Anschauung, 2. rechte Gesinnung, 3. rechtes Reden, 4. rechtes Handeln, 5. rechtes Leben, 6. rechtes Streben, 7. rechtes Überdenken, 8. rechtes Sich-Versenken.

Zuflucht: Im Buddhismus kann *jeder* Zuflucht nehmen: und zwar zu Buddha, zur Lehre und zur Sangha →Die Drei Juwelen.

Zwölf Glieder des abhängigen Entstehens: 1. Unwissenheit, 2. karmische Ansammlung, 3. Bewußtsein, 4. Name und Form, 5. sechs Sinne (Hören, Sehen, Fühlen, Riechen, Schmecken, Denken), 6. Kontakt (= zwischen dem Bewußtsein und dem Objekt der sechs Sinne), 7. Gefühl, 8. Anhaftung, 9. Ergreifen, 10. Werden, 11. Geburt, 12. Alter und Tod.

Anhang

I. Das »Book of Kells« und seine Lebens-Zeichen

Von allen Manuskripten der Bibliothek im Trinity College, Dublin, ist das »Book of Kells« wohl das berühmteste und kostbarste. Sein lateinischer Text umfaßt auf 680 (noch erhaltenen) Seiten die vier Evangelien – reich ornamentiert und ausgestattet mit phantasievollen Initialen und Illustrationen.

Der genaue Ursprung dieses *Evangeliars* liegt im dunkeln; Experten datieren seine Entstehung auf die Zeit um 800 nach Christus und vermuten als Entstehungsort die schottische Hebrideninsel Iona. Auf Iona hatte der irische Missionar Columba im 6. Jahrhundert ein Stammkloster gegründet; über Britannien führte die Verbreitung des Christentums von dort aus in die noch »heidnischen« Gefilde des Kontinents, unter anderem in das heutige Frankreich, Italien und Deutschland. – Als um 806 die Wikinger auf Iona einfielen, zog die Mönchsgemeinde nach *Kells* in Irland. Bis dahin war das Scriptorium des Konvents von Iona weithin berühmt gewesen; dort hatten Mönche mit Lateinkenntnissen und besonderer künstlerischer Begabung die Bibel, aber auch andere Bücher zu Studienzwekken, für die Liturgie oder zur moralischen Instruktion abgeschrieben und kalligraphisch gestaltet. In diesen Zeiten des frühen Mittelalters galt es noch als besondere Ehre und auch als Form von »Gottes-Dienst«, die Bibel studieren und kopieren zu dürfen. – Von der einsamen Unzufriedenheit der Kopisten, wenn dabei einmal etwas mißlang, zeugen heute nur noch verstohlene

Randeintragungen, die als Entschuldigung erzwungene Eile, fehlende Übung, schlechte Materialien, mangelhaftes Licht oder angegriffene Gesundheit vorbringen; von trotzdem bewahrtem Humor spricht aber auch so manche witzige Detailzeichnung.

Mit dem prächtigen *Evangeliar von Kells* war sicherlich die gesamte Belegschaft des Scriptoriums über Jahre hinaus beschäftigt. – Seine Herstellung dürfte nicht nur extrem zeitaufwendig, sondern auch äußerst kostspielig gewesen sein. Allein für das benötigte Pergament wurden zirka 150 Kälber geschlachtet. Die leuchtenden Farben der Ornamente und Bilder gewannen die Mönche aus verschiedenen Pigmenten, aus seltenen Färbepflanzen, Metallen und Halbedelsteinen – damals sehr seltene Stoffe, die aus aller Herren Länder importiert werden mußten. Entstanden ist schließlich ein Kunstwerk mit mystisch-religiöser Tiefendimension, in welchem sich die uralten keltischen mit den »neuen« christlichen Elementen verbinden.

Als der Gelehrte Giraldus Cambrensis im 12. Jahrhundert von einer Irland-Reise zurückkehrte, schrieb er über ein Evangeliar, das er dort gesehen hatte: *»(...) Höchste Perfektion zeigt sich überall, aber man muß es nicht erkennen. Erst wenn du genauer hinsiehst, wirst du das Geheimnis dieses wahren Heiligtums der Kunst lüften. Dann wirst du Feinheiten erkennen, so zierlich und ausgeklügelt, so genau und dicht, so voller Knoten und Windungen, mit Farben so frisch und glänzend, daß du glauben könntest, das alles sei nicht das Werk eines Menschen, sondern eines Engels. (...)«*

Wendet man diese Betrachtungsweise auf das »Book of Kells« an, so werden seine Seiten zu Ikonen. Die wahre Bedeutung ihrer Bildhaftigkeit erschließt sich erst durch intensives Hinsehen, durch → Meditation; erst dann wird ein Doppelsinn zwischen Bildthema und Hintergrund transparent: Buchstaben erscheinen als Bilder und Bilder als Buchstaben ein und derselben »Frohen Botschaft« (→ Evangelium)

Das Titelbild von *Lebens-Zeichen 9/10* zeigt aus dem »Book of Kells« die sogenannte »CHI-RHO«-Seite des Matthäus-Evangeliums; die reich illuminierte griechische Buchstabenabkürzung »Christi« (=XPI). Der gesamte Text auf dieser Seite lautet: »XPI h(= autem) generatio«; was einem Teil aus Mt 1,18 entspricht:

> *»Die Geburt Jesu Christi aber* geschah so: Als Maria seine Mutter dem Josef vertraut war, fand es sich, noch ehe er sie heimholte, daß sie schwanger war von dem heiligen Geist.«

Auf dieser Seite geht es also um die →*Inkarnation Jesu von Nazareth,* einer der zentralsten Glaubenslehren des Christentums. Danach ist Jesus mit dem allerersten Augenblick seines Daseins im Körper Marias *»wahrer Mensch und wahrer Gott« zugleich;* in ihm vollzieht sich *die Menschwerdung Gottes.* Ein frühes christliches Bekenntnis, das sogenannte »Symbolum Nicaenum« (→Symbol) formuliert das im Jahre 325 nach Christus so:

»Denn um uns Menschen willen und um unseres Heiles willen kam er herunter und wurde Mensch, litt er, erstand er am dritten Tag von den Toten, stieg in den Himmel hinauf und wird er wiederkommen, um die Lebenden und Toten zu richten.«

Die unendliche Freude der Schöpfer des »Book of Kells« über die Botschaft dieses Glaubensbekenntnisses spiegelt sich in der Formenvielfalt der *»Inkarnationsseite«.* Überall brodelt und wirbelt es; der alles strukturierende Buchstabe X schwebt förmlich auf Windmühlenflügeln. Am langen Schaft des X zeigen sich drei Engel – zwei davon miteinander verwoben –; ganz oben zwei Schmetterlinge mit einer verpuppten Larve. Je länger man hinschaut, desto mehr Bedeutungsebenen entschlüsseln sich. Die Beobachtung der Metamorphose der *Schmetterlinge* ließ offenbar den Maler in ihnen ein →*Symbol* für Tod und Auferstehung erkennen. Auch andere Bildelemente lassen sich symbolisch deuten: Die Initialen P und I bilden eine Ligatur* mit einem *Kreuz* – dem wohl bekanntesten »Lebenszeichen« des Christentums –, welches wie die Schmetterlingspuppe Leben im Tod symbolisiert. Rechts vom Fuß des Kreuzes sieht man einen Otter mit einem Fisch im Maul; links davon zwei Katzen, die Mäuse auf dem Rükken tragen und zwei andere Mäuse am Schwanz festhalten, die gerade eine Hostie benagen. *Fisch* und *Hostie* sind sehr alte Symbole für →Christus. (Vgl. →Agape)

Das Rahmenteil in der rechten unteren Bildhälfte umfängt die ganze Fülle von Wirbelformen, von dicht verwobenen Pflanzen- und Tiergeflechten. Da sind: menschliche Wesen wie Zirkusakrobaten verrenkt, plötzlich auftauchende Gesichter, schier endlos scheinende Flechtbänder aus Schlangen und Vögeln, bizarre Drachenfiguren, kreisende Spiralen, Sonnenräder und vieles mehr. Der Vergleich mit einer sprießenden Kletterpflanze drängt sich auf; möglicherweise wollte der Maler an das Symbol des *Lebensbaumes,* oder an das des *Weinstocks* erinnern. Alles in allem ergibt sich ein phantasievolles, fast schwindelerregendes Formenspiel mit Lebewesen aus den Bereichen sämtlicher *Naturelemente: Wasser, Erde, Luft* – so eng umschlungen, als sollten sie in ihrer Dichte die wunderbare kosmische Einheit der Schöpfung Gottes selbst symbolisieren.

Den Menschen des Mittelalters waren die Lebenszeichen des »Book of Kells« →*heilig* wie Gottes Wort, welches sie zu verdeutlichen halfen. Doch welche Faszination kann dieses uralte Buch auf den modernen Betrachter ausüben?

---

* besonders enge Buchstabenverbindung (ch, ff, fi, st, ss u. a.)

Der zeitgenössische Schriftsteller Umberto Eco schreibt in diesem Zusammenhang: *»(...) Das ›Book of Kells‹ ist das Reich des Proteus. Es ist das Ergebnis einer kalten Halluzination, die weder Meskalin noch Lysergsäure brauchte, um bodenlose Tiefen auszuloten. (...) Wenn ich in meinem erzählerischen Werk besessen war von dem Bild des Labyrinths, so war ich es vor allem dank des ›Book of Kells‹. (...) Es wäre nicht so faszinierend (...) und es wäre nicht so schön, wenn es nicht dem Bild eines Kosmos ähnelte, der sich nach dem Big Bang in unerforschliche Peripherien ausdehnt und der – obschon unendlich – begrenzt ist. Kurzum: Ich glaube, daß es mir gefällt, weil wir in einem ›Book of Kells‹ leben. (...) Ab und zu kommt mir der Verdacht, daß wir nur eine Episode dieses Buches sind.«*

Proteus = vielgestaltiger Meergott der griechischen Sage.

II. Umgang mit der Bibel

1. Übersicht zum jüdischen und zum christlichen Kanon biblischer Schriften

Hebräische Bibel
Jüdischer Kanon

Gesetz (»Thora«)

»Im Anfang» (1 Mose)
»Die Namen« (2. Mose)
»Und ER rief« (3. Mose)
»In der Wüste« (4. Mose)
»Die Worte« (5. Mose)

Propheten (»Nevî'îm«)

Josua
Richter
Samuel (1. u. 2. Buch)
Könige (1. u. 2. Buch)
Jesaja
Jeremia
Ezechiel
Hosea
Joel
Amos
Obadja
Jona
Micha
Nahum
Habakuk
Zefania
Haggai
Sacharja
Maleachi

Schriften (»Ketûvîm«)

(Gesetz, Propheten und Schriften: Tenach)

Psalmen
Sprüche
Hiob
Hoheslied
Rut
(Psalmen bis Rut: die Megillot (d. h. »kleine Schriftrollen«))
Prediger
Klagelieder
Ester
1. Chronik
2. Chronik
Esra
Nehemia
Daniel

Altes Testament
Christlicher Kanon

Geschichtsbücher

Genesis (1. Mose)
Exodus (2. Mose)
Levitikus (3. Mose)
Numeri (4. Mose)
Deuteronomium (5. Mose)
Josua
Richter
Rut
1. Samuel
2. Samuel
1. Könige
2. Könige
1. Chronik
2. Chronik
Esra
Nehemia
Ester

Lehr- bzw. poetische Bücher

Hiob
Psalmen
Sprüche
Prediger
Hoheslied

Propheten

Jesaja
Jeremia
Klagelieder
Hesekiel (Ezechiel)
Daniel
Hosea
Joel
Amos
Obadja
Jona
Micha
Nahum
Habakuk
Zefania
Haggai
Sacharja
Maleachi

Neues Testament
Christlicher Kanon

Evangelien

Matthäus
Markus
Lukas
Johannes
Apostelgeschichte

Briefe

Römer
1. Korinther
2. Korinther
Galater
Epheser
Philipper
Kolosser
1. Thessalonicher
2. Thessalonicher
1. Timotheus
2. Timotheus
Titus
Philemon
1. Petrus
2. Petrus
1. Johannes
2. Johannes
3. Johannes
Hebräer
Jakobus
Judas

Prophetisches Buch

Offenbarung des Johannes

2. Auszug aus einer Synopse: »Die Erzählungen vom leeren Grab«

Matth. 28,1–10	Mark. 16,1–8	Luk. 24,1–11	*Joh. 20,1–10*
1 Als aber der Sabbat um war und der erste Tag der Woche anbrach, kam Maria Magdalena und die andere Maria, das Grab zu besehen. **2** Und siehe, es geschah ein großes Erdbeben. Denn ein Engel des Herrn kam vom Himmel herab, trat hinzu und wälzte den Stein ab und setzte sich darauf.	**1** Und da der Sabbat vergangen war, kauften Maria Magdalena und Maria, des Jakobus Mutter, und Salome Spezerei, auf daß sie kämen und salbten ihn. **2** Und sie kamen zum Grabe am ersten Tage der Woche sehr früh, als die Sonne aufging.	**1** Aber am ersten Tage der Woche sehr früh kamen sie zum Grabe und trugen die Spezerei, die sei bereitet hatten. **2** Sie fanden aber den Stein abgewälzt von dem Grabe	**1** *An dem ersten Tage der Woche kommt Maria Magdalena frühe, da es noch finster war, zum Grabe und sieht, daß der Stein vom Grabe hinweg war.* **2** *Da läuft sie und kommt zu Simon Petrus und zu dem andern Jünger, welchen Jesus lieb hatte, und spricht zu ihnen: Sie haben den Herrn weggenommen aus dem Grabe, und wir wissen nicht, wo sie ihn hingelegt haben.*
3 Und seine Erscheinung war wie der Blitz und sein Kleid wie der Schnee. **4** Die Hüter aber erschraken vor Furcht und wurden, als wären sie tot. **5** Aber der Engel hob an und sprach zu den Frauen: Fürchtet euch nicht! Ich weiß, daß ihr Jesus, den Gekreuzigten suchet.	**3** Und sie sprachen untereinander: Wer wälzt uns den Stein von des Grabes Tür? **4** Und sie sahen auf und wurden gewahr, daß der Stein abgewälzt war; denn er war sehr groß. **5** Und sie gingen hinein in das Grab und sahn einen Jüngling zur rechten Hand sitzen, der hatte ein langes weißes Kleid an, und sie entsetzten sich.	**3** und gingen hinein und fanden den Leib des Herrn Jesus nicht. **4** Und da sie darum bekümmert waren, siehe, da traten zu ihnen zwei Männer mit glänzenden Kleidern. **5** Und sie erschraken und schlugen ihr Angesicht nieder zur Erde. Da sprachen die zu ihnen: Was suchet ihr den Lebendigen bei den Toten?	**3** *Da ging Petrus und der andere Jünger hinaus und kamen zum Grabe.* **4** *Es liefen aber die zwei miteinander, und der andere Jünger lief voraus, schneller als Petrus, und kam zuerst zum Grabe,* **5** *schaut hinein und sieht die leinenen Binden gelegt; er ging aber nicht hinein.*
6 Er ist nicht hier; er ist auferstanden, wie er gesagt hat. Kommt her und sehet die Stätte, da er gelegen hat;	**6** Er aber sprach zu ihnen: Entsetzet euch nicht! Ihr suchet Jesus von Nazareth, den Gekreuzigten. Er ist auferstanden, er ist nicht hier. Siehe da die Stätte, wo sie ihn hinlegten!	**6** Er ist nicht hier; er ist auferstanden. Gedenket daran, wie er euch sagte, da er noch in Galiläa war	**6** *Da kam Simon Petrus ihm nach und ging hinein in das Grab und sieht die Binden gelegt*
7 und gehet eilend hin und sagt es seinen Jüngern, daß er auferstanden sei von den Toten. Und siehe, er wird vor euch hingehen nach Galiläa; da werdet ihr ihn sehen. Siehe, ich habe es euch gesagt.	**7** Gehet aber hin und saget seinen Jüngern und Petrus, daß er vor euch hingehen wird nach Galiläa; da werdet ihr ihn sehen, wie er euch gesagt hat.	**7** und sprach: Des Menschen Sohn muß überantwortet werden in die Hände der Sünder und gekreuzigt werden und am dritten Tage auferstehen.	**7** *und das Schweißtuch, das Jesus um das Haupt gebunden war, nicht zu den Binden gelegt, sondern beiseits, zusammengewickelt, an einem besonderen Ort.*
8 Und sie gingen eilend vom Grabe mit Furcht und großer Freude und liefen, daß sie es seinen Jüngern verkündigten.	**8** Und sie gingen hinaus und flohen von dem Grabe; denn es war sie Zittern und Entsetzen angekommen. Und sie sagten niemand etwas; denn sie fürchteten sich.	**8** Und sie gedachten an seine Worte.	**8** *Da ging auch der andere Jünger hinein, der zuerst zum Grabe gekommen war, und sah und glaubte.*
9 Und siehe, da begegnete ihnen Jesus und sprach: Seid gegrüßt! Und sie traten zu ihm und umfaßten seine Füße und fielen vor ihm nieder.		**9** Und sie gingen wieder vom Grabe und verkündigten das alles den elf Jüngern und den andern allen.	**9** *Denn sie verstanden die Schrift noch nicht, daß er von den Toten auferstehen müßte.*
10 Da sprach Jesus zu ihnen: Fürchtet euch nicht! Gehet hin und verkündigt es meinen Brüdern, daß sie gehen nach Galiläa; daselbst werden sie mich sehen.		**10** Es war aber Maria Magdalena und Johanna und Maria, des Jakobus Mutter, und die andern mit ihnen, die solches den Aposteln sagten. **11** Und es erschienen ihnen diese Worte, als wären's Märchen, und glaubten ihnen nicht*.	**10** *Da gingen die Jünger wieder heim.*
3 par.: 17,2; Apg. 1,10/6 par.: 12,40; 16,21; 17,23; 20,19/7: 26,32/10: Heb. 2,11.	7: 14,28.	7: 18,31–33/10: 8, 2, 3. * Mehrere alte Textzeugen ergänzen nach Joh. 20,3–10: »12 Petrus aber stand auf und lief zum Grabe und bückte sich hinein und sah nur die leinenen Tücher und ging davon und wunderte sich über das, was geschehen war.«	

3. Schaubild zur Zwei-Quellen-Theorie

Verhältnis der synoptischen Evangelien nach der „Zwei-Quellen-Hypothese"

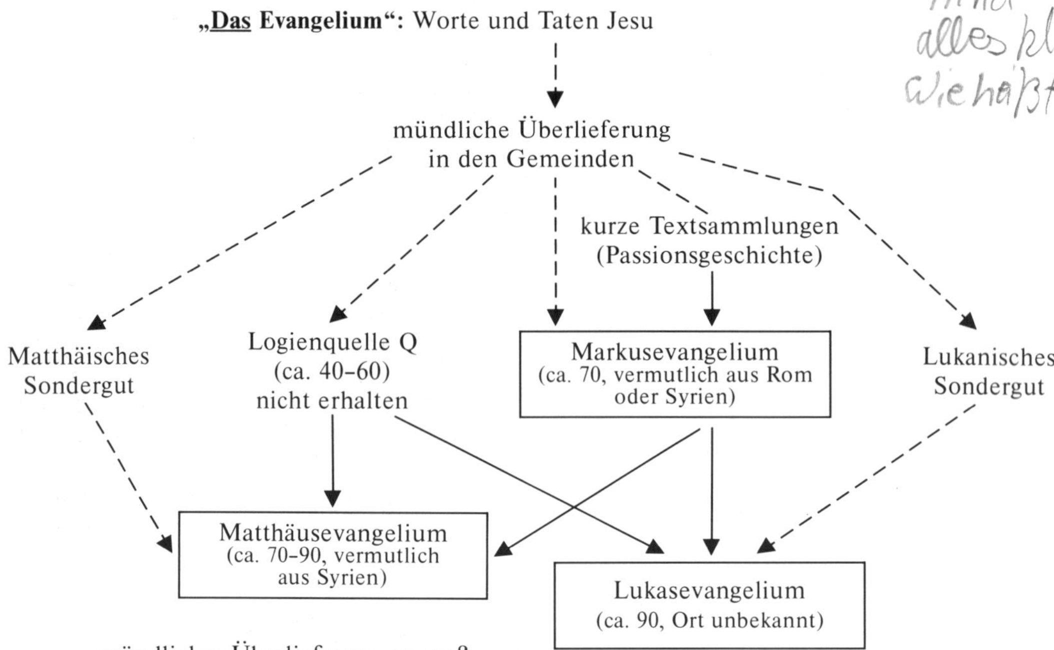

– – – – mündlicher Überlieferungsprozeß

——— Bearbeitung schriftlicher Quellen

- **Evangelisten** sammeln und ordnen das Überlieferungsmaterial
- **Evangelisten** gestalten nach theologischen Konzeptionen im Hinblick auf ihre Gemeinden

4. Bibelhermeneutik und Auslegungsmethoden

Der Fachausdruck »Hermeneutik« leitet sich ab von dem griechischen Wort »hermeneuo« = erklären, übersetzen, auslegen. Im antiken Griechenland glaubte man nämlich an *Hermes* den Götterboten, der den Menschen die Botschaften der Götter übersetzte und verstehbar vortrug; dabei bediente er sich mit Vorliebe bestimmter Zeichen, Gesten und Bilder, die den Menschen aus ihrem eigenen Erfahrungsbereich sehr gut bekannt waren. Bibel*hermeneutik* beschäftigt sich demnach mit dem *Verstehen biblischer Texte.* Einerseits geht es dabei um die Bedeutung, die diese Texte in ihrer *Ursprungssituation,* das heißt also zum Zeitpunkt ihrer Entstehung, hatten; andererseits geht es aber auch um ihre *Aktualisierung* für heutige Leser. Zahlreiche verschiedene *Auslegungsmethoden* verfolgen das Ziel, eine Brücke zu schlagen zwischen biblischer Tradition und der Lebenssituation moderner Menschen (→Exegese). Aus ursprünglichen Bibelworten und möglichen Beobachtungen und Kommentaren dazu entstehen immer neue Deutungen und Dimensionierungen der Offenbarung Gottes. Ein jüdisches Sprichwort lautet: »70 Stimmen hat die Thora*.« Als ganz grund-

* Nach Rabbi Joachanan (→Talmud): »Die Stimme des Ewigen ging aus und teilte sich in siebzig Sprachen«; es verweist auf die *Vielfalt* möglicher Deutungsweisen eines einzigen Bibelwortes!

sätzliches Prinzip des Verstehens veranschaulicht dieses Sprichwort nicht nur individuelle Interpretationen, sondern auch die immer neue Auslegung der Heiligen Schrift im Lauf der Menschheitsgeschichte als legitim und notwendig. Jede Auslegungsweise erweist sich jedoch nur *dann* als berechtigt, wenn es ihr um die sinnvolle Deutung und Verwirklichung der Offenbarung geht.

▷ *Im folgenden sind einige der gängigsten biblischer Auslegungsmethoden biblischer Texte kurz dargestellt. Zu fast jeder Methode findet ihr einen Querverweis (→), der euch Gelegenheit gibt, ein konkretes Beispiel dazu in diesem Lebens-Zeichen-Band nachzulesen!*

Der Biblizismus (auch: »Fundamentalismus«)

Damit ist methodisch ein ganz *wortwörtliches Verständnis* der biblischen Texte und ihre Akzeptanz als eindeutige Richtschnur für Leben und Denken gemeint. *Eine* Form des Biblizismus ist der sogenannte »Fundamentalismus« – ursprünglich Ende des 19. Jahrhunderts in einer evangelischen Bewegung in den USA angesiedelt. Seine Anhänger gehen von der *Irrtums- und Widerspruchsfreiheit der Heiligen Schrift* aus, da sie glauben, diese sei ihren Schreibern vom →Heiligen Geist direkt »eingehaucht« worden (= *Verbalinspiration*).
→*Kapitel »Okkultismus«, S. 156*

Die historisch-kritische Exegese

Demgegenüber bildet die historisch-kritische Exegese die klassische *wissenschaftliche* Methode zur *Analyse biblischer Texte* unter Einbehaltung einer ganz bestimmen *Abfolge von Untersuchungsschritten,* nämlich:

a) Textkritik : Da von keinem Bibeltext eine Urschrift erhalten ist, versucht man anhand der frühesten Hand-(Ab)Schriften und Übersetzungen mittels Vergleich einen (vermeintlichen) *Urtext* wiederherzustellen oder zumindest *den ältesten* damit *erreichbaren Text* zu gewinnen. Als Faustregel für diese Textvergleiche gilt: »Die jeweils schwierigere oder auch kürzere Lesart ist mit größter Wahrscheinlichkeit die ursprünglichste!«

b) Literarkritik: Hierbei wird anhand von Vokabular- oder Stilvergleichen genauer untersucht, welche *Quellen,* das heißt frühere kurze Einzeltexte oder -sprüche, *der vorliegenden Texteinheit* vorausgegangen sein könnten. Das Ziel ist, den ursprünglichen Textbestand einer »Perikope«* herauszukristallisieren und ihn damit von späteren Zusätzen und Überarbeitungen zu lösen.

c) Form- und Überlieferungskritik: Innerhalb des vorliegenden, zusammengewachsenen Textgefüges werden *kleinste literarische Einheiten* (Redeformen) oder bestimmte *Gattungen* wie Wundergeschichten, Gleichnisse, Sagen, Prophetensprüche, Evangelien oder Briefe aufgespürt. Jede Gattung hatte ihren eigenen *Sitz im Leben* und damit immer auch eine ganz bestimmte Funktion für die Gemeinschaft, die sich ihrer bediente, zum Beispiel im Gottesdienst und in der Rechtsprechung. Oft wurden diese Gattungen aber auch in andere Kontexte aufgenommen und darin weiterüberliefert. Untersucht wird in diesem Schritt also auch die *Traditionsgeschichte* aller literarischen Einheiten einer Textkomposition.

d) Redaktionsgeschichte: Anhand einer Analyse von Textauswahl, Umgestaltungen, Zusätzen, Einleitungen – beispielsweise in einem ganzen →Evangelium – stellt man Vermutungen über die *Aussageabsicht* der biblischen Schriftsteller an, die bei ihrer Arbeit zum Teil wie »Redakteure« vorgegangen sein müssen. Bei diesem Schritt stellt sich die Frage nach der →*Theologie der Verfasser.* Ihre Hauptaufgabe sieht die historisch-kritische Exegese im Erschließen der *Textbedeutung* (wenigstens) *für die Zeit und das Milieu* der Entstehung der jeweiligen Texte.
→ *Kapitel »Auferweckung«, S. 177 f. sowie Anhang S. 211 f.;* → *Kapitel »Herren«, S. 51;* → *Kapitel »Gott«, S. 8*

* Als »Perikope« (griechisch = Abschnitt) bezeichnet man Bibeltextabschnitte, die jeweils für ganz bestimmte Sonntage im Kirchenjahr – zur Lesung oder Predigt – im Gottesdienst vorgesehen sind.

Die existenziale Interpretation

Die vom Theologen Rudolf Bultmann (1884–1976) vertretene Methode der *Entmythologisierung* geht davon aus, daß dem modernen Menschen der Zugang zu vielen Bibeltexten hauptsächlich deshalb verstellt bleibt, weil das mythische Weltverständnis ihrer Schriftsteller, das aus diesen Texten spricht, ihm völlig fremd geworden ist. Daher muß man die zeitgebundenen mythologischen Bestandteile biblischer Texte (wie zum Beispiel Dämonen, Wunder, apokalyptische Bilder) erst entschlüsseln, um sie *»existential«* zu deuten, das heißt sie – unabhängig von ihren zeitbedingten Ausdrucksformen – *in ihrer die Existenz des Menschen betreffenden zeitlosen Wahrheit* zu verstehen. – Bei dieser Interpretationsmethode geht es daher vor allem um die *Intention,* den eigentlichen Sinngehalt eines Bibeltextes für den Glauben, als seine *zeitlose Wahrheit* herauszufiltern und für den modernen Menschen wieder neu zu beleben. Dieser Kern-Inhalt der Verkündigung wird fachsprachlich auch *das Kerygma«* genannt.

→ *Kapitel »Okkultismus, S. 156 f.*

Die materialistische Auslegung

Dieser Zugang zu biblischen Texten rückt ihren *sozialen und wirtschaftlichen Kontext* in den Mittelpunkt der Betrachtung, und versteht sie als Hoffnungstexte gegen konkrete »Armuts- und Unterdrückungsstrukturen« in der Welt. Die Materialistische/Sozialgeschichtliche Auslegung versteht die Bibel als »Theologie der Armen«, in welcher Gott für die sogenannten »kleinen Leute« – für Hungernde, Bettler, Krüppel, sozial Entwurzelte und Unterdrückte – eindeutig Partei ergreift. Nach neutestamentlicher Überlieferung preist Jesus diese Menschen als Anwärter auf das Reich Gottes selig (→Bergpredigt); und von daher begreift sich die Materialistische Auslegung auch als Aufforderung zur *Nachfolge.* Aus der sozialgeschichtlichen Dimensionierung der Bibel leitet sie einen starken Impuls ab, *in konkretem gesellschaftlichem Engagement* für die »Befreiung« und die soziale Gleichstellung aller Menschen zu arbeiten. (Vgl. →Theologie der Befreiung)

→ *Kapitel »Arbeit«, S. 125–127*
→ *Kapitel »Eschatologie«, S. 110 f.*

Die feministische Auslegung

Im Rahmen der beginnenden Emanzipation der Frau (in Deutschland verstärkt seit den sechziger Jahren) entwickelte sich auch ein *feministisch geprägter theologischer Ansatz.* Dieser grenzte sich zunächst von den »männlichen« Vorstellungen »Gottes« ab, die von →Kirche und →Theologie lange Zeit betont wurden (»Gott ist ein Mann!« mit charakteristischen Eigenschaften wie: Dominanz, Stärke, Allmacht, Emotionslosigkeit). Die Feministische Auslegung vertrat demgegenüber nun rein »weibliche« Gottesbilder (»Gott ist eine Frau« mit Merkmalen wie: Mütterlichkeit, Sanftheit, Güte, Milde, Gefühlsbetontheit). Dieser extremen theologischen Gegenüberstellung folgte im Zuge der sich allmählich real vollziehenden Gleichberechtigung von Frau und Mann ein eher ganzheitliches Verständnis von Gott und seinen Geschöpfen als Frauen *und* als Männern, die sich zur Ebenbildlichkeit Gottes ergänzen können. Die neuere Feministische Auslegung sucht in biblischen Texten vornehmlich nach solchen Bildern der »Ganzheitlichkeit« unter Betonung der *besonderen Rolle von Frauen,* sie findet in der Bibel überraschende Positivbeispiele für spezifisch »weiblich« verstehbare Qualitäten, Vorstellungs- und Erfahrungsdimensionen. Sogar männliche Theologen kommen (von daher?) inzwischen zu dem Schluß, daß die wahren »Stars« der Bibel Frauen (wie Eva, Sarah oder Maria) seien.

→ *Kapitel »Eschatologie«, S. 109 f.*

Die psychologische Auslegung

Diese Methode geht davon aus, daß biblische Texte nicht nur ganz direkte theologische aussagen machen, sondern daß sich darüber hinaus in ihnen auch indirekt *Bilder der menschlichen Seele* spiegeln. In diesen Bildern zeigen sich elementare Grunderfahrungen des Menschseins an sich (wie zum Beispiel Freude, Liebe, Vertrauen, Angst, Aggression, Trauer). Der psychologische Interpretationsansatz sucht in biblischen Texten auch nach zeitlos gültigen *Bewältigungsmu-*

stern für bedeutsame typische Lebenserfahrungen (wie zum Beispiel die Entwicklung der eigenen Identität, die Beziehung zwischen den Geschlechtern, die Bewältigung von Grenzerlebnissen wie Geburt und Tod). Manche dieser Bibelinterpretationen orientieren ihre Auslegung an den Theorien des Psychologen C. G. Jung (1875–1961) und deuten die in den Texten verborgenen Bilder letztlich als *Urbilder der Menschheit* (= »archetypische Bilder«), die aus dem sogenannten »kollektiven Unterbewußten« gespeist werden, welches in allen Menschen seit Urzeiten ruht. Besondere (Krisen) Situationen des Menschen – und die Bibel ist hier voll von geeigneten Beispielen – sind es dann, die → Symbole aus dem »kollektiven Unterbewußten« ins Bewußtsein des einzelnen dringen lassen und gegebenfalls auch die Wandlung seiner Persönlichkeit vorbereiten können.

→ *Kapitel »Gewissen«, S. 31–33*

Die künstlerische Auslegung

Darunter fallen man diverse künstlerisch-gestaltende oder auch kunstgeschichtlich verstehende Zugänge zur Bibel in Bild, Form oder Musik. Dabei kann der *aktive kreative Ausdruck* des Künstlers im Vordergrund stehen, das heißt wie ein Künstler die Botschaft biblischer Texte versteht und selbst umsetzt. Die jeweilige künstlerische Form wird so als eine aktuelle Interpretation des Bibeltextes aufgenommen und gedeutet. Darüber hinaus kann sich die künstlerisch orientierte Auslegung auch im Rahmen *kunsthistorischer Nachforschungen* und Analysen (= zum Beispiel Ikonologie) um die Erhellung der Bibelrezeption vergangener Epochen bemühen.

→ *Kapitel »Auferweckung«, S. 179*
→ *Kapitel »Beziehungen«, S. 137 f.*
→ *Kapitel »Gott«, S. 12–16*
→ *Anhang I, Das »Book of Kells«, S. 206–209*

Der literarische Zugang

Dabei geht es primär um das Eröffnen neuer Verstehenszugänge durch *literarische Umsetzungen* und *»Verarbeitungen«* biblischer Erzählungen oder einzelner Motive daraus, etwa in modernen Kurzgeschichten, Gedichten oder Romanen; im aller weitesten Sinn kann man als literarisch orientierten Zugang auch *Formen narrativer Theologie* bezeichnen, das heißt Beispiele zeitgenössisch-erzählender Verkündigung, die sich um die lebendige Aktualisierung besonders schwer verstehbarer Erfahrungen aus der biblischen Tradition bemüht.

→ *Kapitel »Herren«, S. 50f.;* → *Kapitel »Auferweckung«, S. 178–180*

Der sprachliche Zugang

Diese Methode bemüht sich um eine *sprachwissenschaftliche,* das heißt um eine an rein sprachlichen Elementen orientierte, Deutung *biblischer Erzählungen;* dabei geht es beispielsweise um Beobachtungen an Wortfeldern, um Wortwiederholungen und Strukturen des Satzbaus. Längere biblische Erzählzusammenhänge werden interpretiert, indem man in ihnen gezielt nach »Schlüsselwörtern« sucht, die die theologische Aussageabsicht erhellen und den Leser in seinem Verstehen durch den Gang der Handlung leiten (= Leitwort-Exegese). Auch das selbständige sprachlich-kreative Arbeiten mit Bibeltexten gehört in den Bereich dieser Methode, wie beispielsweise das sogenannte »Verfremden« biblischer Texte oder »Metapher-Übungen«.

→ *Kapitel »Beziehungen«, S. 138 und 140*

Die interaktionale Auslegung

Dieser Methode geht es um den *identifikatorischen Umgang mit Bibeltexten* nach gruppendynamischen Grundregeln. Angestrebt wird die lebendige Begegnung, die *Kommunikation zwischen Text und Leser.* Dabei kommt der bisherigen Lebenserfahrung des Lesers eine gewisse hermeneutische »Schlüsselfunktion« zu. Im Rahmen der interaktionalen Auslegung versetzen sich Leser in die Rolle der handelnden Personen biblischer Erzählungen, zum Beispiel *in Rollenspielen,* und versuchen, sich mit deren Denken und Handeln persönlich zu identifizieren. In einem weiteren Schritt werden sie sich über Gefühle und Stimmungen, die das in ihnen (jeweils) auslöst, bewußt, und sie versuchen gegebenenfalls positiv daran weiter zu arbeiten.

→ *Kapitel »Gewissen«, S. 24*

Lexikon

Aberglaube: Mit dem Begriff A. werden Vorstellungen, Anschauungen und Verhaltensweisen von Menschen bezeichnet, die religiöse Sinnbilder für die göttliche Macht selbst halten und mit solchen magisch verstandenen Symbolen die Erfüllung von Wünschen anstreben. – Für das Christentum ist zum Beispiel alles Aberglaube, was dem in der Bibel festgelegten christlichen Glauben widerspricht. Der christliche Glaube nimmt für sich in Anspruch, dem Menschen hoffendes Vertrauen auf Gott zur Bewältigung seiner Lebenskrisen anzubieten. Es darf also nicht darum gehen, mit Hilfe strikter Einhaltung formaler →Riten allein das Heil herbeiführen zu wollen oder zu hoffen, daß der Besitz bestimmter Gegenstände (wie Talismane und Fetische) den erhofften Segen spendet. Aberglaube ist in diesem Verständnis auch jede Form von Glauben, die nicht Gott als oberste wirksame Macht annimmt. →Magie; →Religion

Agape: (griechisch = Liebesmahl) von Jesus gestiftetes Mahl der christlichen Gemeinde (Mt 26,26–29; Mk 14,22–25; Lk 22,15–20; 1. Kor 11,23–25). So wie Jesus mit seinen Jüngern Tischgemeinschaft hielt – woran auch Zöllner und Sünder teilnehmen konnten (Mk 2,15) –, feierten die ersten Christen weiterhin täglich das Mahl miteinander. Austeilung von Brot und Wein mit den Abendmahlsworten Jesu bildeten ursprünglich Anfang und Abschluß einer vollständigen Mahlzeit, zu der alle Teilnehmer etwas mitbrachten. Später löste sich das Abendmahl (auch Herrenmahl; in der römisch-katholischen Kirche: Eucharistie) in seiner heutigen Form von der übrigen Mahlzeit ab und wurde am Sonntag im Gottesdienst gehalten. Brot und Wein sind hierbei mit Leib und Blut Christi verbunden. Das Abendmahl schenkt Vergebung der Sünden, schafft Gemeinschaft und weist hin auf das künftige Gottesreich.

Altes Testament/AT: von Christen (Paulus: 2. Kor 3,14) erstmals verwendete Bezeichnung für die heiligen Schriften der Juden. »Testament« ist die lateinische Übersetzung des hebräischen Wortes für →»Bund«. »Altes Testament« bedeutet demnach: *die Schriften des »alten Bundes«,* das heißt des Bundes zwischen Gott und dem Volk Israel. – Im AT kann man die Geschichte des Volkes Israel mit Gott nachlesen; sein Inhalt reicht von der Schöpfung bis zu der Zeit der letzten Propheten. Die Teile der Bibel, die von Jesus und dem christlichen Glauben handeln, nennen Christen →»Neues Testament«. – Die Juden selbst nennen ihre heiligen Schriften natürlich nicht »Altes Testament«. Aber auch viele Christen vermeiden heute diesen Ausdruck, weil er im Gespräch mit Juden überheblich klingen kann und weil sie die »Bibel Jesu«, das heißt die Bibel, die Jesus kannte, nicht abwerten wollen; sie sagen zum Beispiel →*»Hebräische Bibel«,* sind diese Schriften doch ursprünglich in hebräischer Sprache abgefaßt (ganz wenige Abschnitte in Aramäisch). »Biblia Hebraica« ist heute auch der wissenschaftliche Ausdruck für die hebräische Textausgabe des »Alten Testaments«. →Bibel, →Kanon, →Neues Testament.

Anthropologie: (von griechisch anthropos = Mensch und logos = vernünftige Rede) die Lehre vom Menschen. Sie versucht mit Hilfe sogenannter Bezugswissenschaften, unter anderem Biologie, Philosophie, Soziologie, Pädagogik und Theologie eine Antwort zu geben auf die Frage: Was ist der Mensch? Theologische A. sieht dabei den Menschen als Geschöpf Gottes.

Apokalyptik: (griechisch = Enthüllung) Unter A. versteht man in der Religionswissenschaft eine visionäre Geschichtsdeutung, die religiöse Aussagen über die Zukunft macht, den Gesamtverlauf der Welt deuten und ein Weltende, eine Endzeit, bestimmen will. Dabei nehmen apokalyptische Botschaften meist symbolische und allegorische Formen an, die nur Eingeweihten in allen Einzelheiten verständlich sind. Typische Figuren und literarische Grundelemente sind zum Beispiel Fabeltiere, magische Zahlen, gefallene Engel, Naturkatastrophen, Kriege, Weltgericht und Weltende. Apokalyptische Vorstellungen finden sich im Kanon der Hebräischen Bibel (vgl. →AT) zum Beispiel bei Ezechiel, Jesaja 24–27, Sacharja, Joel, Maleachi, Daniel (vgl. auch Jeremia 31); im →NT in der Offenbarung des Johannes. Apokalyptische Vorstellungsmodelle und Bewegungen haben schon immer ganz besonders in Krisenzeiten viele Anhänger gefunden.

Apostel: (griechisch apostolos = Abgesandter, Bote) Im →Neuen Testament werden die »zwölf Jünger«, die Jesus aus der Schar seiner Anhänger auswählte, auch »Apostel« genannt; sie wurden von ihm zur Predigt des →Evangeliums ausgesandt. Aber auch andere urchristliche Missionare wurden später als »Apostel« bezeichnet (zum Beispiel Paulus). – Um Apostel genannt zu werden, mußte man offenbar den auferstandenen Jesus gesehen haben; auch Paulus, der sich selbst immer wieder Apostel nennt, erwähnt ausdrücklich, er habe »Jesus, unsern Herrn«, selbst »gesehen« (1. Kor 9,1).

Aufklärung: vorherrschende Geistesrichtung im Europa des 18. Jahrhunderts (u. a. Locke, Voltaire, Kant, Lessing). Die A. wendet sich gegen alle irrationalen Traditionen und Denkmuster und zielt auf den durchgängigen Gebrauch der Vernunft in einer rational konstruierten Welt mit dem Ziel, einen vernünftigen Staat, eine vernünftige Religion, ein vernünftiges Recht zu etablieren. – Die A. des 18. Jahrhunderts als »Ausgang des Menschen aus seiner selbstverschuldeten Unmündigkeit« (Kant«) ist von großer Wirkung für die Ausgestaltung des parlamentarischen Regierungssystems, der Grund- und Menschenrechte und der modernen Technik und der Wissenschaften gewesen.

Bekennende Kirche nannte sich eine Vereinigung von Kirchengemeinden, Pastoren und Bischöfen, die sich zur Wehr setzte, als die Evangelische Kirche Deutschlands durch sogenannte →»Deutsche Christen« den Zielen Adolf Hitlers unterworfen werden sollte. Indem die Bekennende Kirche Jesus Christus als einzigen Führer bekannte, »den wir zu hören, dem wir im Leben und Sterben zu vertrauen und zu gehorchen haben« (Theologische Erklärung von Barmen 1934) weigerten sie sich, Hitler als erwähltes Werkzeug Gottes für Deutschland anzuerkennen.

Bergpredigt: eine vom →Evangelisten Matthäus zusammengestellte Sammlung von Jesus-Worten (Mt 5–7). Nach Darstellung des MT hat Jesus dies alles als *eine* Predigt *»auf dem Berg«* gehalten (Mt 5,1). Diese Angabe war für Mt sehr wichtig; denn sie erinnerte an die Überlieferung vom Berg Sinai. »Der Berg« gilt im Judentum als Ort der göttlichen Offenbarung. Wie Mose auf »dem Berg« die Gebote, die Weisung Gottes für Israel erhalten hat, so hat Jesus auf »dem Berg« den Menschen seine Weisung zum Leben gegeben. Die Bergpredigt enthält eine Reihe von ethischen Anweisungen und Verhaltensgrundsätzen, die im Glauben an Gott wurzeln und den zwischenmenschlichen Umgang – nach diesem Vorbild – kritisch prüfen und gegebenenfalls neu regeln sollen. Berühmt gewordene Weisungen der B. sind die »Goldene Regel« (Mt 7,12) und die Grundsätze von Gewaltlosigkeit und Feindesliebe (Mt 5,38–48). Auch das »Vaterunser« steht in der Bergpredigt (6,9–13).

Bibel: (griechisch biblia = Bücher) im christlichen Sprachgebrauch die Sammlung der Bücher des Alten und Neuen Testaments, die zusammen für die christliche Kirche den →Kanon, die Richtschnur für Glauben und Leben bilden. – Die Entstehung der Bibel erstreckt sich über einen Zeitraum von mehr als 1100 Jahren. Etwa 1000 v. Chr. (zur Zeit König Davids) wurden erstmals tradierte Gesetze, Lieder und Sprüche gesammelt sowie Geschichtsereignisse aufgeschrieben und in theologische Erzählzusammenhänge gebracht. Die letzte Schrift des Neuen Testaments entstand um 130 n. Chr. – Es gibt Übersetzungen der Bibel in fast alle Sprachen der Welt. Von großer Bedeutung für die Entstehung der hochdeutschen Sprache war Martin Luthers Bibelübersetzung. Sie ist in modernisierter Form bis heute in Benutzung. →Altes Testament; →Neues Testament; →Hebräische Bibel; →Kanon

Bund: (hebräisch berit; lateinisch testamentum = eidliche Verpflichtung, Bestimmung, Verfügung) gilt als zentraler theologischer Begriff in Judentum und Christentum, wobei inhaltlich eine partnerschaftliche Vereinbarung zwischen Gott und den Menschen gemeint ist. Diese Abmachung kann an bestimmte Bedingungen (zum Beispiel Rechtsverpflichtungen/Gebote) geknüpft sein, besondere Zeichen, Bindungen und Verheißungen einschließen. – Die biblischen Erzählungen vom Weg der Verheißung sind geprägt vom Bundesschluß zwischen Gott und den Menschen, von Bundesbrüchen durch die Menschheit und Bundeserneuerungen. Wird der Bund zwischen Gott und den Menschen erneuert, geht es immer auch um eine Umkehr zur →Wegweisung Gottes, um eine Erneuerung der Gesinnung. Auch innerhalb der Bundesbindung mit Gott muß sich der einzelne Mensch ein Leben lang *bewähren;* wie auch die Völker – im Sinne einer Zielvorstellung – sich ganz auf Gott ausrichten und zum »Volk Gottes« werden sollen. Durch die Barmherzigkeit Gottes, die sich in →Christus offenbarte, ist die Christenheit in den Bund Israels hineingenommen.

Christen: Bereits zur Apostelzeit (Apg 11,26) wurden die Anhänger des christlichen Glaubens mit diesem Namen bezeichnet. Er ist abgeleitet von christianus (griechisch-lateinisch = zu Christus gehörend); vgl. auch Vornamen wie Christian und Christiane.

Christologie: (griechisch = Lehre von Christus) Sie faßt biblische Aussagen über die Person, Worte und Taten Jesu Christi zusammen. Grundlage ist das Bekenntnis, daß der gekreuzigte Jesus von Nazareth von den Toten auferweckt wurde. Die →Kirche bekennt sich zu ihm als ihrem Herrn und verehrt ihn als »wahren Gott und wahren Menschen« (vgl. Titel wie Gottessohn, Kyrios, Sohn David, Menschensohn). Eines der frühesten Bekenntnisse der Christenheit lautet: »Herr (ist) Jesus!« (= Kyrios Jesus; vgl. Apg 2,36).

Christus: (griechisch christos, entspricht dem hebräischen Messias = der Gesalbte) Von den Juden wurde (und wird immer noch) ein Messias erwartet, der als Befreier das →Reich Gottes errichten sollte (soll). Die christliche Gemeinde hat sich – wenn auch mit etwas anderen Auffassungen – zu Jesus als diesem Messias (= Christus) bekannt. In seinem Leben, Sterben und Auferstehen sieht sie den Beginn des Gottesreiches. Wenn heute die Worte »Jesus Christus« fast zu einem Eigennamen verschmolzen sind, verbirgt sich in ihnen doch eines der zentralsten Bekenntnisse der Christenheit. – Andere Bekenntnisnamen und Titel Jesu, die folgten, betonen jeweils andere Aspekte seiner geglaubten Personalität, (Menschensohn, Gottessohn, Retter, Erlöser), und bis heute finden Menschen, die sich mit Jesus Christus verbunden fühlen, immer neue Bezeichnungen, die seine umfassende Bedeutung für sie ausdrücken sollen. →Christologie; →Historischer Jesus

Deutsche Christen: Sammelbegriff für diverse christliche Gruppen, die eine große nationalkirchliche Bewegung im Dritten Reich bildeten. Die D.C. versuchten, den Nationalsozialismus mit dem Christentum gemeinsam zu verwirklichen. Zur besonderen »Glaubenslehre« der D.C. gehörte u.a.: die Verehrung eines heldischen Jesus und Adolf Hitlers als von Gott gegebenem Führer; die Verquickung von Kirche und Staat als gottgewollter Lebensordnung; die Verherrlichung der »arischen Rasse« und des deutschen (bzw. germanischen) Volksgutes; die Verwerfung der »semitischen Rasse« und aller Traditionen des Judentum einschließlich des gesamten Alten Testaments (=Antisemitismus) →Bekennende Kirche

Eschatologie: (griechisch = »Lehre von den letzten Dingen«) Lehre von dem Endschicksal des einzelnen Menschen und der Welt, der »Endzeit«. →Apokalyptik; →Jüngster Tag; →Reich Gottes; →Parusie

Esoterik: (von griechisch esoterikos = innen, verborgen, geheim) Denken, das zurückgeht auf ein »vorwissenschaftliches« oder »voraufklärerisches« Weltbild, das eine Fülle von magischen und mythischen Elementen enthielt. E. beschäftigt sich mit der Überlieferung von geheimen Lehren und Handlungen, die den Weg zur »wahren« Erkenntnis des Universums und der Erlösung des Menschen weisen sollen. Die Erlösung geschieht hauptsächlich auf dem »Weg nach innen« durch »innere Erleuchtung«. Esoterische Wege erschließen sich aber nur denen, die »eingeweiht« wurden, so sagen esoterische Lehren seit den Urzeiten der Menschheit. Esoterische Traditionen und Gruppen gab und gibt es in allen Religionen. →Aufklärung; →Magie; →Okkultismus.

Evangelisch/Protestantisch: Bezeichnung *einer* →Konfession der christlichen Kirche, welche sich im Zuge der →Reformation von der katholischen Kirche abgespalten hat. »Evangelisch« werden diese Christen deshalb genannt, weil das →Evangelium für sie erklärtermaßen das Wichtigste ist. Leben und Glauben der einzelnen Christen und der →Kirche in ihrer Gesamtheit sollen dem Evangelium gemäß sein. Dabei bedeutet Evangelium – die gute Nachricht – den eigentlichen Kern dessen, was in der Bibel steht: daß Gott die Menschen liebt und ihnen das Leben auch über den Tod hinaus ermöglichen und erhalten will, auch ohne daß sie es verdient hätten oder sich verdienen könnten. →Sünde; →Rechtfertigung. Die Bezeichnung »Protestantisch« stammt aus der Zeit der →Reformation, als sich Gruppen von Christen gegen die Mißstände der katholischen Kirche erhoben →Katholisch.

Evangelium, Evangelien, Evangelisten: (griechisch euangelion = gute Botschaft). – 1. Der →Apostel Paulus nennt in seinen Briefen den Inhalt seiner Predigten »Evangelium von Jesus Christus«. In diesem Sinn verwenden auch heute noch Christen das Wort »Evangelium«: als *Bezeichnung für die Frohe Botschaft* von der Liebe Gottes zu den Menschen. →Evangelisch – 2. Weil das Erzählen von Leben und Tod Jesu als »gute Nachricht« verstanden wurde, hat Markus diesen Ausdruck als Überschrift für seine *Sammlung von Jesus-Geschichten* gewählt (Mk 1,1). Später wurden alle vier Jesus-Bücher, die im →Neuen Testament enthalten sind, »Evangelium« genannt. Die Verfasser dieser Evangelien nennt man *»Evangelisten«.*→Synopse.

Exegese: (griechisch exegesis = Herausführung eines Sinnes; Auslegung) Fachbegriff für die Deutung eines Bibeltextes nach ganz bestimmten Regeln und Methoden. →siehe Anhang: Umgang mit der Bibel

Exodus: (lateinisch = Auszug) Fachbegriff für das sogenannte Zweite Buch Mose in der Bibel und theologische Bezeichnung für den Auszug der Israeliten aus Ägypten unter der Führung des Mose. – In Erinnerung an diese Befreiungstat Gottes feiern Juden in aller Welt alljährlich das Passafest; darüber hinaus haben sich die Exodus-Erfahrungen Israels in zahlreichen Glaubensbekenntnissen, Gebeten und Liedern in der Hebräischen Bibel und anderen Traditionszusammenhängen niedergeschlagen. Die lebendig gehaltene Erinnerung an die Vergangenheit verstärkt im jüdischen Glauben die Hoffnung auf die noch zu erwartende →messianische Zeit. – Für Menschen in anderen Ländern, Kulturkreisen und Zeiten ist die biblische Exodus-Erzählung generell zum →Symbol der »Befreiung durch Gott«, zu einem *Bild* der Hoffnung an sich geworden. »Exodus« – so übertragen verstanden – bezeichnet ganz einschneidende, elementare Erfahrungen von Umbruch und Aufbruch in Leben und Glauben.

Feldrede (siehe Bergpredigt)

Gewaltlosigkeit: Durch den Inder Mahatma Gandhi (1869–1948) und den schwarzen amerikanischen Pfarrer Martin Luther King (1929–1968) wurden Formen gewaltloser Auseinandersetzungen gegen soziale Ungerechtigkeit entwickelt. Um den ungerechten Zustand der Rassentrennung aufzuheben, hielten zum Beispiel die Schwarzen von Montgomery unter Führung von Martin Luther King (USA) 382 Tage lang erfolgreich einen friedlichen »Busstreik« (gegen die Apartheid in öffentlichen Verkehrsmitteln) ab. M. Gandhi erreichte die Unabhängigkeit Indiens durch verschiedene Maßnahmen gewaltfreien Widerstands (zum Beispiel friedliche Demonstrationen gegen die britische Kolonialmacht, Generalstreiks und Handelsboykott, Hungerstreiks). M. Gandhi wie M. L. King sahen in der Gewaltlosigkeit die Erfüllung der Forderungen Jesu aus der →Bergpredigt (Mt 5,5.39). →Theologie der Befreiung

Gnade: (von griechisch charis) bezeichnet allgemein die freie Zuwendung eines Höherstehenden zu einem Untergebenen oder zu jemandem, der dieser Zuwendung nicht wert ist. In diesem Sinne wird im →AT die Liebe und Hilfe Gottes gegenüber Israel (Ps 51,20; Jer 31,2) bzw. gegenüber dem einzelnen (Gen 18,3; Ps 106,4) als G. verstanden. Ebenso spricht das →NT von der G. Gottes bzw. Christi, die sich in Kreuzigung und Auferstehung (Apg 20,14. 15,11; Röm 3,14. 5,2; 2. Kor 6,1) bzw. in der Rettung des einzelnen Glaubenden (Röm 11,5 f; 1. Kor 15,11) erweist. Zuweilen wird von der G. Gottes auch wie von einer selbständigen Größe oder Gabe gesprochen, die dem Menschen mitgeteilt werden kann (Jes 54,10; 50,26; Lk 2,14; Joh 1,16; Röm 12,3). – G. wurde im Laufe der Kirchengeschichte zum Zentralbegriff der Lehre von der →Rechtfertigung. Während die röm.-kath. Kirche unter G. eine dem Glaubenden durch die Sakramente vermittelte Gabe versteht, die in die Seele eingegossen wird und sie zum Tun des Guten befähigt, deutete Luther und die reformatorischen Kirchen die G. als die dem Sünder vergebende und ihn annehmende Liebe Gottes. Gott selbst, der →Heilige Geist, ist hier die den Glaubenden verwandelnde und neu schaffende Kraft.

Hebräische Bibel: Anderer Name für die (nach christlicher Zählung) 39 Schriften des sogenannten Alten Testaments, welche die Juden als ihre →Bibel mit der für sie gültigen göttlichen Offenbarung betrachten. – Da der Ausdruck →»Altes Testament« zu antijüdischen Mißverständnissen führen kann und in seiner Wirkungsgeschichte tatsächlich immer wieder geführt hat (im Sinne einer »veralteten« →Offenbarung Gottes, die durch die des →Neuen Testaments überholt sei) sagen Juden und viele Christen, die sich um den verstehenden Dialog beider Religionen bemühen, lieber »Hebräische Bibel« als »AT«. – Die Ausgaben der H.B. unterscheiden sich nach jüdischem und christlichem →Kanon in bezug auf Reihenfolge und Zählung der Schriften. Juden zählen den Textbestand als 24 Schriften und nennen ihre Bibel selbst →Tenach. →Anhang: Zum Umgang mit der Bibel; →Bund

Heilig: Heilig bezeichnet in den Religionen Räume, Gegenstände, Bücher, Personen, Ordnungen, die aus dem üblichen Leben abgegrenzt sind, weil sie Göttliches erkennbar machen. Auch in der Bibel gibt es den Begriff des »Heiligen«. Gott selbst ist heilig (Jes 6,3). Taufe und Abendmahl sind heilige Handlungen. – Während in nichtchristlichen Religionen die Grenze zwischen heiligem und nicht-heiligem Bereich nur von wenigen auserwählten Menschen überschritten werden kann, glauben evangelische Christen, daß Gott durch seinen »heiligen Geist« jedem Menschen Heiligkeit schenken will (vgl. 1. Kor 3,16 f).

Heiliger Geist: Das hebräische »ruach« bezeichnet wie das griechische »pneuma« ursprünglich den Atem, den Windhauch, und von daher eine wirksame, belebende Macht, die selbst nicht sichtbar oder greifbar ist. Der *Heilige* Geist – der »Hauch« oder »Atem« Gottes, die lebendigmachende Kraft – wird im →NT zunächst in seiner Wirkung auf die Gemeinde beschrieben: – Der Geist vertritt und vergegenwärtigt Christus und seine Gaben in der Gemeinde (Joh 14,15 ff); – er ist in der Gemeinde gegenwärtig und vereinigt sie zum »Leib Christi« (1. Kor 12); – er gibt den Glaubenden das neue Sein und Tun in Christus (Röm 8,2–14) und öffnet den Menschen für das Predigtwort bzw. die Schrift (2. Kor 3); – er gibt besondere Fähigkeiten für den Dienst in der Gemeinde (1. Kor 12; Röm 12) und gibt die Kraft zum Bekenntnis im Martyrium (Lk 12,12). Der Geist ist also einerseits der in der Gemeinde gegenwärtige Gott, andererseits aber vertritt er die Glaubenden in der Fürbitte vor Gott (Röm 8,26). Der Geist ist Gott selbst, der die Einheit von Gott und Mensch schafft. Dies bringt die Trinitätslehre auf den angemessenen Begriff: Der H.G. ist selbst Gott, er steht in der Einheit mit dem Vater und dem Sohn; er geht von beiden aus und wird der Kirche durch Predigt und Sakrament geschenkt, um die Glaubenden mit Gott und Gott mit den Glaubenden zu verbinden. →Trinität.

Herr: Anrede bzw. Titel für Gott, der im Christentum auch auf Jesus Christus übertragen wird.

Himmel: (althochdeutsch himil, germanisch hemina: Decke, Hülle, Gewölbe) bezeichnet den Bereich »über« uns. Einerseits ist dabei (a) der Raum, zu dem wir von der Erde aus aufschauen und wo wir die Sonne, den Mond und die Sterne sehen; andererseits (b) der Wohnsitz Gottes und der Engel gemeint. – Nach biblischer Überlieferung sind »Himmel und Erde«

von Gott geschaffen (Gen 1,1). Der Himmel gilt als Wohnsitz Gottes (Koh 5,1), als →Paradies (vgl. 2. Kor 12,2–4), als *Jenseits* unserer Welt, wo auch Jesus Christus nun ist (vgl. Eph 4,10). – (c) Der Himmel erscheint auch als Sinnbild, als →Symbol des Guten. Diesem guten Symbol steht oft ein böses als Gegensatz gegenüber: die Hölle. Die Hölle, Ort des Schrecken, der Verlorenheit und ewiger Verdammnis, wird vom →Teufel regiert. – (d) *»Die* Himmel« (im Hebräischen stets im Plural) steht in der Bibel ebenfalls als eine ehrfürchtige Umschreibung für Gott selbst. – (e) Als Jesus den Menschen »das Himmelreich« (= das »Reich der Himmel«, →»Reich Gottes«) ankündigte, meinte er damit eine neue Welt, in der Gott mit seiner Weisung und seiner Liebe herrscht; Jesus predigte auch, daß in seiner Nähe »der Himmel auf Erden«, die neue Welt Gottes, schon angebrochen ist und ein Stück weit in das Leben der Menschen auf der Erde hineinragt. →Transzendenz; →Immanenz

Historischer Jesus: Über den Jesus als historische Person ist nur sehr wenig Sicheres bekannt. Die nichtchristlichen (römischen und jüdischen) Quellen sind allesamt unergiebig, nur die Texte des →NT bieten einige Informationen. Dabei ist aber zu berücksichtigen, daß sie keine exakten Berichte sind, sondern das Leben, Wirken und Sterben Jesu erst aus größerem zeitlichem Abstand unter einem bestimmten Gestaltungswillen theologisch deuten. Einige der Aussprüche aus dem NT werden auf Jesus selbst zurückgehen, die meisten aber sowie die Darstellungen von Geburt, Kindheit, Wundern und Erscheinungen nach dem Tod sind keine historisch zuverlässige Information. Relativ sicher läßt sich nur rekonstruieren, daß der Jesus kurz vor Beginn unserer Zeitrechnung (die Abweichung beruht auf Rekonstruktions- oder Rechenfehlern bei der Festlegung des Jahres 1) vermutlich in Nazareth geboren wurde. Seine öffentliche Wirksamkeit hauptsächlich in Galiläa fällt in die Zeit um 30, etwa zu dieser Zeit wurde er von den Römern bei Jerusalem gekreuzigt.

Hungertuch: ein Tuch, das in mittelalterlichen Kirchen während der Fastenzeit vor dem Altar aufgehängt wurde, um ihn zu verhüllen. Es sollte an die Pflicht zur Buße erinnern. Gelegentlich waren solche Tücher mit Szenen aus der Leidensgeschichte Jesu bemalt oder bestickt. In Mittel- und Südamerika ist diese Tradition neu belebt worden.

Immanenz: (lateinisch immanere = darinbleiben) Im Gegensatz zur →Transzendenz bezeichnet I. das Innerweltliche, das, was an die Schranken menschenmöglicher Erkenntnis gebunden oder in den uns zugänglichen Bereich eingeschlossen ist.

Inkarnation/Reinkarnation: (lateinisch incarnatio = Fleisch-, Menschwerdung, re = wieder, zurück) Eingehen eines göttlichen Wesens in menschliche Gestalt. Die Lehre von der I. Gottes in Jesus Christus ist zentraler Bestandteil der christlichen Lehre (vgl. z.B. Joh 1,14). – Reinkarnation bedeutet entsprechend »Wiederverleiblichung«. Der Begriff dient zur Bezeichnung für den Geburtenkreislauf wiederholter Erdenleben in verschiedenen Existenzweisen, zu denen meist auch tierische, gelegentlich auch pflanzliche gerechnet werden. Die Lehre von der Seelenwanderung wird heute vornehmlich von den indischen und durch sie beeinflußte Weltanschauungen (z.B. Hinduismus, Buddhismus) vertreten, für die jede Existenz durch das Verhalten im vorherigen Leben bestimmt wird.

Jüngster Tag: aus dem Judentum kommende Vorstellung vom Ende unserer Welt, dem Tag, an dem Gott alle Menschen in einem großen Gerichtsverfahren beurteilen wird. Die Christen glauben, der Richter im Jüngsten Gericht, dem »Weltgericht«, werde →Christus sein, der die Gläubigen nicht verdammen, sondern erretten wird. Deshalb wird auf mittelalterlichen Bildern der richtende Christus manchmal so dargestellt, daß ihn zwar Schwert und Lilie begleiten (Zeichen für Verdammung und Rettung), daß er aber zugleich seine Hände mit den Wunden der Kreuzigung hochhält (= Zeichen dafür, daß er für die Menschheit gestorben ist und sie retten will).

Kanon: (griechisch = Richtschnur, im übertragenen Sinne: »Vorschrift«, »Norm«, »das, wonach man sich richten soll«) Im Zusammenhang mit der Bibel bedeutet »Kanon« die von der christlichen und jüdischen Gemeinschaft jeweils als verbindlich anerkannte Sammlung biblischer Schriften. Bei den Juden wurde der Kanon der Hebräischen Bibel (→Tenach) im 1. Jahrhundert n. Chr. endgültig festgelegt. Die christliche Kirche hat in den ersten beiden Jahrhunderten den Kanon des →Neuen Testaments zusammengestellt: Es sollten nur Schriften von →Aposteln (oder auch direkten »Schülern« von Aposteln) enthalten sein. Das →NT wurde mit dem →AT zum Kanon der christlichen Bibel zusammengefaßt.

Kanonisches Recht: K. R. bezeichnet das katholische Kirchenrecht (canones = kirchliche Rechtssätze). Die verschiedenen Rechtsstoffe wurden seit dem 12. Jahrhundert gesammelt (wichtigste Sammlung: Corpus Iuris Canonici) und im *Codex Iuris Canonici* von 1917 und in der heute gültigen Fassung von 1983 zu einem systematischen Gesetzbuch zusammengefaßt. Darin werden Fragen der kirchlichen Organisation, der Rechte und Pflichten von Geistlichen und Laien und das Strafrecht und Prozeßrecht behandelt, das bei Verstößen gegen die kirchliche Ordnung zur Anwendung kommen kann. Das K. R. orientiert sich am zivilen Recht, beansprucht aber darüber hinaus teilweise, göttliches Recht zu sein. Die Erforschung der Quellen und die Kommentierung wird Kanonistik genannt. Das Kirchenrecht der *ev. Kirchen* wird in *Agenden* und *Lebensordnungen* geregelt.

Katechismus: kurzes Lehrbuch des christlichen Glaubens in Form von Fragen und Antworten. – Das Wort K. kommt von einer griechischen Vokabel, die seit Paulus speziell für den Unterricht im christlichen Glauben verwendet wird. – Der bekannteste (bis heute gültige) evangelische Katechismus ist der *Kleine Katechismus* von Martin Luther aus dem Jahre 1529 (→ Reformationszeit). Er enthält einprägsame Sätze zur Erläuterung der Zehn Gebote, des Glaubensbekenntnisses, des Vaterunsers, der Taufe, des Abendmahls usw.

Katholisch: (griechisch = ganz, allgemein, alle betreffend) 1. Im 2. Jahrhundert wurde die christliche Kirche »katholisch« genannt: Obwohl sie über die ganze bewohnte Erde zerstreut war, sollte sie doch *eine* sein; denn wo Christus war, war *die Kirche.* – 2. Die Allgemeinheit der Kirche wurde schon wenig später verstanden als die *Einheitlichkeit* der kirchlichen Glaubenslehre. Die »katholische« Kirche sollte die Kirche sein, die den »rechten Glauben« hat, der »allgemein« gelten soll. Christen, die ihren Glauben anders verstanden, gehörten dann nicht mehr zur »katholischen«, das heißt: zur wahren Kirche. – 3. Im Abendland wurde dieser Anspruch, die wahre »katholische« Kirche zu vertreten, von den Bischöfen in Rom durchgesetzt (Papst). Auch nach der → Reformation hat diese vom Papst in Rom geleitete Kirche neben den neu entstandenen evangelischen Kirchen weiterbestanden. Sie wird »römisch-katholisch« genannt. – 4. »Katholisch« dient heute vielfach ganz einfach zur Bezeichnung *einer* christlichen → Konfession neben anderen. → Evangelisch

Kirche: (von griechisch *kyriake* = »dem Herrn zugehörig«). 1. Gemeint ist ursprünglich das zum → »Herrn« gehörige »Haus«, also das Kirchengebäude, in dem Christen ihren Gottesdienst abhalten. – 2. Als »Kirche« werden aber auch die *Angehörigen* dieses »Hauses« bezeichnet: die Kirchengemeinde in einem bestimmten Gebiet oder die Gesamtheit aller Menschen, die an Christus glauben. – 3. Übergreifend kann »K.« für die gesamte *Institution* (mit organisierten Bereichen wie: Diakonie, Entwicklungsdienst, Bildungswesen) stehen oder im Sinne eines Machtfaktors verwendet werden. – 4. K. bedeutet ebenfalls eine einzelne Gruppe aus der Gesamtchristenheit, die sich durch eine besondere Festlegung ihrer Glaubensüberzeugung (→ Konfession) von anderen christlichen Gruppen abgegrenzt hat. – 5. Mitunter bezeichnet »K.« auch den *Gottesdienst,* zu dem Christen sich in der Kirche versammeln (»Die Kirche fängt um 10 Uhr an«) und damit verbundene Symbolhandlungen.

Konfession: (lateinisch confessio = Bekenntnis, Geständnis). 1. Im kirchlichen Sprachgebrauch bedeutet »confessio« sowohl das *Bekennen des Glaubens* (etwa vor Ungläubigen) als auch das *Sündenbekenntnis,* die Beichte. Der *Inhalt* des Glaubensbekenntnisses heißt »fides« (= Glaube), seine kurze *Formulierung* »symbolum« (zum Beispiel: Symbolum Apostolicum = Apostolisches Glaubensbekenntnis). – 2. In der → Reformation nannte man den schriftlich formulierten Glauben einer bestimmten Gruppe eine »confessio« (= Bekenntnisschrift). – 3. Später wurde auch die Gruppe selbst, die ein solches »Bekenntnis« vorgelegt hat, und ihre Glaubensrichtung als »Konfession« bezeichnet. In diesem Sinne bedeutet heute »Bekenntnis«: die »Konfession« als *Zugehörigkeit zu einer bestimmten → Kirche* (zum Beispiel der römisch-katholischen, der lutherischen, der reformierten, der altkatholischen Kirche).

Magie: (persisch, griechisch, lateinisch = Zauberkunst, Geheimkunst, Wissen, das sich übersinnliche Kräfte »dienstbar macht«) Bezeichnung für ein System von Praktiken, das durch Elemente (z. B. Steine, Kristalle, Blut), Handlungen (z. B. die Verabreichung eines magischen Zaubermittels) oder Worte (magische Sprüche) zwingende Macht auf Menschen, Gegenstände oder die Natur ausüben will. M. nimmt auf dem Weg der Kraftzu- oder -ableitung Einfluß auf Fruchtbarkeit und Dürre, Leben und Tod, Gesundheit und Krankheit. – »Schwarze M.« beabsichtigt die Schädigung anderer, »weiße M.« (Fruchtbarkeits-und Wetterzauber«) will Nutzen bringen. – M. spielte in der ausgehenden Antike eine große Rolle und wurde von Urchristentum und christlicher Kirche entschieden abgelehnt. Die → Aufklärung bekämpfte das magische Denken als vernunftwidrigen und unwissenschaftlichen → Aberglauben. → Religion; → Teufel

Meditation: (lateinisch meditatio = Einübung, Nachsinnen) Körper, Sinne und Gedanken umfassende Wahrnehmungsübung. Als christliche Meditation ist sie zur Beschäftigung mit bestimmter Geschichte und zur Einübung des Betens geeignet. Meditation beginnt mit körperlichen Entspannungsübungen, die in Betrachtung bestimmter Bilder und Texte übergehen können. Sie fördert das Erlernen des Schweigens, die Vertiefung der Vorstellungsfähigkeit und die Erweiterung des Bewußtseins.

Messias/messianische Zeit: Messias, hebräisch »Maschiach«, bedeutet »Gesalbter«. Gesalbte waren in Israel die Könige, aber auch Priester und Propheten. Durch den → Ritus der Salbung wurde der Gesalbte mit Gott auf besondere Weise verbunden: Er empfing den Geist Gottes. König David war ein solcher Gesalbter. In guter Erinnerung an ihn erhofften die Juden den Messias – und mit ihm das →Reich Gottes – aus dem Geschlecht Davids. Diese Tradition nahm das →Neue Testament auf, indem es Jesus als den aus dem Geschlecht Davids stammenden →»Christus« – bezeichnet. – Der von Gott gesandte Messias ist nach Aufffassung der →Hebräischen Bibel ein Mensch, der die gottgewollte friedliche Menschengemeinschaft innerhalb der *Königsherrschaft Gottes* verwirklicht. – Jene friedliche Welt idealen Zusammenlebens der Menschen untereinander und der Menschen mit Gott wird auch als *messianische Zeit* bezeichnet. →Himmel; →Paradies

Mysterium Tremendum: (von lateinisch mysterium = Geheimnis und tremendum = zitternd, schaudernd) verweist auf eine widersprüchliche Erfahrung bei religiösen Erlebnissen. Menschen, die von Begegnungen mit göttlichen Offenbarungen, mit dem →Heiligen, erzählen, beschreiben häufiger ein doppeltes Gefühl: Einerseits plötzlich empfundener Schauder und Schreck (»Mysterium Tremendum«) erfüllt, andererseits unwiderstehliche Anziehungskraft des sich offenbarenden Geheimnisses (»Mysterium fascinosum«). Geprägt wurden beide Fachbegriffe (M.T. und M.F.) von dem protestantischen Theologen Rudolf Otto (1869–1937). Zahlreiche biblische Texte weisen auf (ursprüngliche) M.T.-Erfahrungen hin (z.B. Ex 3). →Religion; →Vision

Neues Testament/NT: seit dem 2. Jahrhundert Bezeichnung für die Sammlung der Schriften, die mit dem →»Alten Testament« zusammen die →Bibel der Christen bilden. »Testament« bedeutet →Bund. Der Ausdruck »neuer Bund« kommt auch in der →Hebräischen Bibel vor (Jer 31,31) als Ausdruck der Hoffnung, daß Gott seinen Bund mit den Menschen erneuern wird. Nach Glauben der Christenheit ist dies mit Jesus und der Entstehung der Kirche geschehen (1. Kor 11,25; 2. Kor 3,6). Das NT enhält u. a. Erzählungen von Jesus und seiner Verkündigung, dem Ursprung der christlichen Kirche und den ersten Christen (→Kanon; →Evangelium). – Die Schriften des NT sind ursprünglich in griechischer Sprache verfaßt, der damaligen Umgangssprache im gesamten Mittelmeergebiet.

New Age: Der New-Age-Bewegung gilt unsere Zeit als »Wendezeit« vor einer neuen Evolutionsstufe. Auf dem Weg dorthin kann die Menschheit entweder sich und ihre Lebensgrundlagen zerstören oder aber zu einem höheren Bewußtsein, zur Ganzheit, zur Universalität und zur Harmonie mit Natur und Kosmos gelangen. – Dieser Gedanke ist nicht neu, er findet sich in nahezu allen Religionen und hat eine lange geschichtliche Tradition. New-Age-Denken verbindet Erkenntnis heutiger Wissenschaft (Physik, Biologie, Psychologie) mit alten religiösen und esoterischen Erfahrungen und Überlieferungen. Trotz einer Vielzahl von unterschiedlichen Gruppen und Richtungen lassen sich dabei einige Grundanschauungen feststellen: 1. Das gesamte Universum wird als Einheit und Zusammenspiel gesehen, das von einem Prinzip zusammengehalten wird, daß auch mit Gott identifiziert werden kann. – 2. Der Mensch wird kraft seiner eigenen Erkenntnis vor den Folgen seines bisherigen Denkens und Handelns bewahrt werden. – 3. Menschen und Natur werden zu einem großen, im neuen Geist zusammenarbeitenden Organismus werden. →Esoterik.

Okkultismus: (von lateinisch occultus = verborgen, geheim) Beschäftigung mit dem Gebiet des Paranormalen (von griechisch para = neben), das heißt mit Erscheinungen, die nicht mit »normalem« neuzeitlich-wissenschaftlichem Denken erklärt werden können. Im Mittelpunkt steht dabei nicht der Wunsch nach Erkenntnis auf der Grundlage von wissenschaftlichen Grundsätzen und Methoden, sondern eine Lebens- und Weltdeutung, die von einem magischen Weltbild ausgeht. Methoden des »Erkenntnisgewinns« sind Konzentration, Meditation, paranormale Wahrnehmung, Trance, Visionen, Auditionen u. a. – O. ist im Gegensatz zur →Esoterik eine Erscheinung der Neuzeit und entstand im 19. Jahrhundert als Gegenbewegung zu Wissenschaftsgläubigkeit, Materialismus und »offizieller« Religion und Kirchlichkeit. →Magie

Paradies: (von altiranisch »pari-daeza« = Umwallung, [umzäunter] Park) wird erstmals in der lateinischen Übersetzung des →AT (Septuaginta) als Ausdruck für den Garten Eden (Gen 2,8.15) verwendet. Paradiesvorstellungen gibt es in verschiedenen Kulturkreisen und Religionen. Sie bezeichnen den glückseligen Zustand der Ruhe und des Friedens am Anfang und am Ende der Menschheitsgeschichte; es gibt sie auch in Sagen (vom Goldenen Zeitalter) und Märchen (vom Schlaraffenland). – In der christlichen Tradition wird in der alttestamentlichen Schöpfungsgeschichte der Garten Eden als ein P. dargestellt, in dem Menschen und Tiere in Frieden und ohne Not miteinander leben. Durch den Ungehorsam des Menschen werden sie von Gott daraus vertrieben. – Ausgehend vom →NT wird in der christlichen Literatur das Reich Gottes, das mit Jesus in die Welt gekommen ist, gelegentlich als P. verstanden, das am Ende der Geschichte steht und in dem es Leid und Tod nicht mehr geben wird und der heilvolle, gerechte Urzustand wiederhergestellt ist. – Ähnliche Vorstellungen finden sich auch in nicht-religiösen →Utopien.

Parapsychologie: (von griechisch para = neben und psyche = Seele, Geist) Zweig der Psychologie, der okkulte Phänomene wissenschaftlich untersucht. Die paranormalen Phänomene werden in zwei Gruppen unterteilt, in *außersinnliche Wahrnehmung* (z. B. Hellsehen, Telepathie) und *Psychokinese* (Einwirken der Psyche auf Gegenstände oder andere Organismen ohne Beteiligung einer bisher bekannten physikalischen Energie: Spukerscheinungen u. a.). → Okkultismus.

Parusie: (griechisch = »Gegenwart«) bezeichnet in der Theologie die Vorstellung von der Wiederkehr Jesu Christi zum Jüngsten Gericht. – Offenbar lebten die christlichen Urgemeinden in Erwartung der Parusie noch zu ihren Lebzeiten; manche Äußerungen des Paulus erschließen sich in ihrer ganzen Bedeutung erst auf dem Hintergrund dieser Naherwartung.

Prinzip der Hoffnung: Hoffnung ist im allgemeinen Sprachverständnis eine menschliche Haltung, die sich mit positiven Erwartungen an die Zukunft verknüpft. In biblischer Tradition begegnet Hoffnung im → AT, wo der Bundesgott seinem Volk Israel die Treue hält und es in seiner wechselvollen Geschichte begleitet. In späteren Jahrhunderten richtet sich Israels Hoffnung darauf, daß Gott sein Volk auf dem Berg Zion erhöhen wird und alle anderen Völker dorthin wallfahren werden. – Im → NT ist die Hoffnung untrennbar mit der Geschichte Jesu Christi verbunden. Ist er während seines irdischen Lebens Hoffnung für die Armen und Ausgestoßenen, so sind sein Tod und seine Auferstehung der Grund dafür, daß Christen in Leiden und Tod nicht das endgültige, unabweisbare Schicksal der Welt sehen, sondern auf die Auferstehung und Gottes gnädiges Erbarmen hoffen. Diese Hoffnung aber bleibt nicht auf ein fernes Jenseits gerichtet, sondern gibt auch im gegenwärtigen Leben Mut und Kraft, sich nicht mit allem abzufinden und sich auch im Kampf gegen Passivität und Resignation von der Liebe Gottes gehalten zu wissen.

Projektion/Projektionstheorie: die (fälschliche) Wahrnehmung eines negativen eigenen Merkmals, insbesondere eines verbotenen oder nicht zu befriedigenden eigenen Wunsches als Merkmal bzw. Wunsch anderer Personen oder der Umwelt. P. ist ein unbewußter Abwehrmechanismus des Ich. – Im Rahmen der Religionskritik kommt den sogenannten P.-Theorien besondere Bedeutung zu. So definierte Ludwig Feuerbach (1804–1872) die christliche Religion als »das Verhalten des Menschen zu sich selber«; darunter verstand er folgendes: Weil der Mensch sich selbst als unvollkommen, endlich, ohnmächtig und sünd
haft empfindet, *projiziert* er sich (gleichsam zum Ausgleich) ein vollkommenes, unendliches, mächtiges, heiliges Wesen, das er »Gott« nennt. – Sigmund Freud (1856–1939) variierte diese P.T., indem er den Glauben an Gott als hilflose, kindliche Wunschvorstellung beschrieb, mit der Erwachsene der eigenen Verantwortlichkeit und Selbständigkeit auszuweichen versuchen.

Prophetie/Prophet: (griechisch prophetes = Orakelkünder, Vorhersager; hebräisch »nabi« = Künder) Von Menschen, die prophetisch göttlichen Willen verkünden, ist in verschiedenen Religionen die Rede (vgl. z. B. im Islam). Auch das Volk Israel kannte Propheten, die seit der Zeit König Davids teilweise am Heiligtum in Jerusalem »angestellt« waren und die Aufgaben hatten, möglichst im Sinne des Königs Gottesworte zu verkünden oder Tempelmusik zu machen (1. Chron 21,1 ff). Ihnen gegenüber und oft gegen sie standen die großen »wahren« Propheten Israels wie Elia, Amos, Hosea, Micha, Jesaja oder Jeremia. Sie warnten Menschen, die vom Weg Gottes abgekommen waren, und verkündeten Gottes Gericht über sein ungehorsames Volk, forderten Umkehrt oder kündeten (z. B. während der Bedrückung Israels durch fremde Völker) ein kommendes Friedensreich Gottes und des → Messias an.

Psalm: (ursprünglich) Lieder, die in den Gottesdiensten Israels gesungen oder gebetet wurden. Psalmen sind stets an Gott gerichtet. Die ältesten überlieferten Psalmen sind um 1000 v. Chr. entstanden. Hundertfünfzig Psalmen aus verschiedenen Jahrhunderten sind in der → Bibel überliefert worden. Diese Sammlung heißt: *»Der Psalter«.* – Alle Psalmen kann man den Gattungen »Lobpsalm« oder »Klagepsalm« zuordnen – je nachdem, ob sie Erfahrungen von Freude ausdrücken und Gott dafür loben bzw. ihm danken oder ob sie Situationen von Leid und großer Not spiegeln und Gott um Hilfe rufen.

Rabbi/Rabbiner: (hebräisch rabbi, aramäisch rabbuni = mein Meister) seit dem 1. Jahrhundert Anredeform und Titel für jüdische Schriftgelehrte. Ein R. beherrscht die Thora, ihre Auslegungen seitens der Gelehrten sowie eine ganz besondere Art, auftauchende Fragen aus Religion und Rechtsprechung zu behandeln (→ Talmud). R. gelten als Sachverständige in Fragen von Religion und Gesetz; sie können bis auf den heutigen Tag auch Recht sprechen und z. B. Ehen schließen.

Rechtfertigung: ein der juristischen Sprache entlehnter theologischer Fachbegriff, der grundsätzlich besagt, daß Gottes Wort die »Gerechtsprechung« oder »Gerechtmachung« von Sündern bewirken kann. – Der Begriff R. gilt als zentrales Kennwort der paulinischen Erlösungs-Theologie (vgl. Röm 1,16 f) und als wesentliche Glaubenslehre der → Reformation. Martin Luthers »reformatorische Erkenntnis« läßt sich zusammenfassen in der Formel:

Wir werden gerecht vor Gott *allein* aus Gnade, *allein* im Glauben, *allein* durch die Heilige Schrift. Daß damit der Mensch nicht grundsätzlich zur Verantwortungslosigkeit freigesprochen werden kann, stellt Luther in der These vom »simul iustus et peccator« fest, welche besagt: Im konkreten Menschsein bleibt ein Christ *zugleich gerecht und (doch immer wieder) sündigend.* – Theologische Diskussionen des Rechtfertigungsgedankens beschäftigen sich bis heute u. a. mit der Problematik von »Glaubens-« oder »Werk«-Gerechtigkeit; das heißt z. B. angesichts der bestürzenden Probleme unserer Zeit mit der Frage, ob der Mensch durch gute Werke, Leistung oder Verdienste vor Gott »gerecht« werden kann oder aber »allein aus Glauben« ohne entsprechende Werke (vgl. Jak 2,14–26; Gal 5,5–6.22–23). →Gnade

Reformation: (lateinisch reformatio = Erneuerung, Wiederherstellung) Erneuerung der Kirche, wie sie vor allem durch Martin Luther (1483–1546) ausgelöst wurde. – Schon vor Luther hat es Bemühungen um eine Reform der Kirche gegeben. Bedeutsam waren der englische Theologieprofessor John Wycliffe (1320–1384), der die Bibel aus dem Lateinischen ins Englische übersetzte und auf Mißstände in der Kirche hinwies, sowie der Prager Universitätslehrer und Prediger Johannes Hus (1370–1415). Hus forderte u. a. eine Rückkehr der Kirche zur Armut der →Apostel und die Abschaffung von Sonderrechten der Priester beim Abendmahl. Nach seiner Verbrennung als »Ketzer« auf dem Konzil von Konstanz (1415) kam es zu schweren Aufständen seiner Anhänger. Mit Martin Luthers 95 Thesen (1517) begann schließlich die eigentliche R., die zur Erneuerung, aber auch zum Zerfall der →Kirche führte. Luther gründete seine Kritik an der Papstkirche auf den Glauben, daß nichts anderes als das →Evangelium von der →Rechtfertigung des Menschen durch Gott selber Mittelpunkt des Christenlebens sei. Neben Luther wurden Ulrich Zwingli (1484–1531) und Johann Calvin (1509–1564) die anerkanntesten Vertreter der R. Andere neben ihnen, wie der Pfarrer Thomas Münzer, später als Anführer in den Bauernkriegen hingerichtet, konnten sich mit ihren Auffassungen nicht durchsetzen. Im Gefolge der R. sind der Norden Europas, England, Schottland, die Niederlande und andere Staaten aus der römisch-katholischen Kirche ausgeschieden.

Reich Gottes: andere Bezeichnung für »Gottes neue Welt«. Vgl. →Himmel; →Messias/messianische Zeit; →Eschatologie

Religion: (lateinisch religere = sorgsam beachten; oder religare = (an)binden, verbinden) 1. in manchen nichtchristlichen Religionen Ausdruck für die Gottes- bzw. Götterverehrung; 2. in jüdischer und christlicher Sicht die Verbundenheit der Menschen mit Gott, durch die →Offenbarung und die Verheißung Gottes bestimmt; 3. in der Religionsphänomenologie häufig als »erlebnishafte Begegnung mit dem →Heiligen und antwortendes Handeln des Menschen« definiert (Gustav Mensching): 4. im neueren Sprachgebrauch im Sinne von religiöser Sehnsucht oder religiösem Interesse gebraucht; 5. soziologisch die Frage nach den Einflüssen, die religiöse Vorstellungen und religiöses Denken und Handeln auf den einzelnen, die Gruppe und die Gesellschaft haben. →Weltreligionen

Ritus, Riten: (lateinisch ritus = religiöser Brauch; etwa gleichbedeutend wie Zeremonie: feierliche Handlung) ein althergebrachter und genau festgelegter Ablauf heiliger und/oder gottesdienstlicher Handlungen.

Solentiname: 1966 – noch zur Zeit der Militärdiktatur – gründete der nicaraguanische Priester und Schriftsteller Ernesto Cardenal zusammen mit Freunden auf der Solentiname-Insel Mancarron im großen See von Nicaragua eine christliche Gemeinschaft. Ursprünglich als Mönchskloster gedacht, nahmen bald auch Ehepaare mit Kindern daran teil. Neben der Arbeit für einen einfachen Lebensunterhalt versammelten sich alle Mitglieder täglich zu gemeinsamer Bibellektüre und zum Gebet. Ihre Gespräche über das Evangelium, die in den Sonntagsgottesdiensten an die Stelle der Predigt traten, wurden von Ernesto Cardenal später in zwei Bänden veröffentlicht. Im Zusammenhang mit dem auch von Cardenal unterstützten Volksaufstand von 1978 gegen den Diktator Somoza wurde die Gemeinschaft von Solentiname gewaltsam aufgelöst und ihre Gebäude völlig zerstört. →Theologie der Befreiung.

Sozialisation: (lateinisch sozialia = die Gemeinschaft betreffend) Prozeß des Hineinwachsens in die Wertvorstellungen und Lebensgewohnheiten einer Gruppe oder einer Gesellschaft (z. B. religiöse S.).

Spiritismus: (von lateinisch spiritus = Geist) Der S. nimmt an, daß der Tod Leben nicht auslöscht, sondern nur entmaterialisiert oder verwandelt. Er erwartet Verstofflichung Verstorbener als okkulte Erscheinungen, allerdings ausschließlich mit Hilfe von Mittlerpersonen (Medien). – →Okkultismus.

Sünde: in der heutigen Umgangssprache Bezeichnung für eine moralisch schlechte Tat oder für eine Handlung, die gegen allgemein anerkannte Vorschriften verstößt (zum Beispiel: »Verkehrssünder«). Auch in der Sprache der Kirche und der Bibel bedeutet »Sünde« oft ein Vergehen, aber dann immer einen *Verstoß gegen Gebote Gottes.* – »Sünde« in der Bibel meint aber eigentlich *keine einzelne* schlechte *Tat,* sondern einen *Zustand* des Menschen: ein Leben, in völliger Entfremdung von Gott, so als ob es ihn gar nicht gäbe. Der Deutlichkeit halber verwenden manche Christen das Wort S. daher nicht im Plural und nicht bezogen auf eine einzelne Tat; sie verstehen S. als *Zustand der Gottesferne.* Der Gegensatz zur S. ist dementsprechend dann der Glaube: das Vertrauen darauf, daß Gott bei uns ist, uns ruft und uns hilft.

Symbol: (griechisch symbolon = Erkennungszeichen) In der Religion dient ein S. dazu, auf der Ebene des Konkreten eine abstrakte Vorstellung – etwas Unsichtbares oder Unverfügbares – anschaulich oder gegenwärtig zu machen. Bestimmte Zeichen, Bilder, Worte oder →Riten können als Sinnbilder auf eine tiefere religiöse Bedeutung oder Dimension verweisen. »Brot« und »Wein« gelten beispielsweise als »eucharistische« Symbole Christi; das Kreuz – in seiner paradoxen Doppeldeutigkeit von Tod und Leben – als »Erkennungszeichen« aller Christen. – Mit dem Begriff S. werden in der Theologie auch Glaubensbekenntnisse bezeichnet. →Konfession.

Synagoge: (griechisch synagoge: Versammlung) Bezeichnung für eine jüdische Ortsgemeinde oder ihren Versammlungsort. Manchmal wird »Synagoge« auch allgemein im Sinne von »die Juden, das Judentum« gebraucht, etwa in Gegenüberstellung zur »Ecclesia« (→Kirche).

Synopse/Synoptiker: Synoptiker ist die fachwissenschaftliche Bezeichnung für die →Evangelisten Matthäus (Mt), Markus (Mk) und Lukas (Lk). Im Unterschied zu Johannes (Joh) stimmen sie in ihrem Text teilweise sehr auffällig überein. Zum besseren Vergleich kann man ihre Evangelien in drei Spalten nebeneinander drucken, damit die »Parallelstellen«, das heißt die genau oder ungefähr gleichlautenden Textstücke nebeneinander stehen. Eine solche Textzusammenstellung nennt man »Synopse« (vom griechischen Wort synopsis = Zusammenschau). Diese drei Evangelien Matthäus, Markus und Lukas nennt man auch »synoptische Evangelien«. Eine (vereinfachte) Erklärung, wie es zu den Gemeinsamkeiten und Unterschieden bei den synoptischen Evangelien gekommen ist, bietet die sogenannte →»Zwei-Quellen-Theorie«. Sie wird bis heute von sehr vielen Forschern anerkannt.

Talmud: (von hebräisch Studium, Lehre) gilt als Hauptwerk des rabbinischen Judentums. Eigentlich eine ganz besondere *Deutungsweise der Bibel;* der T. besteht aus zwei Teilen: *1. der Mischna* (von hebräisch Wiederholung, Lehre), einer Sammlung von Religionsgesetzen und zivilrechtlichen Regeln, die z.T. noch auf die Pharisäer zurückgehen; 2. der *Gemara* (von aramäisch Vollendung, das Gelernte), einer Sammlung von rabbinischen Diskussionen über die Mischna, die in späteren Jahrhunderten in Palästina und Babylonien geführt wurden. – Seinem Wesen nach ist der T. kein typischer Gesetzes*kodex.* Die im T. aufgezeichneten Gespräche lassen sich in zwei Arten unterscheiden: 1. die *Halakka* (hebräisch der einzuschlagende Weg); 2. die *Aggada* (aramäisch Erzählung, Verkündigung). Während sich die Halakka ausschließlich den *gesetzlichen* Ausgangspunkten der Mischna widmet, deutet die Aggada den *nicht-gesetzlichen* Teil durch eine Vielzahl von Anekdoten, Gleichnissen, Legenden, aber auch Reiseberichten und Texten aus Medizin, Astronomie, Psychologie etc. – Für Christen ist der T. insofern von besonderem Interesse, als er Aufschluß über den Glauben und die Zeit Jesu gibt und – bei allen erheblichen Unterschieden – zwischen den Aussagen des T. und des →NT einige Parallelen bestehen. (Vgl. Anhang: Umgang mit der Bibel).

Tenach: Hebräische Buchstabenabkürzung und Name für die nach jüdischem →Kanon aufgeteilten biblischen Schriften in drei verschiedenen aufeinanderfolgenden Gruppen. 1. Die sogenannten »Fünf Bücher Moses« (hebräisch *Tora* = Lehre/Gesetz/ Weisung) 2. Die Propheten (hebräisch*Nebiim*; 3. Die Schriften (hebräisch *Ketubim*). – Nach den hebräischen Anfangsbuchstaben dieser drei Schrift-Kanons wird die ganze →Hebräische Bibel im Judentum »TaNaKh« = gesprochen »Tenach« genannt. (Vgl. Anhang: Zum Umgang mit der Bibel)
Die älteste *hebräische* Bezeichnung für die →*Bibel* lautet: ha Sefarim (= die Bücher). Das deutsche Wort »Bibel« geht auf die griechische Übersetzung dieser Bezeichnung (= »ta biblia«) zurück.

Teufel: Bezeichnung für das Widergöttliche. Die T.svorstellungen sind äußerst vielfältig und reichen von personenhafter Gestalt (Gegengott, von Gott abgefallener oberster Engel »Luzifer«, Herrscher der Finsternis und der Hölle) über Geist und Dämon bis zu der neuzeitlichen Auffassung des T.s als unpersönliches →Symbol für das Böse. Im →AT kommt der T. erst in späten Schriften vor, im →NT hauptsächlich in der Offenbarung des Johannes. Nach dem christlichen Glauben hat der T. letztlich keine Macht über Gott und seine Schöpfung. In der bildenden Kunst und der Literatur gibt es vielfältige T.sdarstellungen (z.B. Mephisto in Goethes Faust). In jüngster Zeit ist eine Zunahme satanischer Kulte zu verzeichnen (→Okkultismus), die u.a. wegen der deutlichen Präsenz des Negativen (Kriege, Umweltzerstörung, Perspektivenlosigkeit) und einer allgemeinen Protesthaltung (auch gegen die etablierten Kirchen) an Anziehungskraft gewinnen.

Theodizee(frage): (von griechisch theos = Gott; griechisch dike = Gerechtigkeit) theologischer Fachbegriff, der auf den Philosophen G. W. Leibniz

(1646–1716) zurückgeht und die Problematik der *Rechtfertigung Gottes* theoretisch-argumentativ aufwirft. Ausgangspunkt ist die Frage: »Wie kann ein (angeblich) guter, vollkommener Gott so viel *Leid* (z.B. unheilbare Krankheiten, Kriege, Katastrophen) oder sogar *das Böse* in seiner Schöpfung zulassen?« Bei Leibniz mündet diese Frage in einer »Kosmodizee«, das heißt in einer Rechtfertigung der Schöpfung durch den Gedanken, daß Gott die Schlechtigkeit der Welt »nicht will, noch nicht will, sondern *zuläßt«* (nec vult, nec non vult, sed permittit) und daß dank göttlicher Vorsehung im Universum *alles* – Gutes wie Böses – miteinander in harmonischer Verbindung steht, ohne daß der Mensch im Diesseits (→Immanenz; →Transzendenz) in der Lage wäre, den wahren Sinn des Ganzen zu erkennen. – Aus der T. sind aber auch atheistische Ansätze, das heißt prinzipielle Absagen an Gott, entstanden. – Biblisch wird die T. besonders im Hiobbuch thematisiert; Hiob hält trotz aller (unverschuldeter) »Schicksalsschläge« an Gott fest, und sein Leben wird (wieder) zum Guten gelenkt. – Heutige theologische Antwortversuche bemühen sich um sinnvolle Integration des Leids in den Lebensentwurf Gottes durch Vorstellungen wie: 1. Sehr viel Leid geht nicht von Gott, sondern von Menschen selbst aus. 2. Gerade im Leid bzw. bei den Leidenden ist Gott zu finden. 3. Gott selbst leidet und hat sogar das Leiden auf sich genommen. →Christus

Theologe/Theologie: (griechisch theos = Gott, und logos = vernünftige Rede) Ursprünglich bedeutete das Wort *Theologe:* einer, der von Gott etwas weiß und deshalb davon reden kann. – Unter *Theologie* versteht man heute eine Wissenschaft, die sich mit dem Glauben an Gott auseinandersetzt. Da man Gott selbst aber eigentlich nicht *wissenschaftlich* erforschen kann, bleibt dem Theologen eher die Beschäftigung mit den *Äußerungen des Glaubens,* zum Beispiel die Erforschung der biblischen Schriften oder der Geschichte der Kirche. – Das Wort Theologie erscheint im modernen Sprachgebrauch gelegentlich auch gleichbedeutend mit »Glaubenslehren und -inhalten«.

Theologie der Befreiung: Angesichts zunehmender Verarmung und Verelendung großer Teile der Menschheit ist das Thema »Befreiung« in der →Theologie in den letzten Jahrzehnten immer bedeutsamer geworden. Vor allem Christen der sogenannten Dritten Welt entdecken, wie sehr die Bibel von Erfahrungen armer und unterdrückter Menschen geprägt ist und daß die »Gute Nachricht« des Evangeliums nicht nur Erlösung von inneren, seelischen Nöten und Problemen ankündigt, sondern gleichermaßen Befreiung von äußerer Unfreiheit, von Gewalt, Unbildung, Arbeitslosigkeit, Krankheit und Hunger. »Theologie der Befreiung« wird vor allem in »Basisgemeinden« betrieben, das heißt bei kleinen Gruppen von Menschen, die – durch das Lesen der Bibel ermutigt – gemeinsam Lösungen ihrer Probleme suchen – angefangen bei Bemühungen um Nahrung und Wohnen bis hin zu notwendigen politischen Entscheidungen. Entworfen und entwikkelt wurde der konkrete Ansatz der T. von Theologen und Pfarrern in Lateinamerika.

Transzendenz: (lateinisch transcendere = überschreiten) T. bezeichnet in der Religion einen Bereich *jenseits* der Grenzen menschlichen Vorstellungsvermögens, der im Grunde alle Erfahrung oder Erkenntnis der →Immanenz übersteigt. Die gesamte Theologie bezieht sich ultimativ auf Transzendentes. Als transzendente Bezugsgrößen gelten dabei »Gott« oder das →»Reich Gottes«.

Trinitätslehre: (lateinisch tres = drei) theologischer Fachausdruck für die Vorstellung und das Bekenntnis von der *Dreieinigkeit Gottes* als Vater, Sohn und →Heiliger Geist (vgl. Mt 28,19). Hauptinhalt dieser christlichen Glaubenslehre ist die Auffassung, daß sich der *eine* Gott in drei verschiedenen Seinsweisen, in drei »Personen« realisiert – aber gleichzeitig erst alle drei Aspekte zusammen die eigentliche *Personalität* Gottes ausmachen.

Utopie: (zusammengesetzes Wort aus dem griechischen ou = nicht und topos = Ort) Utopie bezeichnet etwas, was (noch) keinen Ort hat, beispielsweise eine Zukunftsvision oder einen gedachten Idealzustand.

Verheißung: Theologischer Fachausdruck für eine von Gott in feierlicher Form gegebene Zusage des Segens, des Glücks oder des Heils an einzelne Personen oder an sein Volk. Die Bibel erzählt vom Weg der Verheißung und dem Zusammenhang von Anfang und Erfüllung.

Die neutestamentliche Gemeinde sieht in Jesus Christus die Verheißungen Gottes einerseits bestätigt, andererseits aber noch nicht gänzlich erfüllt; sie lebt in einer Spannung zwischen der die menschliche Geschichte gestaltenden V. und der eschatologischen Erwartung des →Reiches Gottes. →Eschatologie; →Parusie; →Messias

Vision: (lateinisch videre = sehen) Gesicht; Schauung; im →AT neben dem Hörerlebnis des Gotteswortes häufig beschriebenes Mittel des Empfangs der Offenbarung. Umstritten ist, ob auch die Ostererscheinungen im →NT als V. zu bewerten sind.

Wegweisung bzw. »Weisung« als theologischer Begriff bezeichnet 1. im engeren Sinne: »Die fünf Bücher des Moses« (bzw. daraus »Die zehn guten Worte«, auch Dekalog genannt). – 2. Im weiteren Sinne verweist W. auf Botschaft und Verheißung des →Alten Testaments als Orientierungshilfe für den modernen Menschen auf seinem individuellen Lebensweg (vgl. →Exodus) und auf dem von Gott für alle Menschen geschichtlich gebahnten Weg zum verheißenen Ziel (vgl. →Eschatologie; →Verheißung). – 3. Religionsphilosophisch unterstreicht der Begriff W. die enge Verbindung zwischen der Frage nach der Wirklichkeit Gottes und der Frage nach der (wahren) Existenz des Menschen (→Anthropologie). Dabei wird wiederum ein deutlicher Bezug der biblischen Geschichte zur gegenwärtigen und künftigen Weltgeschichte offenbar.

Weltreligion kann eine →Religion heute im Hinblick auf ihre räumliche Verbreitung und die Zahl ihrer Bekenner genannt werden. Ursprünglich sollte mit dem Begriff W. eine Hochreligion von sogenannten primitiven Religionen unterschieden werden (Maßstab: z.B. ethische Qualität der Religion; diese Wertung wurde jedoch als zweifelhaft in den Hintergrund gedrängt.) – Als Weltreligionen gelten heute (in der Reihenfolge ihrer Entstehungszeit): das Judentum, der Hinduismus, der Buddhismus, das Christentum und der Islam.

Zwei-Quellen-Theorie: eine in der neutestamentlichen Wissenschaft ganz überwiegend akzeptierte Hypothese zur Erklärung der Übereinstimmungen und Ähnlichkeiten bzw. Unterschiede der synoptischen Evangelien (Mt, Mk, Lk). Die Z. geht davon aus, daß das *Markusevangelium* als das älteste →Evangelium und ein nicht mehr erhaltener Text mit Redestoffen *(Logienquelle* oder Q genannt) den Verfassern des Matthäus- und Lukasevangeliums als »zwei Quellen« vorlagen. Sie nahmen unabhängig voneinander Stoffe aus beiden Quellen und darüber hinaus sogenanntes *Sondergut* in ihre Evangelien auf. Im Aufbau folgen sie im wesentlichen dem Markusevangelium. Vgl. Anhang: Umgang mit der Bibel.

Register

1. Personenregister

Historische Personen

Biblische Gestalten

2. Sachregister

Bildquellenverzeichnis

S. 5, 13, 15, 140, 159: Archiv für Kunst und Geschichte, Berlin. – S. 7: Hamburger Kunsthalle, Hamburg. – S. 12: Bildarchiv der Stuppacher Madonna, Kapellenpflege Stuppacher Madonna, Stuppach-Bad Mergentheim. – S. 14: Museum Unterlinden, Colmar © Giraudon, Paris. – S. 20, 32, 42, 57, 72, 85, 93, 99, 101, 137, 138: VG Bild-Kunst, Bonn. – S. 24, 48 links: Hans Sigg, CH-Vernate. – S. 26: D. Stockey, Bremen. – S. 27: I. Steiger, München. – S. 29, 33: Otto-Dix-Stiftung, CH-Vaduz. – S. 36 links oben: H. W. Silvester/Focus, Hamburg; rechts unten: W. Bischof/Magnum/Focus, Hamburg. – S. 37: links oben: John Schneider; mitte oben/rechts oben: dpa, Hamburg; mitte links; S. 58, 135: Oslo kommune kunstsamlingene, Munchmuseet; mitte rechts: K. de Riese, Dietramszell; unten links: Bayer AG, Leverkusen; mitte unten: Archiv Gerstenberg, Wietze; unten rechts: P. Bruegel/P. Brauchli: »Babylon heute«, Bildmontage. Tanner + Staehelin Verlag, CH-Zürich. – S. 39, 164 unten, 168, 169: K. P. W. Scholz, Bonn. – S. 44: Archive Albert Schweitzer, Mme. Woytt-Secietau, F-Günsbach. – S. 48 rechts: unbekannt. – S. 52: Illustrations from Human Rights, © UNESCO 1983. Reproduced by permission of UNESCO. – S. 54: Süddeutscher Verlag Bilderdienst, München. – S. 55: Duane Hanson: »Krieg-Vietnam«; Foto: Bernd Kirtz, Duisburg. – S. 61: Irene and Azriel Awret, Ceramic Relief © Jerusalem art prints. – S. 64 links oben: Hannoversche Allgemeine Zeitung (Peter Leger); rechts unten: Otto-Pankok-Museum, Hünxe-Drevernach. – S. 66: Stiftung Willy Fries, CH-La Neuveville. – S. 79: Pressefoto Lachmann, Monheim. – S. 81: Domkapitel Naumburg. – S. 87: Saarbrücker Zeitung. – S. 88: aus: … und draußen blühen Blumen. Kinder im KZ. Elefanten Press Verlag, Berlin 1979. – S. 89: Thomas Haas, Mannheim. – S. 92: H. Schmidbauer/Superbild. – S. 95: aus der humoristischen Zeitschrift »Nebelspalter«. – S. 96: Junge Presse, Köln. – S. 97: oben: Edward Hicks, Das friedliche Königreich, Williamsburg/Bruckmann, München; unten: H. Bartsch. – S. 98: Jünger Verlag, Offenbach. – S. 105: Rencin/Löwensteiner Cartoon Service. – S. 107: Verlag J. P. Peter, Gebr. Holstein, Rothenburg. – S. 109: Misereor Hungertuch »Biblische Frauengestalten – Wegweiser zum Reich Gottes?« von Lucy D'Souza © 1990, Misereor-Vertriebsges. mbH, Aachen. – S. 111: Jupp Wolter/CCC. – S. 112: aus: Reiser/Schönborn (Hg.), Basisgemeinden und Befreiung. Peter Hammer Verlag, Wuppertal. – S. 114: oben: Thomax Hax, Düren; unten: aus Grefe u. a., Das Brot des Siegers, Lamuv Verlag, Göttingen. – S. 116: Siegfried Pater, Bonn. – S. 120: frei nach: BUKO-Agrokoordination: Der Futtermittel-Blues 2, Hamburg 1985. – S. 121: Robert Lebeck, Hamburg. – S. 122: La lettre solagral, Paris. – S. 131 links unten; S. 164 oben: Oswald Kettenberger, Maria-Laach; S. 130; S. 131 links oben, rechts unten: Will McBride, GPA München; S. 131 oben rechts: Foto: 'LIFE', Jan Saudeck, c/o K. Fricke, Bonn. – S. 142: Fred Marcus, NL-Nijmegen. – S. 144: aus: Lamprecht/Marcks, 100 x Bürgerrechte, Bibliographisches Institut, Mannheim. – S. 148 links oben, rechts oben, mitte unten: Werner Starke, Warendorf; links und rechts unten, links mitte aus: W. Hund, Alles fauler Zauber? Verlag Die Schulpraxis, Mülheim. – S. 149 rechts oben: Christoph/present; rechts mitte: Modern Music K.-U. Walterbach GmbH; unten links: Fist Fight Records, Ontario, Canada; unten mitte: Def Oamrecordings. – S. 151: © 1991 KFS/Distr. Bulls. – S. 162: © Aldus Books, London. – S. 163 unten: Staatsbibliothek Bamberg. – S. 166: Cameraphoto, Venedig. – S. 171: Hildenhagen/present. – S. 172, 173, 149 unten rechts: Philippe Ariès/Editions du Seuil, Paris. – S. 173: (Grabplatte des Brúno) Bildarchiv Foto Marburg. – S. 176: aus: Bukowski u. a., Jona. Vandenhoeck & Ruprecht, Göttingen. – S. 177: E. Bach/Superbild. – S. 179: Thomas Zacharias: Farbholzschnitte zur Bibel. Kösel Verlag, München. – S. 181: Volker Raettig, Kevelaer. – S. 182: aus: Tibet, Reich Verlag, Luzern. – S. 183: ProVobis. – S. 185, 188, 194: Kamalashila-Institut, Mechernich. – S. 187, 199, 200: Foto: © Hans Meyer-Veden, Hamburg. – S. 191: unbekannt. – S. 201: Bernd Schmitz-Rautenstrauch, Mechernich. – S.206–209: © Trinity College Library, Dublin.